法律实务教程

主编　李建新　王韶华

郑州大学出版社

图书在版编目(CIP)数据

法律实务教程 / 李建新，王韶华主编. — 郑州 ：郑州大学出版社，2022. 8
ISBN 978-7-5645-8780-2

Ⅰ. ①法…　Ⅱ. ①李…②王…　Ⅲ. ①法律 - 中国 - 教材　Ⅳ. ①D92

中国版本图书馆 CIP 数据核字(2022)第 099659 号

法律实务教程
FALÜ SHIWU JIAOCHENG

策划编辑	张　霞	封面设计	苏永生
责任编辑	张卫明	版式设计	凌　青
责任校对	陈　思	责任监制	凌　青　李瑞卿

出版发行	郑州大学出版社	地　　址	郑州市大学路 40 号(450052)
出 版 人	孙保营	网　　址	http://www.zzup.cn
经　　销	全国新华书店	发行电话	0371-66966070
印　　刷	郑州宁昌印务有限公司		
开　　本	710 mm×1 010 mm　1 / 16		
印　　张	23	字　　数	479 千字
版　　次	2022 年 8 月第 1 版	印　　次	2022 年 8 月第 1 次印刷

书　　号	ISBN 978-7-5645-8780-2	定　　价	86.00 元

作者名单

主　编　李建新　王韶华

副主编　杜麒麟　赵明菲

华德波　徐英军

序

2012年12月4日，习近平总书记在首都各界纪念现行宪法公布施行30周年的大会上指出:“宪法的生命在于实施。”这深刻揭示出法律是实践的艺术，需要将法学理论知识转化为实务技能。公正司法是每个法律人的理想，也是实现法律公正的途径。本人几十年的审判实务经验表明，司法公正并非只是抽象的概念，它就蕴藏在具体的司法审判实务之中，体现在一个个具体的案件审判上，它需要研究解决司法运作过程中非常具体的问题，比如诉讼构造、诉讼程序、证据认定、裁判方法乃至琐碎的案卷整理。

每年，河南省高级人民法院都会接受法学高等院校本科生、研究生来院实习。这些同学都怀揣实现公平正义的理想，满怀热情而来，但面对具体的司法实务工作，往往不知所措。理论知识与法律实际运行的差距，是初入法律实践海洋的学子首要克服的困难，是从一名合格的法科毕业生转为一名合格的司法工作者的必经程序，即实现从学习者到应用者的蜕变。这种应用型的转变不同于高等院校的学术研究，高等院校的学术研究更加注重理论层面的研究，其以应然为起点搭建、完善理论框架，而实践性应用则承担着法律实施的重要任务，需要深入实际，面对具体纠纷，提出切实可行的解决之道，使法的精髓、法的理念以及现行法律制度在现实生活中有效发挥作用。

2019年，河南省高级人民法院与河南省唯一的“双一流”高校郑州大学合作建立省内第一个研究生工作站，旨在贯彻落实习近平总书记在中国政法大学考察时提出的“法学学科是实践性很强的学科，法学教育要处理好知识教学和实践教学的关系”重要指示，促进法学教育与法律实务的深度衔接，强化法科学生实务技能培养，进一步提高法院干警的业务素质，全面推进优秀法律人才培养。本书正是这一合作的产物，旨在为即将踏入法律实务的法科同学以及有志于从事司法实务工作的入职者提供参考。

本书汇集了富有实务经验和理论造诣的高等院校教师、法律实务界的专家型业务骨干，总结各家对法学理论与法律实务的研究心得，拟为初入法律实务的同志处理好理论与实践的关系、提高运用法学与其他学科知识方法解决实际法律问题的能力提供参照。本书在对传统法律实务进行研究的基础上，同时关注到了近年来司法改革的新举措、新变化对法律实务的影响，特别设置了对公益诉讼、行政检察等实务问题的研究,力求紧密贴合当前法律实务的要点、难点,回应实践需求,增强指导性和应用性。如果本书能为即将踏入法律职业的新人提供一点帮助,也就得偿所愿了。

王韶华

2021 年冬日草于郑州

前　言

改革开放之后的四十多年，我国法治建设取得巨大成就，法学教育发展迅猛。在这四十多年中，法学院校为国家法治建设培养了大量的“法治人才”。一个突出的指标是法学教育规模的增长。改革开放之初，招收法学专业的只有“五院四系”[①]，1977年恢复高考时全国只招收了189个法学专业的学生。[②] 十年后我国法学院系发展到116所，在校生人数达40,741人。此后随着1992年邓小平南方谈话和社会主义市场经济体制的确立，以及1997年党的十五大提出“建设社会主义法治国家”的治国方略，中国法学教育进入快速发展时期，至2011年法学院校激增至最高的637所，本科在校生达到296,551人。[③] 2018年之后的两三年我国法学院校稳定在617所左右，进入质量与规模并重的时期。

但是在法学教育蓬勃发展的同时，一个日渐突出的问题是法学教育培养出来的“产品”，也就是法学毕业生被法律实务界认为缺乏实践能力，他们在面对法律实际问题时往往显得无所适从，需要较长时间适应。这对于实践性较强的法学学科而言的确值得注意。2017年5月3日，习近平总书记在中国政法大学考察时强调：“法学学科是实践性很强的学科，法学教育要处理好知识教学和实践教学的关系。”[④]可以说习近平总书记指出了法学教育今后努力的方向。

2018年10月8日，教育部、中央政法委发布了《关于坚持德法兼修实施卓越法治人才教育培养计划2.0的意见》（教高〔2018〕6号）（以下简称《卓越计划2.0》），明确在改革任务和重点举措部分指出要“重实践，强化法学教育之要”。这

---

① “五院四系”中“四系”指人民大学法律系、北京大学法律系、吉林大学法律系、武汉大学法律系，五院为五所政法学院，分别是北京政法学院、华东政法学院、西南政法学院、中南政法学院、西北政法学院。

② 徐显明，黄进，潘剑锋，等. 改革开放四十年的中国法学教育[J]. 中国法律评论，2018(3).

③ 李其瑞，冯飞飞. 中国法学教育70年：发展历程、问题反思和未来展望[J]. 法学教育研究，2020，29(02)：3-19.

④ 习近平在中国政法大学考察. [2021-10-30]. http://www.xinhuanet.com/politics/2017-05/03/c_1120913310.htm.

实际上旨在矫正我国传统法学教育中“重法学知识理论传授，轻法律实践”的倾向。其实这种调整早有铺垫，近二十年法学教育以及法学教育改革的政策已经清楚地显示了这一调整方向。从1998年教育部《关于普通高等学校修订本科专业教学计划的原则意见》（教高〔1998〕2号）开始，到2005年《关于进一步加强和改进大学生社会实践的意见》（教高〔2005〕1号）、2011年《关于实施卓越法律人才培养计划的若干意见》，再到《关于完善国家统一法律职业资格制度的意见》，这些均表明，加强法律实践教育已经成为法学教育的共识，也是法学教育改革的一个方向。

不过，对于什么是法律实践教育业界有不同理解。有观点认为，法律实践教学是一种教学方式、方法，是一种与法学作为实践学科属性与特质比较切合的教学方式和方法①；也有观点认为，法律实践教学是一个教学环节，是在传统法学教育的基础上，为培养学生分析和解决法律问题能力，强化训练学生法律实践能力而专门设置的教学环节②；还有学者认为，法律教育实践是一种教学模式，是在我国本科法学教育过程中开展的旨在训练法科学生实践技能的教学模式③。此外，还有课堂内教学兼顾说，以及法律实践教学与法律基本知识、方法以及通识教育相融的观点④。可以说这些观点揭示了法律实践教学的一些维度或者说某个特定环节，但是缺乏宏观的政策把控和教学理念的区分，没有厘定法律实践教学的定位。

从法学教育政策看，2018年教育部制定的《法学类教学质量国家标准》（以下简称《法学教育国标》）将法律实践教学归到“课程设置”部分，与理论教学设置相对，指导思想是：“在理论教学课程中应设置实践教学环节，改革教学方法，强化案例教学，增加理论教学中模拟训练和法律方法训练环节，挖掘充实各类专业课程的创新创业教育资源。”⑤这表明法律实践教学是一种与理论教学相对应的课堂教学，并且包括了以实务技能课程为支撑的实践教学平台，与校外的法院、检察院、律师事务所实习相联系。由此，各法学教育单位的法律实务课程开始开设，课程指向法律实务的各个部分。通过情景设定、案例选择、法律实务角色分工，与审判实务、律师实务、检察实务对接，借以提高学生的实践能力。这实际上进一步契合了《法学教育国标》中提出的法学教育目标：“培养德才兼备，具有扎实专业理论基础和熟练职业技能、合理的知识结构，具备依法执政、科学立法、依法行政、公正司法、高

---

① 蔡立东，刘晓林．新时代法学实践教学的性质及其实现方式［J］．法制与社会发展，2018，24（05）：93-101．

② 何妙．法学实践教学研究［J］．商场现代化，2010（19）：180-181．

③ 房文翠．法学教育中的法学实践教学原则［J］．中国大学教学，2010（06）：72-74．

④ 叶永禄．论法学实践教学与卓越法律人才培养教育：有感于教育部“卓越法律人才教育培养计划”［J］．云南大学学报（法学版），2013，26（03）：116-122．

⑤ 刘坤轮．走向实践前置：中国法律实践教学的演进趋势［J］．政法论丛，2019（06）：149-158．

效高质量法律服务能力与创新创业能力，熟悉和坚持中国特色社会主义法治体系的复合型、应用型、创新型法治人才及后备力量。”

本书按照法律实践教学的目标，结合法律人面临的共同法律职业和法律实务的实际问题设置章节，力图能够为在读的法学专业的学生提供一个了解和接近实际法律实务的窗口。本教材的编写人员不仅具有扎实的理论知识，更具有比较丰富的实务经验，有担任过法官的法学博士，也有检察实务方面的专家和律师，因此教材的内容不仅是法律实务知识的归纳，更是法律实务经验的总结。本书可作为法学本科生和研究生法律实务课程的教材，也可作为刚进入法律职业的法律人的参考用书。

编者在写作过程中参考了国内法学院校同类教材，在此不再一一列举。本书的编写分工为：李建新编写导论、第三编第十一章、第十五章；杜麒麟、赵明菲编写第一编审判实务；华德波博士编写第二编检察实务；徐英军编写第三编第十二章，贾伟、李建新编写第十三章、十四章，郭林林、李建新编写第十六章。全书由李建新统稿，河南省高级人民法院党组成员、副院长、一级大法官、全国审判业务专家、诉讼法学博士王韶华审稿。

由于时间仓促，编者水平有限，书中可能存在不足与错漏之处，敬请读者及同行批评指正。

李建新

2022 年 5 月 31 日

目　录

第一编　审判实务

第二编　检察实务

导论

法律实务简说

何谓法律实务？法学知识的学习与法律实务之间是什么关系？法律实务学习与法律职业技能培养又有什么联系？本章通过对现代法治社会法律职业特质的介绍，说明法律实务是将法律专业知识运用于法律实际问题的过程，是培养法律职业技能的有效途径。作为一种具有特殊品质的专门职业，法律职业者需要掌握专门的法律知识技能，需要致力社会福祉的服务精神以及相应的职业伦理。这样才是合格的法律人才。

第一节　何为法律实务

一、法律实务的界定

目前学界没有对于法律实务的统一定义。对于法律实务，《布莱克法律词典》这样概括：法律实务是指正式执业的法律工作者的专业工作，包括出庭代理、准备各种合同文本、提供法律意见、起草遗嘱等，并就法律问题向客户提供建议。同时，法律实务还包括需要法律专业知识的活动，例如起草立法和法律规则等。从以上可以看出，法律实务就是法律工作者运用法律知识和方法解决处理现实中法律问题的过程。

在现代法治社会，法律工作者是法律制度的载体，是媒合法律制度与社会生活之间距离、实现法律对社会生活关系有效调整的中介。从这个意义上，如果说法治是法律的统治，而“徒法不足以自行”，法律统治就可以进一步归结为法律工作者的统治。在一个奉行法治的社会中，只有法律职业享有较高的地位，法律的作用才能得以发挥。从法律职业本身来看，这种较高的社会地位不是要来的，而是依靠职业自身的才能与作用挣来的。近代著名法学教育家孙晓楼将法律职业人才的才能概括为:“法律人才一定要有法律学问,才可以认识且改善法律;一定要有社会的常识,才可以合于时宜地运用法律;一定要有法律的道德,才有资格来执行法律。”[①]结合人类社会的分工体系,以及人类历史上的法治实践,法律实务作为一种与法律职业紧密联系的活动,实际上包含了至少三个维度:第一是掌握专门的法律知识和技能,从而使法律工作者能够胜任普通人无法胜任而又必须面对的法律事务;第二是与其他如医生等职业群体一样,能够自律自主,诸如确定职业准入资格、规定收费标准,进行纪律惩戒,进行自我管理以此赢得职业的社会认可;第三是法律职业者的职业目的在于致力于社会福祉,即追求社会正义而不是唯利是图。通过强调法律职业的伦理性而有别于庸俗的以营利为目的的商业主体,并因此获得社会尊重。

二、法律实务的范围

传统上法律实务就是指公、检、法、司的具体工作。但是随着我国改革开放的深入和社会的不断发展,我国的法律实务也日益扩展到多个领域。首先从法律教育教学的角度就可以反映这一变化。2004 年教育部印发的《普通高等学校高职高专教育指导性专业目录(试行)》中,将法律类分为法律实务类、法律执行类、司法技术类,其中法律实务类包括司法助理、法律文秘、司法警务、法律事务、书记官专业,法律执行类包括刑事执行、民事执行、行政执行专业。2015 年教育部修订了《普通高等学校高等职业教育(专科)专业目录》(以下简称《目录》),在修订说明中,提到《目录》列举对应职业类别主要来自《中华人民共和国职业分类大典》(2015 版)中的小类。其中将法律类列举为公安与司法大类,有关法律类分为法律实务、法律执行与司法技术三个类别,其中法律实务类包括司法助理、法律文秘、法律事务、检察事务,法律执行包括刑事执行、民事执行、行政执行、司法警务和社区矫正,后两个是新增的专业类别。就目前的法学教育专业设置上看,法律实务可以具体化为跟司法、法律事务以及检察事务相关的工作事务,也就是通常常见的法院审判实务、检察法律实务和律师法律实务。

实际上经过四十多年的改革开放以及法治建设的不断深入,我国法律实务也延伸发展到多个领域;比如公证业务以及企事业单位的法律顾问业务也进入法律实务的范围。2018 年 3 月《中华人民共和国监察法》(以下称《监察法》)颁布后,除了监察法律实务成为法律实务的新领域外,原来的检察法律实务也出现了新的

---

① 孙晓楼. 法律教育[M]. 北京:中国政法大学出版社,1997:12-13. 该书被誉为“中国研究法律教育的开路先锋”。

调整。在确定本教程法律实务具体内容以及结构方面,我们综合考虑了法律实务新的发展,参考了同类教材的体系安排,进行了综合比较后把本教程的法律实务内容确定为三大部分,也就是审判实务编、检察实务编和律师实务编。在律师法律事务编里加入了公司法务等近年来较新的内容,在检察法律实务编增加公益诉讼,力求既突出了法律实务重点,反映法律实务最新的变化,也兼顾法律实务的完整性。

第二节 法律职业技能

法律的建立与法律职业的诞生如影随形,相伴而生。当人们致力于研究法律原理时,法律就产生了,同时一个以法律为使命的群体也就顺势而起。在欧洲的早期,法律职业产生之初就以国王顾问和僧侣祭司的面目出现,他们解释法律决定法律如何适用。此后那些能言善辩急公好义者被邀请代表不善言辞的公民发言、指导法律事务,捍卫他人利益,最终形成了一种充满自豪、忠诚和服务精神的团体。[①] 而娴熟的职业技能和确定的职业准入成为法律职业群体获得社会(客户)信任的基础。

一、法律职业技能的产生

法律职业是以专门的知识和技能作为自己的力量源泉的群体,这点与医生、工程师等专门职业一样。“知识就是力量”,这句话最适合于像法律职业这样的专门职业,也最应该为专门职业的从事者所信奉。由于拥有专门的知识和技能,就使得专门职业者能够做普通人无法胜任而又必须面对的事。例如,工程师能够为人们设计建造安全的大桥、耐久的建筑和舒适的房屋,医生能够为患病者做出诊断治疗、为健康者提供防病指导。同样,法律职业如律师则能够为人们妥善地安排法律事务,帮助人们行使和保护权利,使之免遭侵犯。尽管法律职业由于掌握的是法律领域的专门知识和技能而有别于其他专门职业,但是,这种知识和技能的专门性,都使它们有别于其他普通职业。而且,法律职业所需要的专门知识和技能的获得,也是长期学习和训练的结果。诚如英国法官柯克所言:“法律是一门艺术,在一个人能够获得对它的认识之前,需要长期的学习和实践。”随着社会生活趋于复杂多样,对从事法律职业所需要的学习和训练的要求也越来越高。

---

① 罗伯特·威尔金.法律职业的精神[M].王俊峰,译.北京:北京大学出版社,2016:7-10.

二、法律职业技能的内涵

对于法律职业技能业界和学界并没有统一的定义。一般而言，法律职业技能是指从事法律职业的人所应具备的与法律职业密切相关的能力、技术和方法的总称。因法律职业所涵盖的角色范围广泛，法律职业技能具体应包含哪些方面的内容迄今尚未形成统一的认识。英国上议院议长法律教育与法律行为咨询委员会，在其首份法学教育与培训报告中曾提出七项基本的职业能力。澳大利亚法律改革委员会于 1996 年公布的有关法律改革的报告，提出了包括协商与调节的能力等五个方面的具体要求。美国律师协会于 1992 年出版的专门报告中，列举了十项能力，包括：法律研究；法律分析和推理；事实调查；解决问题；沟通；咨询；协商；诉讼与非诉讼程序的能力；组织与管理法律工作的能力；解决道德困境。① 从中国法治建设的实际需要看，进入法律职业的人员也应当具有以下基本的职业技能：沟通、协商的能力；谈判、妥协的能力；辩论的技巧和方法；制作法律文书的能力；获取、掌握和应用信息的能力；制定规则的能力；起草合同的技能。依据我国《关于完善国家统一法律职业资格制度的意见》对法律职业人才的选拔要求，在法律职业技能培养方面可以归纳为几大方面：

（1）法律思维能力。它是指法律职业者在处理法律事务的过程中依据法律的逻辑，思考、分析和解决问题的思考模式，包括法律分析和推理、法律论证等能力。

（2）法律表达能力。它是指法律职业者通过语言或者书面的形式和他人进行交流、表达自己对特定事实或问题的看法和认知的能力，是对法律思维的一种具体表达。

（3）法律沟通技能。它是法律职业者和当事人打交道的必备技能，主要包括法律咨询、谈判、发问、协商等沟通技能。

（4）法律实务操作技能。法律职业具有很强的专业性，它要求其从业人员必须掌握并能熟练运用一定程度的实务操作技术，主要包括法律文献检索方法、法律研究方法、法律文书写作技能、法庭辩论技能、证据调查运用技术等。

美国著名大法官霍姆斯曾说过：“法律不是逻辑的结果，而是经验的积累。”②这一论断肯定了经验对法律发展的重要性。法律实践经验为法律技能的形成提供了具体化的、情景化的语境，使法律职业主体在亲力亲为的实践活动中熟练掌握各种法律技术和技巧。在此意义上，法律职业者要有娴熟的法律技能就不能局限于课堂学习，必须直接参与法律实践，通过实习实践环节获得经验和技能。

---

① 霍宪丹. 法律职业与法律人才培养[J]. 法学研究，2003(04)：80-89.

② 博登海默. 法理学法哲学和法律方法[M]. 邓正来，译. 北京：中国政法大学出版社，2004：159.

第三节　法律职业资格

法律职业阶层作为社会的中间层，是介于政府和大众之间的第三种力量，在社会结构力学的意义上来说，是一个非常重要的支撑点。一个真正实现社会稳定和长治久安的社会，往往也是司法专业化和法律职业化程度很高的社会。因此，在现代法治国家，往往都把法律职业和法律从业人员看得比一般的职业和一般的从业人员更为重要、更为崇高，在职业准入和职业要求上更加严格。（这方面的要求，在西方是与医师、牧师的职业要求相提并论的）这样法律职业资格考试就成为确认法律职业人员业务素质和业务水平的重要手段。

我国的法律职业资格考试经历了三个阶段，使用过三个名称。因此，我国的法律职业资格考试也可以划分为三个时期：1986—2001 年的全国统一律师资格考试时期（简称律考）；2002—2017 年的全国统一司法考试时期（简称司考）；2018 年至今的全国统一法律职业资格考试时期（简称法考）。

一、全国统一律师资格考试时期（1986—2001）

新中国成立后相当长的一段时间，从事司法工作并没有资质资格的规定。改革开放之后，随着社会主义法制建设的不断完善，社会对于法律工作者专业化、职业化的要求越来越高，法律职业考试也就应势而起。1980 年颁布的《中华人民共和国律师暂行条例》第八条规定："经考核合格，可以取得律师资格。"虽然没有明确规定律师资格考试的相关内容，但是第八条规定的"经考核合格"，从广义上来说是包括"考试"的。一些省份的司法厅在本省范围内组织了专业知识考试的试点，这些地方性法律职业资格考试改革试点工作为全国性的法律职业资格考试起到了示范与带头作用。

1986 年 4 月 12 日，司法部发布了《关于全国律师资格统一考试的通知》。1986 年 9 月 27 日、28 日，首次律师资格全国统考开考，共有 2.9 万人报名，1134 人成绩合格并取得了律师资格。关于参考人员资格，第一次律师资格考试以及两年后的第二次律师资格考试略有不同。第一次全国律师资格考试的报考人员范围仅限于正在申请律师资格的专职或兼职律师工作人员，以及法学研究教学人员中符合做律师工作的人员；第二次全国律师资格考试的报考人员范围扩大至具有大专以上学历的中国公民。考试内容均集中于宪法、民法、刑法和诉讼法，试卷四张，每张满分 100 分，及格分数线为 240 分。全国律师职业资格考试共举办了 12 次，考试通过人数约 14 万人。[①]

在全国进行律师资格考试的同时，人民法院和人民检察院 20 世纪 90 年代中期也开始在系统内部进行相应的资格考试。1995 年，初任法官、初任检察官考试制度建立。从 1995 年到 1999 年，我国初任检察官考试共举行了 4 次，报名人数 6 万多人，通过人数 3.5 万。初任法官考试同期也举行了 4 次，通过人数近 4 万。[②]

这一时期的法律资格考试由于处在探索阶段，存在比较多的问题，主要集中在以下几点：第一，对法律执业资格的学历要求偏低，只要求大专学历，而法官、检察官虽然在 1995 年规定了学历条件，但不是必需资质。第二，考试组织不规范、内容设计不合理。这一阶段初任法官、检察官由人民法院和人民检察院各自组织考试，题型较律考内容偏少，题型单一。即便是律考也存在出题专家较少且相对固定，考试内容偏重法条硬性记忆的问题。第三，法律职业资格考试呈现出法、检、律三分鼎立之势，妨碍了法律职业的同质化，也影响了同类职业考试的平等和公正。这些都使统一司法资格考试势在必行。

二、全国统一司法考试时期(2002—2017)

为了适应法律职业发展的需要，司法部会同最高人民法院、最高人民检察院于 2001 年 10 月 31 日正式发布《国家司法考试实施办法(试行)》，该办法共七章二十二条。由此，我国建立了国家统一的司法考试制度。具体考试内容和形式见表 1-1。

表 1-1　国家司法考试的内容与形式

考试内容	与同时期的法学专业 14 门核心课程范围基本一致
考试形式(分四张试卷)	卷一：法学理论、宪法、国际法、国际经济法、法律职业道德、中外法制史等。 卷二：行政法、行政诉讼法、刑法、刑事诉讼法等。 卷三：民法、商法、民事诉讼法等。 卷四(案例分析综合卷)：行政法、行政诉讼法、刑法、刑事诉讼法、民法、商法、民事诉讼法和司法文书等。
分值	2002 年与 2003 年每张卷子满分为 100 分，总分 400 分； 从 2004 年开始每张卷子满分 150 分，总分 600 分。
合格分数线	2002—2003 年合格分数线为 240 分； 2004—2017 年合格分数线为 360 分。

① 中华全国律师协会. 中国律师发展报告[R]. 中华律师协会资料汇编，2000：2-25.

② 祁彪. 回眸：我国法律职业准入制度的岁月变迁. (2018-07-31)[2021-2-2]. http:/www. mzyfz. com/index. php /cms /item-view-id-1351631.

截至2017年，司法部共组织了16次司法考试，2002年报考人数36万，此后逐年增长，到2017年增加到64.6万人。2002至2017年的16年间，619万人参加报名，510万人参加考试，98万余人通过司法考试被授予司法职业资格。[①] 有学者评价，全国统一司法职业资格考试实现了司法职业人员考试的规范化和制度化，为国家司法系统输送了大批通过统一司法考试的法律专业人才，提升了法律职业队伍整体素质。[②]

全国统一司法考试统一了法律职业的门槛，改变了之前律师职业资格考试时期法律职业资格不统一的问题，取得了巨大的成绩。与此同时，司法职业资格考试也有需要改进的不足之处，比如考试内容不够全面科学，考试的形式为一次性考试四门，前三门都是选择题，最后一门体现职业能力的案例题权重只有四分之一，这样就显得偏重法条记忆，许多未经过法律教育的考试者也能通过一年甚至几个月的学习通过考试，法学专业的学生没有明显优势，这显然很不合理。再者司法考试制度与法学教育未能有效衔接。由于司法考试偏重客观知识，不能有效考察出对于法律职业最为重要的法律逻辑思维能力、临场应变能力以及综合分析能力。在司考指挥棒下，许多法律院校删减公共课程，围绕司法考试科目授课，使得正常的法学教育受到了冲击。这些问题促使了司法考试改革，也为之后的全国统一法律职业资格考试提供了改革方向。

三、全国统一法律职业资格考试时期(2018年至今)

2014年召开的党的十八届四中全会提出“健全国家统一法律职业资格考试制度”[③]，为当时的国家司法考试改革指明了方向。2015年12月，中共中央办公厅、国务院办公厅印发了《关于完善国家统一法律职业资格制度的意见》，提出将司法考试调整为国家统一法律职业资格考试。此后经过三年多的努力，司法部于2018年4月发布《国家统一法律职业资格考试实施办法》(以下简称《办法》)，标志着法律职业资格考试进入到了“法考”阶段。

2018年的第一次法考分为主观题和客观题两个部分，客观题共两卷，分上午、下午各一卷，每卷100题，满分150分，考试时间为180分钟。考试内容较以往的司法考试增加了环境资源法和知识产权法的内容。主观题为一卷，较以往的司法

---

① 高一飞，蒋稳．法律职业资格考试改革的回顾与思考[J]．浙江警官学院学报，2020(03)：72-78.

② 付子堂．改革司法考试制度，推进国家治理法治化现代化[J]．法制与社会发展，2014，20(05)：68-70.

③ 中共中央文献研究室．十八大以来重要文献选编(中)[M]．北京：中央文献出版社，2016：175.

考试虽然考试内容差异不大,但是在考试方式以及判卷标准上与以往司法考试有所不同,主要表现如下:一是主观题考试时,应试人员可以获得统一配发的法条,不再要求死记硬背了;二是主观题案例分析可以有多种答案,言之成理即可,这样更符合司法以及法学研究的实际,有助于培养考生的开放性思维;三是重庆市、江苏省苏州市等5考区实行主观题计算机考试试点。据司法部公布的消息,全国共有60.4万人参加2018年法考,其中47.3万人参加第一阶段的考试,19.2万人通过了第一阶段考试,有18万人参加第二阶段考试,12万人获得通过。由此可以看出通过率大约20%,相对较高。此后的2019、2020年法考又进行了调整:一是将客观题考试分为两个批次,两批次考试试题难易程度大致相同;二是在全国全面推行主观题计算机考试。

相较于以往的司法考试,法律职业考试形式和内容都更加完善。表现为:一是扩大了法律职业资格取得的范围,初任法官、检察官、执业律师以及公证员必须通过法律职业资格考试,增加了法律仲裁员以及行政机关中从事行政处罚决定审核、行政复议、行政裁决、法律顾问的公务员也需要通过法律职业资格考试。毫无疑问,法律职业资格考试完善了国家司法考试的不足,大大促进了法治队伍建设和法治人才培养,有利于在当前全面建设法治中国的历史时期打造一支正规化、专业化和职业化的法治工作队伍。

第四节　法律职业基本伦理

法律职业者之所以享有较其他职业更高的社会地位,究其原因,根本上在于他们为社会提供的不是一般的服务,而是维护一个正义的社会制度的运行,是将法治所包含的公平和正义体现在一个个具体的案件中。因此,他们不能仅仅是具有法律知识的人,也不能仅仅是熟悉掌握职业技能的人,他们必须具备法律信仰和良好的职业伦理,真正成为能够理解公平正义的完整的人。从法律职业的形成来看,法律职业道德不可或缺,可以说,没有法律职业道德的支撑,就不会有现代法律职业。

一、法律职业伦理的内涵与特性

日常语境中,伦理与道德含义相近,可以互换。英文中的伦理(ethics)就直接具有道德的含义。在通常的表达上,“道德”更多的用于个人,“伦理”更具客观性和社会性。因此法律职业伦理也常被称为法律职业道德。

经过一些学者多年的呼吁,国内法学院系轻视法律职业伦理或者法律职业道德课程讲授的情况有所改观,目前一些有条件的法学院设置了法律职业道德或伦理课程,比如在本科教学中开设法律职业伦理选修课。并且大部分拥有法律硕士培养资格的院校普遍开设了法律职业伦理课程，目前国内法学院系根据1999年出台的《法律硕士专业学位研究生指导性培养方案》的要求，普遍将法律职业伦理课程列为必修课程，本科教育方案也有相关的要求。与此相应，自20世纪80年代起，国内有关法律职业伦理或职业道德的教材开始陆续出版（注：本文伦理和道德通用，不做细分）。根据检索，较早的是由上海人民出版社1988年出版的史焕章主编的《司法伦理学》、1991年山西教育出版社出版的曹香达等主编的《司法职业道德教程》。随着法律职业的发展，到2001年，在强调依法治国的同时又提出"以德治国"的治国理念，法律职业道德问题开始受到关注，我国立法部门在法律职业道德建设方面制定了不少制度规范，如《法官法》《检察官法》《律师法》。这实际上是对法律职业道德的法律要求。除此之外，内容更加详尽的规范性文件也被相关部门制定出台。比如，最高人民法院于2001年10月发布了《中华人民共和国法官职业道德基本准则》，共50条规定中，就有涉及司法公正保障、提高司法效率、保持清正廉洁、司法礼仪遵守、约束职业以外的活动、加强自身修养等具体规定。紧接着最高人民检察院于2002年3月发布《检察官职业道德规范》，基本要求是要检察官做到忠诚、公正、清廉和严明。第五届中华全国律师协会第九次常务理事会在2004年3月通过《律师执业行为规范（试行）》，该规范专章规定了律师职业道德。其他相关的规范性文件还有《人民法院审判纪律处分办法（试行）》《检察人员纪律处分条例（试行）》《律师和律师事务所违法行为处罚办法》《最高人民法院、司法部关于规范法官和律师相互关系维护司法公正的若干规定》等。这些法律法规一方面促进了法律职业伦理体系的建设完善，另一方面也对法律职业伦理课程和教学体系设置提出了新的要求。与此相适应，法律职业伦理相关教材的内容也作了相应的调整。比如2002年国家行政学院出版社出版的王进喜等主编的《律师职业行为规则概论》；2002年中南大学出版社出版的李建华、曹刚等主编的《法律伦理学》；2005年北京大学出版社出版的李本森主编的《司法职业伦理》，2010年该书又出了第二版；等等。

以上这些教材，除了20世纪90年代的以外，2002年以来的教材大多体现了我国立法部门（注：我国有立法权的部门不仅有全国人大及其常委会，还有国务院、国务院各部委、地方人大、省级地方政府等）自2001年以来对于法律职业，主要是法官、检察官、律师等法律职业道德的制度规范。并且侧重点多有不同，对于规范法律职业伦理（或职业道德）课程、丰富教学内容以及推动课程建设起到了巨大的作用。

综合以上教材的内容，可以将法律职业道德（伦理）概括为：法官、检察官、律师、公证员等以执行和适用法律为职业主要内容的工作人员在进行法律职业活动中所应遵循的符合法律职业道德要求的心理意识、行为准则和行为规范的总和。[①] 具体到法律职业而言,法律职业道德至少具有以下特性:

(1)职业的实践性。法律职业道德与法律职业实践紧密相连,是法律职业对从业人员的道德要求。从动态实现的角度看,法律职业者之所以能够以自己掌握的专业知识和技能为社会服务,关键是因为在这种专业知识和技能中所包含的职业道德成分,发挥了定向规制的作用,使法律职业成员通过长期的对法治事业的参与和实践,形成了职业共识和精神上统一的职业信仰。

(2)内容的规范性。这是指法律职业道德的内容相对规范、具体、固定,没有更多的理解和想象空间。这主要是因为法律职业道德规范很多直接源于法律、法规和部门规章的明文规定,而不是生活和工作习惯,比如法官的职业道德就由《法官法》《法官职业道德准则》等明文规定。

(3)效力的强制性。法律职业道德不同于一般的道德规范主要来自内心约束和社会舆论监督的软约束,其具有类似于法律的强制效力的一面。因为法律职业规范来源有法律、规章等有法律效力的规定,因此违反法律职业道德轻则受批评、诫勉谈话,重则受处分、丢工作。特别是法院、检察院都有执行职业道德规范的监督查处机制。

(4)内容的严格性。作为运用法律处分社会财富、解决社会冲突、维护社会秩序、实现社会正义的法律人,无论处于司法岗位还是法律服务岗位,国家和社会对法律人有着比其他职业更高的道德要求。这一方面是社会对法律人的期望,另一方面也是法律职业道德内容本身应具有的严格性的基本要求。

二、法律职业伦理的目标与架构

一般认为,法律职业道德教育的目的在于"造就有道德的法律职业者",即通过法律职业道德教育,使法律职业者成为"具有良好职业道德"的个体,使法律职业成为"品德高尚"的群体。粗看起来这种认识并没有什么不对,但细做分析则会发现这不过是一种似是而非的认识。我们知道,道德是人们对事物的是非、善恶的判断;道德教育的目的在于帮助人们更好地认识生活中的"善"为何物,而无法保证使一个人成为好人或"道德人"。"道德人"的造就是一项复杂的社会过程,道德教育不过是其中的一个重要的环节。同理,法律职业道德教育作为道德教育的一种,也无法保证使法律职业者成为职业上的"道德人",其目的也只能是帮助法律职业者更好地认识职业上的"善",进而为造就职业上的"道德人"创造必要条件。

因此,应该清楚地看到,法律职业道德教育的目标不在于直接造就职业上的

---

① 黄文艺,卢学英.法律职业的特征解析[J].法制与社会发展,2003(03):44-49.

“道德人”,而在于促进对法律职业道德的认知。这样来锁定目标的重要意义在于,避免将法律职业道德教育的作用泛化,以致将法律职业道德建设的复杂性和丰富内涵简单地归结为“道德教化”,误以为法律职业道德教育就是法律职业道德建设的全部,从而遮蔽我们的视野。同时,也只有这样,法律职业道德教育才会有合理、饱满的内容。因为,把法律职业道德教育的目标与“道德人”的造就相联系,自然就会把思考和实施法律职业教育的重点放在职业道德准则的概括和宣示上,而一旦职业道德教育蜕变为简单的“应该或不得如何如何做”的样式,道德教化或道德强制的味道就不可避免。

关于法律职业道德本身的认知,除了注意它与法律职业者的职业活动相联系外,还应该特别强调道德认知的一般规律在法律职业道德领域的运用。就此说来,相应的教育目标和内容框架可具体分解为四个层次,依次如下:

(1)对道德评价的认知:善的存在。何为道德评价?这是道德认知中最初始的问题。道德评价是关于是非、善恶的评价;法律职业道德评价则是存在于法律职业者的职业活动中的有关是非、善恶的评价。从道德的观点看问题,不同于从其他的观点看问题;追问道德上的是与非、善与恶,并不是追问认识论上的真与假、审美上的美与丑、经济上的节俭与浪费、政治的有利与不利以及法律上的合法与非法等,尽管在同样一个事物上可以交叉重叠着不同的评价。道德教育就是要使人们在辨认道德评价的独特性的基础上,认识到自己行为所应该承担的道德责任。这种道德自觉,是要求人们包括职业者负责任地行为的第一步。

(2)对道德准则的认知:善的含义。何谓道德上的善?道德上的善具体表现为社会所承认和遵从的一整套道德准则。不了解这些道德准则,就不能把握道德上的善的具体含义,并在道德上判断一个人的品行的好坏。就法律职业而言,由于法律职业道德是其构成要素,并具体表现为各种职业道德准则,因此,法律职业者如果违反了职业道德准则,就会失去同行和他人的尊重,甚至受到职业纪律的惩戒;一旦因为违反职业道德准则而被认为丧失了职业道德性,则会被清除出职业队伍。

(3)对道德根据的认知:善的理由。一种行为何以为善?当我们基于一定的道德准则提出某种道德要求时,就需要说明其理由。道德教育在道德根据认知方面的任务,就是要为分析各种道德论点提供工具。在这里,我们会发现一些最基本的逻辑原则和/或经验原则在起作用,它们构成了社会制度的根基,构成了道德判断的基本理念。正如医生必须知道什么是健康、工程师必须知道什么是安全,法律家则必须知道什么是正义,否则就无法成功地扮演其社会角色。

(4)对道德冲突和道德理论的认知:善的实现。如何解决道德冲突?这是道德实现的关键。实际上,道德冲突就是不同道德理由的冲突。要解决道德冲突,就需要将不同的道德理由整合为连贯一致的形态,形成道德理论。道德理论帮助我们清楚地认识道德冲突的特性、道德用语的含义以及道德论点的说服力大小,从而使我们能够选择最为正确的立场解决道德冲突。因此，道德教育在道德冲突认知方面的任务，就是要借助于道德理论为解决道德冲突提供经验和各种可选择的方案。①

三、法律职业伦理的精髓与意义

讨论法律职业道德教育的意义，从根本上说就是要明确法律职业道德的重要性。众所周知，道德是一种关于是非、善恶的判断，是一种诉诸人的良知和内心确信才能真正发挥作用的东西；道德实践包括道德教育则是一种求于内（道德认同）、达于外（道德行为）的活动。就法律职业道德教育而言，如果在法律职业道德重要性的认识上不贯彻一种“内在视角”，如果不能揭示法律职业特性与法律职业道德之间的内在关联，使法律从业者发自内心地感受到职业道德对于其事业的至关重要性，那么，就不可能使他们形成内在的道德确信，并基于道德认同在自己的行为中表现出道德自觉。

在法律职业道德教育中，单纯的“外在视角”，仅仅从时势政策的需要来阐说法律职业道德的意义，显然忽视了法律职业自身的需要和特性，忽视了法律职业作为道德判断的主体地位。这样做的结果只会使从业者产生心理隔膜，并进一步造成道德上的压迫感或强制感，使人如有重负。因此，良好的法律职业道德教育必须兼顾内、外两种视角，在对法律职业道德重要性的认识上，既考虑时势政策的要求，更顾及职业主体的需要和职业的特性。

那么，什么是“内在视角”下的法律职业道德的意义呢？从法律职业的形成来看，法律职业道德不可或缺，可以说，没有法律职业道德的支撑，就不会有现代法律职业。因此，法律职业道德对于法律职业的重要性，用简单的一句话来概括就是：法律职业道德是法律职业的一个基本的构成要素。具体说来，现代法治社会中的法律职业必须具备四种有机联系的品质特性，即掌握专门的法律知识和技能、致力于社会福祉、实现自我管理以及享有良好的社会地位。法律职业道德之所以重要，从“内在视角”来看，就在于它与法律职业的这些品质密切联系。法律职业道德是法律知识和技能的基本组成部分，是为社会服务的职业精神的具体体现，是法律职业实现自我管理的一个基本途径，是法律职业享有良好社会地位的有效保证。

1. 作为法律知识和技能的基本内容

从事法律职业必须掌握专门的法律知识和技能，这种知识和技能是一种“习得的艺术”，其中就包括法律职业道德的内容。法律职业道德是法律职业者在自

① 张志铭. 法律职业道德教育的基本认知[J]. 国家检察官学院学报，2011，19(03)：12-16.

己的职业活动中应该遵循的判断是非、善恶的准则。要成为一名法律职业者，其先决条件之一就是要通过专门的教育培训和资格考试，掌握基本的职业道德知识和技能。对法律职业道德的认知，为从事法律职业活动所必需，它应该属于法律职业者必须具备的最低限度的能力的要求。法律职业者必须知道自己的责任，知道一个社会的法律事务应该如何来完成。具体地说，他应该知道道德是关于是非、善恶的判断，它不同于美丑、真假、神圣和世俗、称职和不称职等价值判断；知道决定职业行为对错、好坏的标准，以及证明职业行为和道德主张为正当的适当理由；知道职业上的“善”为何物，其依据何在；知道在面临道德争议时如何形成自己的立场，将不同的道德理由整合为连贯一致的形态，以及解决道德争议的办法是什么。

2. 作为职业精神的具体体现

从事法律职业必须具备职业精神，而法律职业精神的核心，就是致力于社会福祉、用自己的专长为社会服务。在这种精神中，特别强调的是利他主义的伦理性。它所遵循的不“只是赚钱的要求”，也不以赚钱多少来衡量、评价职业成就的高低。这样一种克己利他的属性，恰恰也是道德评价的精髓所在。道德评价从根本上说是一种利他的评价，追求的是有利于他人和群体，有利于国家、民族和社会，并在此前提下定位自我利益的实现。法律职业道德也不例外。法律职业道德在处理职业与社会、职业个人与职业整体以及职业个人与其他利益主体的关系方面所提出的各种要求，都体现了服务于社会的利他主义职业精神的要求。

四、法律职业伦理的基本原则

法律职业伦理既包括共同的职业遵循的原则，也包括各不同法律职业具体的职业伦理规则，后者如法官伦理、检察官伦理、律师伦理等。其中法律职业伦理的基本原则是一线伦理，承载法律职业最核心的价值原则。法律职业伦理的具体规则是二线伦理，具体规范法律人的职业行为。不同的社会制度，法律职业伦理的原则有所不同，我国是社会主义国家，我国的法律职业伦理的原则必然要体现社会主义国家性质。结合我国相关法律职业伦理的规定，可以将法律职业伦理原则概括为以下六个原则：

（一）忠实于宪法和法律原则

法律职业人员首先要维护宪法和法律的尊严，忠实执行宪法和法律，这是法律职业者从业的首要原则。这一原则不仅是职业要求也同时规定于法律规定之中。比如我国《法官法》第 3 条规定：“法官必须忠实执行宪法和法律，全心全意为人民服务。”《检察官法》第 3 条规定：“检察官必须忠实执行宪法和法律，全心全意为人民服务。”最高检发布的《检察官职业道德规范》中的“忠诚”规范就包括忠于党、忠于国家……忠于事实和法律。同样《律师法》第 3 条规定：“律师执业必须遵守宪法和法律，恪守律师职业道德和执业纪律。”

(二)以事实为根据、以法律为准绳原则

以事实为根据,以法律为准绳,是法律职业人员贯彻社会主义法治基本原则和正确适用法律的基本要求。我国《民事诉讼法》《刑事诉讼法》以及《行政诉讼法》中都规定了“以事实为依据,以法律为准绳”的原则。以事实为依据就是法律工作要做到一切从与案件相关的客观事实出发,以查证属实的证据和凭借这些证据认定的案件相关客观事实为基础,而不是以主观臆测、想象作为根据,在充分掌握客观事实的基础上做出判断、决定和行动。以法律为准绳就是严格依法办事。此外,《法官法》《检察官法》《律师法》《公证员职业道德基本准则》都有以事实为依据、以法律为准绳的规定。

(三)严明纪律、保守秘密原则

由于法律职业本身的特性,日常工作中会接触到各种秘密,包括国家秘密、侦查秘密、审判秘密、商业秘密、个人隐私等,这就在客观上要求法律职业人员做到严明纪律和保守秘密。否则没有纪律保障,法律职业人的职业活动就会失范,无法维持职业的正常秩序。因此这一原则具体体现在法律职业行业的诸多纪律性规范文件中。比如最高人民法院的《人民法院审判纪律处分办法(试行)》《关于审判人员严格执行回避制度的若干规定》,最高人民检察院的《关于完善人民检察院侦查工作内部制约机制的若干规定》《关于检察人员严格执行回避制度的若干规定》,司法部的《律师违法行为处罚办法》等都规定了严守纪律,保守秘密的重要内容。

(四)互相尊重、相互配合原则

法律职业是享有崇高地位和声望的职业,法官、检察官、律师虽然各司其职、互相区别、互相监督,但共同的目的就是维护司法公正,维护国家和人民的利益。因此,不同的法律职业人员又需要相互配合、相辅相成、互相尊重。这就要求法律职业人员在履行法律职责过程中依法执业、严格纪律,不能超越职权擅自干涉和妨碍其他法律职业人员的正常办案。如法官之间不能随便过问其他法官正在审理的案件。法官、检察官、律师在办理案件过程中,要防止先入为主,耐心听取不同法律职业人员的意见。比如有些法官、检察官在法庭上盛气凌人,打断、制止甚至呵斥律师的不同辩护意见;有些律师在法庭上目中无人,无理取闹。这些都是法律职业人员履职的大忌。

(五)恪尽职守、勤勉尽责原则

对于法律职业人而言,恪尽职守、勤勉尽责就是在自身职业活动中严格履行自己的职责,工作积极,认真负责。工作积极就是要求法律职业人员吃苦耐劳,兢兢业业,一丝不苟,必要时牺牲自己利益把工作做好。勤勉尽责最根本的一条就是对分内的工作负责、认真履职,不拖延。不能办案拖拉,态度冷漠。现行的许多法律职业规范规定了恪尽职守,勤勉尽责的要求。比如《法官职业道德基本准则》第18条规定:“法官应当遵守法律规定的诉讼期限,在法定期限内尽快地立案、审理、判

决。”《律师法》和《律师职业道德和执业纪律规范》都规定律师在执业过程中,应该尽职尽责地向当事人提供法律服务。

(六)清正廉洁、遵纪守法原则

法律和权力、利益和权利紧密联系,因此对于运用法律的法律执业人从古至今都有一个清廉的要求。清正廉洁,遵纪守法也就是要求法律职业者在工作中不能利用职务以及职业上的方便为自己谋取非法利益,不在职业活动中做出违反法律以及行业规定的行为,保持一身正气、清正廉洁的工作作风。要识大体、顾大局,不畏权势,不被金钱、权力、地位所动摇,一心为公,敬业清廉,以此取信于民。绝不能徇私枉法、为一己私利损害国家和他人的利益。《法官法》《检察官法》和《律师法》都有“清正廉洁”的规定。例如法官、检察官不能私自会见当事人及其代理人,接受当事人及其代理人的请客送礼。不得直接或间接的利用职务和地位谋取任何不当利益。

五、不同法律职业的伦理规范

法律职业是由法官、检察官、律师等不同职业角色构成的复杂共同体,既有共同的目标,也有不同分工所强调的职业道德侧重。这些构成了法律职业伦理的二线规则。限于篇幅,本书只简单介绍法官、检察官和律师三大法律职业的各自的职业道德伦理规范。

(一)法官职业道德简介

法官的职责是查清案件事实,正确适用法律,做出合法合理判决。更深层的职责是定纷止争,最终目标是维护社会正义。国家赋予法官主持公平正义、裁决各类纠纷的权力,法官甚至掌握了生杀予夺的大权。基于法官的职业角色定位,我国公布的《法官职业道德基本准则》规定了法官的基本职业道德包括以下几个方面的内容:保障司法公正、提高司法效率、保持清正廉洁、遵守司法礼仪、加强自身修养、约束业外活动。

(二)检察官职业道德简介

检察官是具体行使国家检察权的工作人员。党的十八大以来,最高人民检察院根据党中央对司法体制改革的决策部署和人民群众对民主法治、公平正义和安全环境等社会发展的新要求新期待,先后出台实施了一系列深化检察改革举措。目前已经初步建立了权责明晰、监管有效、保障有力的检察权运行体系。检察机关定位是国家的法律监督机关,作为检察院的工作人员的检察官,履行着法律监督、代表国家进行公诉、对由检察院直接受理的案件侦查等职责。因此《检察官法》《检察官职业道德规范》提出了检察官的基本职业道德规范要素为:“忠诚、公正、清廉、严明。”

（三）律师职业道德简介

律师以维护法律正确实施、维护当事人合法权益、维护社会公平正义为使命。律师通过为社会提供法律服务，参与国家的法治建设。其行为对各种权利义务关系有着重要影响，并且律师在其执业过程中需要处理好与当事人、同行以及其他法律职业者（法官、检察官）的关系。因此律师的职业道德规范也分为多个层次。综合《律师法》《律师职业道德和执业纪律规范》的规定，律师职业道德包括：律师执业行为的基本规范、律师推广业务的基本规范、律师与委托人或当事人的关系规范、律师参与诉讼或仲裁规范、律师与其他律师关系规范等。其基本内容包括：忠于宪法、法律，诚实守信、勤勉尽责，注重职业修养，珍视职业声誉，严格保守秘密，尊重同行、公平竞争，热心公益、尊重协会章程等。

第一编 审判实务

司法的本源性功能就是定纷止争，追求并实现社会的公平正义。审判环节既是法律体现其自身价值的最终途径，也是司法审判人员理解并输出立法者意图的重要环节，审判环节的价值毋庸置疑。

在审判环节，法律人可以展现自身的才能，根据严格的法律训练和正义观，对呈现在法庭的法律和事实问题进行解释和认定，使得纸面上的法律成为社会实际生活的行为规范。在我国，审判制度根据法律关系的性质，可以分为刑事审判制度、民事审判制度和行政审判制度。三大审判制度尽管在参与主体、诉讼权利分配、审判程序上有着许多区别，但同为审判制度的内容，在审判原则等方面也有一定的共性。只有把握以上区别与共性，才能更好地理解中国的审判制度。

第一章

审判实务概说

审判实务，是人民法院及法官以法院审判为载体，为实现社会公平正义，维系法治社会正当有序社会关系的实践性科学。法官作为审判实务的主要实践着，不仅仅是机械适用法律条文消弭社会纠纷的“工匠”，也是运用法理知识和法理方法按照立法精神和原则适用法律的法理精神诠释者。

第一节　审判活动简介

一、审判活动的概念

审判活动是指法官行使审判权，在当事人和其他诉讼参与人的参与下，严格依照法定程序，为可诉纠纷进行审查并进行裁判的一种活动。审判活动是司法裁判形成的动态过程，其核心是审判权的运行。从内容上看，审判活动主要包括各主体参与审判活动的方式和遵循的程序。审判活动既是一项专门性工作，又是一项社会性工作。作为专门性工作的审判活动，需要大量的专业知识，要求审判者具备极高的法律人思维；而作为社会性工作的审判活动，则需要有丰富的生活阅历，它则要求审判者具备社会政治思维，同时注意兼顾法律界限内的社会效果。

二、审判活动的特征

（一）审判活动是实体正义和程序正义的融合

审判的最高价值在于最大限度地实现正义。但正义是一种价值准则和理念，具有主观性的特征。不同的历史阶段、不同的阶层、不同的群体、不同的人对正义都有着各自不同的认识。由于正义的判断标准存在主观性,所以追求终极意义上的正义是十分困难的。审判活动所追求的正义只能是一种法律下的正义,而非现实生活中的终极正义。法律下的正义是指根据证据所能证明的事实,通过适用法律所能达到的正义。为了实现法律下的正义,审判活动必须兼顾实体正义与程序正义。实体正义是指通过适用法律所取得的结果符合事物的本来面目、符合社会的客观规律。审判活动在绝大多数情况下都能实现实体正义,但也存在例外情况。在审判过程中,对案件事实的再现是建立在人的认知能力的基础上的。但人类的认知能力是有限的,这决定了在所有案件中完全准确地还原案件事实是一个难以企及的目标。在科技急速发展的今天,证据造假技术变得越来越高超,这使得案件事实的认定更加困难。在现有的条件下,审判活动只能无限接近实体正义,而无法在任何情况下都实现实体正义。由于实体正义存在不确定性,所以程序正义的重要性就凸显出来。审判活动中的程序正义主要体现于审判程序的运作过程中,是指程序的正当性,即司法审判中要公正地展开审判活动的过程,使程序利益的分配和程序权利义务的安排符合公平正义的要求。在法治社会中,程序正义是追求实体正义的必要条件。单纯强调实体正义,就会出现为了实体正义而不择手段,通过刑讯逼供、"钓鱼执法"等方式追求实体正义的结果。脱离程序正义而实现的实体正义是畸形的正义,它并不符合公平正义的理念和现代法治原则。因此,审判活动既要追求作为外在性价值的实体正义,亦追求作为内在性价值的程序正义与程序效益。

(二)审判活动是静态规范适用与动态社会实践的结合

审判活动的对象是纷繁复杂的社会关系,社会关系又处在不停变化的进程中。因此,审判活动必须回应动态的社会实践,不能一成不变。这就要求法官在审判活动中运用静态的法律规范对动态的社会实践做出符合法律效果和社会效果的、有说服力的解释,否则审判结果将难以得到民众的认可。法官需要结合特定的社会环境和社会效益进行价值衡量,在现实和法律之间找到一个合适的切入点,正确处理法律适用过程中情理因素的考量问题。一方面,审判活动必须恪守法律规范,以法律思维维护法律秩序的统一;另一方面,审判活动又必须顺应时代发展潮流,回应社会关切的现实问题,为社会提供主流价值观的司法指引。我国正处于社会转型时期,许多矛盾纠纷并不是单纯的法律问题,还牵涉到政策问题和社会问题。要促使这些矛盾纠纷得到解决,不仅需要正确地理解法律和政策,还需要法院和其他部门的相互配合。在一些疑难复杂案件的处理过程中,法官不仅要善于运用法律规范,还要积极争取党委、人大、政府的支持和配合,多措并举地从根本上解决矛盾冲突。在审判活动中,法律适用与社会实践是互动的,而不是孤立的。只有实现静态规范适用与动态社会实践的有机结合,才能切实化解社会矛盾,使裁判结果得到民众的认同。

（三）审判活动注重法律效果和社会效果的统一

审判的目的不仅是为了实施既定的法律，还要通过审判活动将社会矛盾和冲突控制在合理的范围内，实现社会的公平和正义。一方面，法官在审判活动中要注重法律效果，以事实为根据，以法律为准绳，严格公正司法。这里的法律效果并不是指无视社会经济条件的变化和案件的具体情况，僵化、机械地适用法律，因为这并不符合现代法治的精神。只有对法律条文做出更加符合立法精神和社会实际的解释，才是法律效果的应有之义。另一方面，法官在审判活动中还要关注社会效果，关注法律规范背后的社会主流价值观和长远的发展利益，使裁判结果能够得到社会公认观念的认可。当然，关注社会效果并不是指肆意创制或者废止法律规范，法官的自由裁量权只能在法律缺乏明确规定或仅规定了原则、范围、幅度时才能行使。法官对社会效果的判断必须遵循客观化的标准，而不能恣意专断、枉法裁判。审判活动的目的是为了化解社会矛盾，但如果为了社会效果而将这个问题绝对化，就会走向形而上学。在审判活动中存在一种错误的做法，即对于难以化解的矛盾采取“花钱买平安”的方式了结，但结果却破坏了整个社会的规则意识，导致了更多类似的纠纷产生。因此，法律效果是社会效果得到保障的前提，社会效果则是法律效果的重要组成部分。只有通过审判活动的开展，实现法律效果和社会效果的有机统一时，才能将矛盾控制在合理的范围之内，维护社会的和谐稳定。

第二节　我国审判机关的法定职能

根据《中华人民共和国宪法》《中华人民共和国人民法院组织法》（以下简称《人民法院组织法》）等的规定，人民法院是我国行使审判权而依法设立的国家机关。

一、法院的概念与特征

（一）法院的概念

法院（court）是世界各国普遍设立的国家机关，主要通过审判活动惩治犯罪分子，解决社会矛盾和纠纷，维护公平正义。人民法院是中华人民共和国的国家审判机关，中华人民共和国设立最高人民法院、地方各级人民法院和军事法院等专门人民法院。人民法院依照法律规定代表国家独立行使审判权，不受任何行政机关、社会团体和个人的干涉，人民法院是中华人民共和国国家审判机关，其任务是审判刑事案件、民事案件和行政案件。

人民法院审判案件，对于一切公民，不分民族、种族、性别、职业、社会出身、宗教信仰、教育程度、财产状况、居住年限，在适用法律上一律平等，不允许有任何特权。各民族公民都有用本民族语言进行诉讼的权利，人民法院应当对不通晓当地民族通用的语言、文字的诉讼参与人提供翻译等。在少数民族聚居或杂居地区，人民法院应当用当地通用语言进行审判，用当地通用文字发布判决书、布告或其他文件。

（二）法院的特征

1. 法院必须依法设立

人民法院必须依法设立，根据《人民法院组织法》的规定，人民法院依照宪法、法律和全国人民代表大会常务委员会的决定设置。另外，依法设立还要求案件分配制度、合议庭组成制度等均为法定。

2. 法院具有独立性

一方面，人民法院依法独立行使审判权，不受行政机关、社会团体和个人的干涉。人民法院独立行使审判权是指法院行使权力的方式，并不是西方的司法独立。人民法院独立审判能够保证审判工作忠于法律，忠于事实真相，保证法律面前人人平等，但这并不意味人民法院不受任何监督。在我国，人民法院必须向本级人大及其常委会负责并接受监督，下级法院的审判工作要受到上级法院监督，人民法院的审判活动还要接受人民检察院的监督。另一方面，从法院相互关系的本质上讲，法院之间在审判活动方面应当是彼此独立的。法院上下级关系在性质方面具有非行政性，每一级法院都应相互独立，虽然有上下级法院之分，但如果依照法院独立审判的原则，上级法院不能对下级法院对于具体案件的审理进行干预。法官之间不存在上下级的分别，院长和庭长，只行使一种纯粹行政性的职能，法官之间是平等的。法官之间的平等性不仅表现在特定法院的内部，不同级别法院的法官之间也是平等的。

3. 法院具有权威性

人民法院的权威性具有多重含义。一方面，法院的裁判具有权威性。在庭审的过程中，当事人的程序参与权得到有效的保障，公开审判、回避等制度得到充分贯彻。法院的裁判具有权威性，法院的权威性正是来源于其公正的庭审程序与公正的裁判。另一方面，法院的管辖等程序也具有权威性，违反者将承担不利的程序后果，如裁判无效承担程序费用等，甚至故意违反管辖的审判人员应当受到追究。

二、我国的法院体系

我国法院的组织体系由最高人民法院、地方各级人民法院和专门人民法院组成。地方各级人民法院又分为高级人民法院、中级人民法院和基层人民法院。专门人民法院包括军事法院、海事法院、铁路运输法院等。最高人民法院是我国最高审判机关，上级人民法院有权监督下级人民法院的审判工作，上下级法院之间在审判案件上属审级监督关系。

（一）最高人民法院及其巡回法庭

最高人民法院是我国最高审判机关，有权监督地方各级人民法院和专门人民法院的审判工作，设在北京市。为实现管辖的全覆盖，最高人民法院从 2015 年开始设立巡回法庭，审理跨行政区域的重大行政和民商事案件，探索建立与行政区划相适当分离的司法管辖制度，以保证国家法律统一正确的实施。目前最高人民法院一共设立了 6 个巡回法庭，第一巡回法庭于 2015 年 1 月在广东省深圳市设立，管辖广东、广西、海南三省区有关案件。第二巡回法庭于 2015 年 1 月在辽宁省沈阳市设立，管辖辽宁、吉林、黑龙江三省有关案件。第三巡回法庭于 2016 年 11 月在江苏省南京市设立，管辖江苏、上海、浙江、福建、江西五省市有关案件。第四巡回法庭于 2016 年 11 月在河南省郑州市设立，管辖河南、山西、湖北、安徽四省有关案件。第五巡回法庭于 2016 年 11 月在重庆市设立，管辖重庆、四川、贵州、云南、西藏五省区市有关案件。第六巡回法庭，于 2016 年 11 月在陕西省西安市设立，管辖陕西、甘肃、青海、宁夏、新疆五省区有关案件。最高人民法院本部直接管辖北京、天津、河北、山东、内蒙古五省区市有关案件。巡回法庭是最高人民法院派出的常设审判机构，其工作受最高人民法院本部的指导与监督，代表最高人民法院行使审判权，作出的判决、裁定和决定即为最高人民法院的判决裁定和决定。巡回法庭的主要职责是审理巡回区法院的有关案件和办理来信来访。

在审理案件方面，巡回法庭主要管辖辖区内重大的第一审行政和民商事案件、不服高级人民法院作出的第一审行政或民商事判决、裁定提起上诉的案件以及民商事、行政申请再审和刑事申诉等案件。最高人民法院认为巡回法庭受理的案件对统一法律适用有重大指导意义的，可以决定由本部审理；巡回法庭认为已经审理的案件对统一法律适用有重大指导意义的，可以报请最高人民法院本部审理。

（二）地方各级人民法院

地方各级人民法院包括高级人民法院、中级人民法院与基层人民法院。按省、自治区、直辖市各设立一个高级人民法院。中级人民法院包括在省、自治区内按地区、自治州、地级市设立的中级人民法院和在直辖市内设立的中级人民法院。基层人民法院包括县人民法院、县级市人民法院、自治县人民法院、市辖区人民法院等。《人民法院组织法》规定，基层人民法院根据地区、人口和案件情况可以设立若干人民法庭。人民法庭是基层人民法院的派出工作机构，不是一级审判机关，而是基层人民法院的组成部分，它的判决和裁定就是基层人民法院的判决和裁定。

（三）专门人民法院

专门人民法院是指根据实际需要在特定部门设立的审理特定案件的法院。专门人民法院的类别主要有军事法院、铁路运输法院、海事法院、林业法院、农垦法院等。与地方人民法院不同，专门人民法院的设置不是按照行政区划，而是按照自身业务的特点设置的。

1. 军事法院

军事法院是基于军队的体制和作战任务的特殊性而设立的，其具体任务是通过审判危害国家与损害国防力量的犯罪分子，保卫国家安全，维护国家法制和军队秩序，巩固部队战斗力，维护军人和其他公民的合法权利。军事法院分设三级：中国人民解放军军事法院，各大军区、军兵种级单位的军事法院，兵团和军级单位的军事法院，分别相当于地方法院中的高级、中级、基层人民法院。依照最高人民法院《关于军事法院管辖民事案件若干问题的规定》，军事法院审理军内民事案件的范围是：双方当事人均为军人或者军队单位的案件；涉及机密级以上军事秘密的案件；军队设立选举委员会的选民资格案件；认定营区内无主财产案件。

2. 铁路运输法院

铁路运输法院是设在铁路沿线等地的专门人民法院，铁路运输法院主要审理发生在铁路运输过程中发生的刑事、民事等各类案件。铁路运输法院设铁路运输中级人民法院、铁路运输法院两级，分别相当于地方法院中的中级、基层人民法院。截至 2012 年 6 月底，全国铁路法院完成管理体制改革，整体纳入国家司法体系。

3. 海事法院

海事法院是为行使海事司法管权而设立的审判一审海事、海商案件的专门人民法院。海事法院主要审理海事、海商案件。海事法院只设一级，相当于中级人民法院，其上一级法院为其所在地的高级人民法院。目前，我国在北海、广州、厦门、上海、武汉、海口、宁波、青岛、大连、天津设立了十个海事法院。2016 年 3 月 1 日起施行的《最高人民法院关于海事法院受理案件范围的规定》对海事法院受理案件的范围做了明确规定。就民事案件而言，主要包括以下五大类案件：第一，海事侵权纠纷案件；第二，海商合同纠纷案件；第三，海洋及通海可航水域开发利用与环境保护相关纠纷案件；第四，其他海事海商纠纷案件；第五，海事特别程序案件。

4. 知识产权法院

知识产权法院在建制上属于中级人民法院。2014 年 8 月，在北京市、上海市、广州市设立了三个知识产权法院，对知识产权的民事案件和行政案件进行管辖。知识产权法院管辖的第一审民事案件主要包括北京市、上海市和广东省的专利、植物新品种、集成电路布图设计、技术秘密、计算机软件等技术类民事案件，以及涉及驰名商标认定的民事案件。知识产权法院设立后，北京市、上海市和广东省各中级人民法院和基层人民法院不再受理上述案件。2017 年 1 月 19 日，南京、苏州知识产权法庭在南京、苏州两地正式挂牌成立。江苏省内各市的大部分知识产权案件将分别在这两个法庭进行跨区域集中审理。

5. 金融法院

目前，金融法院只有上海金融法院。上海金融法院的管辖范围为上海市辖区内应由中级人民法院受理的第一审证券、期货、信托等金融民商事纠纷，以金融机构为债务人的破产纠纷，以上海市辖区内金融监管机构为被告的涉金融行政案件，以住所地在上海市的金融市场基础设施为被告或者第三人与其履行职责相关的第一审金融民商事案件和涉金融行政案件等。

6. 互联网法院

我国在杭州、北京、广州设立了审理互联网纠纷的互联网法院。互联网法院集中管辖所在市辖区内应当由基层人民法院受理的特定类型的互联网案件，主要包括：互联网购物、服务合同纠纷，互联网金融借款、小额借款合同纠纷，互联网著作权权属和侵权纠纷，互联网域名纠纷，互联网侵权责任纠纷，互联网购物产品责任纠纷，检察机关提起的涉互联网公益诉讼案件，因对互联网实行行政管理引发的行政纠纷，上级人民法院指定管辖的其他互联网民事、行政案件。

7. 国际商事法院

根据最高人民法院《关于设立国际商事法庭若干问题的规定》，最高人民法院设立了国际商事法庭。国际商事法庭的管辖范围为：当事人依照《中华人民共和国民事诉讼法》（以下简称《民事诉讼法》）第 34 条的规定协议选择最高人民法院管辖且标的额为人民币 3 亿元以上的第一审国际商事案件；高级人民法院对其所管辖的第一审国际商事案件，认为需要由最高人民法院审理并获准许的；在全国有重大影响的第一审国际商事案件；依照该规定第 14 条申请仲裁保全、申请撤销或者执行国际商事仲裁裁决的；最高人民法院认为应当由国际商事法庭审理的其他国际商事案件。

8. 林业、农垦法院

林业、农垦法院主要审理发生在林区、垦区的刑事、民事等各类案件。林业、农垦法院各地情况不一，有的设两级，有的只设一级，主要分布在黑龙江等林业比较发达的地区。

第三节 我国的审判制度

一、两审终审制度

（一）两审终审制度的概念

两审终审制度，是指一个案件经过两级法院裁判后就宣告终结的制度。根据两审终审制度的要求，地方各级人民法院审理第一审案件，在作出判决和裁定之后，不会立即发生法律效力，只有在法定的期限内有上诉权的当事人没有上诉、人民检察院也没有提出抗诉的情况下，第一审判决、裁定才能发生法律效力。如果在法定期限内有上诉权的人提出上诉，或者人民检察院提出抗诉，上一级人民法院才能对案件进行审理。第一审法院的判决、裁定也就不发生法律效力。

当然，由于我国有审判监督程序，所以两审终审制并不意味着一个民事案件经过两级法院裁判后就一定不会被再次审判。对于已经发生法律效力的判决书、裁定书或者调解书，有可能通过审判监督程序进行再审，从而撤销或者变更原裁判文书或者调解书的内容。

（二）两审终审制度的例外

在我国，并非所有的案件都实行两审终审，如最高人民法院管辖部分第一审案件，其作出的一审裁判无法上诉。最高人民法院设立的巡回法庭以及国际商事法庭所作出的一审裁判，也是最高法院的一审裁判，也是无法上诉的。除前述情形之外，下列几种案件是一审终审，即第一审法院裁判后就发生法律效力，当事人不能上诉。

1. 民事案件两审终审的例外

（1）调解案件。民事案件经过法院调解，当事人达成调解协议后，法院通常情况下会给当事人制作并送达调解书，双方当事人都签收调解书后或者都在调解协议上签字后，调解即发生法律效力，当事人不能上诉。

（2）大部分裁定。民事诉讼过程中有各种各样的裁定，其中只有对不予受理、驳回起诉和管辖权异议三种裁定才能上诉，其他裁定一律不能上诉，这也是从诉讼效率出发考虑的，上述三种裁定比较重大，因此允许上诉。对于不能上诉的裁定，有的可以通过申请复议的途径进行救济，有的则无救济渠道。

（3）小额诉讼程序案件与非讼案件。依据《民事诉讼法》的规定，凡是适用小额诉讼程序进行审理的案件，都实行一审终审，裁判一经宣告即发生法律效力，当事人不能上诉。小额诉讼程序中驳回起诉和管辖权异议的裁定也是不能上诉的。

另外，非讼案件也是不能上诉的。

2. 刑事案件两审终审的例外

（1）判处死刑的案件。判处死刑的案件，必须依法经过死刑复核程序核准后，判处死刑的裁判才能生效并交付执行。

（2）地方各级人民法院依照刑法规定在法定刑以下判处刑罚的案件。地方各级人民法院依照刑法规定在法定刑以下判处刑罚的案件，必须经过最高人民法院核准，判决、裁定才能生效并交付执行。

二、公开审判制度

（一）公开审判的内容

公开审判，是指除非法律另有规定，审判的过程和结果都应当依法向社会和当事人公开。人民法院审判案件，除另有规定的以外，一律公开进行。公开审判使审判的过程和结果公开、透明，便于人民和社会的监督，有助于保障和促进审判的公平和公正，也能够起到法制教育与宣传的作用。

根据我国相关法律及司法解释的规定，我国公开审判具体包括以下内容：①开庭公告（布）。公开审判的案件，法院应当在开庭一定时间前发布开庭公告，公布案由，当事人姓名或者名称、开庭的时间和地点等。②群众旁听。公开审判的案件，法院开庭审理的过程应当向群众公开，允许群众全程旁听。但是，下列人员不得旁听：证人、鉴定人、勘验人、专家辅助人、精神病人、醉酒的人、未获得法院批准的未成年人、拒绝接受安全检查的人，以及其他有可能妨害法庭秩序的人。③对媒体公开。媒体有权监督法院的审判活动，法院应当主动接受媒体的监督，并为之提供各种便利条件。但是媒体的录音、录像、拍照等传播行为必须事先经过法院许可，并在法庭指定的区域内进行，不得妨碍庭审活动的正常进行。④对当事人公开。法院应当保障当事人在诉讼中的知情权。当事人有权知悉诉讼中与自己利益相关的信息，如对方的诉讼请求、对方的辩驳理由、对方的证据材料等。⑤宣判公开。无论是公开审判的案件，还是不公开审判的案件，宣告裁判结果都应当公开进行。对于不公开审判的案件，法院宣判时不能宣告涉及不公开审判的内容。宣判公开，意味着宣判过程允许群众和记者旁听，也允许媒体进行报道。⑥裁判文书公开。法院作出的已经发生法律效力的判决书和裁定书，除涉及国家秘密、商业秘密、个人隐私等，依法都应当通过多种途径向社会公开，公民、法人和其他组织有权申请查阅已经发生法律效力的判决书、裁定书。

（二）不公开审判的案件

1. 应当不公开审判的案件

应当不公开审判也称绝对不公开审判，是指案件必须无条件不公开审判。根据相关法律的规定，涉及国家秘密的案件和涉及个人隐私的案件都属于应当不公开审判的案件。

2. 可以不公开审判的案件

可以不公开审判也称相对不公开审判，是指如果案件当事人申请不公开审判，法院可以决定不公开审判，如果当事人没有申请不公开审判，法院应当将案件进行公开审判。涉及商业秘密的案件和离婚案件属于可以不公开审判的案件。

三、合议制度

（一）合议制度的概念与合议庭的组成

合议制度，是指由3名以上单数的审判人员组成的审判庭对案件进行审判的制度，通过合议制度组成的审判庭叫合议庭。实行合议制是世界各国立法的通例。

合议庭的人数是3名以上单数。在我国目前的司法实践中，绝大多数的合议庭都是由3名审判人员组成的，但如果案件重大、疑难或者影响大，也可以组成由3人以上单数审判人员组成的合议庭。审判员、助理审判员均可以成为合议庭的组成人员。助理审判员代行审判员职务时，在法律文书中都表述为代理审判员。人民陪审员也可以成为合议庭的组成人员，人民陪审员参加合议庭进行审判活动，除法律另有规定外，同法官享有同等权利。合议庭除了组成人员外，还需要数量不等的法官助理、书记员等司法辅助人员协助进行工作，这些司法辅助人员并不是合议庭的组成人员，他们没有审判职权，只承担一些辅助性的工作。合议庭组成人员确定后，除因回避或者其他特殊情况不能继续参加案件审理的之外，不得在案件审理过程中更换。

(二)合议庭评议规则

合议庭评议是合议庭全体成员讨论和议决案件处理结果的活动。合议庭评议案件，必须坚持以事实为根据，以法律为准绳的原则，做到案件事实清楚、适用法律正确、程序合法。

合议庭评议活动由审判长主持。合议庭成员进行评议时，应当充分陈述意见，独立行使表决权。评议应当制作笔录，由合议庭成员签名。如果意见分歧，应当按多数人的意见作出决定，但是少数人的意见应当写入合议庭评议笔录。合议庭评议意见如果分歧较大，无法形成多数意见，可以将案件提交本院内部的专业法官会议讨论。专业法官会议对案件的处理意见与合议庭评议结果不一致的，合议庭应当复议一次，复议以后仍然分歧较大的，应按规定提交本院审判委员会讨论决定。

四、人民陪审制度

人民陪审制度，是指非职业法官的人民陪审员依法参与到合议庭中来行使审判权的制度。人民陪审员制度是社会主义民主政治在司法领域的具体体现，也是中国特色社会主义司法制度的重要内容。长期以来，人民陪审员制度在推进司法民主、促进司法公正、提高司法公信等方面一直发挥着重要作用。2018年4月27日第十三届全国人民代表大会常务委员会第二次会议通过了《中华人民共和国陪审员法》，该法自公布之日起施行。

(一)人民陪审员的任免与资格

人民陪审员由基层人民法院所在地的同级人民代表大会常务委员会任免。基层人民法院审判案件需要人民陪审员参加合议庭审判的，应当在基层人民法院的人民陪审员名单中随机抽取确定，中级人民法院、高级人民法院审判案件需要由人民陪审员参加合议庭审判的，在其辖区内的基层人民法院的人民陪审员名单中随机抽取确定。人民陪审员的名额，由基层人民法院根据审判案件的需要，提请同级人民代表大会常务委员会确定，一般不低于本院法官数的3倍。

我国只有第一审案件的合议庭才允许有人民陪审员参与。在有人民陪审员参加的合议庭中由法官担任审判长，可以组成 3 人合议庭，也可以组成由法官 3 人与人民陪审员 4 人组成的 7 人合议庭。

（二）人民陪审员审理案件的类型

对于何种类型的一审案件需要人民陪审员参加合议庭审判，一般由人民法院决定。有下列情形之一的，可以由人民陪审员和法官共同组成合议庭：①涉及群众利益、公共利益的；②人民群众广泛关注或者其他社会影响较大的；③案情复杂或者有其他情形，需要由人民陪审员参加审判的。第一审案件的当事人也有权向人民法院申请由人民陪审员参加合议庭审判，是否准许，由人民法院决定。

合议庭评议案件时，审判长应当对本案中涉及的事实认定、证据规则、法律规定等事项以及应当注意的问题，向人民陪审员进行必要的解释和说明，但不得妨碍人民陪审员对案件的独立判断。

五、回避制度

回避制度，是指在民事诉讼过程中，审判人员及其他人员遇有法律规定的特殊情形时，退出对某一具体案件审判活动的制度。法律设定回避制度的目的是为了确保审判的公平和公正，也是法官中立的必然结果。

（一）回避主体

回避主体是指在法律明确规定的回避情形下，应当回避的人员。根据相关规定，回避主体主要包括：①审判人员。审判人员包括参与本案审理的法院院长、副院长、审判委员会委员、庭长、副庭长、审判员、助理审判员和人民陪审员。②书记员与法官助理。书记员是法院内部担任案件审判记录和其他一些司法辅助工作的人员，其主要职责是审判的记录工作，并办理有关审判的辅助性事项，如开庭准备、保管证据、整理卷宗、司法统计等工作。法官助理是专职审判辅助工作的司法人员，他们不负责审判的记录，他们的职责是在法官的督导下，协助法官进行案件审判过程性的工作，如协助法官采取诉讼保全措施、办理委托鉴定、评估、审计等事项。③检察人员与侦查人员。应当回避的检察人员包括检察长、副检察长、检察委员会委员、检察员和助理检查员。侦查人员包括负责案件侦查的侦查人员、机关负责和侦查部门的负责人。④翻译人员、鉴定人、勘验人等。鉴定人是受法院指派或者聘请，运用自己的专业知识或者技能，对案件中的专门性问题进行分析判断，并提供鉴定意见的人。勘验人可以是法院内部专职的勘验人，也可以是审判庭成员，还可以是在特殊技术领域内聘请的其他人员。

（二）回避事由

回避事由，即在什么情况下回避主体需要回避，分为以下两种情况：

1. 应当回避的事由

应当回避也称自行回避，是指回避主体遇有法定情形之一时，应当主动提出回避申请，要求自己退出该案件的审判活动。如果本人没有自行提出回避申请，当事人任何一方都有权申请其回避，申请可以是书面或者口头的。审判人员有应当回避的情形，本人没有自行回避，当事人也没有申请其回避的，由院长或者审判委员会决定其回避，这种回避的方式称为职权回避，即依职权主动决定其回避。

回避主体有下列情形之一的，应当自行回避，当事人有权申请其回避：①是本案当事人或者当事人近亲属；②本人或者近亲属与本案有利害关系；③担任过本案的证人、鉴定人、诉讼代理人、翻译人员；④是本案诉讼代理人近亲属；⑤本人或者其近亲属持有本案非上市公司当事人的股份或者股权；⑥与本案当事人或者诉讼代理人有其他利害关系，可能影响案件公正审判的。

2. 申请回避的事由

回避主体有下列情形之一的，当事人有权申请其回避：①接受本案当事人及其受托人宴请，或者参加由其支付费用的活动；②索取、接受本案当事人及其受托人财务或者其他利益；③违反规定会见本案当事人、诉讼代理人；④为本案当事人推荐、介绍诉讼代理人，或者为律师、其他人员介绍代理本案；⑤向当事人及其受托人借用款物；⑥有其他不正当行为，可能影响案件公正审判。存在上述情形之一的，当事人有权申请其回避，但是，上述情形不适用应当回避的规定。

（三）回避的效力与违反回避的法律后果

回避决定一经做出，即发生法律效力，应当回避的人员必须立即退出诉讼活动。在作出决定前，自行请求回避或被当事人申请回避的人员应当停止进行本案的诉讼活动。但在刑事案件中，鉴于刑事侦查工作的紧迫性和特殊性，为防止延误侦查，侦查人员在提出自行回避或当事人提出要求其回避的申请以后，可以照常进行刑事侦查活动，直到有关组织或个人依法对这一回避进行审查并做出准许回避决定后，该侦查人员才能停止对案件的侦查工作，但其他侦查人员应当立即接替其继续或重新开始侦查工作。对于回避决定作出前所取得的证据和进行的诉讼行为是否有效，根据相关规定，对符合《中华人民共和国刑事诉讼法》（以下简称《刑事诉讼法》）第 29 条、第 30 条规定的情形之一而回避的侦查人员、检察人员在回避决定作出前所取得的证据和已经进行的诉讼行为，由作出决定的公安机关负责人、检察长或者检察委员会根据案件具体情况作出决定。

回避主体应当回避而没有回避，是严重违反民事诉讼程序的行为，构成程序违法。根据规定，如果在二审程序中发现一审中有违背规定的，不论裁判结果是否有错误，二审法院都应将案件发回原审法院重审。同时，审判人员应当回避而没有回避的，也是案件再审的法定理由。

第二章

立　案

第一节　立案概说

立案，是指人民法院对刑事案件或者民事、行政纠纷进行审查后，根据其是否符合法定条件，决定是否将上述案件或纠纷作为诉讼案件进行审理的一种诉讼活动。立案标志着审判活动的开始，立案活动主要可以分为刑事案件立案、民事案件立案和行政案件立案。尽管立案只是一项程序性的审查机制，但它直接决定了后续诉讼程序能否启动，具有十分重要的现实意义。

一、立案的制度功能

对广大民众而言，司法审判是最普遍、最重要的争端解决方式。但是，任何一个制度都有它的边界，而制度的边界是由它的有效性所决定的，审判制度也不例外。审判制度的边界决定了并不是所有的纠纷都能够进入法院并通过审判方式予以解决。一方面，这是由人民法院司法资源的有限性决定的。在人民法院审判人员普遍不足的情况下，如果任由大量本不应由人民法院处理的纠纷涌入法院，不仅会使法官们疲于招架，也会严重损害司法的效率和公正。另一方面，审判活动对于社会纠纷的解决也有其自身的局限性。在很长的一段时间里，“拿起法律的武器”“为权利而斗争”似乎成为一种社会共识，似乎所有的纠纷都能够通过审判活动解决。但审判制度毕竟只是众多纠纷解决机制中的一种，而且它也有自身的局限性，无法完全替代其他类型的纠纷解决机制。当纠纷大量转移到人民法院来解决时，其他的纠纷解决机制就会萎缩、弱化。这既不符合人民法院在我国的角色定位，也不符合我国的司法传统。因此，就需要一种程序性的审查机制来确定哪些案件依法可以进入审判程序，哪些案件因为不符合法律规定而不能进入审判程序。这一程序性审查机制就是立案制度。

立案制度是法院受理案件的过滤机制，是庭审、执行等程序的前置性诉讼程序，它有效降低了法院的“诉累”风险，是一定时期司法资源与案件量的平衡机制。也就是说，当大量社会纠纷通过立案程序进入法院审理视野时，立案制度必须发挥相应的作用。但是它也不能过多地让不应由法院审理的纠纷大量涌入法院，从而伤害司法的效率和公正。因此，对于刚进入法院的纠纷争议进行形式审查就成为必要了。形式审查是指法院只负责审查所受理的纠纷是否符合法律要求的诉讼程序要件，如起诉书是否具有明确的记载事项、受理法院有无管辖权，等等。① 在司法实践中，部分法院对立案受理的把握过严，使一些应当受理的案件无法进入审判程序。同时，由于案多人少、行政干预、法律缺乏明确规定等，部分法院以立案审查作为挡箭牌，故意将一些棘手的案件拒之门外，甚至对当事人的起诉不收材料、不予答复、不出具法律文书。这不仅不利于保障人民群众的诉权，对司法公信力也是极大的破坏。

为了解决三大诉讼中“立案难”的问题，党的十八届四中全会要求改革法院的案件受理制，变立案审查制为立案登记制，做到有案必立、有诉必理。为了贯彻落实党的十八届四中全会精神，最高人民法院于2015年发布的《关于人民法院登记立案若干问题的规定》确立了我国由立案审查制向立案登记制的转变。在实行立案登记制后，人民法院对符合法律规定条件的民事起诉、行政起诉、刑事自诉、强制执行和国家赔偿申请，一律接收诉状或申请，当场登记立案。部分群众对此产生了误读，认为只要向人民法院提起诉讼，人民法院就必须立案。这种观点并不符合立案登记制的初衷。因为，登记不等于受理，一个案件要得到法院的受理，必须符合法律规定的受案条件。立案登记制要解决的是非法律因素所导致的“立案难”现象，它并没有否定法院的立案审查职能，更没有将立案工作简化为案件登记工作。

二、立案的启动方式

民事诉讼、行政诉讼作为解决当事人之间民事纠纷、行政纠纷的一种公力救济制度，实行的是“不告不理”原则。质言之，起诉是启动民事诉讼、行政诉讼的重要条件。但是，仅有当事人的起诉是无法启动民事诉讼、行政诉讼程序的。人民法院还需要对原告的起诉进行审查后，认为起诉符合法定条件，决定立案受理，才能启动民事诉讼、行政诉讼程序。因此，在民事诉讼、行政诉讼中，只有原告的起诉和人民法院的受理行为相结合时，诉讼程序才能启动。

---

① 江国华.司法实务[M].武汉：武汉大学出版社，2015：85.

刑事案件的立案与民事案件、行政案件的立案则存在差异。刑事案件的立案可以分为公诉案件和自诉案件两类。公诉案件是指人民检察院对于侦查终结或者监察机关调查终结移送的案件,经审查认为符合起诉条件,依法作出起诉决定,代表国家将犯罪嫌疑人提交法院审判的案件。刑事立案可以分为刑事案件的立案和刑事诉讼的立案。对公诉案件而言,刑事案件的立案是指公安机关、人民检察院对于报案、控告、举报、自首等方面的材料,依照管辖范围进行审查,以决定是否作为刑事案件进行侦查的一种诉讼活动。刑事诉讼的立案则是指人民检察院对侦查终结或者监察机关调查终结移送的案件,依法向人民法院提起公诉,人民法院予以受理的诉讼活动。前者的立案主体是公安机关、人民检察院;后者的立案主体则是人民法院。《刑事诉讼法》第 186 条规定:"人民法院对提起公诉的案件进行审查后,对于起诉书中有明确的指控犯罪事实的,应当决定开庭审判。"由此可见,尽管人民法院受理公诉案件也需要进行初步审查,但只需要查明起诉书中是否有明确的指控犯罪事实即可。这是由于公诉案件具有国家追诉的强制性,因此只要符合形式条件,人民法院就应当受理。而且,公诉案件不实行"不告不理"原则。自诉案件是指由被害人或其法定代理人、近亲属向人民法院直接提起诉讼,由人民法院直接受理的轻微的刑事案件。自诉案件的立案与民事案件、行政案件的立案类似,实行的是"不告不理"原则。质言之,对于自诉案件,必须先由被害人或其法定代理人、近亲属提出控告,否则人民法院不予受理。

第二节 立案的法定条件

一、刑事案件的立案条件

刑事诉讼中的立案,是指公安机关、人民检察院、人民法院对报案、控告、举报、自首等方面的材料,依照管辖范围进行审查,以判明是否确有犯罪事实存在和应否追究刑事责任,并依法决定是否作为刑事案件进行侦查或审判的一种诉讼活动[①]。《刑事诉讼法》第 109 条规定:"公安机关或者人民检察院发现犯罪事实或者犯罪嫌疑人,应当按照管辖范围,立案侦查。"《刑事诉讼法》第 114 条规定:"对于自诉案件,被害人有权向人民法院直接起诉。被害人死亡或者丧失行为能力的,被害人的法定代理人、近亲属有权向人民法院起诉。人民法院应当依法受理。"由此可见,刑事案件可以分为公诉案件和自诉案件。公诉案件由公安机关和检察机关立

① 陈卫东.刑事诉讼法学[M].北京:高等教育出版社,2017:227.

案侦查后，由人民检察院决定是否向人民法院提起公诉。自诉案件由人民法院直接受理。

1. 公诉案件的立案条件

《刑事诉讼法》第 112 条规定："人民法院、人民检察院或者公安机关对于报案、控告、举报和自首的材料，应当按照管辖范围，迅速进行审查，认为有犯罪事实需要追究刑事责任的时候，应当立案；认为没有犯罪事实，或者犯罪事实显著轻微，不需要追究刑事责任的时候，不予立案，并且将不立案的原因通知控告人。控告人如果不服，可以申请复议。"由此可见，公诉案件的立案条件主要有以下两个：

（1）有犯罪事实。犯罪事实，是指有被客观、真实的证据所证明的危害社会的犯罪行为的存在，包括犯罪的预备、实施、未遂、中止和既遂。这不意味着证实犯罪的证据需要达到确实、充分的程度，但也不应是办案人员的主观臆断或随意猜想。这里的犯罪事实，是依照刑法规定构成犯罪的事实。这便要求公安司法机关对有关材料进行审查，正确区分犯罪与违规、违纪、行政处罚。这里的犯罪事实，还应当有相关的证据材料证明，主要是指有证据证明犯罪事件已经发生，而对犯罪主体、犯罪主观方面等的查明则不是立案的必要条件，而是立案后需要进一步查清的问题。因此，此时的证据并不要求达到充分的程度，也不要求一定要查获犯罪人，更不要求查案件的全部事实和情节。

（2）需要追究刑事责任。需要追究刑事责任，是指立案追究的行为，必须是具有社会危害性和刑罚可罚性的行为，只有当某种犯罪事实确需追究行为的刑事责任时，才予以立案。有犯罪事实并不意味着都需要立案以启动刑事追究程序，因为立案是以追究犯罪嫌疑人、被告人的刑事责任，实现国家刑罚权为目的，但并不是所有的犯罪事实都需追究刑事责任。对于法律规定不需要追究刑事责任的情形，公安司法机关就不应当追究刑事责任，不予立案。已经立案追究的，在侦查阶段应撤销案件；在起诉阶段应不起诉；在审判阶段应终止案件或者宣告无罪。① 所谓法律规定不追究刑事责任的情形，主要是指《刑事诉讼法》第 16 条规定的六种情形：①情节显著轻微、危害不大，不认为是犯罪的；②犯罪已过追诉时效期限的；③经特赦令免除刑罚的；④依照刑法告诉才处理的犯罪，没有告诉或者撤回告诉的；⑤犯罪嫌疑人、被告人死亡的；⑥其他法律规定免予追究刑事责任的。

2. 自诉案件的立案条件

由于自诉案件未经过侦查、提起公诉程序，而是由人民法院立案后直接进行审判，所以自诉案件的立案条件应当高于公诉案件。自诉案件除了应具备公诉案件的两个立案条件以外，根据最高人民法院《关于适用〈中华人民共和国刑事诉讼法〉的解释》（以下简称《刑事诉讼法解释》）第 316 条的规定，还应当具备以下立案

---

① 胡铭. 刑事诉讼法入门笔记[M]. 北京：法律出版社，2019：190.

条件:①案件属于刑事自诉案件的范围;②案件属于受诉人民法院管辖;③被害人告诉;④有明确的被告人、具体的诉讼请求和证明被告人犯罪事实的证据。根据《刑事诉讼法》第210条、《刑事诉讼法解释》第1条的规定,人民法院直接受理的刑事自诉案件包括:

(1)告诉才处理的案件:①侮辱、诽谤案(刑法第246条规定的,但严重危害社会秩序和国家利益的除外);②暴力干涉婚姻自由案(刑法第257条第1款规定的);③虐待案(刑法第260条第1款规定的,但被害人没有能力告诉或者因受到强制、威吓无法告诉的除外);④侵占案(刑法第270条规定的)。

(2)人民检察院没有提起公诉,被害人有证据证明的轻微刑事案件:①故意伤害案(刑法第234条第1款规定的);②非法侵入住宅案(刑法第245条规定的);③侵犯通信自由案(刑法第252条规定的);④重婚案(刑法第258条规定的);⑤遗弃案(刑法第261条规定的);⑥生产、销售伪劣商品案(刑法分则第三章第一节规定的,但严重危害社会秩序和国家利益的除外);⑦侵犯知识产权案(刑法分则第三章第七节规定的,但严重危害社会秩序和国家利益的除外);⑧刑法分则第四章、第五章规定的,可能判处三年有期徒刑以下刑罚的案件。

上述八类案件,被害人直接向人民法院起诉的,人民法院应当依法受理。对其中证据不足,可以由公安机关受理的,或者认为对被告人可能判处三年有期徒刑以上刑罚的,应当告知被害人向公安机关报案,或者移送公安机关立案侦查。

(3)被害人有证据证明对被告人侵犯自己人身、财产权利的行为应当依法追究刑事责任,且有证据证明曾经提出控告,而公安机关或者人民检察院不予追究被告人刑事责任的案件。

二、民事案件的立案条件

(一)起诉条件

民事诉讼作为解决公民、法人、其他组织之间民事纠纷的公力救济制度,采取的是"不告不理"的原则。因此,起诉是启动民事审判程序的重要条件。根据《民事诉讼法》及最高人民法院《关于适用〈中华人民共和国民事诉讼法〉的解释》(以下简称《民事诉讼法解释》),起诉应同时具备下列实质要件和形式要件:

1. 实质要件

(1)原告是与本案有直接利害关系的公民、法人或其他组织。"公民、法人、其他组织"是我国民事诉讼法确定的具有民事诉讼主体资格的不同类型的当事人,原告应当属于其中一种,即应当具备诉讼主体资格。同时,还应当与本案有直接利害关系,即原被告之间有民事权利义务争议,即符合正当当事人的条件。

(2)有明确的被告。原告起诉时,应当向法院明确表示被告的名称、住址等自然情况,即在诉状中载明其与哪一个民事诉讼主体发生了民事权益争议,以便法院传唤被告,向被告送达诉讼文书等。如果原告起诉时没有明确的被告,仅声明其民事权益受到侵害,或者被告不明确,法院因无法审理而不予受理。

(3)有具体的诉讼请求和事实、理由。原告起诉时应当有具体的诉讼请求,以便被告应诉答辩,以便法院确定当事人之间的争议的焦点,在当事人诉讼请求范围内审理裁判。另外,原告在提出诉讼请求的同时,还应当提出支持其诉讼请求的根据和理由,以便被告答辩及法院审理裁判。原告起诉时,这些事实和理由不要求必须提供具体的证据材料,只有原告的陈述也可。因为,原告起诉没有证据的情况下并不必然败诉,如果被告的陈述与原告一致,即被告自认时,原告可因此而胜诉,法院可以判原告的主张成立。过去实务中,曾经有法官因原告起诉时无证据材料而拒绝立案或不予受理,这种错误不应当再发生。

(4)属于人民法院主管和受诉法院管辖。属于人民法院主管是指原告提起的诉讼属于人民法院受理民事诉讼纠纷的范围之列,若当事人之间的争议不属于人民法院受理的范畴,法院立案审查时就不会受理。不是所有的纠纷法院都应当受理,法院受理的民事主体之间的纠纷应当具有民事权利义务争议的性质,应当在我国人民法院规定受理的范围内。属于受诉人民法院管辖,是指根据民事诉讼法关于级别管辖和地域管辖的规定,根据各地高级人民法院依据最高人民法院的授权,根据本辖区的具体情况作出的关于级别管辖的补充规定,对原告起诉的案件,受诉人民法院具有管辖权。如果原告起诉的案件仅仅属于法院主管,但并不属于受诉法院管辖的,法院就不应当受理,而应告知原告向有管辖权的人民法院提起诉讼。

2. 形式要件

(1)提交起诉状。根据《民事诉讼法》第 123 条的规定,当事人起诉应当向人民法院递交起诉状,并按照被告人数提出副本。原告书写起诉状确有困难的,也可以口头起诉,口头起诉的,由人民法院将口头起诉的情况记入笔录,并告知对方当事人。起诉原则上采用书面形式,特殊情况下采用口头方式。

(2)预交案件受理费。原告起诉应当向法院预交案件受理费,预交案件受理费确有困难的,可以依法向法院申请缓交、减交或免交。原告若在规定期内未交案件受理费,经法院通知后仍不预交,或者提出缓交、减交或免交申请未获得法院批准的,法院将作出裁定,按其自动撤诉处理。①

(二)审查起诉

1. 受理与立案登记制

人民法院收到原告的起诉状或者口头起诉后,应当依据民事诉讼法的规定进行审查,决定是否立案。在我国以往的民事诉讼理论中,原告的起诉并不一定导致民事诉讼程序的启动。只有经过人民法院的审查,认为原告的起诉符合法定条件,

---

① 侯登华,张晓茹.民事诉讼法学[M].武汉:华中科技大学出版社,2019:228-229.

决定受理后,才能启动民事诉讼程序。"立案难"问题一度曾是我国人民群众反映较为强烈的问题。为了保障当事人诉诸司法解决民事纠纷权利的实现,党的十八届四中全会要求改革法院的案件受理制,变立案审查制为立案登记制,做到有案必立、有诉必理。为了贯彻落实党的十八届四中全会精神,最高人民法院于2015年发布的《关于人民法院登记立案若干问题的规定》确立了我国由立案审查制向立案登记制的转变。《关于人民法院登记立案若干问题的规定》第2条第2款、第3款规定:"对符合法律规定的起诉、自诉,人民法院应当当场予以登记立案。对不符合法律规定的起诉、自诉,人民法院应当予以释明。"第10条规定:"人民法院对下列起诉、自诉不予登记立案:(1)违法起诉或者不符合法律规定的;(2)涉及危害国家主权和领土完整的;(3)危害国家安全的;(4)破坏国家统一和民族团结的;(5)破坏国家宗教政策的;(6)所诉事项不属于人民法院主管的。"从上述规定可以看出,尽管我国在民事诉讼中采取立案登记制,但原告的起诉行为并不必然导致法院受理的法律后果,人民法院仍然依据法律规定需要审查是否符合法定条件。

2. 审查起诉的内容

人民法院审查起诉的内容主要是原告的起诉是否符合《民事诉讼法》第122条的起诉条件以及是否具有《民事诉讼法》第127条的特殊情形。《民事诉讼法》第126条规定:"人民法院应当保障当事人依照法律规定享有的起诉权利。对符合本法第一百二十二条的起诉,必须受理。符合起诉条件的,应当在七日内立案,并通知当事人;不符合起诉条件的,应当在七日内作出裁定书,不予受理;原告对裁定不服的,可以提起上诉。"对此,《民事诉讼法解释》第208条又强调:"人民法院接到当事人提交的民事起诉状时,对符合民事诉讼法第一百二十二条的规定,且不属于第一百二十七条规定情形的,应当登记立案;对当场不能判定是否符合起诉条件的,应当接收起诉材料,并出具注明收到日期的书面凭证。需要补充必要相关材料的,人民法院应当及时告知当事人。在补齐相关材料后,应当在七日内决定是否立案。"

3. 对不符合法定条件的起诉的处理

根据《民事诉讼法》第127条和《民事诉讼法解释》第214条、第215条的规定,人民法院对于不符合法定条件的起诉,分别以下列方法处理:①依照行政诉讼法的规定,属于行政诉讼受案范围的,告知原告提起行政诉讼;②依照法律规定,双方当事人达成书面仲裁协议申请仲裁、不得向人民法院起诉的,告知原告向仲裁机构申请仲裁;③依照法律规定,应当由其他机关处理的争议,告知原告向有关机关申请解决;④对不属于受诉法院管辖的案件,告知原告向有管辖权的人民法院起诉;⑤对判决、裁定、调解书已经发生法律效力的案件,当事人又起诉的,告知原告申请再审,但人民法院准许撤诉的裁定除外;⑥依照法律规定,在一定期限内不得起诉的案件,在不得起诉的期限内起诉的,不予受理;⑦判决不准离婚和调解和好的离婚案件,判决、调解维持收养关系的案件,没有新情况、新理由,原告在六个月内又起诉的,不予受理;⑧原告撤诉或者按撤诉处理的离婚案件,没有新情况、新理由,六个月内又起诉的,比照民事诉讼法第一百二十七条第七项的规定不予受理;⑨当事人在书面合同中订有仲裁条款,或者在发生纠纷后达成书面仲裁协议,一方向人民法院起诉的,人民法院应当告知原告向仲裁机构申请仲裁,其坚持起诉的,裁定不予受理,但仲裁条款或者仲裁协议不成立、无效、失效、内容不明确无法执行的除外。

三、行政案件的立案条件

(一)起诉条件

1. 一般条件

行政诉讼起诉的一般条件是指公民、法人或者其他组织向人民法院提起行政诉讼必须具备的法律规定的要件。依据《中华人民共和国行政诉讼法》(以下简称《行政诉讼法》)第49条的规定,行政诉讼的一般条件包括:

(1)原告是符合《行政诉讼法》第二十五条规定的公民、法人或者其他组织。在行政诉讼中,原告起诉必须是认为自己的合法权益受到行政主体的行政行为侵犯或者是不服行政主体的行政处理决定,才会出现行政争议,也就是说,必须是与本案有利害关系的行政相对人才可以行使起诉权,向人民法院提起诉讼。

(2)有明确的被告。原告在向人民法院提起诉讼时,必须明确指出被告是谁,是谁侵犯了他的合法权益,或者是与谁发生了行政争议。在行政诉讼中,只有原被告双方都十分明确具体,才能形成行政诉讼中的一对矛盾。否则,人民法院将无法开展行政审判活动。

(3)有具体的诉讼请求和事实根据。诉讼请求是指原告请求人民法院通过司法程序保护自己合法权益的具体内容。在不同类型的行政案件中,诉讼请求的内容各不相同,但诉讼请求必须明确具体。事实根据是指原告向法院起诉提出诉讼请求所依据的事实和理由,包括争议事实发生的全部经过,以及能够证明案情事实存在的必要证据。

(4)属于人民法院的受案范围和受诉人民法院的管辖。属于人民法院的受案范围,是指原告起诉的案件,必须符合行政诉讼法关于受案范围的规定,属于法院的主管范围,是人民法院行使行政审判权的对象,否则不能起诉。属于受诉人民法院的管辖,是指原告起诉的案件要符合行政诉讼法关于受案范围的规定,还必须符合行政诉讼法关于管辖的规定①。

---

① 应松年.行政法与行政诉讼法学[M].北京:高等教育出版社,2017:496-497.

2. 程序条件

尽管行政案件的审判权应由人民法院统一行使，但行政争议数量大、种类多，人民法院不可能对所有行政争议都做出处理。大量的行政争议仍是行政机关内部通过行政复议的方式处理。因此，行政诉讼和行政复议是解决行政争议的两大途径，这两者的关系直接影响到人民法院对行政案件的受案范围。《行政诉讼法》第44条规定："对属于人民法院受案范围的行政案件，公民、法人或者其他组织可以先向行政机关申请复议，对复议决定不服的，再向人民法院提起诉讼；也可以直接向人民法院提起诉讼。法律、法规规定应当先向行政机关申请复议，对复议决定不服再向人民法院提起诉讼的，依照法律、法规的规定。"依据上述规定，《行政诉讼法》采取了当事人选择和复议前置相结合的立法方式，以当事人选择为原则，以复议前置为例外。在行政诉讼实践中，应按照以下规定进行处理：

（1）法律、法规规定应当先申请复议，公民、法人或者其他组织未申请复议直接提起诉讼的，人民法院裁定不予立案。依照《行政诉讼法》第45条的规定，复议机关不受理复议申请或者在法定期限内不作出复议决定，公民、法人或者其他组织不服，依法向人民法院提起诉讼的，人民法院应当依法立案。

（2）法律、法规未规定行政复议为提起行政诉讼必经程序，公民、法人或者其他组织既提起诉讼又申请行政复议的，由先立案的机关管辖；同时立案的，由公民、法人或者其他组织选择。公民、法人或者其他组织已经申请行政复议，在法定复议期间内又向人民法院提起诉讼的，人民法院裁定不予立案。

（3）法律、法规未规定行政复议为提起行政诉讼必经程序，公民、法人或者其他组织向复议机关申请行政复议后，又经复议机关同意撤回复议申请，在法定起诉期限内对原行政行为提起诉讼的，人民法院应当依法立案。

3. 时间条件

行政相对人提起行政诉讼的时间条件可以分为以下两种：

（1）不服行政复议提起诉讼的期限。《行政诉讼法》第45条规定："公民、法人或者其他组织不服复议决定的，可以在收到复议决定书之日起十五日内向人民法院提起诉讼。复议机关逾期不作决定的，申请人可以在复议期满之日起十五日内向人民法院提起诉讼。法律另有规定的除外。"

（2）直接向人民法院提起诉讼的期限。《行政诉讼法》第46条规定："公民、法人或者其他组织直接向人民法院提起诉讼的，应当自知道或者应当知道作出行政行为之日起六个月内提出。法律另有规定的除外。"

4. 形式条件

依据《行政诉讼法》第50条的规定，提起行政诉讼应当向人民法院递交起诉状，并按照被告人数提出副本。书写起诉状确有困难的，可以口头起诉，由人民法院记入笔录，出具注明日期的书面凭证，并告知对方当事人。因此，行政诉讼的起诉方式是以书面方式为原则，以口头诉讼为例外。除诉状以外，公民、法人或者其他组织提起诉讼时还应当提交以下起诉材料:①原告的身份证明材料以及有效联系方式;②被诉行政行为或者不作为存在的材料;③原告与被诉行政行为具有利害关系的材料;④人民法院认为需要提交的其他材料。由法定代理人或者委托代理人代为起诉的,还应当在起诉状中写明或者在口头起诉时向人民法院说明法定代理人或者委托代理人的基本情况,并提交法定代理人或者委托代理人的身份证明和代理权限证明等材料。

(二)审查起诉

审查起诉,是指人民法院对当事人的起诉状的内容与材料是否完备和是否符合行政诉讼法规定的起诉条件进行审查。在审查起诉的过程中,应着重审查以下几项内容:

1. 审查起诉是否符合行政诉讼法规定的起诉条件

这项审查工作主要是依据《行政诉讼法》第 44 至 52 条规定的起诉条件,审查是否符合法定的提起诉讼的程序,提起诉讼的期限是否超过法定期限,等等。

2. 审查是否重复起诉

对于人民法院已经处理过的行政案件或者正在进行审理的行政案件,当事人不能就同一标的、以同一理由再向人民法院另行起诉,即人民法院“一事不再理”。

3. 审查起诉状的内容是否明确、具体,起诉材料是否完备,是否符合法律规定

如起诉状上原告的基本情况、证据等情况是否清楚;若是委托代理的案件,有关法律文书是否填写、代理权限是否明确,等等。①

人民法院对当事人提交的起诉状和材料进行审查后,应根据具体情况作出处理:

(1)人民法院经过审查,认为符合法定的起诉条件的,应当登记立案。

(2)人民法院经过审查,认为当场不能判定是否符合法定的起诉条件的,应当接收起诉状,出具注明收到日期的书面凭证,并在七日内决定是否立案。审查起诉的期限,从受诉人民法院受到起诉状次日起算。

(3)人民法院经过审查,认为不符合起诉条件的,人民法院作出不予立案的裁定。裁定书应当载明不予立案的理由。原告对裁定不服的,可以提起上诉。

(4)起诉状内容或者材料欠缺的,人民法院应当给予指导和释明,并一次性全面告知当事人需要补正的内容、补充的材料及期限。在指定期限内补正并符合起诉条件的,应当登记立案。当事人拒绝补正或者经补正仍不符合起诉条件的,退回诉状并记录在册;坚持起诉的,裁定不予立案,并载明不予立案的理由。因起诉状内容欠缺令原告补正的,审查起诉的期限从补正后交人民法院的次日起算。

(5)人民法院在七日内审查不清的,应当先予受理。立案后,人民法院经继续

① 应松年.行政法与行政诉讼法学[M].北京:高等教育出版社,2017:499.

审查，认为有下列情形之一的，应裁定驳回起诉：①不符合行政诉讼法第四十九条规定的；②超过法定起诉期限且无行政诉讼法第四十八条规定情形的；③错列被告且拒绝变更的；④未按照法律规定由法定代理人、指定代理人、代表人为诉讼行为的；⑤未按照法律、法规规定先向行政机关申请复议的；⑥重复起诉的；⑦撤回起诉后无正当理由再行起诉的；⑧行政行为对其合法权益明显不产生实际影响的；⑨诉讼标的已为生效裁判或者调解书所羁束的；⑩其他不符合法定起诉条件的情形。上述情形可以补正或者更正的，人民法院应当指定期间责令补正或者更正；在指定期间已经补正或者更正的，应当依法审理。人民法院经过阅卷、调查或者询问当事人，认为不需要开庭审理的，可以径行裁定驳回起诉。①

四、立案监督

为了切实解决人民群众“立案难”的问题，中央全面深化改革领导小组于 2015 年 4 月 1 日审议通过了《关于人民法院推行立案登记制改革的意见》。该意见在明确登记立案范围、规范登记立案程序、健全配套机制、制裁违法滥诉的基础上，从内部监督、外部监督和责任追究三个方面构建了一个全方位的立案监督体系。依据该意见，我国的民事、行政案件、刑事自诉案件的立案监督主要从以下几个方面展开：

1. 加强内部监督

人民法院应当公开立案程序，规范立案行为，加强对立案流程的监督。上级人民法院应充分发挥审级监督职能，对下级法院有案不立的，责令其及时纠正。必要时，可提级管辖或者指定其他下级法院立案审理。

2. 加强外部监督

人民法院要自觉接受监督，对各级人民代表大会及其常务委员会督查法院登记立案工作反馈的问题和意见，要及时提出整改和落实措施；对检察机关针对不予受理、不予立案、驳回起诉的裁定依法提出的抗诉，要依法审理，对检察机关提出的检察建议要及时处理，并书面回复；自觉接受新闻媒体和人民群众的监督，对反映和投诉的问题，要及时回应，确实存在问题的，要依法纠正。

3. 强化责任追究

人民法院监察部门对立案工作应加大执纪监督力度。发现有案不立、拖延立案、人为控制立案、“年底不立案”、干扰依法立案等违法行为，对有关责任人员和主管领导，依法依纪严肃追究责任。造成严重后果或者恶劣社会影响，构成犯罪的，依法追究刑事责任。

---

① 参见最高人民法院《关于适用〈中华人民共和国行政诉讼法〉的解释》第六十九条。

第三章

民商事审判制度

第一节　民商事审判概说

一、民商事审判的概念

民商事审判，是指为了解决平等主体之间的民商事纠纷，由人民法院基于国家权力通过司法程序进行审理并作出裁判的一种诉讼活动。根据最高人民法院《民事案件案由规定》，人格权纠纷、婚姻家庭继承纠纷、物权纠纷、合同纠纷、无因管理纠纷、不当得利纠纷、侵权责任纠纷、劳动争议与人事争议、知识产权与竞争纠纷、海事海商纠纷，以及与公司、证券、保险、票据等有关的民商事纠纷均属于民商事裁判的管辖范围。

民商事案件纷繁复杂，民商事审判应当严格依据《民事诉讼法》及相关法律、法规、司法解释的规定，以民事权利、义务和责任关系为基础，在遵循公平、自愿、诚信原则的前提下，查明事实、分清是非，特别注重当事人的利益平衡，正确适用法律，及时解决当事人之间的民商事纠纷。

二、民商事审判的意义

《民事诉讼法》第2条明确规定了我国民事诉讼法的任务："中华人民共和国民事诉讼法的任务，是保护当事人行使诉讼权利，保证人民法院查明事实，分清是非，正确适用法律，及时审理民事案件，确认民事权利义务关系，制裁民事违法行为，保护当事人的合法权益，教育公民自觉遵守法律，维护社会秩序、经济秩序，保障社会主义建设事业顺利进行。”从该规定可知，民商事审判主要有以下几个方面的意义：

1. 保护当事人行使诉讼权利

当事人的诉讼权利不仅是其寻求司法救济的依据，而且是其在诉讼中享有主体地位的依据。在民商事审判中，人民法院通过审判程序保障和便利当事人行使诉讼权利。

2. 保证人民法院正确适用法律、及时审理民商事案件

民商事审判在保护当事人行使诉讼权利的同时，保证人民法院要正确、合法、及时地审理民商事案件。正确适用法律，是指人民法院在查明事实、分清是非的基础上，正确地适用法律的有关规定，作为解决纠纷的准绳。及时审理民商事案件要求人民法院在法律规定的期限内进行审判活动，从而避免给当事人造成讼累。

3. 制裁民事违法行为，保护当事人的合法权益

人民法院在审理民商事案件之后，最终以判决的形式确认当事人之间的权利义务关系，同时判决违反义务者承担民事责任。通过民商事审判，当事人的合法权益就得到了第一次保护。判决生效之后，如果义务人仍不履行义务，人民法院可对义务人进行强制执行，这是对当事人合法权益的第二次保护。

4. 教育公民自觉遵守法律，维护社会秩序、经济秩序

通过民商事审判，能够教育公民自觉遵守法律，预防民事纠纷的发生，能够确认民事权利义务，制裁民事违法行为，消除不和谐的因素，维护社会秩序和经济秩序。

第二节 民商事审判第一审普通程序

民商事审判第一审普通程序，是指人民法院审理民事案件通常所适用的基础程序。第一审普通程序是民事审判程序中最基础、适用范围最广的审判程序。

一、审理前的准备

审理前的准备，是指法院受理案件以后，至开庭审理之前，为保证诉讼的顺利进行，所作的审查诉讼文书、了解当事人争议的焦点、收集证据或组织当事人交换证据、通知诉讼当事人及参加人等一系列诉讼活动。根据我国《民事诉讼法》第128条至136条以及《民事诉讼法解释》、最高人民法院《关于民事诉讼证据的若干规定》（以下简称《民事诉讼证据规定》）等的规定，法院主导下的审理前的准备活动如下：

1. 向被告送达起诉状副本

原告起诉通常要求向法院提交起诉状，并按照被告人数提交起诉状副本。法

院立案后，应当在立案之日起 5 日内将起诉状副本送达被告，以便被告准备答辩状。

2. 被告提出答辩状

被告应当在收到原告的起诉状副本之日起 15 日内提供答辩状。被告在答辩期内提出答辩状的，法院应当在收到之日起 5 日内将答辩状副本发送原告。被告不提供答辩状的，不影响法院审理案件。答辩状的主要内容是针对原告的诉讼请求、事实和理由提出自己的主张、事实和理由。

3. 法院向当事人告知当事人的诉讼权利、诉讼义务及合议庭的组成人员

根据《民事诉讼法》的规定，人民法院对决定受理的案件，应当在受理案件通知书和应诉通知书中向当事人告知有关的诉讼权利义务，也可以采用口头形式，以便于保障当事人充分地行使诉讼权利，同时也可以督促当事人合理履行其诉讼义务。人民法院适用普通程序审理民事案件时，采用合议制。合议庭组成后，为了保障当事人申请回避权利的及时行使，人民法院在案件审理之前，应当告诉当事人合议庭的组成人员。

4. 审核诉讼材料

根据《民事诉讼法》的规定，法官在案件正式开庭审理之前，需要初步了解案件的基本情况，为开庭审理做好准备。

5. 调查收集必要的证据

当事人及其诉讼代理人因客观原因不能自行收集的证据，有权申请法院调取。法院认为审理案件需要的证据，可以依职权收集、调查。当案件涉及法律以外其他专业的问题时，当事人有权申请法院委托专业鉴定部门鉴定。需要勘验现场或物证的，法院应当派员勘验并制作勘验笔录。

6. 限期举证及证据交换

为了庭审顺利进行，为了提高审判效率，当事人双方在开庭之前，人民法院由当事人协商举证期限，协商不成的，由法院确定举证期限。一审程序中，法院确定的举证期限不得少于 15 日。举证期限届满后，当事人对已经提供的证据，申请提供反驳证据或者对证据来源、形式等方面的瑕疵进行补正的，法院可以酌情再次确定举证期限。当事人也可以申请延长举证期限，但是得在举证期限届满前提出书面申请。申请理由成立的，法院准予延长。当事人因故意或重大过失逾期提供的证据，法院不予采纳。但是该证据与案件基本事实有关的，法院应当采纳，并对逾期提供的当事人予以训诫。当事人非因故意或重大过失逾期提供证据的，法院应当责令其说明理由，逾期提供的证据法院应当采纳，但是对该当事人予以训诫、罚款。

7. 追加当事人

法院在案件受理后、开庭审理前，发现有必须共同诉讼的当事人未参加诉讼的，应当经当事人申请或者依职权通知其参加诉讼。无独立请求权的第三人应当

参加诉讼而未参加的，法院也可以依职权通知其参加诉讼。追加当事人的方式有两种：一是由当事人向法院提出申请，由法院审查后决定追加，并以书面形式通知被追加的当事人参加诉讼。二是由法院依职权主动作出决定，追加应当共同参加诉讼的当事人。

8. 审前程序诉讼分流管理

经过审前准备阶段，不同的民事案件概况已经基本呈现，法院可以进行审判管理分流。《民事诉讼法》第 136 条规定，法院审前准备阶段，对不同特征的案件进行如下程序分流：①对当事人没有争议，符合督促程序规定条件的，可以转入督促程序；②开庭前可以调解的，采取调解方式及时解决纠纷；③根据案件情况，确定适用简易程序或者普通程序；④需要开庭审理的，通过要求当事人交换证据等方式，明确争议焦点。

9. 召开庭前会议

庭前会议是指法院在审理前准备阶段，组织双方当事人到庭，明确各自诉讼主张、交换证据、调取证据、归纳争议的焦点、进行调解等所进行的诉讼活动。庭前会议是国审判方式改革试验的成果，根据《民事诉讼法解释》第 225 条的规定，庭前会议的内容如下：①明确原告的诉讼请求和被告的答辩意见；②审查处理当事人增加、变更诉讼请求的申请和提出的反诉，以及第三人提出的与本案有关的诉讼请求；③根据当事人的申请决定调查收集证据，委托鉴定，要求当事人提供证据，进行勘验，进行证据保全；④组织交换证据；⑤归纳争议焦点；⑥进行调解。

二、开庭审理

开庭审理又称法庭审理，是指在当事人及其他诉讼参与人的参加下，法院依照诉讼程序，在法庭上对案件当事人所争议的事实问题和法律问题进行审理的诉讼活动。开庭审理是普通程序中最基本、最重要的阶段，也是整个民商事审判活动的基本形式。法院审理第一审民商事案件，不论是适用普通程序还是适用简易程序，不论是判决结案还是调解结案，除在庭审前被调解、达成调解协议的以外，其他都要开庭审理。

法院开庭审理案件的，原则上应当公开审理。公开审理是指法院审理案件的活动过程，除了合议庭评议阶段以外，其他过程均依法向当事人和向社会公开的审理方式。对法律规定的涉及国家机密和个人隐私的案件，其审理过程仅对当事人公开，对社会不公开；对离婚案件和涉及商业秘密的案件，如果当事人申请不公开审理的，其审理过程对当事人公开，对社会不公开。对当事人公开，是指当事人对自己的诉讼案件的审理有权参与、质证、辩论等，有权阅读法院庭审笔录，有权获得对方当事人提交的诉讼材料和法院调取的证据，对法院所进行的诉讼行为有知情权。对社会公开，是指法庭审理的过程允许公众旁听，允许媒体采访报道。

适用普通程序开庭审理,通常依照以下程序顺序进行。法庭也可以根据具体案情,征得当事人同意,将法庭调查和法庭辩论合并进行。

(一)法庭调查

法庭调查,是指在法庭上对案件事实进行全面的调查。法庭调查阶段的任务是听取当事人的陈述,由当事人举证并互相质证,在此基础上由法官认证,以查清案件事实。

根据《民事诉讼法》第 141 条的规定,法庭调查应当按照以下顺序进行:①当事人陈述诉讼请求及其理由。当事人陈述时按照原告先、被告后,案件有第三人的则第三人再后的顺序依次进行。②审判长根据当事人分别陈述的诉讼请求及其理由,归纳案件争议焦点或者法庭调查重点,并征求当事人的意见,以便当事人确认法庭归纳的争议焦点是否全面准确。③当事人各自举证及互相质证。未经质证的证据不得作为法院裁判的依据。证人证言是当事人向法庭提供的证据,也在当事人举证、质证范畴之内。④法院出示其依职权调查收集的证据及当事人依法申请法院调查的证据,由当事人质证。当事人因客观原因无法取得的证据,可以申请法院调取。对涉及可能有损国家利益、社会公共利益的证据;涉及身份关系的证据;涉及《民事诉讼法》第 58 条规定的公益诉讼的证据;涉及当事人有恶意串通损害他人合法权益的可能的证据;涉及依职权追加当事人、中止诉讼、终结诉讼、回避等程序性事项的证据,法院可以依职权调查收集证据。法院调查收集的证据,应当庭向当事人出示,鉴定意见及勘验笔录应当庭宣读,当事人有权对这些证据质证。这些证据未经质证,不得作为裁判的依据。⑤审判人员就当庭认定的事实和当事人争议的问题予以归纳总结。

(二)法庭辩论

法庭辩论,是指诉讼当事人在审判人员主持下,根据已经质证的证据及法律规定,就案件争议的焦点,陈述各自观点并予以论证,以及相互辩驳的诉讼活动。按照《民事诉讼法》的规定,法庭辩论按下列顺序进行:①原告及其诉讼代理人发言;②被告及其诉讼代理人答辩;③第三人及其诉讼代理人发言或答辩;④互相辩论。辩论应当由审判人员引导当事人围绕争议焦点进行,审判人员不得对案件性质、是非责任等发表意见,不得与当事人辩论。法庭辩论终结,审判人员应当按照原告、被告及第三人的顺序征询各方最后意见,并可以依法进行调解,调解不成的及时判决。

(三)合议庭评议

法庭辩论终结后,当庭达成调解协议的,由审判长签发调解书;经调解未达成协议的,应当及时判决。合议庭评议不公开进行,实行少数服从多数的原则。合议庭评议的全部过程由书记员记入笔录,评议的不同意见也应当记入笔录。笔录由全体合议庭成员签名。

（四）宣告判决

案件审理结果经合议庭评议后作出判决，无论是否公开审理，一律公开宣告判决。宣告判决的方式有当庭宣判和定期宣判两种。当庭宣判的应当在10日内向当事人发送判决书。定期宣判的，宣判后立即向当事人发送判决书。

三、普通程序的审理期限

审理期限简称审限，即案件的审结期限，是指法院审理民商事案件的最长时限。根据《民事诉讼法》的规定，法院适用普通程序审理案件的，应当在立案之日起6个月内审结，但遇有特殊情况，6个月内无法审结需要延长的，可以报本院院长批准延长6个月。一次延长后，由于情况特殊，6个月内仍无法审结还需要延长的，可以报上级人民法院批准。案件的公告期间、鉴定期间、法院审理当事人提出管辖异议的期间及处理法院之间的管辖争议期间不计算在审限之内。另外，2004年最高人民法院发布的《关于人民法院民事调解工作若干问题的规定》第4条规定："双方当事人申请庭外和解的期间，不计入审限。"第6条规定："在答辩期届满前人民法院对案件进行调解，适用普通程序的案件在当事人同意调解之日起15天内，适用简易程序的案件在当事人同意调解之日起7天内未达成调解协议的，经各方当事人同意，可以继续调解。延长的调解期间不计入审限。"

四、撤诉和缺席判决

（一）撤诉

撤诉，是指原告在人民法院受理案件后至宣告判决或作出驳回起诉裁定前，主动要求撤回其诉讼请求的行为。撤诉是当事人依法享有的一项诉讼权利，当事人行使这项撤诉权不会直接产生撤诉的效果，需要法院准许后方产生效果。我国《民事诉讼法》规定，原告申请撤诉是否准许，要由人民法院裁定。法院裁定不准许撤诉的，原告经传票传唤，无正当理由拒不到庭的，可以缺席判决。

当事人申请撤诉应当具备以下条件：①撤诉必须在法定期限内由原告自愿提出。原告申请撤诉必须在法院宣判以前提出；②撤诉申请应以书面或口头方式提出，通常法院多要求以书面方式提出。

根据《民事诉讼法》及相关司法解释的规定，诉讼中有下列情况之一的，法院可按撤诉处理：①原告经传票传唤，无正当理由拒不到庭或未经许可中途退庭；②无民事行为能力的原告的法定代理人，经传票传唤拒不到庭；③有独立请求权的第三人经法院传票传唤，无正当理由拒不到庭或未经许可中途退庭；④原告应当预交而未预交案件受理费，法院通知后仍不预交，或者申请减、缓、免缴未获法院批准而仍不预交的。但是,如果当事人有违反法律的行为需要依法处理的,法院则不按撤诉处理。按撤诉处理与撤诉的结果相同,但原因不同。

(二)缺席判决

缺席判决,是指在法庭审理中因部分当事人无故未参加诉讼或者无故中途退庭的情况下,法院依职权进行审理并作出判决的一种诉讼制度。缺席判决与对席判决有相同的法律效力,当事人不得以其未到庭为由对裁判的效力提出异议。

根据《民事诉讼法》及相关司法解释的规定,以下情况法院可以缺席判决:①在被告反诉的情况下,原告经传票传唤,无正当理由拒不到庭或者未经法庭许可中途退庭的;②被告经传票传唤,无正当理由拒不到庭或者未经许可中途退庭的;③宣判前,原告申请撤诉,法院裁定不准撤诉,原告经传票传唤,无正当理由拒不到庭的;④无民事行为能力的被告的法定代理人,经传票传唤无正当理由拒不到庭的;⑤无独立请求权的第三人经法院传票传唤,无正当理由拒不到庭,或者未经许可中途退庭的。

五、延期审理、诉讼中止和诉讼终结

(一)延期审理

延期审理,是指由于出现法定原因,法院将已指定或者已公告的开庭审理的日期延至另一日期,或者将正在庭审的案件延至另一日期继续审理的诉讼制度。延期审理不同于审理期限的延长,它是在案件的审理期限内变更具体开庭审理的日期;审限的延长是指由于某些原因,案件无法在法律规定的审理期限内审结,经法定程序予以延长的制度。

根据《民事诉讼法》的规定,开庭审理时遇有下列情形之一的,应当延期审理:①必须到庭的当事人和其他诉讼参与人有正当理由没有到庭。必须到庭的当事人通常是指负有赡养、扶养、抚育义务的当事人,以及不到庭就无法查清案件事实的当事人。必须到庭的其他诉讼参与人通常是指翻译人员等。②当事人临时提出回避申请。当事人申请回避的权利可以在开庭前行使,可以在开庭审理时行使,也可以在得知有可以申请回避的情形时行使。如果当事人在开庭审理时提出回避的申请,法院需要审查并决定,审理无法继续进行,此时法院可以决定延期审理。③需要通知新的证人到庭,调取新的证据,重新鉴定、勘验,或者需要补充调查的。根据案件的需要,如果法院还需要通知新的证人到庭,或者允许当事人提出新的证人,需要调取新的证据,或者需要重新委托鉴定、勘验,诉讼案件无法进行、法院可以决定延期审理。④其他应当延期审理的情况。法律规定这一弹性条款,以便法院根据具体情况,根据审判需要,酌情决定延期审理。

(二)诉讼中止

诉讼中止,是指在诉讼进行中,由于特定原因的发生,诉讼程序有必要暂时停止,待停止的障碍消除后,诉讼再进行的制度。诉讼中止与延期审理不同,诉讼中止后,案件所有的诉讼活动全部暂时停止,待诉讼程序恢复后,案件的诉讼活动再恢复进行。延期审理,仅仅是开庭审理活动的延期,其他的诉讼活动并不停止。法院决定中止诉讼的,应当依法作出裁定,裁定应送达或通知当事人和其他诉讼参与人。裁定中止的原因消除后,恢复诉讼程序的,根据《民事诉讼法解释》的规定,原裁定不必撤销,法院依职权通知当事人恢复诉讼即可,原中止诉讼的裁定因此自动失效。

根据《民事诉讼法》的规定,诉讼中有下列情况之一的,诉讼中止:①一方当事人死亡,需要等待继承人表明是否参加诉讼的;②一方当事人丧失诉讼行为能力,尚未确定法定代理人的;③作为一方当事人的法人或者其他组织终止,尚未确定权利义务承受人的;④一方当事人因不可抗拒的事由,不能参加诉讼的;⑤本案必须以另一案的审理结果为依据,而另一案尚未审结的;⑥其他应当中止诉讼的情况。如果诉讼中当事人的利害关系人提出该当事人无民事行为能力或者限制行为能力的,应当要求宣告该当事人无民事行为能力或限制民事行为能力,诉讼案件中止审理。

(三)诉讼终结

诉讼终结,是指在诉讼进行中,由于特定原因的发生,诉讼程序无法继续进行或者诉讼程序的进行已无意义,因而终结诉讼程序的制度。诉讼终结与诉讼中止不同,法院裁定案件诉讼终结后,诉讼程序不再恢复,案件的诉讼程序终止了结;而诉讼中止的案件,在中止的事由消灭后,诉讼恢复进行。法院决定诉讼终结,应当作出裁定。

根据《民事诉讼法》的规定,诉讼中有下列情形之一发生的,诉讼终结:①原告死亡,没有继承人或者继承人放弃继承权的;②被告死亡,没有遗产,也没有应当承担义务的人;③离婚案件一方当事人死亡的;④追索赡养费、扶养费、抚育费以及解除收养关系案件的一方当事人死亡的。

第三节　民商事审判简易程序

一、简易程序的概念与特点

(一)简易程序的概念

民商事审判简易程序,简称简易程序,是指基层人民法院及其派出法庭审理简单的民商事案件所适用的简化了的第一审程序。简单的案件适用简易程序，可以节约诉讼成本，提高审判效率。

（二）简易程序的特点

与普通程序相比，简易程序具有以下特点：

（1）起诉方式简便。在简易程序中，原告本人不能书写起诉状，委托他人代写起诉状确有困难的，可以口头起诉。

（2）受理程序简便。在简易程序中，当事人双方可以同时到基层人民法院或者其派出法庭提出诉讼请求，法院可以当即受理并审理或调解，也可以另外指定日期审理。

（3）传唤当事人和证人、送达诉讼文书的方式简便。根据《民事诉讼法》及相关司法解释的规定，适用简易程序时，基层人民法院或者其派出法庭可以用口头或其他简便方式传唤当事人、证人。法院可以采取捎口信、电话、传真、电子邮件等简便方式随时传唤双方当事人、证人。基层人民法院和它派出的法庭审理简单的民商事案件，可以用简便的方式送达诉讼文书。

（4）审判组织采用独任制。即由审判员一人独任审理，配备书记员担任记录工作。

（5）审理程序简便。当事人对案件事实无争议的，审判人员可以在听取当事人就适用法律方面的辩论意见后径行判决、裁定。当然，适用简易程序审理案件，虽然可以采用简便方式，但同时应当保证当事人陈述意见的权利，不得因程序简易、灵活而忽视当事人的诉讼权利。

（6）开庭方式灵活。适用简易程序的，当事人双方可就开庭方式向人民法院提出申请，由人民法院决定是否准许。经当事人双方同意，可以采用视听传输技术等方式开庭。

（7）判决书可以简化。根据最高人民法院《关于适用简易程序审理民事案件的若干规定》（以下简称《简易程序规定》），对适用简易程序审理的某些类型的案件，法院在制作裁判文书时对认定事实或者判决理由部分可以适当简化。

（8）当事人可以选择适用。适用普通程序审理的第一审民商事案件的当事人，可以协商同意后自愿选择适用简易程序，这是法律赋予当事人的程序选择权。但是司法解释规定排除适用简易程序那几类案件，即使当事人约定适用简易程序，法院也不得准许。

（9）案件的审限较短，除双方当事人同意外的不可延长。适用简易程序审理民商事案件，应当在立案之日起 3 个月内审结。一般情况下，简易程序的审限不得延长，如果在审理过程中发现案情复杂，审判人员可以决定将简易程序转为普通程序。根据《民事诉讼法解释》第 258 条第 1 款的规定，适用简易程序审理的案件，审理期限到期后，双方当事人同意继续适用简易程序的，由本院院长批准，可以延长审理期限。延长后的审理期限累计不得超过 4 个月。

二、简易程序的适用范围

《民事诉讼法》第 160 条规定:“基层人民法院和它派出的法庭审理事实清楚、权利义务关系明确、争议不大的简单的民商事案件,适用本章规定。”

(一)简易程序适用的法院及审级

简易程序适用的法院,仅限于基层人民法院及其派出法庭。另外,简易程序仅适用于审理第一审民商事案件,二审案件不得适用简易程序审理。发回重审和按照审判监督程序再审的案件,虽然仍是第一审案件,但不得适用简易程序。

(二)简易程序适用的案件范围

简易程序适用于审理事实清楚、权利义务关系明确、争议不大的简单的民商事案件。《民事诉讼法解释》第 256 条进一步对该条款做出了解释。所谓事实清楚,是指当事人双方对争议的事实陈述基本一致,并能提供相应的证据,无须人民法院调查收集证据即可查明事实;所谓权利义务关系明确,是指能明确区分谁是责任的承担者,谁是权利的享有者;争议不大,是指当事人对案件的是非、责任承担以及诉讼标的的争执无原则性分歧。

《民事诉讼法》第 160 条第 2 款还规定,基层人民法院和它派出的法庭审理应当适用普通程序审理的案件,如果当事人双方约定适用简易程序审理的,也可以适用简易程序。但是根据《民事诉讼法解释》的规定,下列案件不得适用简易程序审理:①起诉时被告下落不明的案件;②发回重审的案件;③当事人一方人数众多的案件;④适用审判监督程序的案件;⑤涉及国家利益、社会公共利益的案件;⑥第三人起诉请求改变或者撤销生效判决、裁定、调解书的案件;⑦其他不宜适用简易程序审理的案件。

三、简易程序的程序规范

(一)起诉与答辩

适用简易程序审理的案件,当事人起诉的方式可以是书面方式,也可以是口头方式。原告以书面方式起诉的应当提交起诉状,原告本人不能书写起诉状,委托他人代写起诉状确有困难的,可以口头起诉。

被告答辩可以书面形式,也可以口头形式。双方当事人被法院传唤到庭后,被告可以口头答辩,法院可以当即开庭审理;但是被告要求书面答辩的,法院应当允许其书面答辩,并合理确定答辩的期限。同时告知双方当事人开庭的日期,并向他们释明逾期举证的后果和拒不到庭的后果。双方当事人均表示不需要举证期限、答辩期限的,法院可以立即开庭审理或者却行开庭日期。

（二）诉讼文书的送达

根据《民事诉讼法》的规定，适用简易程序审理的民商事案件的法律文书的送达，可以采用简便的方式。《简易程序规定》进一步对其送达方式作出规定：当事人应当在起诉和答辩时，向法院提供自己准确的送达地址、收件人、电话号码等联系方式，并以签名或者捺印方式确认。送达地址应当写明受送达人住所地的邮政编码和详细地址，受送达人是有固定职业的自然人的，其从业的场所可以视为送达地址。法院按照原告提供的被告的送达地址或者其他联系方式无法通知被告应诉的，应当按以下方式处理：①原告提供了被告准确的送达地址，但是法院无法向被告直接送达或者留置送达应诉通知书的，应当将案件转入普通程序审理；②原告不能提供被告准确的送达地址，法院经查证后仍不能确定被告送达地址的，可以被告不明确为由，裁定驳回原告的起诉。

被告到庭后拒不提供自己的送达地址和联系方式的，法院应当告知其拒不提供的后果，经法院告知后仍不提供的，可以按照以下方式处理：①被告是自然人的，以其户籍登记中的住所地或者经常居住地为送达地址；②被告是法人或者其他组织的，应当以其工商登记或者其他依法登记、备案中的住所地为送达地址。法院应当将以上告知的内容记入笔录。

法院应当在原告起诉或者被告答辩时，以书面或口头方式告知当事人下述事项及其法律后果：因当事人自己提供的送达地址不准确、送达地址变更未及时告知人民法院，或者当事人拒不提供自己的送达地址而导致诉讼文书未能被其实际接收的，按照下列方式处理：①邮寄送达的，以邮件回执上注明的退回之日为送达之日；②直接送达的，送达人当场在送达回证上记明情况之日为送达之日。

（三）审理前的准备

除当即开庭审理的案件以外，对定期开庭的案件，开庭审理前法院应当做以下审理前的准备：阅读双方当事人的诉状、审查当事人提交的证据材料、了解当事人之间争议的事项等。另外，法律及相关司法解释对某些准备事项有以下特别规定：

1. 举证期限的特别规定

当事人申请法院调查取证以及申请证人出庭作证，应当在举证期限届满前提出，但是适用简易程序的案件，当事人提出这些申请不受《民事诉讼证据规定》第19条第1款和第54条第1款规定的期限的限制。

2. 当事人对适用简易程序的异议救济及法院裁定

当事人对案件适用简易程序有异议的，可以行使程序异议权。对当事人的异议，法院应当审查。经审查，认为异议成立的，应当将案件转入普通程序审理，并将合议庭组成人员及相关事项以书面形式通知双方当事人。经审查异议不成立的，法院将口头告知双方当事人，并将上述内容记入笔录。对转为普通程序前双方当事人已经确认的事实，法院可以不再重复举证、质证。

3. 先行调解

适用简易程序,对有些类型的案件法院可以在开庭之前先行调解。根据《简易程序规定》,除根据案件的性质和当事人的实际情况不能调解或者显然没有调解必要的以外,对下列民事纠纷案件,法院在开庭审理前应当先行调解:①婚姻家庭纠纷案件和继承纠纷;②劳务合同纠纷;③交通事故和工伤事故引起的权利义务关系较为明确的损害赔偿纠纷;④宅基地和相邻关系纠纷;⑤合伙协议纠纷;⑥诉讼标的额较小的纠纷。

开庭审理前,经调解双方当事人达成调解协议解决纠纷的,通常法院应当制作调解书,调解书送达当事人签收后生效。如果调解书与调解协议的原意有不符之处,当事人有权提出异议,法院对当事人的异议应当予以审查,经审查异议成立的,法院应当作出裁定补正。

(四)开庭审理

根据《简易程序规定》的规定,简易程序开庭审理应当依照以下程序进行:

1. 对当事人告知与释明

为了简化诉讼程序,《简易程序规定》规定,如果开庭前已经书面或者口头告知当事人诉讼权利义务,或者当事人各方均委托代理律师的,审判人员可以不再告知当事人其他的诉讼权利义务,仅告知其申请回避的权利即可。

2. 法庭调查和法庭辩论

简易程序的庭审时,审判人员可以根据当事人的诉讼请求和答辩意见归纳出案件争议的焦点,经过当事人确认,然后由当事人围绕争议的焦点举证、质证、辩论。对适用简易程序审理的民商事案件,原则上要求一次庭审审结,法院认为有必要再次开庭的可以再次开庭。

3. 按撤诉处理、缺席判决和径行裁判

在简易程序中,以捎口信、电话、传真、电子邮件等简便方式发送的开庭通知,如果未经当事人确认或者没有其他证据足以证明当事人已经收到的,法院不得将其作为按撤诉处理和缺席判决的依据。诉讼中,原告经传票传唤,无正当理由拒不到庭或者未经许可中途退庭的,可以按撤诉处理;被告经传票传唤,无正当理由拒不到庭或者未经许可中途退庭的,法院可以根据原告的诉讼请求及双方已经提交给法庭的证据材料缺席判决。为了避免程序的拖累与耗费,当事人对案件事实无争议的,审判人员可以在听取双方当事人就适用法律问题的辩论意见后径行判决、裁定。

四、裁判文书简化及其送达

(一)裁判文书的简化

由于适用简易程序的案件性质比较简单,除了其审判程序可以简化外,其裁判文书在特定情况下也可以适当简化。《民事诉讼法解释》第270条规定，适用简易程序审理的民商事案件，有下列情形之一的，法院在制作判决书、裁定书、调解书时，可以对认定事实部分或者裁判理由部分适当简化：①当事人达成调解协议并需要制作民事调解书的；②一方当事人明确表示承认对方全部诉讼请求或者部分诉讼请求的；③涉及商业秘密、个人隐私的案件，当事人一方要求简化裁判文书中的相关内容，人民法院认为理由正当的；④双方当事人同意简化裁判文书的。

（二）裁判文书的送达

在简易程序中，裁判文书当庭宣判的，法院应当告知当事人或者诉讼代理人领取裁判文书的期间和地点以及逾期不领的法律后果，当事人要求邮寄的除外。法院已经告知当事人领取裁判文书的期间和地点的，当事人在指定期间内领取裁判文书之日即为送达之日；当事人在指定期间内未领取的，指定领取裁判文书期间届满之日即为送达之日，当事人的上诉期从法院指定领取裁判文书届满之日的次日起开始计算。当事人因交通不便或者其他原因要求邮寄裁判文书的，法院可以按照当事人自己提供的送达地址邮寄送达。法院根据当事人自己提供的送达地址邮寄送达的，回执上注明收到或者退回之日即为送达之日，当事人的上诉期从邮件回执上注明收到或者退回之日的次日起开始计算。

定期宣判的案件，定期宣判之日即为送达之日，当事人的上诉期自定期宣判的次日起开始计算。当事人在定期宣判的日期无正当理由未到庭的，不影响该裁判上诉期间的计算。当事人确有正当理由不能到庭，并在定期宣判前已经告知法院的，法院可以按照当事人自己提供的送达地址将裁判文书送达给未到庭的当事人。对按撤诉处理或者缺席判决的裁判文书，法院可以按照当事人自己提供的送达地址将裁判文书送达给未到庭的当事人。

五、小额诉讼程序

（一）小额诉讼程序的概念

为解决法院案多人少等实践中的突出问题，2012年《民事诉讼法》修改，在简易程序中增设小额诉讼程序制度。小额诉讼程序是指基层人民法院受理的、诉讼标的在一定金额以下的简单民事纠纷所适用的诉讼程序。《民事诉讼法》第165条规定："基层人民法院和它派出的法庭审理事实清楚、权利义务明确、争议不大的简单金钱给付民事案件，标的额为各省、自治区、直辖市上年度就业人员年平均工资百分之五十以下的，适用小额诉讼的程序审理，实行一审终审。"

案件适用小额诉讼程序审理中，因当事人申请增加或者变更诉讼请求、提出反诉、追加当事人等，以致案件不符合小额诉讼程序适用条件的，法院应当转为适用简易程序审理，或者适用普通程序审理。

(二)小额诉讼程序的适用条件

1. 基层人民法院及其派出法庭可以适用小额诉讼程序

小额诉讼是简易程序的一种形式,只有基层人民法院及其派出的法庭才能适用。另外,根据《民事诉讼法解释》第273条的规定,海事法院可以适用小额诉讼程序,审理小额的海事、海商案件,案件诉讼标的额应当以实际受理案件的海事法院或者其派出法庭所在省、自治区、直辖市上年度就业人员年平均工资为基数计算。

2. 小额诉讼程序适用于简单的金钱给付案件

小额诉讼适用的案件应以小额、简单的金钱给付案件为宜,不应当适用于复杂案件。①所谓“简单”的民商事案件,是指事实清楚、权利义务关系明确、争议不大的简单的民商事案件。②小额诉讼程序仅适用于金钱给付案件,金钱给付之外的离婚或者收养等具有人身性质的案件,不适用小额诉讼程序。此外,确认之诉与形成之诉也不适用小额诉讼。③我国《民事诉讼法》第165条对小额诉讼的标的额有明确的要求。诉讼标的额在各省、自治区、直辖市上年度就业人员年平均工资的50%以下的小额债权债务的给付案件,应当适用小额诉讼。

3. 小额诉讼适用一审终审制

在我国,小额诉讼实行一审终审制。也就是说,只要基层人民法院及其派出法庭作出一审判决就产生既判力,当事人无权上诉。但是如果小额诉讼的判决有错误,或者当事人认为有错误,只要案件满足再审的法定事由的,当事人可寻求再审程序的救济。

(三)小额诉讼程序排除适用案件类型

为了准确理解和掌握小额诉讼适用案件范围,《民事诉讼法》第166条规定,下列案件不适用小额诉讼程序:①人身关系、财产确权案件;②涉外案件;③需要评估、鉴定或者对诉前评估、鉴定结果有异议的案件;④一方当事人下落不明的案件;⑤当事人提出反诉的案件;⑥其他不宜适用小额诉讼的程序审理的案件。

(四)小额诉讼程序的特别规定

1. 告知与异议程序

根据《民事诉讼法解释》的规定,法院受理小额诉讼案件时,应当向当事人告知该类案件的审判组织、一审终审、审理期限、诉讼费用交纳标准等小额诉讼程序的有关规定。当事人对按照小额诉讼案件审理有异议的,应当在开庭前提出。人民法院经审查,异议成立的,适用简易程序的其他规定审理或者裁定转为普通程序;异议不成立的,裁定驳回。裁定以口头方式作出的,应当记入笔录。

2. 一审终审制

根据《民事诉讼法》的规定,小额诉讼实行一审终审。小额诉讼案件的判决、管辖异议裁定、驳回起诉裁定均不得上诉。但是,不予受理的裁定仍然可以上诉,因为是否受理是案件受理阶段的诉讼行为,此时案件尚未进入小额诉讼程序。

第四节　民商事审判第二审程序

第二审程序又称为上诉审程序或终审程序,是指当事人不服第一审人民法院的未生效裁判,而在法定期限内向上一级人民法院提出上诉,上一级人民法院对案件进行重新审理所适用的程序。

一、上诉的提起与条件

(一)上诉的提起

上诉,是指当事人不服第一审人民法院作出的尚未发生法律效力的裁判,在法定期限内提出的要求上一级人民法院对案件进行重新审理的诉讼行为。上诉的提起,是启动第二审程序的关键,上诉权是法律赋予当事人的一项重要的诉讼权利。除了法律规定不允许上诉的案件外,当事人不服第一审裁判或者认为第一审裁判确有错误,都可提出上诉,要求上一级人民法院再次审理。

上诉与起诉都是当事人请求人民法院通过审理和裁判,保护自己合法权益的诉讼行为,但两者存在以下几个方面的区别:①提起的原因不同。上诉是当事人不服第一审人民法院作出的尚未发生法律效力的裁判,因而要求上一级人民法院进行重新审理并作出新的裁判的诉讼行为;起诉是当事人认为自己的合法权益受到他人侵犯或者与他人之间发生了民事权益争议,而要求人民法院予以裁判解决的诉讼行为。②提起的时间不同。上诉的提起受上诉期限的限制,我国《民事诉讼法》规定,对判决不服的上诉期是15天,对裁定不服的上诉期是10天;起诉一般不受时间限制,当事人可以在任何时间起诉。③受理的法院不同。上诉只能向第一审人民法院的上一级法院提出,因此有权审理上诉案件的法院只能是中级以上人民法院,基层人民法院无权审理上诉案件;而当事人起诉则要根据管辖的有关规定,向有管辖权的法院起诉。

(二)上诉的条件

上诉必须符合法定的条件,根据我国法律规定,当事人提起上诉必须符合以下四个条件:

1. 上诉的对象必须是法律允许上诉的判决、裁定

根据《民事诉讼法》及相关司法解释的规定,允许上诉的判决有:地方各级人民法院适用普通程序、简易程序作出的第一审判决以及人民法院发回重审与按照一审程序对案件进行再审后作出的判决。不允许上诉的判决有三类:一是最高人

民法院作出的第一审判决;二是第二审终审判决;三是法院适用小额诉讼程序审理作出的判决和适用特别程序、公示催告程序作出的判决。允许上诉的裁定有:管辖权异议裁定、不予受理裁定、驳回起诉裁定和驳回破产申请的裁定。除了上述法律明确规定可以上诉的裁定之外,对于其他裁定,当事人都不可以提出上诉。

2. 上诉的主体适格

根据《民事诉讼法》及相关司法解释的规定,第一审程序中的原告、被告、共同诉讼人、诉讼代表人、有独立请求权的第三人、判决承担民事责任的无独立请求权的第三人,可以作为上诉人。必要共同诉讼人中的一人或者部分人提出上诉的,按下列情况列明被上诉人:①该上诉是对与对方当事人之间权利义务分担有意见,不涉及其他共同诉讼人利益的,对方当事人为被上诉人,未上诉的同一方当事人依原审诉讼地位列明;②该上诉仅对共同诉讼人之间权利义务分担有意见,不涉及对方当事人利益的,未上诉的同一方当事人为被上诉人,对方当事人依原审诉讼地位列明;③该上诉对双方当事人之间以及共同诉讼人之间权利义务承担有意见的,未提出上诉的其他当事人均为被上诉人。

值得注意的是,第二审程序审理的则是当事人对第一审裁判不服而提出的上诉请求,因此在第二审程序中既可以存在双方当事人,即上诉人与被上诉人,也可以只有上诉人一方当事人而没有被上诉人,即双方当事人和第三人都提出上诉的,均为上诉人。

3. 上诉的提出必须在法定的期限内

上诉的提起必须在法律规定的期限内,超过上诉期限的,当事人就丧失上诉权。《民事诉讼法》第 171 条规定:"当事人不服地方人民法院第一审判决的,有权在判决书送达之日起十五日内向上一级人民法院提起上诉。当事人不服地方人民法院第一审裁定的,有权在裁定书送达之日起十日内向上一级人民法院提起上诉。"对各方当事人而言,如果不是同时收到裁判文书,上诉期从各自收到裁判文书之日的次日开始计算。对必要共同诉讼而言,上诉期间以最后一个收到裁判文书的共同诉讼人的上诉期间来计算。对普通共同诉讼而言,则分别计算各共同诉讼人的上诉期间。在上诉期间内,当事人因不可抗拒的事由或者有其他正当理由耽误上诉期间的,在障碍消除后 10 日内,可以申请顺延期间,是否准许由人民法院决定。

4. 递交上诉状

上诉状是上诉人表示不服第一审人民法院的裁判,要求第二审人民法院撤销或变更第一审裁判的诉讼文书。《民事诉讼法解释》第 318 条规定:"一审宣判时或判决书、裁定书送达时,当事人口头表示上诉的,人民法院应告知其必须在法定上诉期间内递交上诉状。未在法定上诉期间内递交上诉状的,视为未提起上诉。"根据《民事诉讼法》第 172 条的规定,上诉状的内容应当包括:①当事人的姓名、法人的名称及其法定代表人的姓名或者其他组织的名称及其主要负责人的姓名;

②原审人民法院的名称、案件的编号和案由;③上诉的请求和理由。

上诉人可以向原审人民法院提交上诉状,也可以直接向第二审人民法院上诉。①向原审人民法院提交上诉状。上诉人提起上诉,原则上应通过原审人民法院提出上诉状,并按对方当事人或者代表人的人数提出副本,上诉于原审人民法院的上一级人民法院。原审人民法院在收到上诉状后,应当在5日内将上诉状副本送达对方当事人,并告知其在15日内提出答辩状。人民法院收到答辩状,应在5日内将答辩状副本送达上诉人。被上诉人在法定期限内不提出答辩状的,不影响第二审人民法院的审理。②直接向第二审人民法院上诉。当事人直接向第二审人民法院递交上诉状的,第二审人民法院应当在5日内将上诉状移交原审人民法院。由原审人民法院将上诉状、答辩状连同全部案卷和证据报送第二审人民法院。

二、上诉的撤回

上诉的撤回,是指上诉人提起上诉后,在第二审人民法院宣告判决前撤回上诉请求的诉讼行为。撤回上诉,是法律赋予当事人的一项诉讼权利。

当事人撤回上诉,应当向第二审人民法院提出申请,该申请既可以用书面的形式,也可以用口头的方式。口头申请撤回上诉的,应当记入笔录。《民事诉讼法》第180条规定:"第二审人民法院判决宣告前,上诉人申请撤回上诉的,是否准许,由第二审人民法院裁定。"《民事诉讼法解释》第335条规定,第二审人民法院经审查认为一审判决确有错误,或者双方当事人恶意串通损害国家利益、社会公共利益及他人合法权益的,不应准许上诉人撤回上诉。第二审人民法院作出的准予撤回上诉的裁定是终审裁定,因此上诉人撤回上诉后,即使其上诉期间未满,也不得再行上诉。

三、上诉案件的审理

(一)开庭审理前的准备

第二审人民法院收到第一审人民法院报送的上诉案件的全部案卷及上诉材料后,在开庭审理之前,应做好以下准备工作:

1. 组成合议庭

根据《民事诉讼法》的规定,第二审人民法院审理上诉案件,由审判员组成合议庭进行审理。中级人民法院对第一审适用简易程序审结或者不服裁定提起上诉的第二审民事案件,事实清楚、权利义务关系明确的,经双方当事人同意,可以由审判员一人独任审理。

2. 审阅案件、调查和询问当事人并确定上诉案件的审理方式

第二审法院组成合议庭后,应当及时审阅案卷,进行必要的调查,并询问当事

人，在此基础上确定上诉案件的审理方式。除认为案件事实已经清楚，无须开庭审理的，可采取不开庭审理方式的以外，其余案件应当开庭审理。

3. 进行必要的审查

第二审法院主要审查以下内容：①审查当事人的上诉是否符合提出上诉的条件。如果发现上诉主体不符合法定条件或超过上诉期的，应裁定驳回其上诉。对于上诉状有欠缺的，应通知其补正。逾期不补正的，或补正不符合法定要件要求的，应裁定驳回上诉。②审查上诉请求、答辩主张以及案卷的其他材料。如果符合上诉条件，合议庭应进一步对当事人的上诉请求进行审查，确定案件争议焦点所在。③询问当事人、证人，对案件事实进行调查，核对证据，必要时收集和调查新的证据材料。根据调查的情况，决定案件应当开庭审理或是径行判决。

（二）上诉案件的审理范围

我国《民事诉讼法》第175条规定："第二审人民法院应当对上诉请求的有关事实和适用法律进行审查。"由此可知，按照"不告不理原则"，我国第二审程序的审理范围仅限于当事人上诉请求的有关事实和法律适用。事实审查部分包括对第一审人民法院认定而上诉人不服的事实的审查，也包括对上诉人在上诉请求中提出的新的事实与证据的审查；法律适用审查部分，包括原审人民法院审理过程中对《民事诉讼法》的适用是否正确，以及对案件裁判所适用的实体法是否正确。对于一审中已经认定的事实和裁判的事项，如果当事人双方未提出异议，没有要求第二审法院审查和处理的，二审法院对非上诉部分不再审理。

为实现对一审法院审判活动的监督，根据《民事诉讼法解释》第321条规定："第二审人民法院应当围绕当事人的上诉请求进行审理。当事人没有提出请求的，不予审理，但一审判决违反法律禁止性规定，或者损害国家利益、社会公共利益、他人合法利益的除外。"

（三）上诉案件的审理方式

《民事诉讼法》第176条第1款规定："第二审人民法院对上诉案件，应当开庭审理。经过阅卷、调查和询问当事人，对没有提出新的事实、证据或者理由，人民法院认为不需要开庭审理的，可以不开庭审理。"由此可知，我国上诉案件的审理方式以开庭审理为原则，以不开庭审理为例外。为防止二审法院滥用不开庭审理的审理方式，《民事诉讼法解释》第331条明确了可以不开庭审理的四种情形：①不服不予受理、管辖权异议和驳回起诉裁定的；②当事人提出的上诉请求明显不能成立的；③原判决、裁定认定事实清楚，但适用法律错误的；④原判决严重违反法定程序，需要发回重审的。如果经过合议庭或审判员审查，询问当事人，核对查清事实后，认为事实不清，案情复杂的，仍应开庭审理。

不开庭审理不同于书面审理。所谓"书面审理"是指不开庭，不调查，不询问当事人、证人，只通过审查一审案卷材料即作出裁判的审理方式。在不开庭审理中，合议庭仍然要询问当事人，听取当事人的陈述，在查清案件事实后，合议庭才能直接作出判决。

（四）上诉案件的审理地点与期限

1. 第二审案件的审理地点

《民事诉讼法》第 176 条第 2 款规定："第二审人民法院审理上诉案件，可以在本院进行，也可以到案件发生地或者原审人民法院所在地进行。"因此，二审案件的审理地点，可在考虑办案质量及诉讼效率，以及便利当事人及其他诉讼参与人等因素的前提下，在二审法院、原审法院或案件发生地法院之中进行选择。

2. 第二审案件的审理期限

为了保证上诉案件的及时审理，《民事诉讼法》第 183 条规定："人民法院审理对判决的上诉案件，应当在第二审立案之日起 3 个月内审结，有特殊情况不能在规定期限内审结需要延长的，应报本院院长批准。人民法院审理对裁定的上诉案件，应当在第二审立案之日起 30 日内作出终审裁定。"

四、上诉案件的裁判

在民事诉讼中，当事人针对判决、裁定提出的上诉，二审人民法院根据不同情况作出处理。

（一）对一审判决提出上诉案件的裁判

第二审人民法院对上诉案件进行审理后，应当区分以下不同情况，作出裁判：

1. 判决驳回上诉，维持原判

第二审人民法院对上诉案件经过审理后，确认原审判决认定事实清楚，适用法律正确的，应判决驳回上诉，维持原判决。即确认一审法院的判决、裁定是正确合法的，当事人上诉的请求和理由不能成立，依法不予支持。此外，根据《民事诉讼法解释》第 332 条的规定，原判决认定事实或者适用法律虽有瑕疵，但裁判结果正确的，第二审人民法院可以在纠正瑕疵后，予以维持。

2. 依法改判

依据《民事诉讼法》第 177 条的规定，依法改判分为两种情况：①原判决认定事实错误或者适用法律错误的，第二审人民法院可以作出变更原判决的判决；②原判决认定基本事实不清的，第二审人民法院可以在查清事实后，直接予以改判。根据《民事诉讼法解释》第 333 条的规定，基本事实是指用以确定当事人主体资格、案件性质、民事权利义务等对原判决的结果有实质性影响的事实。

3. 裁定撤销原判决，发回重审

根据《民事诉讼法》第 177 条的规定，第二审人民法院对上诉案件经过审理后，裁定撤销原判决，发回重审适用于以下两种情况：①原判决认定基本事实不清的;②原判决遗漏当事人或者违法缺席判决等严重违反法定程序的。《民事诉讼法解释》第323条明确了可以认定严重违反法定程序的情形:①审判组织的组成不合法;②应当回避的审判人员未回避;③无诉讼行为能力人未经法定代理人代为诉讼的;④违法剥夺当事人辩论权利的。

另外,根据《民事诉讼法解释》第324条至第327条的规定,在以下几种情形下,也应当将案件发回原审人民法院重审:①对当事人在一审中已经提出的诉讼请求,如果原审人民法院未作审理、判决,第二审人民法院可以根据当事人自愿原则进行调解;调解不成的,发回原审人民法院重审。②必须参加诉讼的当事人或者有独立请求权的第三人在一审中未参加诉讼,第二审人民法院可以根据当事人自愿的原则予以调解;调解不成的,发回原审人民法院重审。③一审判决不准离婚的案件,当事人提出上诉后,第二审人民法院认为应当判决离婚的,可以根据当事人自愿的原则,与子女抚养财产分割问题一并调解;调解不成的,发回原审人民法院重审。双方当事人同意由第一审人民法院一并审理的,第二审人民法院可以一并裁判。

第二审法院将案件发回重审的,对同一案件,只能发回重审一次。对于发回重审的案件,原审人民法院应当按照第一审程序另行组成合议庭,原合议庭成员不得参加新组成的合议庭。作出的判决仍然是一审的判决、裁定,当事人对重审案件的判决、裁定不服的,有权提出上诉。

4. 裁定撤销原判决,驳回起诉

《民事诉讼法解释》第328条规定:"人民法院依照第二审程序审理案件,认为依法不应由人民法院受理的,可以由第二事人民法院直接裁定撤销原判决,驳回起诉。"依据该规定,第二审人民法院依法行使法律监督权,有权在第一审法院受理案件错误时,直接裁定撤销原判决,驳回起诉,而不必发回重审。

5. 裁定撤销原判决,移送有管辖权的人民法院

《民事诉讼法解释》第329条规定:"人民法院依照第二审程序审理案件,认为第一审人民法院受理案件违反专属管辖规定的,应当裁定撤销原判决并移送有管辖权的人民法院。"根据该规定,如果第一审人民法院违反专属管辖规定受理案件,即使被告应诉答辩,该人民法院管辖第一审民商事案件也欠缺正当性。第二审人民法院审理上诉案件发现此种情形,应裁定撤销原判决并移送有管辖权的人民法院。

(二)对一审裁定的处理

根据《民事诉讼法》第177条的规定,对于当事人不服第一审法院裁定提起的上诉案件,第二审人民法院经过审理后,应当区分以下不同情况,作出裁定:

(1)裁定驳回上诉,维持原判。原审裁定所依据的事实清楚,适用法律正确的,第二审人民法院裁定驳回上诉,维持原裁定。

(2)原审裁定所依据的事实错误或者适用法律错误,第二审人民法院撤销原

裁定，作出变更裁定的裁定。根据《民事诉讼法解释》第 329 条的规定，法院依照第二审程序审理案件，认为第一审法院受理案件违反专属管辖规定的，应当裁定撤销原裁判并移送有管辖权的法院。根据《民事诉讼法解释》第 330 条的规定，第二审人民法院查明第一审人民法院作出的不予受理的裁定有错误，应在撤销原裁定的同时，指令第一审人民法院立案受理；查明第一审人民法院作出的驳回起诉的裁定有错误，应在撤销原裁定的同时，指令第一审人民法院进行审理。

五、二审裁判的法律效力

根据《民事诉讼法》第 182 条的规定，第二审人民法院的判决、裁定，是终审的判决、裁定。当事人不得就双方争议的法律关系，向法院再行起诉。对于具有给付内容的生效裁判，如果义务人不履行法律文书所确定的实体义务，权利人可以依法在法定期限内申请人民法院强制执行。

六、上诉案件的调解与和解

（一）上诉案件的调解

根据《民事诉讼法》第 179 条的规定，第二审人民法院审理上诉案件，可以进行调解。

1. 上诉案件调解的范围

《民事诉讼法解释》第 326 条第 1 款规定："在第二审程序中，原审原告增加独立的诉讼请求或原审被告提出反诉的，第二审人民法院可以根据当事人自愿的原则就新增加的诉讼请求或反诉进行调解；调解不成的，告知当事人另行起诉。"根据该规定，第二审法院实行全案调解，可以就一审程序中涉及的事项进行调解，可以就当事人上诉请求事项进行调解，也可以就当事人新增加的诉讼请求或反诉进行调解。

2. 调解成功时的处理

第二审人民法院对上诉案件经调解达成协议的，应当制作调解书。调解书由审判人员、书记员署名，加盖人民法院印章。调解书送达后，原审人民法院的判决即视为撤销。在二审程序中通过调解结案的，经双方当事人签收后，调解书产生法律效力。

3. 调解未成功时的处理

第二审人民法院对上诉案件经调解未能达成协议的，人民法院通常应当及时裁判。但是，在法律规定的特殊情形下，基于两审终审的审级制度，二审法院调解不成时，如果由二审法院直接对上诉案件作出裁判，则可能影响当事人上诉权的行使以及对当事人审级利益的保护。因此，《民事诉讼法解释》第 324 条至第 327 条针对具体情况分别作了以下规定：①当事人在一审程序中已经提出的诉讼请求，原审人民法院未作审理、判决的，第二审人民法院可以根据当事人自愿的原则进行调解，调解不成的，发回重审。②必须参加诉讼的当事人或者有独立请求权第三人在一审程序中未参见诉讼，第二审人民法院可以根据当事人自愿的原则予以调解，调解不成的，发回重审。③在第二审程序中，原审原告增加独立的诉讼请求或原审被告提出反诉的，第二审人民法院可以根据当事人自愿的原则就新增加的诉讼请求或反诉进行调解、调解不成的，告知当事人另行起诉。双方当事人同意由第二审人民法院一并审理的，第二审人民法院可以一并裁判。④一审判决不准离婚的案件，上诉后，第二审人民法院认为应当判决离婚的、可以根据当事人自愿的原则，与子女抚养、财产问题一并调解，调解不成的，发回重审。双方当事人同意由第二审人民法院一并审理的，第二审人民法院可以一并裁判。

（二）上诉案件的当事人和解

当事人在二审程序中可以和解。当事人达成和解协议后，有两种处理方式：①人民法院根据当事人的请求，对双方达成的和解协议进行审查，在符合自愿、合法原则的基础上，制作调解书并送达双方当事人，调解书送达之日起，发生法律效力；②双方当事人达成和解协议后，可申请撤诉。人民法院经审查认为符合撤诉条件的，可以准许。这也体现了对当事人处分权的尊重。但值得注意的是，当事人因达成和解而申请撤诉，是撤回起诉而不是撤回上诉。

第五节　民商事审判监督程序

根据我国民事诉讼法及其司法解释的有关规定，再审程序可以由人民法院、人民检察院、当事人和案外人启动。只有在当事人向人民法院申请再审，人民法院驳回当事人再审申请或者逾期未对再审申请作出裁定的，当事人才能向人民检察院申请检察监督。而案外人申请再审，则是生效裁判侵害到了案外人合法权益时，案外人救济自身合法权益的一种途径。

一、再审程序的启动

（一）当事人申请再审

当事人申请再审，是指当事人对已经发生法律效力的民事判决、裁定、调解书，认为有错误，向人民法院申请再行审理的行为。申请再审是当事人享有的重要的诉讼权利。

1. 当事人申请再审的条件

(1)申请再审的对象。当事人申请再审的裁判类型应属于《民事诉讼法》及相关司法解释允许再审的裁判文书,即已经发生法律效力且准予提出再审申请的判决、裁定和调解书。根据《民事诉讼法》及《民事诉讼法解释》的规定,不得申请再审的情形包括:第一,已经生效的解除婚姻关系的判决、调解书;第二,适用特别程序、督促程序、公示催告程序、破产程序等非讼程序审理的案件。另外,对于人民法院作出的裁定,仅不予受理或者驳回起诉的裁定属于再审的对象,管辖异议裁定则不属于可以申请再审的客体。此外,对于按自动撤回上诉处理的裁定,也不属于可以申请再审的对象。

(2)当事人申请再审的法定事由。当事人对已经发生法律效力的判决、裁定申请再审,须具备法定事由。根据《民事诉讼法》的规定,当事人申请再审的法定事由为:第一,有新的证据,足以推翻原判决、裁定的;第二,原判决、裁定认定的基本事实缺乏证据证明的;第三,原判决、裁定认定事实的主要证据是伪造的;第四,原判决、裁定认定事实的主要证据未经质证的;第五,对审理案件需要的主要证据,当事人因客观原因不能自行收集,书面申请人民法院调查收集,人民法院未调查收集的;第六,原判决、裁定适用法律确有错误的;第七,审判组织的组成不合法或者依法应当回避的审判人员没有回避的;第八,无诉讼行为能力人未经法定代理人代为诉讼或者应当参加诉讼的当事人,因不能归责于本人或者其诉讼代理人的事由,未参加诉讼的;第九,违反法律规定,剥夺当事人辩论权利的;第十,未经传票传唤,缺席判决的;第十一,原判决、裁定遗漏或者超出诉讼请求的;第十二,据以作出原判决、裁定的法律文书被撤销或者变更的;第十三,审判人员审理案件时有贪污受贿、徇私舞弊、枉法裁判行为的。

当事人对生效调解书申请再审的事由,我国《民事诉讼法》第 208 条作了特别的规定:当事人对生效调解书申请再审的,其应提出证据证明调解违反自愿原则或者调解协议的内容违反法律,否则人民法院应当驳回当事人的再审申请。

(3)申请再审的管辖。当事人申请再审应当向有管辖权的人民法院申请再审。当事人申请再审的,应当向原审人民法院的上一级人民法院申请。根据《民事诉讼法》第 206 条和《民事诉讼法解释》第 377 条的规定,当事人对已经发生法律效力的判决、裁定认为有错误的,可以向上一级人民法院申请再审;当事人一方人数众多或者当事人双方为公民的案件,也可以向原审人民法院申请再审,当事人分别向原审人民法院和上一级人民法院申请再审且不能协商一致的,由原审人民法院受理。

(4)申请再审的时间限制。根据《民事诉讼法》第 212 条的规定,当事人申请再审,应当在判决、裁定发生法律效力后 6 个月内提出。对于有新的证据,足以推翻原判决、裁定的,或者原判决、裁定认定事实的主要证据是伪造的,或者据以作出原判决、裁定的法律文书被撤销或者变更的,或者审判人员审理该案件时有贪污受贿、徇私舞弊、枉法裁判行为的，当事人可以自知道或者应当知道之日起6个月内提出。根据《民事诉讼法解释》的规定，必须共同进行诉讼的当事人因不能归责于本人或者其诉讼代理人的事由未参加诉讼的，可以自知道或者应当知道之日起6个月内申请再审。当事人对已经发生法律效力的调解书申请再审，应当在调解书发生法律效力后6个月内提出。

(5)申请再审的形式条件。当事人申请再审，应当向人民法院提交再审申请书等书面材料。当事人口头向人民法院申请再审的，不产生申请再审的效力。

2. 当事人申请再审的程序

根据《民事诉讼法》和《民事诉讼法解释》的规定，当事人申请再审的，应当提交再审申请书等材料。经审查，当事人的申请符合条件的，人民法院应当受理。根据《民事诉讼法》和《民事诉讼法解释》的规定，人民法院应当自收到符合条件的再审申请书等材料之日起5日内向再审申请人发送受理通知书，并向被申请人及原其他当事人发送应诉通知书、再审申请书副本等材料。

人民法院应当自收到再审申请书之日起3个月内对当事人主张的再审事由进行审查，有特殊情况需要延长的，由本院院长批准。人民法院根据审查案件的需要决定是否询问当事人。对于"有新的证据，足以推翻原判决、裁定"的情形，人民法院应当询问当事人。当事人主张的再审事由成立，且符合《民事诉讼法》和《民事诉讼法解释》规定的申请再审条件的，人民法院应当裁定再审。当事人主张的再审事由不成立，或者当事人申请再审超过法定申请再审期限、超出法定再审事由范围等不符合《民事诉讼法》和《民事诉讼法解释》规定的申请再审条件的，人民法院应当裁定驳回再审申请。

(二)人民法院依职权启动再审

人民法院依职权启动再审是指法院基于审判监督权，对于已发生法律效力的判决、裁定、调解书，发现确有错误，从而决定对案件进行再审。上级人民法院对下级人民法院行使审判监督权，同级人民法院也可以进行自我审判监督，因此上级人民法院、最高人民法院与原审人民法院均可以对相应生效裁判文书决定再审。

1. 人民法院依职权启动再审的条件

根据《民事诉讼法》的规定，人民法院依职权启动再审须具备以下条件：①启动再审的主体必须是依法享有审判监督权的法定机关，即原审人民法院、上级人民法院、最高人民法院。其中上级人民法院不限于上一级人民法院。②启动再审的客体必须是已发生法律效力并确有错误的判决、裁定和调解书。裁判"确有错误"只是法院初步审查判断的结果，至于是否实际存在错误，需经过再审程序审理后才能最终确定。③符合人民法院依职权决定再审的事由。

2. 人民法院依职权启动再审的程序

根据《民事诉讼法》第205条的规定，人民法院依职权启动再审的程序因启动主体的不同而有所差异，具体可以分为以下两种情形：①原审人民法院对本院作出的生效裁判文书，发现确有错误后提交本院审判委员会决定再审。各级人民法院院长发现本院作出的生效裁判确有错误的，应当提交审判委员会讨论，由审判委员会决定是否再审。②上级人民法院依职权启动的再审。上级人民法院对下级人民法院享有审判监督权，其可以对下级人民法院的生效裁判启动再审。最高人民法院作为其他所有人民法院的上级人民法院，其有权对地方各级人民法院进行审判监督，进而启动再审。上级人民法院依职权启动再审的程序是以裁定书的形式，提审或者指令下级法院再审。

（三）人民检察院启动再审

《民事诉讼法》第 14 条规定："人民检察院有权对民事诉讼实行法律监督。"人民检察院通过提出抗诉或者再审检察建议启动再审。抗诉或者再审检察建议均针对生效判决书、裁定书和调解书。

1. 人民检察院启动再审的方式

根据《民事诉讼法》第 215 条的规定，人民检察院启动再审的方式有两种：一是提起抗诉，二是再审检察建议。

（1）人民检察院提起抗诉。抗诉是指享有法律监督权的人民检察院对已生效的判决、裁定、调解书，认为具有法定抗诉事由的，依法提请人民法院对案件再次进行审理的一种诉讼行为，是一种事后法律监督。

抗诉作为人民检察院对民事诉讼活动进行法律监督的主要方式，必须符合法定的条件，具体包括以下几个方面：第一，符合法定的抗诉事由。对于生效的判决、裁定，人民检察院抗诉的法定事由与当事人向人民法院申请再审的 13 种法定事由完全一致；对于生效调解书，人民检察院抗诉的法定事由是该调解书损害了国家利益、社会公共利益。第二，主体合法。提出抗诉的人民检察院只能是上级人民检察院，特殊的是最高人民检察院可对各级人民法院提出抗诉，包括对最高人民法院（同级之间）提出抗诉。第三，形式合法。人民检察院应当制作抗诉书，以书面的形式提出抗诉。

（2）人民检察院提起再审检察建议。再审检察建议，是指享有法律监督权的地方各级人民检察院对同级人民法院已经发生法律效力的判决、裁定、调解书，认为具有法定再审事由的，依法向同级人民法院提出对案件再次进行审理的检察建议的一种诉讼行为。再审检察建议所适用的范围与抗诉相同。再审检察建议由同级人民检察院对同级人民法院提出，其并不必然启动再审，是否对案件进行再审最终由人民法院决定。

2. 人民检察院启动再审的程序

（1）再审审查监督案件的来源。人民检察院提出抗诉或者再审检察建议，其案件的来源包括以下三种途径：一是人民检察院依职权发现；二是当事人以外的自然人、法人和非法人组织向人民检察院控告、举报；三是当事人向人民检察院申请再审检察建议或者抗诉。当事人向人民检察院申请再审检察建议或者抗诉，以一次为限。

根据最高人民检察院《人民检察院民事诉讼监督规则》(以下简称《民事诉讼监督规则》)的规定，当事人申请检察监督，存在下列情形之一的，人民检察院不予受理：第一，当事人未向人民法院申请再审的；第二，当事人申请再审超过法律规定的期限的，但不可归责于其自身原因的除外；第三，人民法院在法定期限内正在对民事再审申请进行审查的；第四，人民法院已经裁定再审且尚未审结的；第五，判决、调解解除婚姻关系的，但对财产分割部分不服的除外；第六，人民检察院已经审查终结作出决定的；第七，民事判决、裁定、调解书是人民法院根据人民检察院的抗诉或者再审检察建议再审后作出的；第八，申请监督超过规定的期限的；第九，其他不应受理的情形。另外，具有下列情形之一的民商事案件，人民检察院应当依职权进行监督：第一，损害国家利益或者社会公共利益的；第二，审判、执行人员有贪污受贿、徇私舞弊、枉法裁判等行为的；第三，依照有关规定需要人民检察院跟进监督的。

(2)人民检察院对当事人申请的审查。根据《民事诉讼监督规则》第 43 条的规定，人民检察院审查民事诉讼监督案件，应当围绕申请人的申请监督请求、争议焦点以及是否存在应当依职权启动监督程序规定的情形，对人民法院民事诉讼活动是否合法进行全面审查。其他当事人在人民检察院作出决定前也申请监督的，应当将其列为申请人，对其申请监督请求一并审查。

人民检察院对当事人的申请应当在 3 个月内审查终结并作出决定。人民检察院作出提出或者不予提出检察建议或者抗诉决定的，当事人不得再次向人民检察院申请检察建议或者抗诉。也就是说，当事人申请人民检察院检察监督的次数以一次为限。

(3)人民检察院调查核实。根据《民事诉讼法》第 217 条的规定，人民检察院因履行法律监督职责提出检察建议或者抗诉的需要，可以向当事人或者案外人调查核实有关情况。

(4)提出抗诉或者再审检察建议。根据《民事诉讼法》的规定，最高人民检察院对各级人民法院已经发生法律效力的判决、裁定，上级人民检察院对下级人民法院已经发生法律效力的判决、裁定，发现有《民事诉讼法》第 207 条规定的情形之一的，或者发现调解书损害国家利益、社会公共利益的，应当提出抗诉。地方各级人民检察院对同级人民法院已经发生法律效力的判决、裁定，发现有《民事诉讼法》第 207 条规定情形之一的，或者发现调解书损害国家利益、社会公共利益的，可以向同级人民法院提出检察建议，并报上级人民检察院备案；也可以提请上级人民检察院向同级人民法院提出抗诉。对检察监督的案件，人民检察院可以提出抗诉、提请抗诉或者提出再审检察建议。

(四)案外人申请再审

当生效裁判损害未参加诉讼的案外人的合法民事权益时，也应允许其申请再审。根据《民事诉讼法》第 234 条和最高人民法院《民事诉讼法解释》第 422 条的规定，案外人申请再审可以分为必要的共同诉讼当事人申请再审与其他案外人申请再审两类。

(1)必要的共同诉讼当事人申请再审，人民法院按照第一审程序再审的，应当追加其为当事人，作出新的判决、裁定；按照第二审程序再审，经调解不能达成协议的，应当撤销原判决、裁定，发回重审，重审时应当追加其为当事人。

(2)案外人不是必要的共同诉讼当事人的，人民法院仅审理原判决、裁定、调解书对其民事权益造成损害的内容。经审理，再审请求成立的，撤销或改变原判决、裁定、调解书；再审请求不成立的，维持原判决、裁定、调解书。

二、再审案件的审理

(一)再审案件的审理方式

再审案件，发生效力的判决、裁定是由第一审法院作出的，按照第一审程序审理，所作出的判决、裁定，当事人可以上诉；发生效力的判决、裁定是由第二审法院作出的，按照第二审程序审理，所作出的判决、裁定，是发生法律效力的判决、裁定；上级人民法院提审的，按照第二审程序审理，所作出的判决、裁定是发生法律效力的判决、裁定。

人民法院开庭审理再审案件，应当按照下列情形分别进行：①因当事人申请再审的，先由再审申请人陈述再审请求及理由，后由被申请人答辩、其他原审当事人发表意见；②因抗诉再审的，先由抗诉机关宣读抗诉书，再由申请抗诉的当事人陈述，后由被申请人答辩、其他原审当事人发表意见；③人民法院依职权再审，有申诉人的，先由申诉人陈述再审请求及理由，后由被申诉人答辩、其他原审当事人发表意见；④人民法院依职权再审，没有申诉人的，先由原审原告或者原审上诉人陈述，后由原审其他当事人发表意见。

(二)再审案件的审理范围

人民法院审理再审案件应当围绕再审请求进行。当事人的再审请求超出原审诉讼请求的，不予审理；符合另案诉讼条件的，告知当事人可以另行起诉。被申请人及原审其他当事人在庭审结束前提出的再审请求，符合《民事诉讼法》第 212 条规定的，人民法院应当一并审理。人民法院经再审，发现已经发生法律效力的判决、裁定损害国家利益、社会公共利益、他人合法权益的，应当一并审理。

(三)再审的审限和次数

再审案件根据其适用程序的不同，分别适用第一审或者第二审审理期限的规定。审理期限自裁定再审的次日起计算。

再审案件的审理次数以一次为限。无论是依据当事人再审申请还是人民检察院提出检察建议或者抗诉,抑或是人民法院依职权启动的再审程序作出的裁判,当事人都不能再次提出再审申请。如果人民法院作出的再审裁判有明显错误的,当事人可以申请检察监督,但不得再次向人民法院申请再审。

(四)再审案件的审理结果

人民法院审理再审案件,应对原审人民法院认定事实、适用法律以及适用程序等方面进行全面审查,并根据下列情形分别作出处理:

1. 维持原判决、裁定

人民法院经再审审理认为,原判决、裁定认定事实清楚,适用法律正确的,应维持原裁判;对于原判决、裁定在认定事实、适用法律、阐述理由方面虽有瑕疵,但裁判结果正确的,人民法院应在再审判决、裁定中纠正上述瑕疵后维持原裁判。

2. 依法改判、撤销或者变更原判

人民法院经再审审理认为,原判决、裁定认定事实、适用法律错误,导致裁判结果错误的,应当依法改判、撤销或者变更原判决、裁定。当事人提交新的证据致使再审改判,因再审申请人或者申请检察监督当事人的过错未能在原审程序中及时举证,被申请人等当事人请求补偿其增加的交通、住宿、就餐、误工等必要费用的,人民法院应予支持。

3. 裁定撤销原判决,发回重审

人民法院按照第二审程序审理再审案件,发现原判决认定基本事实不清的,一般应当通过庭审认定事实后依法作出判决。但原审人民法院未对基本事实进行过审理的,可以裁定撤销原判决,发回重审。对于原判决认定事实错误的情形,上级人民法院不得以基本事实不清为由裁定发回重审。

人民法院按照第二审程序审理再审案件,发现第一审人民法院有下列严重违反法定程序情形之一的,可以裁定撤销原判决,发回第一审人民法院重审:①原判决遗漏必须参加诉讼的当事人的,可以根据当事人自愿的原则予以调解,但调解不成的;②无诉讼行为能力人未经法定代理人代为诉讼,或者应当参加诉讼的当事人,因不能归责于本人或者其诉讼代理人的事由,未参加诉讼的;③未经合法传唤缺席判决,或者违反法律规定剥夺当事人辩论权利的;④审判组织的组成不合法或者依法应当回避的审判人员没有回避的;⑤原判决、裁定遗漏诉讼请求的。

4. 裁定撤销第一、二审判决,驳回起诉

按照第二审程序再审的案件,人民法院经审理认为不符合《民事诉讼法》第122条规定的起诉条件或者符合《民事诉讼法》第127条规定的不予受理情形的,应当裁定撤销第一、二审判决,驳回起诉。《民事诉讼法》第122条和127条分别从正反两方面规定了民商事案件的受理条件,案件不符合受理条件的应裁定驳回起诉。在再审审理阶段,尽管原审判决已经生效,但是案件符合受理条件是当事人寻求司法救济的前提。不符合受理条件,说明案件原本不应受理,应裁定撤销原裁判,驳回起诉。

5. 对其他特殊情况的处理

(1)人民法院对调解书裁定再审案件的处理。人民法院对调解书裁定再审后,按照下列情形分别处理:第一,当事人提出的调解违反自愿原则的事由不成立,且调解书的内容不违反法律强制性规定的,裁定驳回再审申请;第二,人民检察院抗诉或者再审检察建议所主张的损害国家利益、社会公共利益的理由不成立的,裁定终结再审程序。

(2)对一审原告在再审中申请撤回起诉的处理。在再审审理程序中,一审原告申请撤回起诉,其他当事人同意,不损害国家利益、社会公共利益、他人合法权益的,人民法院可以准许。人民法院裁定准许的,应当一并销原判决。原告在再审程序中撤回起诉后重复起诉的,人民法院不予受理。

(3)裁定终结再审程序。在再审审理中,下列情形之一的,可以裁定终结再审程序:第一,再审申请人在再审期间撤回再审请求,人民法院准许的;第二,再审申请人经传票传唤,无正当理由拒不到庭的,或者未经法庭许可中途退庭的;第三,人民检察院撤回抗诉的;第四,有《民事诉讼法解释》第400条第1项至第4项规定情形的。

因人民检察院提出抗诉裁定再审的案件,申请抗诉的当事人有上述规定的情形,且不损害国家利益、社会公共利益或者他人合法权益的,人民法院应当裁定终结再审程序。

第四章

刑事审判制度

第一节　刑事审判概说

一、刑事审判的内涵

刑事审判，是指为了解决刑事被告人的刑事责任问题，由控辩双方在法庭上各自提出自己的主张和证据并进行辩论，法官基于国家权力依法进行审理并作出裁判的一种诉讼活动。

刑事审判包含对刑事案件的审理和裁判两个阶段。审理主要是控辩双方对案件的有关事实进行举证、调查、辩论，裁判方对控辩双方关于事实认定和法律适用的主张进行调查和听取意见的诉讼活动。裁判则是在审理的基础上对案件的实体问题以及某些程序问题得出处理结论的诉讼活动。审理是裁判的前提和基础，裁判是审理的目的和结果，二者是辩证统一的关系，由此，审理权和裁判权共同构成了审判权整体。根据《刑事诉讼法》的相关规定，我国的刑事审判按照诉讼程序的进程可分为第一审程序、第二审程序、死刑复核程序和审判监督程序。

二、刑事审判的意义

刑事审判是刑事诉讼的中心环节，其主要任务是正确行使国家刑罚权，包括维护社会秩序和社会公共利益、保障被告人的合法权利、发挥刑事诉讼的教育作用。只有通过刑事审判才能确定被告人刑事责任与刑罚。刑事审判的任务包括以下三个方面：审查提交的犯罪证据和查明指控的犯罪事实、审查程序性事项、适用法律以对案件作出裁判。

第二节 刑事审判第一审程序

刑事审判第一审程序，是指人民法院对人民检察院提起公诉、自诉人提起自诉的案件进行初次审判时所遵循的步骤和方式、方法。依据起诉主体的不同，刑事审判第一审程序可分为第一审普通程序、简易程序和速裁程序。第一审普通程序又可分为公诉案件第一审程序与自诉案件第一审程序。

一、公诉案件第一审程序

公诉案件的第一审程序，是人民法院对人民检察院提起公诉的案件进行初次审判时应当遵循的程序。公诉案件第一审程序包括了庭前审查、庭前准备、法庭审判、宣判等诉讼环节。

（一）庭前审查

公诉案件的庭前审查，是指人民法院对人民检察院提起公诉的案件，对有关材料进行开庭前的审查，并决定是否开庭审判的诉讼活动。

1. 庭前审查的内容

根据《刑事诉讼法》第 186 条以及《刑事诉讼法解释》的相关规定，庭前审查的内容主要包括：①是否属于本院管辖。②起诉书是否写明被告人的身份，是否受过或者正在接受刑事处罚，被采取强制措施的种类、羁押地点，犯罪的时间、地点、手段、后果以及其他可能影响定罪量刑的情节。③是否移送证明指控犯罪事实的证据材料，包括采取技术侦查措施的批准决定和所收集的证据材料。④是否查封、扣押、冻结被告人的违法所得或者其他涉案财物，并附证明相关财物依法应当追缴的证据材料。⑤是否列明被害人的姓名、住址、联系方式；是否附有证人、鉴定人名单；是否申请法庭通知证人、鉴定人、有专门知识的人出庭，并列明有关人员的姓名、性别、年龄、职业、住址、联系方式；是否附有需要保护的证人、鉴定人、被害人名单。⑥当事人已委托辩护人、诉讼代理人，或者已接受法律援助的，是否列明辩护人、诉讼代理人的姓名、住址、联系方式。⑦是否提起附带民事诉讼；提起附带民事诉讼的，是否列明附带民事诉讼当事人的姓名、住址、联系方式，是否附有相关证据材料。⑧侦查、审查起诉程序的各种法律手续和诉讼文书是否齐全。⑨有无《刑事诉讼法》第 16 条第 2 项至第 6 项规定的不追究刑事责任的情形。

2. 审查后的处理

人民法院在收到人民检察院的起诉书后，应指定审判员以书面审查为主的方式对公诉案件进行程序性审查。对公诉案件是否受理，应当在 7 日内审查完毕。

审查后，应当按照下列情形分别处理：①属于告诉才处理的案件，应当退回人民检察院，并告知被害人有权提起自诉；②不属于本院管辖或者被告人不在案的，应当退回人民检察院；③不符合《刑事诉讼法解释》的相关规定，需要补充材料的，应当通知人民检察院在 3 日内补送；④依照《刑事诉讼法》第 200 条第 3 项规定宣告被告人无罪后，人民检察院根据新的事实、证据重新起诉的，应当依法受理；⑤依照《刑事诉讼法解释》裁定准许撤诉的案件，没有新的事实，重新起诉的，应当退回人民检察院；⑥符合《刑事诉讼法》第 16 条第 2 项至第 6 项规定情形的，应当裁定终止审理或者退回人民检察院；⑦被告人真实身份不明，但符合《刑事诉讼法》第 160 条第 2 款规定的，应当依法受理。

（二）庭前准备

人民法院决定对案件开庭审判后，为了保障法庭审判顺利有序地进行，根据《刑事诉讼法》及相关司法解释有关规定，在开庭审判前应当进行下列各项准备工作：①确定合议庭的组成人员或独任庭的审判人员；②将人民检察院的起诉书副本至迟在开庭 10 日以前送达被告人及其解护人；③将开庭的时间、地点在开庭 3 日以前通知人民检察院；④将传唤当事人和通知辩护人、诉讼代理人、证人、鉴定人和勘验、检查笔录制作人、翻译人员的传票和通知书，至迟在开庭 3 日以前送达；⑤公开审判的案件，在开庭 3 日以前先期公布案由、被告人姓名、开庭时间和地点；⑥审判人员可以召集公诉人、当事人、辩护人和诉讼代理人，对回避、出庭证人名单、非法证据排除等与审判相关的问题，了解情况，听取意见。

案件具有下列情形之一的，人民法院可以决定召开庭前会议：①证据材料较多、案情重大复杂的；②控辩双方对事实、证据存在较大争议的；③社会影响重大的；④需要召开庭前会议的其他情形。

（三）法庭审判

法庭审判程序大致可分为开庭、法庭调查、法庭辩论、被告人最后陈述、评议和宣判五个阶段。

1. 开庭

开庭是正式进行法庭审判前的准备阶段。开庭阶段的活动程序如下：

（1）在审判长宣布开庭前，书记员应当依次进行下列工作：第一，受审判长委托，查明公诉人、当事人、辩护人、诉讼代理人、证人及其他诉讼参与人是否到庭；第二，核实旁听人员中是否有证人、鉴定人、有专门知识的人；第三，请公诉人、辩护人、诉讼代理人及其他诉讼参与人入庭；第四，宣读法庭规则；第五，请审判长、审判员、人民陪审员入庭；第六，审判人员就座后，向审判长报告开庭前的准备工作已经就绪。

（2）审判长宣布开庭，传被告人到庭后，应当查明被告人的下列情况：第一，姓名、出生日期、民族、出生地、文化程度、职业、住址，或者被告单位的名称、住所地、法定代表人、实际控制人以及诉讼代表人的姓名、职务；第二，是否受过刑事处罚、行政处罚、处分及其种类、时间；第三，是否被采取留置措施及留置的时间，是否被采取强制措施及强制措施的种类、时间；第四，收到起诉书副本的日期，有附带民事诉讼的，附带民事诉讼被告人收到附带民事起诉状的日期。

被告人较多的，可以在开庭前查明上述情况，但开庭时审判长应当作出说明。

(3)审判长宣布案件的来源、案由；宣布合议庭的书记员、公诉人、辩护人、诉讼代理人、鉴定人和翻译人员的名单。

(4)审判长告知当事人及其法定代理人、辩护人、诉讼代理人在法庭审理过程中依法享有下列诉讼权利：第一，可以申请合议庭组成人员、法官助理、书记员、公诉人、鉴定人和翻译人员回避；第二，可以提出证据，申请通知新的证人到庭、调取新的证据，申请重新鉴定或者勘验；第三，被告人可以自行辩护；第四，被告人可以在法庭辩论终结后作最后陈述。

(5)审判长应当询问当事人及其法定代理人、辩护人、诉讼代理人是否申请回避、申请何人回避和申请回避的理由。当事人及其法定代理人、辩护人、诉讼代理人申请回避的，依照《刑事诉讼法》及《刑事诉讼法解释》的有关规定处理。同意或者驳回回避申请的决定及复议决定，由审判长宣布，并说明理由。必要时，也可以由院长到庭宣布。

2. 法庭调查

法庭调查，是指在审判人员的主持下，在公诉人、当事人和其他诉讼参与人参加下，当庭对案件事实和证据进行审查、核实的诉讼活动。法庭调查的范围是人民检察院起诉书中所指控的被告人的犯罪事实和证明被告人有罪、无罪、罪轻、罪重的各种证据。根据《刑事诉讼法》及《刑事诉讼法解释》的相关规定，法庭调查的具体步骤和内容如下：

(1)公诉人宣读起诉书。审判长宣布法庭调查开始后，应当先由公诉人宣读起诉书；有附带民事诉讼的，再由附带民事诉讼原告人或者其法定代理人、诉讼代理人宣读附带民事起诉状。

(2)被告人、被害人陈述。在审判长主持下，被告人、被害人可以就起诉书指控的犯罪事实分别陈述。

(3)讯问、发问被告人，发问被害人。在审判长主持下，公诉人可以就起诉书指控的犯罪事实讯问被告人。经审判长准许，被害人及其法定代理人、诉讼代理人可以就公诉人讯问的犯罪事实补充发问；附带民事诉讼原告人及其法定代理人、诉讼代理人可以就附带民事部分的事实向被告人发问；被告人的法定代理人、辩护人，附带民事诉讼被告人及其法定代理人、诉讼代理人可以在控诉方、附带民事诉讼原告方就某一问题讯问、发问完毕后向被告人发问。根据案件情况，就证据问题对被告人的讯问、发问可以在举证、质证环节进行。讯问同案审理的被告人，应当分别进行。经审判长准许，控辩双方可以向被害人、附带民事诉讼原告人发问。必要时，审判人员可以讯问被告人，也可以向被害人、附带民事诉讼当事人发问。

(4)出示、核实证据。公诉人可以提请审判长通知证人、鉴定人出庭作证,或者出示证据。被害人及其法定代理人、诉讼代理人,附带民事诉讼原告人及其诉讼代理人也可以提出申请。在控诉一方举证后,被告人及其法定代理人、辩护人可以提请审判长通知证人、鉴定人出庭作证,或者出示证据。公诉人、辩护人应当向法庭出示物证,让当事人辨认,对未到庭的证人的证言笔录、鉴定人的鉴定意见、勘验笔录和其他作为证据的文书,应当当庭宣读。当庭出示的物证、书证、视听资料等证据,应当先由出示证据的一方就所出示证据的来源、特征等作必要的说明,然后由另一方进行辨认并发表意见,控辩双方互相质问、辩论。

(5)调取新证据。法庭审理过程中,当事人和辩护人、诉讼代理人有权申请通知新的证人到庭,调取新的物证,申请重新鉴定或者勘验。

(6)法庭调查核实证据。人民法院向人民检察院调取需要调查核实的证据材料,或者根据被告人、辩护人的申请,向人民检察院调取在侦查、审查起诉期间收集的有关被告人无罪或者罪轻的证据材料,应当通知人民检察院在收到调取证据材料决定书后3日内移交。审判期间,合议庭发现被告人可能有自首、坦白、立功等法定量刑情节,而人民检察院移送的案卷中没有相关证据材料的,应当通知人民检察院移送。审判期间,公诉人发现案件需要补充侦查,建议延期审理的,合议庭应当同意,但建议延期审理不得超过两次,每次不得超过1个月。

3. 法庭辩论

法庭辩论,是在法庭调查的基础上,控诉方与辩护方就被告人的行为是否构成犯罪、罪责轻重、证据是否确实充分,是否应负刑事责任以及如何适用刑罚等问题,发表各自的意见并进行互相辩论。法庭辩论应当在审判长的主持下,按照下列顺序进行:①公诉人发言;②被害人及其诉讼代理人发言;③被告人自行辩护;④辩护人辩护;⑤控辩双方进行辩论。

人民检察院可以提出量刑建议并说明理由。建议判处管制、宣告缓刑的,一般应当附有调查评估报告,或者附有委托调查函。当事人及其辩护人、诉讼代理人可以对量刑提出意见并说明理由。对被告人认罪的案件,法庭辩论时,应当指引控辩双方主要围绕量刑和其他有争议的问题进行。对被告人不认罪或者辩护人作无罪辩护的案件,法庭辩论时,可以指引控辩双方先辩论定罪问题,后辩论量刑和其他问题。附带民事部分的辩论应当在刑事部分的辩论结束后进行,先由附带民事诉讼原告人及其诉讼代理人发言,后由附带民事诉讼被告人及其诉讼代理人答辩。

4. 被告人最后陈述

审判长宣布法庭辩论终结后,合议庭应当保证被告人充分行使最后陈述的权利。被告人在最后陈述中多次重复自己的意见的,法庭可以制止;陈述内容蔑视法庭、公诉人,损害他人及社会公共利益,或者与本案无关的,应当制止。在公开审理的案件中,被告人最后陈述的内容涉及国家秘密、个人隐私或者商业秘密的,应当制止。被告人在最后陈述中提出新的事实、证据,合议庭认为可能影响正确裁判的，应当恢复法庭调查；被告人提出新的辩解理由，合议庭认为可能影响正确裁判的，应当恢复法庭辩论。

5. 评议和宣判

被告人最后陈述后，审判长应当宣布休庭，由合议庭进行评议，法庭审判进入评议和宣判阶段。其中，评议是指合议庭组成人员在已经进行的法庭审理活动的基础上，对案件事实、证据和法律适用进行讨论、分析、判断并依法对案件作出裁判的诉讼活动。根据我国《刑事诉讼法》第200条及《刑事诉讼法解释》的相关规定，人民法院应当根据已经查明的事实、证据和有关的法律规定，按照下列情形分别作出判决、裁定：①起诉指控的事实清楚，证据确实、充分，依据法律认定指控被告人的罪名成立的，应当作出有罪判决。②起诉指控的事实清楚，证据确实、充分，指控的罪名与审理认定的罪名不一致的，应当按照审理认定的罪名作出有罪判决。③案件事实清楚，证据确实、充分，依据法律认定被告人无罪的，应当判决宣告被告人无罪。④证据不足，不能认定被告人有罪的，应当以证据不足、指控的犯罪不能成立，判决宣告被告人无罪。⑤案件部分事实清楚，证据确实、充分的，应当作出有罪或者无罪的判决；对事实不清、证据不足部分，不予认定。⑥被告人因不满16周岁，不予刑事处罚的，应当判决宣告被告人不负刑事责任。⑦被告人是精神病人，在不能辨认或者不能控制自己行为时造成危害结果，不予刑事处罚的，应当判决宣告被告人不负刑事责任。⑧犯罪已过追诉时效期限且不是必须追诉，或者经特赦令免除刑罚的，应当裁定终止审理。⑨被告人死亡的，应当裁定终止审理；根据已查明的案件事实和认定的证据，能够确认无罪的，应当判决宣告被告人无罪。

无论案件是否公开审理，宣告判决一律公开进行。宣判可以分为当庭宣判和定期宣判两种：①当庭宣告判决的，应当在5日内送达判决书；②定期宣告判决的，应当在宣判前，先期公告宣判的时间和地点，传唤当事人并通知公诉人、法定代理人、辩护人和诉讼代理人；判决宣告后，应当立即送达判决书。

（四）法庭审判笔录

法庭审判笔录是由法院书记员制作的记载全部法庭审判活动的诉讼文书。根据我国《刑事诉讼法》第207条的规定，法庭审判笔录应当符合下列要求：①法庭审判的全部活动，应当由书记员写成笔录，经审判长审阅后，由审判长和书记员签名。②法庭笔录中的证人证言部分，应当当庭宣读或者交给证人阅读，证人在确认没有错误后，应当签名或者盖章。③法庭笔录应当交给当事人阅读或者向他宣读；当事人认为记载有遗漏或者差错的，可以请求补充或者改正；当事人承认没有错误后，应当签名或者盖章。

（五）延期审理、中止审理和终止审理

1. 延期审理

延期审理，是指在法庭审理过程中，由于发生法律规定的某些事项，导致不能

按时开庭或者无法继续开庭审理,法院另定日期对案件进行审理的制度。根据我国《刑事诉讼法》第204条及相关司法解释的规定,在法庭审判过程中,遇有下列情形之一,影响审判进行的,可以延期审理:①需要通知新的证人到庭,调取新的物证,重新鉴定或者勘验的;②检察人员发现提起公诉的案件需要补充侦查,提出建议的;③由于申请回避而不能进行审判的;④鉴定人由于不能抗拒的原因或者有其他正当理由无法出庭的,人民法院可以根据情况决定延期审理或者重新鉴定;⑤人民检察院变更起诉范围,指控被告人有新的罪行,被告人、辩护人要求重新进行辩护准备的;⑥被告人、辩护人、合议庭成员、公诉人等在审理过程中因身体原因,审理无法继续进行的。

2. 中止审理

中止审理,是指人民法院在受理案件后,作出判决之前,出现了某些使审判在较长时间内无法继续进行的情况时,决定暂时停止案件审理,待有关情形消失后,再行恢复审理的制度。中止审理的原因消失后,应当恢复审理。中止审理的期间不计入审理期限。根据我国《刑事诉讼法》第206条的规定,在审判过程中,有下列情形之一,致使案件在较长时间内无法继续审理的,可以中止审理:①被告人患有严重疾病,无法出庭的;②被告人脱逃的;③自诉人患有严重疾病,无法出庭,未委托诉讼代理人出庭的;④由于不能抗拒的原因。

3. 终止审理

终止审理,是指人民法院在审判案件的过程中,遇有法律规定的情形致使审判不应当或者不需要继续进行时终结案件的诉讼活动。终止审理的情形包括:①犯罪已过追诉时效期限的;②经特赦令免除刑罚的;③依照刑法告诉才处理的犯罪,没有告诉或者撤回告诉的;④犯罪嫌疑人、被告人死亡的;⑤其他法律规定免予追究刑事责任的。

(六)第一审程序的期限

一般情况下,人民法院审理公诉案件,应当在受理后2个月以内宣判,至迟不得超过3个月。对于可能判处死刑的案件或者附带民事诉讼的案件,以及有《刑事诉讼法》第158条规定情形之一的,经上一级人民法院批准,可以延长3个月;因特殊情况还需要延长的,报请最高人民法院批准。这里的法定情形包括:①交通十分不便的边远地区的重大复杂案件;②重大的犯罪集团案件;③流窜作案的重大复杂案件;④犯罪涉及面广,取证困难的重大复杂案件。

二、自诉案件第一审程序

刑事自诉案件,是指被害人或其法定代理人、近亲属为追究被告人的刑事责任、直接向司法机关提起诉讼,并由司法机关直接受理的刑事案件。根据我国《刑事诉讼法》的规定,刑事自诉案件包括下列案件:①告诉才处理的案件,即侮辱罪、诽谤罪、暴力干涉婚姻自由罪、虐待罪、侵占罪；②被害人有证据证明的轻微刑事案件；③被害人有证据证明对被告人侵犯自己人身、财产权利的行为应当依法追究刑事责任，而公安机关或者人民检察院不予追究被告人刑事责任的案件。

（一）自诉案件的提起条件和受理

自诉人提起自诉，必须符合以下条件才能被人民法院受理：①符合《刑事诉讼法》第210条规定的自诉案件的范围；②符合管辖；③被害人告诉；④有明确的被告人、具体的诉讼请求和证明被告人犯罪事实的证据；⑤对于公诉转自诉的案件，还应当提供公安机关或者人民检察院曾作出不予追究被告人刑事责任的证明。

自诉人提起自诉应当提交刑事自诉状；同时提起附带民事诉讼的，应当提交刑事附带民事自诉状。为了便于自诉人告诉，自诉人书写自诉状确有困难的，可以口头告诉，由法院工作人员作成告诉笔录，向自诉人宣读自诉人确认无误后，应当签名或者盖章。

人民法院收到自诉状或者口头告诉后应当在15日内审查完毕。人民法院对于自诉案件进行审查后，应当按照《刑事诉讼法》第211条及《刑事诉讼法解释》的相关规定分别处理：①犯罪事实清楚，有足够证据的案件，应当开庭审判；②缺乏罪证的自诉案件，如果自诉人提不出补充证据，应当说服自诉人撤回自诉，或者裁定驳回。

（二）自诉案件第一审审判程序

由于自诉案件的特殊性，自诉案件的审理程序有不同于公诉案件第一审普通程序的特点。根据《刑事诉讼法》的规定，符合简易程序适用条件的自诉案件，可以适用简易程序审理。不适用简易程序审理的自诉案件，参照适用公诉案件第一审普通程序的有关规定。此外，还应注意以下几点：

（1）自诉人经两次传唤，无正当理由拒不到庭，或者未经法庭准许中途退庭的，人民法院应当裁定按撤诉处理。部分自诉人撤诉或者被裁定按撤诉处理的，不影响案件的继续审理。

（2）在自诉案件审判过程中，审判人员对证据有疑问，需要调查核实的，可以宣布休庭，对证据进行调查核实，必要时，可以通知自诉人及其法定代理人到场。上述人员未到场的，应当记录在案。人民法院调查核实证据，可以进行勘验、检查、查封、扣押、鉴定和查询、冻结。人民法院调查核实证据时，发现对定罪量刑有重大影响的新的证据材料的，应当告知自诉人及其法定代理人。必要时，也可以直接提取，并及时通知自诉人及其法定代理人查阅、摘抄、复制。人民法院受理自诉案件后，对于当事人因客观原因不能取得并提供有关证据而申请人民法院调取证据的，人民法院认为必要的，可以依法调取。

（3）被告人实施两个以上犯罪行为，分别属于公诉案件和自诉案件，人民法院可以一并审理。对自诉部分的审理，适用自诉的规定。

(4)被告人在自诉案件审判期间,下落不明的,人民法院应当裁定中止审理。被告人到案后,应当恢复审理,必要时应当对被告人依法采取强制措施。

(5)人民法院对依法宣告无罪的案件,其附带民事部分应当依法进行调解或者一并作出判决。

三、刑事审判简易程序

(一)简易程序的内涵

刑事审判简易程序简称简易程序,是指基层人民法院在按照第一审程序审理某些简单轻微、具备特定条件的刑事案件时所适用的,较第一审普通程序相对简化的一种程序。简易程序能够提高人民法院的审判效率,有助于缓解人民法院面临的日益繁重的审判任务;也可以使刑事被告人与自诉人尽快结束诉讼程序,避免程序的烦琐。

(二)简易程序的适用范围

根据我国《刑事诉讼法》第214条及《刑事诉讼法解释》的规定,基层人民法院管辖的案件,符合下列条件的,可以适用简易程序审判:①案件事实清楚、证据充分的;②被告人承认自己所犯罪行,对指控的犯罪事实没有异议的;③被告人对适用简易程序没有异议的。

另外,根据我国《刑事诉讼法》第215条及《刑事诉讼法解释》的规定,有下列情形之一的,不适用简易程序:①被告人是盲、聋、哑人的;②被告人是尚未完全丧失辨认或者控制自己行为能力的精神病人的;③案件有重大社会影响的;④共同犯罪案件中部分被告人不认罪或者对适用简易程序有异议的;⑤辩护人作无罪辩护的;⑥被告人认罪但经审查认为可能不构成犯罪的;⑦不宜适用简易程序审理的其他情形。

(三)简易程序的特点

简易程序是第一审普通程序的简化程序,具有以下特点:

(1)在适用范围上,简易程序只适用于基层人民法院按照第一审程序审理的刑事案件。

(2)在审判组织上,我国《刑事诉讼法》第216条规定,适用简易程序审理案件,对可能判处3年有期徒刑以下刑罚的,可以组成合议庭进行审判,也可以由审判员1人独任审判;对可能判处的有期徒刑超过3年的,应当组成合议庭进行审判。适用简易程序独任审判过程中,发现对被告人可能判处的有期徒刑超过3年的,应当转由合议庭审理。

(3)在控诉职能上,适用简易程序审理公诉案件,人民检察院应当派员出席法庭。

(4)在庭前准备程序和庭审程序上大为简化。根据刑事诉讼法及司法解释的规定,适用简易程序审理案件,不受公诉案件的第一审程序中关于送达期限、讯问被告人、询问证人、鉴定人、出示证据、法庭辩论程序规定的限制。

适用简易程序审理案件,可以对庭审作如下简化:①公诉人可以摘要宣读起诉书。②公诉人、辩护人、审判人员对被告人的讯问、发问可以简化或者省略。③对控辩双方无异议的证据,可以仅就证据的名称及所证明的事项作出说明;对控辩双方有异议或者法庭认为有必要调查核实的证据,应当出示,并进行质证。④控辩双方对与定罪量刑有关的事实、证据没有异议的,法庭审理可以直接围绕罪名确定和量刑问题进行。⑤适用简易程序审理案件,判决宣告前应当听取被告人的最后陈述。

(5)在宣判形式上,适用简易程序审理案件,一般应当当庭宣判。

(6)在庭审期间上,适用简易程序审理案件,人民法院应当在受理后 20 日内审结;对可能判处的有期徒刑超过 3 年的,可以延长至一个半月。

(7)简易程序在必要时可变更为普通程序。根据《刑事诉讼法》和《刑事诉讼法解释》的规定,用简易程序审理案件,在法庭审理过程中,具有下列情形之一的,应当转为普通程序审理:①被告人的行为可能不构成犯罪的;②被告人可能不负刑事责任的;③被告人当庭对起诉指控的犯罪事实予以否认的;④案件事实不清、证据不足的;⑤不应当或者不宜适用简易程序的其他情形。

四、速裁程序

(一)速裁程序的内涵

速裁程序,是基层人民法院审理可能判处 3 年有期徒刑以下刑罚,事实清楚,证据确实、充分,被告人认罪认罚且民事赔偿问题已经解决的案件时所适用的快速审判程序。速裁程序只适用于基层人民法院的刑事第一审程序,是对简易程序的进一步简化。

(二)速裁程序的适用范围

根据《刑事诉讼法》和《刑事诉讼法解释》的规定,基层人民法院管辖的可能判处 3 年有期徒刑以下刑罚的案件,案件事实清楚,证据确实、充分,被告人认罪认罚并同意适用速裁程序的,可以适用速裁程序,由审判员 1 人独任审判。对于犯罪嫌疑人在审查起诉程序中已经认罪认罚,人民检察院认为符合适用速裁程序条件的案件,人民检察院在提起公诉的时候,可以建议人民法院适用速裁程序。对于最终是否适用速裁程序审理,由人民法院作出决定。

但是有下列情形之一的,不适用速裁程序:①被告人是盲、聋、哑人的;②被告人是尚未完全丧失辨认或者控制自己行为能力的精神病人的;③被告人是未成年人的;④案件有重大社会影响的;⑤共同犯罪案件中部分被告人对指控的犯罪事实、罪名、量刑建议或者适用速裁程序有异议的;⑥被告人与被害人或者其法定代理人没有就附带民事诉讼赔偿等事项达成调解、和解协议的;⑦辩护人作无罪辩护的;⑧其他不宜适用速裁程序的情形。

(三)速裁程序的庭审程序

适用速裁程序审理案件,人民法院应当在开庭前将开庭的时间、地点通知人民检察院、被告人、辩护人,也可以通知其他诉讼参与人。通知可以采用简便方式,但应当记录在案。适用速裁程序审理案件,由审判员一人独任审判。适用速裁程序审理案件,不受公诉案件一审程序关于送达期限规定的限制,一般不进行法庭调查、法庭辩论,但在判决宣告前应当听取辩护人的意见和被告人的最后陈述意见。适用速裁程序审理案件,应当当庭宣判。适用速裁程序审理案件,人民法院应当在受理后10日以内审结;对可能判处的有期徒刑超过1年的,可以延长至15日。

第三节 刑事审判第二审程序

一、第二审程序的提起

(一)提起第二审程序的主体

刑事审判第二审程序只能因上诉或抗诉引起。根据我国《刑事诉讼法》的规定,可提起第二审程序的主体有以下两种:

(1)可以提起第二审程序的上诉主体。可以提起第二审程序的上诉主体可分为刑事部分的上诉主体与附带民事诉讼部分的上诉主体。前者包括享有独立的上诉权的被告人、自诉人和他们的法定代理人,以及虽不享有独立的上诉权,但是经被告人同意可提出上诉的被告人的辩护人和近亲属。后者包括案件当事人及其法定代理人。

(2)可以提起第二审程序的抗诉主体。人民检察院是我国的法律监督机关,抗诉权是人民检察院行使法律监督权的重要组成部分。被害人及其法定代理人不服地方各级人民法院第一审的判决的,有权请求人民检察院提出抗诉。

(二)上诉、抗诉的理由

上诉是被告人、自诉人和他们的法定代理人的重要的诉讼权利,任何人不得以任何借口加以剥夺。

根据我国《刑事诉讼法》的规定,人民检察院只有在有充分的根据认定原判决、裁定确有错误的前提下,才能提出抗诉。根据最高人民检察院《刑事诉讼规则》的规定，人民检察院认为同级人民法院第一审判决、裁定具有下列情形之一的，应当提出抗诉：①认定的事实确有错误或者据以定罪量刑的证据不确实、不充分的；②有确实、充分证据证明有罪判无罪，或者无罪判有罪的；③重罪轻判，轻罪重判，适用刑罚明显不当的；④认定罪名不正确，一罪判数罪、数罪判一罪，影响量刑或者造成严重社会影响的；⑤免除刑事处罚或者适用缓刑、禁止令、限制减刑等错误的；⑥人民法院在审理过程中严重违反法律规定的诉讼程序的。

（三）上诉、抗诉、请求抗诉的期限

对地方各级人民法院第一审判决、裁定的上诉、抗诉应当在法定期限内提出。

根据《刑事诉讼法》与《刑事诉讼法解释》的规定，不服判决的上诉和抗诉的期限为 10 日，不服裁定的上诉和抗诉的期限为 5 日，从接到判决书、裁定书的第二日起算。对附带民事判决、裁定的上诉、抗诉期限，应当按照刑事部分的上诉、抗诉期限确定。附带民事部分另行审判的，上诉期限也应当按照《刑事诉讼法》规定的期限确定。

被害人及其法定代理人不服地方各级人民法院第一审的判决的，自收到判决书后 5 日以内，有权请求人民检察院提出抗诉。人民检察院自收到被害人及其法定代理人的请求后 5 日以内，应当作出是否抗诉的决定并且答复请求人。

（四）上诉、抗诉的方式和程序

上诉既可以通过原审人民法院提出，也可以通过上一级人民法院提出。根据我国《刑事诉讼法》及相关司法解释，被告人、自诉人和他们的法定代理人，不服地方各级人民法院第一审的判决、裁定，有权用书面或者口头形式向上一级人民法院上诉。

抗诉则只能通过原审人民法院提出。根据《刑事诉讼法》及最高人民检察院《刑事诉讼规则》的相关规定，地方各级人民检察院认为同级人民法院第一审判决、裁定确有错误决定抗诉时，必须制作抗诉书。

二、第二审案件的审判

（一）第二审的审判原则

1. 全面审查原则

全面审查原则，是指第二审人民法院应当就第一审判决认定的事实和适用法律进行全面审查，不受上诉或者抗诉范围的限制。共同犯罪的案件只有部分被告人上诉的，应当对全案进行审查并处理。

全面审查原则的内容包括以下几个方面：①第二审人民法院不仅要审查案件实体性问题，也要审查程序性问题。②第二审人民法院不仅要对上诉、抗诉的内容进行审理，对未上诉、抗诉的内容也要进行审理。③对共同犯罪案件，不仅要审理

提出上诉的被告人的部分,也要审理未提出上诉的被告人的部分。即使在上诉人已经死亡,其他被告人未上诉的情形下,仍应对全案进行全面审理。若认定已经死亡的上诉人不构成犯罪的,应当宣告其无罪,同时对同案其他被告人作出相应的判决或裁定。④对附带民事诉讼部分提出上诉的,不仅要审理附带民事诉讼部分,也要审理刑事诉讼部分。

2. 上诉不加刑原则

上诉不加刑原则,是指第二审人民法院审理只有被告人一方提出的上诉案件时,不得以任何理由加重被告人的刑罚。上诉不加刑原则的含义包括以下几个方面:

(1)上诉是被告人的法定权利,但上诉不加刑原则仅适用于只有被告人一方提起上诉的案件,包括被告人本人或其法定代理人、辩护人及近亲属提起的上诉案件。若人民检察院提出了抗诉或自诉人提出上诉的,则第二审人民法院不再受上诉不加刑原则的限制。

(2)对只有被告人一方上诉的案件,上诉不加刑原则既禁止第二审人民法院直接改判加刑,也禁止原审人民法院对第二审人民法院发回重审的案件在重新审判后加重刑罚。

(3)在共同犯罪案件中,若检察院没有抗诉、自诉人没有上诉,只有部分被告人上诉的,第二审法院对该部分被告人及同案其他未上诉被告人均适用上诉不加刑原则;若检察院只对部分被告人的判决提出抗诉或自诉人只针对部分被告人的判决提出上诉,则第二审人民法院不得对其他同案被告人加重刑罚。

依据《刑事诉讼法解释》的规定,上诉不加刑原则应按照以下几种情形处理:①同案审理的案件,只有部分被告人上诉的,既不得加重上诉人的刑罚,也不得加重其他同案被告人的刑罚。②原判事实清楚,证据确实、充分,只是认定的罪名不当的,可以改变罪名,但不得加重刑罚。③原判对被告人实行数罪并罚的,不得加重决定执行的刑罚,也不得加重数罪中某罪的刑罚。④原判对被告人宣告缓刑的,不得撤销缓刑或者延长缓刑考验期。⑤原判没有宣告禁止令的,不得增加宣告;原判宣告禁止令的,不得增加内容、延长期限。⑥原判对被告人判处死刑缓期执行没有限制减刑的,不得限制减刑。⑦原判事实清楚,证据确实、充分,但判处的刑罚畸轻、应当适用附加刑而没有适用的,不得直接加重刑罚、适用附加刑,也不得以事实不清、证据不足为由发回第一审人民法院重新审判。必须依法改判的,应当在第一审判决、裁定生效后,依照审判监督程序重新审判。

(二)第二审案件的审理方式

1. 开庭审理

开庭审理是第二审案件基本的审理方式。依据《刑事诉讼法》的规定,下列情形的第二审案件应当组成合议庭,开庭审理:①被告人、自诉人及其法定代理人对第一审认定的事实、证据提出异议,可能影响定罪量刑的上诉案件;②被告人被判处死刑的上诉案件;③人民检察院提出抗诉的案件;④其他应当开庭审理的案件。

开庭审理的案件除了依法不应当公开审理的案件,都应当公开审理。开庭审理可以在第二审法院所在地进行,也可以到案件发生地或者原审人民法院所在地进行。开庭审理第二审案件,参照适用第一审程序的有关规定,第二审人民法院的同级人民检察院应当派员出席庭审,庭审经过开庭、法庭调查、法庭辩论、被告人最后陈述、宣判等阶段。

第二审案件的庭审程序与第一审案件庭审程序存在如下差异:①在法庭调查阶段,审判人员宣读第一审判决书、裁定书后,上诉案件由上诉人或者辩护人先宣读上诉状或者上诉理由,抗诉案件由检察员先宣读抗诉书;既有上诉又有抗诉的案件,先由检察员宣读抗诉书,再由上诉人或者辩护人宣读上诉状或者陈述上诉理由。②法庭辩论阶段,上诉案件,先由上诉人、辩护人发言,后由检察员、诉讼代理人发言;抗诉案件,先由检察员、诉讼代理人发言,后由上诉人、辩护人发言。

2. 不开庭审理

开庭审理是原则,不开庭审理是例外。不开庭审理仍然必须组成合议庭。不开庭审理只适用于上诉的案件,而不适用于被提起抗诉的案件和其他依法应当开庭审理的案件。不开庭审理通常适用于上诉人仅针对适用法律问题提出异议的案件。经第二审人民法院审查,认为原判事实不清,证据不足,或者具有《刑事诉讼法》第238条规定的违反法定诉讼程序的情形,需要发回重新审判的,也可以不开庭审理。

不开庭审理的,合议庭除了审查全部诉讼材料外,还必须进行讯问、调查等活动。合议庭进行阅卷,对被告人讯问,听取其他当事人、辩护人、诉讼代理人的意见,是不开庭审理方式中的必经程序。

(三)第二审案件的处理

1. 直接裁判

直接裁判包括如下两种情形:

(1)裁定驳回上诉或抗诉,维持原判。第二审人民法院经过审理,认为原判认定事实清楚,证据确实、充分,适用法律正确、量刑适当,且不存在影响公正审判的违反法定诉讼程序的情形,则应直接裁定驳回上诉或者抗诉,维持原判。

(2)直接改判。直接改判适用于两种情形:①原判认定事实没有错误,但适用法律有错误或者量刑不当,例如错误适用法律,认定罪名错误,适用法律正确但量刑畸轻、畸重等;②原判认定案件事实不清或者证据不足,但经过第二审审理,查明了事实的,可以直接改判;经审理,认为证据仍然不足的,可以改判无罪。

2. 发回重审

发回重审,是指原判错误,撤销原判,将案件发回原审人民法院重新审判。第二审人民法院经过审理,将案件发回重审有两种情形:

(1)可以发回重审。原判决认定事实不清或证据不足的,第二审人民法院可以在查清事实后直接改判,也可以将案件发回原审人民法院重审。以原判认定事实不清或者证据不足为由而将案件发回重审的,仅限于发回一次。如果经第一审人民法院重新审判后,被告人、自诉人及其法定代理人、辩护人、近亲属对重审后的判决再次提出上诉或者检察机关提出抗诉,那么,第二审人民法院不得将再次进入第二审程序的案件,再次以原判案件事实不清、证据不足为由发回原审人民法院重审,而应当依法作出判决或者裁定。

(2)应当发回重审。《刑事诉讼法》第238条规定了第二审人民法院应当撤销原判,将案件发回重审的五种情形:第一,违反《刑事诉讼法》有关公开审判的规定的;第二,违反回避制度的;第三,剥夺或者限制了当事人的法定诉讼权利,可能影响公正审判的;第四,审判组织的组成不合法的;第五,其他违反法律规定的诉讼程序,可能影响公正审判的。

对于发回重审的案件,无论基于何种原因被发回重审,原审人民法院都应当另行组成合议庭,并依照第一审程序进行审判。对于重新审判后的裁判,依照刑事诉讼法的规定可以上诉、抗诉。

对于不服第一审裁定而提出上诉或抗诉的案件,经审理后第二审人民法院应当参照《刑事诉讼法》关于维持原判、直接改判和发回重审的有关规定,分别裁定驳回上诉、抗诉,或者撤销、变更原裁判。

(四)第二审案件的审理期限

根据《刑事诉讼法》第243条的规定,第二审案件应当在受理上诉、抗诉后的2个月内审结。对于可能判处死刑的案件或者附带民事诉讼的案件,以及有《刑事诉讼法》第158条规定情形之一的,经省、自治区、直辖市高级人民法院批准或者决定,可以延长2个月;因特殊情况还需要延长期限的,报请最高人民法院批准。最高人民法院受理上诉、抗诉案件的审理期限,由最高人民法院决定。

第四节　死刑复核程序

一、死刑复核程序的内涵

死刑复核程序是指法院对判处死刑(包括死刑缓期二年执行)的案件进行复审、核准的特别审判程序。死刑复核程序可以保证正确适用死刑,防止死刑滥用,也是统一死刑规格与执法尺度的重要程序。

死刑复核程序具有以下特点:①死刑复核程序只适用于判处死刑的案件,包括判处死刑立即执行和判处死刑缓期二年执行的案件。②死刑复核程序是死刑案件的必经程序。除最高人民法院判决的死刑案件,所有死刑案件,都必须经过死刑复核程序，只有经过死刑核准程序的死刑判决才能生效并交付执行。③死刑复核程序是下级法院作出死刑判决后依法主动上报复核，无须控辩双方申请即应展开死刑核准活动。④死刑复核权由特定的法院行使。对于死刑立即执行案件，须经最高人民法院核准；对于死刑缓期二年执行的案件，由高级人民法院核准。

二、死刑复核的具体程序

（一）死刑立即执行案件的报请核准

根据我国《刑事诉讼法》及相关司法解释的规定，最高人民法院核准的死刑立即执行案件，应当按照下列情形报请核准：

(1)中级人民法院判处死刑的第一审案件，被告人未上诉、人民检察院未抗诉的，在上诉、抗诉期满后10日以内报请高级人民法院复核。高级人民法院同意判处死刑的，应当在作出裁定后10日以内报请最高人民法院核准；认为原判认定的某一具体事实或者引用的法律条款等存在瑕疵，但判处被告人死刑并无不当的，可以在纠正后作出核准的判决、裁定；不同意判处死刑的，应当依照第二审程序提审或者发回重新审判。

(2)中级人民法院判处死刑的第一审案件，被告人上诉或者人民检察院抗诉，高级人民法院裁定维持的，应当在作出裁定后10日以内报请最高人民法院核准。高级人民法院判处死刑的第一审案件，被告人未上诉、人民检察院未抗诉的，应当在上诉、抗诉期满后10日以内报请最高人民法院核准。

(3)被判处死刑缓期执行的罪犯，在死刑缓期执行期间犯罪的，应当由罪犯服刑地的中级人民法院依法审判，认定故意犯罪，情节恶劣，应当执行死刑的，在判决、裁定发生法律效力后，应当层报最高人民法院核准执行死刑。

（二）死刑缓期二年执行案件的报请核准

根据我国《刑事诉讼法》及相关司法解释的规定，中级人民法院判处死刑缓期二年执行的案件，由高级人民法院核准，报请核准的情形有：

(1)中级人民法院判处死刑缓期二年执行的案件，被告人未上诉，人民检察院未抗诉的，应当报请高级人民法院核准。高级人民法院同意判处死刑缓期二年执行的，应当裁定予以核准；如果认为事实不清、证据不足的，应当裁定发回原审法院重新审判，重新审判所作的判决、裁定，被告人可以提出上诉，人民检察院可以提出抗诉；如果认为原判量刑过重的，高级人民法院应当依法改判。

(2)中级人民法院判处死刑缓期二年执行的案件，被告人提出上诉或者人民检察院提出抗诉的，高级人民法院经过第二审程序，同意判处死刑缓期二年执行的，作出维持原判并核准死刑缓期二年执行的裁定；不同意判处死刑缓期二年执行的，应当作出不核准的裁定。如果认为原判量刑过重，应当依法改判；如果认为事实不清、证据不足的,应当裁定发回重新审判。

(3)高级人民法院核准死刑缓期二年执行的案件,应当作出核准或者不核准的裁定,不得加重被告人的刑罚,也不得以提高审级等方式变相加重被告人的刑罚。

(4)高级人民法院判处死刑缓期二年执行的一审案件,被告人不上诉、人民检察院不抗诉的,即应作出核准死刑缓期二年执行的裁定。

(5)无论是中级人民法院报请核准,还是高级人民法院判决并核准的死刑缓期二年执行的案件,以及直接改判的案件,均是发生法律效力的案件,这些裁判应当立即交付执行。

(三)复核程序

1. 复核死刑案件的审判组织

最高人民法院复核死刑案件,高级人民法院复核死刑缓期执行的案件,应当由审判员 3 人组成合议庭进行。

2. 复核的具体程序

报请复核的死刑、死刑缓期执行案件,应当一案一报。最高人民法院和高级人民法院复核或者核准死刑(包括死刑缓期二年执行)案件,依照以下程序进行:

(1)提审被告人。法院应当倾听被告人对裁判的意见,并核实有关案件的情况。

(2)审查核实案卷材料。审查时要注意以下内容:第一,被告人的年龄,被告人有无刑事责任能力,是否系怀孕的妇女;第二,原判认定的事实是否清楚,证据是否确实、充分;第三,犯罪情节、后果及危害程度;第四,原判适用法律是否正确,是否必须判处死刑,是否必须立即执行;第五,有无法定、酌定从重、从轻或者减轻处罚情节;第六,诉讼程序是否合法;第七,应当审查的其他情况。

(3)听取辩护律师的意见。

(4)认真对待人民检察院的建议。

(5)制作复核审理报告。复核审理报告的内容主要包括:第一,案件由来和审理经过;第二,被告人和被害人简况;第三,案件的侦破情况;第四,原判决要点和控辩双方意见;第五,对事实和证据复核后的分析和认定;第六,合议庭评议意见和审判委员会讨论决定意见;第七,其他需要说明的问题。

三、死刑复核后的处理

(一)最高人民法院对判处死刑案件复核后的处理

1. 不予核准

最高人民法院复核后认为原判认定事实不清、证据不足的,裁定不予核准,并撤销原判,发回重新审判。原判认定事实正确,但依法不应当判处死刑的,裁定不予核准,并撤销原判,发回重新审判。

最高人民法院复核后认为原审人民法院违反法定诉讼程序,可能影响公正审判的,裁定不予核准,并撤销原判,发回重新审判。数罪并罚案件人有两罪以上被判处死刑,最高人民法院复核后,认为其中部分犯罪的死刑裁判认定事实不清、证据不足的,对全案裁定不予核准,并撤销原判,发回重新审判。一案中两名以上被告人被判处死刑,最高人民法院复核后,认为其中部分被告人的死刑裁判认定事实不清、证据不足的,对全案裁定不予核准,并撤销原判,发回重新审判。

2. 核准

原判认定事实和适用法律正确、量刑适当、诉讼程序合法的,裁定予以核准。原判判处被告人死刑并无不当,但具体认定的某一事实或者引用的法律条款等不完全准确、规范的,可以在纠正后作出核准死刑的判决或者裁定。数罪并罚案件,一人有两罪以上被判处死刑,最高人民法院复核后,认为其中部分犯罪的死刑裁判认定事实正确,但依法不应当判处死刑的,可以改判,并对其他应当判处死刑的犯罪作出核准死刑的判决。一案中两名以上被告人被判处死刑,最高人民法院复核后,认为其中部分被告人的死刑裁判认定事实正确,但依法不应当判处死刑的,可以改判,并对其他应当判处死刑的被告人作出核准死刑的判决。

(二)高级人民法院对判处死刑缓期执行案件复核后的处理

高级人民法院对判处死刑缓期执行的案件,进行复核以后,根据案件情形分别作出裁判:①原判认定事实和适用法律正确、量刑适当、诉讼程序合法的,应当裁定核准;②原判认定的某一具体事实或者引用的法律条款等存在瑕疵,但判处被告人死刑缓期执行并无不当的,可以在纠正后作出核准的判决、裁定;③原判认定事实正确,但适用法律有错误,或者量刑过重的,应当改判;④原判事实不清、证据不足的,可以裁定不予核准,并撤销原判,发回重新审判,或者依法改判;⑤复核期间出现新的影响定罪量刑的事实、证据的,可以裁定不予核准,并撤销原判,发回重新审判,或者依法改判;⑥原审违反法定诉讼程序,可能影响公正审判的,应当裁定不予核准,并撤销原判,发回重新审判。

高级人民法院复核死刑缓期执行案件,不得加重被告人的刑罚。

第五节　刑事审判监督程序

一、刑事审判监督程序的提起

(一)提起刑事审判监督程序的材料来源

提起刑事审判监督程序的材料来源,是指发现已经发生效力的判决、裁定有错误的信息渠道、途径。通过审判监督程序的材料来源主要如下：

1. 当事人及其法定代理人、近亲属的申诉

申诉是我国提起审判监督程序最主要的材料来源，申诉权也是我国宪法确立的一项重要权利。根据《刑事诉讼法》第252条的规定，当事人及其法定代理人、近亲属，对已经发生法律效力的判决、裁定，可以向作出生效判决、裁定的人民法院或其上级人民法院或者人民检察院提出申诉。

申诉的理由包括：①有新的证据证明原判决、裁定认定的事实确有错误，可能影响定罪量刑的，②据以定罪量刑的证据不确实、不充分、依法应当予以排除，或者证明案件事实的主要证据之间存在矛盾的；③原判决、裁定适用法律确有错误的，如认定罪名错误或者量刑明显不当的，或者违反了法律关于追诉时效或溯及力的规定等；④违反法律规定的诉讼程序，可能影响公正审判的；⑤审判人员在审理该案件的时候，有贪污受贿、徇私舞弊、枉法裁判行为的。

2. 公安司法机关自行发现错误裁判

公安司法机关在办案过程中往往会发生办理一个案件的同时牵出其他案件，尤其是发现错案的情况。因此，公安司法机关办案或者人民法院和人民检察院复查案件发现的相关情况，可以成为提起刑事审判监督程序的材料来源。

3. 各级人民代表大会代表提出纠正错案的议案

人大代表在视察工作和调查访问过程中了解到群众对于人民法院的判决、裁定认为可能有错误，经过调查了解之后有针对性地提出议案，或者向司法机关提出质询意见，也是审判监督程序提起的重要材料来源。

4. 人民群众的来信来访

人民群众来信来访是人民群众出于司法正义感，对已经生效的裁判认为有错误而提出的材料和意见。

5. 机关、团体、企业、事业单位和新闻媒体、网络等对生效裁判反映的意见等

各级纪检、监察机关和各级行政管理机关、律师协会等社会团体、各类企业和新闻媒体等单位在履行职责和职务、完成工作的过程中，发现生效裁判可能有错误的，以法律意见书等形式向司法机关提出意见。

（二）提起审判监督程序的主体

1. 各级人民法院院长和审判委员会

根据《刑事诉讼法》第254条第1款的规定，各级人民法院院长和审判委员会共同行使对本院生效裁判启动审判监督程序的权力。各级人民法院院长具有提交权而无决定权，而审判委员会对提交讨论的案件，经过讨论后，具有重新审判与否的决定权。各级人民法院院长和审判委员会提起再审的对象，只能是本院的生效裁判，包括本院一审生效、二审终审或者核准的裁判，也就是经过本院裁判或核准而发生法律效力的判决、裁定。

2. 最高人民法院和上级人民法院

根据《刑事诉讼法》第 254 条第 2 款的规定，最高人民法院对各级人民法院已经发生法律效力的判决和裁定，上级人民法院对下级人民法院已经发生法律效力的判决和裁定，如果发现确有错误，有权提审或者指令下级人民法院再审。

提审适用于原判决、裁定认定事实正确但适用法律错误，或者案件疑难、复杂、重大，或者有不宜由原审人民法院审理情形的。

最高人民法院和上级人民法院指令下级人民法院再审的，应当指令原审人民法院以外的下级人民法院审理；由原审人民法院审理更为适宜的，也可以指令原审人民法院审理。

3. 最高人民检察院和上级人民检察院

最高人民检察院对各级人民法院已经发生法律效力的判决和裁定，上级人民检察院对下级人民法院已经发生法律效力的判决和裁定，如果发现确有错误，有权按照审判监督程序向同级人民法院提出抗诉。由此可知，有权通过审判监督程序提出抗诉的机关只能是最高人民检察院或者其他原审人民法院的上级人民检察院。地方各级人民检察院和下级人民检察院发现同级人民法院或者上级人民法院的判决、裁定确有错误，无权提出抗诉，只能向其上级人民检察院提出提请抗诉报告书，请求上级人民检察院向同级人民法院提出抗诉，是否提出抗诉，由接到请求的人民检察院决定。

对按照审判监督程序提出抗诉的案件，人民检察院认为人民法院作出的判决、裁定仍然确有错误的，如果案件是依照第一审程序审判的，同级人民检察院应当向上一级人民法院提出抗诉；如果案件是依照第二审程序审判的，上一级人民检察院应当按照审判监督程序向同级人民法院提出抗诉。

(三)提起审判监督程序的条件

1. 原判决、裁定在认定事实上确有错误

原裁判在认定事实上的错误包括事实不清和证据不确实、不充分两个方面，只要具备上述情况之一，均属于原裁判在认定事实上确有错误。

2. 原判决、裁定在适用法律上确有错误

既包括原判决、裁定适用实体法错误，也包括原判决、裁定适用程序法错误。适用实体法错误，如混淆罪与非罪、此罪与彼罪的界限、量刑错误等。适用程序法错误，如违反公开审判、回避制度、审判组织的规定以及剥夺或限制当事人的法定权利可能影响公正审判等情形。

二、刑事审判监督案件的审理

(一)刑事审判监督程序的启动

人民法院制作的再审决定书是启动审判监督程序的标志。如果审判监督程序的启动是由人民检察院的抗诉引起的，启动审判监督程序的标志应当是人民检察院正式向人民法院提起抗诉，人民法院无须再制作再审决定书。

对人民检察院依照审判监督程序提出抗诉的案件，人民法院应当在收到抗诉书后 1 个月内立案。但是有下列情形之一的应当区别情况予以处理：①对不属于本院管辖的，应当将案件退回人民检察院；②按照抗诉书提供的住址无法向被抗诉的原审被告人送达抗诉书的，应当通知人民检察院在 3 日内重新提供原审被告人的住址；③以有新的证据为由提出抗诉，但未附相关证据材料或者有关证据不是指向原起诉事实的，应当通知人民检察院在 3 日内补送相关材料。决定退回的抗诉案件，人民检察院经补充相关材料后再次抗诉，经审查符合受理条件的，人民法院应当受理。对人民检察院依照审判监督程序提出抗诉的案件，接受抗诉的人民法院应当组成合议庭审理。对原判事实不清、证据不足，包括有新的证据证明原判可能有错误，需要指令下级人民法院再审的，应当在立案之日起 1 个月内作出决定，并将指令再审决定书送达抗诉的人民检察院。

（二）重新审判案件的程序

按照审判监督程序重新审理的审判组织均为合议制，不能采用独任审判。根据《刑事诉讼法》与《刑事诉讼法解释》的规定，人民法院按照审判监督程序重新审判的案件，由原审人民法院审理的，应当另行组成合议庭。原来是第一审案件，应当依照第一审程序进行审判，所作的判决、裁定可以上诉、抗诉；原来是第二审案件，或者是上级人民法院提审的案件，应当依照第二审程序进行审判，所作的判决、裁定是终审的判决、裁定。符合《刑事诉讼法》第 296 条、第 297 条规定的，可以缺席审判。对于人民检察院按照审判监督程序提起抗诉的案件，受理抗诉的人民法院应当依照第二审程序进行审判；但受理抗诉以后指令下级人民法院再审的，下级人民法院应当依照第一审程序进行审判。

人民法院开庭审理的再审案件，同级人民检察院应当派员出席法庭。

（三）重新审判的方式

按照审判监督程序重新审判的案件，采用开庭审理还是不开庭审理，需要区别不同情况分别对待。根据最高人民法院《关于刑事再审案件开庭审理程序的具体规定》，对于下列案件应当开庭审理：①依照第一审程序审理的；②依照第二审程序需要对事实或者证据进行审理的；③人民检察院按照审判监督程序提出抗诉的；④可能对原审被告人（原审上诉人）加重刑罚的；⑤有其他应当开庭审理情形的。

（四）重新审判期间原审判决、裁定的效力

根据《刑事诉讼法》的规定，人民法院按照审判监督程序审判的案件，可以决定中止原判决、裁定的执行。只有依据审判监督程序再次审理案件完毕，作出改判或者撤销原判、发回重审的裁定之后，原裁判才失去法律效力。在再审期间，不中止原判决、裁定的执行是原则，中止执行是例外。如果人民法院认为应当中止原判

决、裁定执行的，应当制作书面决定书。

（五）重新审判案件的期限

根据《刑事诉讼法》及相关司法解释的规定，人民法院按照审判监督程序重新审判的案件，应当在作出提审、再审决定之日起3个月以内审结，需要延长期限的，不得超过6个月。延长审限，需经本院院长批准。接受抗诉的人民法院按照审判监督程序审判抗诉的案件，审理期限适用以上规定；对需要指令下级人民法院再审的，应当自接受抗诉之日起1个月以内作出决定，下级人民法院应当在接到再审决定书起3个月内审结，需要延长期限的，不得超过6个月。

（六）重新审判案件的处理

根据《刑事诉讼法解释》的规定，人民法院按照审判监督程序对案件重新审理后应当区分不同情况分别作出如下处理：①原判决、裁定认定事实和适用法律正确、量刑适当的，应当裁定驳回申诉或者抗诉，维持原判决、裁定；②原判决、裁定定罪准确、量刑适当，但在认定事实、适用法律等方面有瑕疵的，应当裁定纠正并维持原判决、裁定；③原判决、裁定认定事实没有错误，但适用法律错误或者量刑不当的，应当撤销原判决、裁定，依法改判；④依照第二审程序审理的案件，原判决、裁定事实不清、证据不足的，可以在查清事实后改判，也可以裁定撤销原判，发回原审人民法院重新审判。

原判决、裁定事实不清或者证据不足，经审理事实已经查清的，应当根据查清的事实依法裁判；事实仍无法查清，证据不足，不能认定被告人有罪的，应当撤销原判决、裁定，判决宣告被告人无罪。

第五章

行政审判制度

第一节　行政诉讼的立案与行政诉讼受案范围

一、行政诉讼的立案

行政诉讼的立案，是指法院对行政纠纷审查后，决定是否将该纠纷作为行政诉讼案件从而进行审理的诉讼活动。在行政诉讼中，原告的起诉行为并不必然导致法院受理的法律后果。人民法院对于不符合法定条件的起诉，可以拒绝受理。为了解决行政诉讼立案难的问题，我国《行政诉讼法》专门规定了立案登记制。《行政诉讼法》第51条规定："人民法院在接到起诉状时对符合本法规定的起诉条件的，应当登记立案。对当场不能判定是否符合本法规定的起诉条件的，应当接收起诉状，出具注明收到日期的书面凭证，并在七日内决定是否立案。不符合起诉条件的，作出不予立案的裁定。裁定书应当载明不予立案的理由。原告对裁定不服的，可以提起上诉。起诉状内容欠缺或者有其他错误的，应当给予指导和释明，并一次性告知当事人需要补正的内容。不得未经指导和释明即以起诉不符合条件为由不接收起诉状。对于不接收起诉状、接收起诉状后不出具书面凭证，以及不一次性告知当事人需要补正的起诉状内容的，当事人可以向上级人民法院投诉，上级人民法院应当责令改正，并对直接负责的主管人员和其他直接责任人员依法给予处分。"《行政诉讼法》第52条规定："人民法院既不立案，又不作出不予立案裁定的，当事人可以向上一级人民法院起诉。"

二、行政诉讼受案范围

（一）行政诉讼受案范围概述

行政诉讼的受案范围，是指人民法院受理行政诉讼案件的范围。按照法治的目标，当行政相对人的合法权益受到行政行为的侵害时，都应得到司法救济，故行政诉讼的受案范围不应有所限制。但是，由于行政活动的复杂性、法治建设的阶段性等因素的影响，并不是所有的行政争议都适宜通过司法途径解决。因此，人民法院与其他国家机关在处理行政争议的问题上需要有一个权限划分。从法院的角度看，行政诉讼的受案范围就是指人民法院对行政机关的哪些行政行为拥有审判权。从行政相对人的角度看，行政诉讼的受案范围则是指受到行政权侵犯的公民、法人、其他组织在哪些情况下可以向人民法院请求司法保护。

《行政诉讼法》第 2 条规定："公民、法人或者其他组织认为行政机关和行政机关工作人员的行政行为侵犯其合法权益，有权依照本法向人民法院提起诉讼。"这是《行政诉讼法》对行政诉讼受案范围所作的概括性规定。依据该规定，行政诉讼的受案范围是"行政行为"。2014 年修订的《行政诉讼法》摒弃了"具体行政行为"的表述，采取了外延更为广泛的"行政行为"的概念。从《行政诉讼法》第 12 条所列举的行政诉讼受案范围看，"行政行为"范围非常广泛，既包括作为行为，也包括不作为行为，既包括授益行为，又包括负担行为。这对于破解行政诉讼实践中的立案难、审理难等问题具有非常积极的意义。

（二）肯定列举的范围

根据《行政诉讼法》第 12 条第 1 款的规定，行政诉讼受案范围包括以下十二类案件：

（1）行政处罚案件。《行政诉讼法》第 12 条第 1 款第 1 项规定：对行政拘留、暂扣或者吊销许可证和执照、责令停产停业、没收违法所得、没收非法财物、罚款、警告等行政处罚不服的，可以提起行政诉讼。尽管该项规定仅列举了《中华人民共和国行政处罚法》（以下简称《行政处罚法》）中的六种处罚形式，但如果行政主体违反了其他法律、法规和规章中的行政处罚规定，同样可以提起行政诉讼。

（2）行政强制措施和行政强制执行案件。《行政诉讼法》第 12 条第 1 款第 2 项规定：对限制人身自由或者对财产的查封、扣押、冻结等行政强制措施和行政强制执行不服的，可以提起行政诉讼。依据《中华人民共和国行政强制法》（以下简称《行政强制法》）第 9 条的规定，行政强制措施主要包括限制公民人身自由，查封场所、设施或者财物，扣押财物，冻结存款、汇款和其他行政强制措施。依据《行政强制法》第 12 条的规定，行政强制执行的方式主要包括加处罚款或者滞纳金，划拨存款、汇款，拍卖或者依法处理查封、扣押的场所、设施或者财物，排除妨碍、恢复原状、代履行和其他强制执行方式。虽然《行政诉讼法》第12条未对行政强制措施和行政强制执行的方式作完整列举，但该条中没有明确列举的其他行政强制措施和行政强制执行方式，同样具有可诉性。

(3)行政许可案件。《行政诉讼法》第12条第1款第3项规定：申请行政许可，行政机关拒绝或者在法定期限内不予答复，或者对行政机关作出的有关行政许可的其他决定不服的，可以提起行政诉讼。从理论上讲，对于符合法定条件的行政相对人对其从事特定活动的资格的申请，行政机关必须予以答复，否则就是违法失职行为。因此，行政许可案件主要有三种表现形式：第一种是行政主体明确地拒绝当事人的申请，无论这种拒绝是合法的还是违法的，行政相对人都有权提起行政诉讼；第二种是行政主体对当事人的申请在法定期限内不予答复，即行政主体应作为而不作为，对行政相对人的申请表现出一种默示的迟延，此时行政相对人有权提起行政诉讼；第三种是行政主体作出了有关行政许可的其他决定，即行政主体对行政许可作出了准予、变更、撤销、延续等行为，此时相关利害关系人有权提起行政诉讼。

(4)行政确权案件。《行政诉讼法》第12条第1款第4项规定：对行政机关作出的关于确认土地、矿藏、水流、森林、山岭、草原、荒地、滩涂、海域等自然资源的所有权或者使用权的决定不服的，可以提起行政诉讼。处理行政确权案件需要注意复议前置与复议终局的问题。《中华人民共和国行政复议法》第30条规定："公民、法人或者其他组织认为行政机关的具体行政行为侵犯其已经依法取得的土地、矿藏、水流、森林、山岭、草原、荒地、滩涂、海域等自然资源的所有权或者使用权的，应当先申请行政复议；对行政复议决定不服的，可以依法向人民法院提起行政诉讼。根据国务院或者省、自治区、直辖市人民政府对行政区划的勘定、调整或者征收土地的决定，省、自治区、直辖市人民政府确认土地、矿藏、水流、森林、山岭、草原、荒地、滩涂、海域等自然资源的所有权或者使用权的行政复议决定为最终裁决。"依据上述规定，行政确权案件属于复议前置的案件，因此当事人必须先申请复议，对复议决定不服再向人民法院起诉，否则不能向人民法院起诉。根据国务院或者省、自治区、直辖市人民政府对行政区划的勘定、调整或者征收土地的决定，省、自治区、直辖市人民政府确认土地、矿藏、水流、森林、山岭、草原、荒地、滩涂、海域等自然资源的所有权或者使用权的行政复议决定具有终局性，不能向人民法院起诉。

(5)行政征收、征用及补偿案件。《行政诉讼法》第12条第1款第5项规定：对征收、征用决定及其补偿决定不服的，可以提起行政诉讼。

(6)不履行保护人身权、财产权法定职责的案件。《行政诉讼法》第12条第1款第6项规定：申请行政机关履行保护人身权、财产权等合法权益的法定职责，行政机关拒绝履行或者不予答复的，可以提起行政诉讼。此类案件应从以下几个方面予以把握：第一，行政相对人已向负有法定保护职责的行政主体明确提出过申请。第二,行政主体不履行法定职责,即行政主体拒绝了行政相对人的申请或不予理睬。这里的行政主体并不一定是具有直接处置权的机关,负有转交、转办义务的行政主体未及时转交、转办,同样构成不履行法定职责。第三,不履行法定职责的行为,限于保护人身权、财产权的范围。

(7)侵犯经营自主权或农村土地承包经营权、农村土地经营权的案件。《行政诉讼法》第12条第1款第7项规定:认为行政机关侵犯其经营自主权或者农村土地承包经营权、农村土地经营权的,可以提起行政诉讼。该项中的案件有两类:一是侵犯经营自主权的案件;二是侵犯农村土地承包经营权、农村土地经营权的案件。经营自主权是指个体经营者、企业、各种经济组织依法享有的自主调配人力、物力、财力,自主作出生产经营决定不受干涉的权利。个体经营者、企业、各种经济组织的自主经营权如受到行政主体的侵害,可以提起行政诉讼。

(8)侵犯公平竞争权的案件。《行政诉讼法》第12条第1款第8项规定:认为行政机关滥用行政权力排除或者限制竞争的,可以提起行政诉讼。公平竞争权是指经营者在市场竞争过程中,依据法律规范享有的要求其他竞争相关主体进行公平竞争,以保障和实现经营者合法竞争利益的权利。公平竞争权既可能受到市场主体的侵害,也可能受到行政主体的破坏。例如,行政机关在履行职责的过程中,未经公平、公开的竞争性程序,故意设置不合理条件,指定或变相指定特许经营者,就属于滥用行政权力侵犯公平竞争权的行为。当行政主体实施了侵害公平竞争权的行为,经营者可以向人民法院提起行政诉讼。

(9)违法要求履行义务的案件。《行政诉讼法》第12条第1款第9项规定:认为行政机关违法集资、摊派费用或者违法要求履行其他义务的,可以提起行政诉讼。这类行政案件主要表现为法律、法规、规章没有设定义务,行政主体通过行政行为随意要求公民、法人、其他组织履行义务。例如,行政管理中的“三乱”现象(乱集资、乱摊派、乱收费)。这类行政案件还可以表现为法律、法规、规章虽然设定了义务,行政主体超越法律、法规、规章设定的种类、范围或违反法定程序要求义务人履行义务。例如,收费而不出具法定收据。

(10)社会保障给付案件。《行政诉讼法》第12条第1款第10项规定:认为行政机关没有依法支付抚恤金、最低生活保障待遇或者社会保险待遇的,可以提起行政诉讼。抚恤金分为政府发放的抚恤金和企业等其他组织发放的抚恤金。只有当政府没有依法支付抚恤金时,才可以提起行政诉讼。如果是企业等其他组织未发放抚恤金,只能通过劳动仲裁或其他途径解决。

(11)行政协议案件。《行政诉讼法》第12条第1款第11项规定:认为行政机关不依法履行、未按照约定履行或者违法变更、解除政府特许经营协议、土地房屋征收补偿协议等协议的,可以提起行政诉讼。政府特许经营协议、土地征收补偿协议、房屋征收补偿协议虽然具有合同的性质,但实际上是政府实现公共管理或提供公共服务的一种手段。与民事协议不同,作为行政协议当事人的行政主体享有行政优益权。例如,对协议履行的监督权、指挥权、单方变更和解除权。因此,通过行政诉讼而非民事诉讼的方式作为救济手段,不仅有利于当事人利益的保护,也有利于人民法院监督行政权运行。

(12)侵犯其他合法权益的案件。《行政诉讼法》第12条第1款第12项规定:认为行政机关侵犯其他人身权、财产权等合法权益的,可以提起行政诉讼。尽管行政诉讼法以保护人身权、财产权为主要目的,但列举式的立法模式难免挂一漏万,因此需要作概括性的兜底规定。该项兜底性的规定不仅将人身权、财产权以外的其他合法权益纳入到行政诉讼法的保护范围,也为行政诉讼受案范围的逐步扩大提供了法律依据。

(三)否定列举的范围

依据《行政诉讼法》第13条及《最高人民法院关于适用〈中华人民共和国行政诉讼法〉的解释》(以下简称《行政诉讼法解释》)第1条、第2条,下列行为不属于行政诉讼的受案范围:

(1)国防、外交等国家行为。《行政诉讼法》第12条第1项规定,国防、外交等国家行为不属于行政诉讼的受案范围。《行政诉讼法解释》第2条第1款规定:"行政诉讼法第十三条第一项规定的'国家行为',是指国务院、中央军事委员会、国防部、外交部等根据宪法和法律的授权,以国家的名义实施的有关国防和外交事务的行为,以及经宪法和法律授权的国家机关宣布紧急状态等行为。"在我国,国家行为的监督主体是全国人民代表大会和全国人民代表大会常务委员会,而且国家行为的作出依据是内政外交政策而非法律规定,因此人民法院无权对国家行为作出评判。

(2)抽象行政行为。《行政诉讼法》第13条第2项规定,行政法规、规章或者行政机关制定、发布的具有普遍约束力的决定、命令不属于行政诉讼的受案范围。《行政诉讼法解释》第2条第2款规定:"行政诉讼法第十三条第二项规定的'具有普遍约束力的决定、命令',是指行政机关针对不特定对象发布的能反复适用的规范性文件。"在我国,行政法规、规章由全国人大及其常委会和地方各级人大及其常委会或者国务院负责监督,行政规范性文件由上级人民政府或同级人大及其常委会监督。因此,对行政法规、规章或行政规范性文件提起的行政诉讼,人民法院不予受理。值得注意的是,尽管人民法院无权对违法的抽象行政行为直接予以改变或撤销,但对违法的规范性文件有权拒绝适用。

(3)奖惩、任免等内部行为。《行政诉讼法》第13条第3项规定,行政机关对行政机关工作人员的奖惩、任免等决定不属于行政诉讼的受案范围。

(4)行政最终裁决行为。《行政诉讼法》第13条第4项规定,法律规定由行政机关最终裁决的行政行为不属于行政诉讼的受案范围。《行政诉讼法解释》第2条第4款规定:"行政诉讼法第十三条第四项规定的'法律规定由行政机关最终裁决的行政行为'中的'法律',是指全国人民代表大会及其常务委员会制定、通过的规范性文件。”行政最终裁决行为具有终极效力，故当事人即使不服，也不能提起行政诉讼。我国现行法律规定的行政最终裁决行为主要有以下五项：第一，商标评审委员会作出的维持或撤销有争议的注册商标的终局裁定（《中华人民共和国商标法》第 29 条）；第二，专利复审委员会明确对宣告实用新型和外观设计专利无效的请求所作出的行政复议决定（《中华人民共和国专利法》第 49 条）；第三，受公安机关罚款或者拘留处罚的外国人，选择向上一级公安机关提出行政复议的，上一级公安机关作出的复议决定（《中华人民共和国外国人入境出境管理法》第 29 条）；第四，当事人对国务院部门或者省、自治区、直辖市人民政府的行政复议决定不服，选择向国务院申请裁决的，国务院作出的裁决（《中华人民共和国行政复议法》第 14 条）；第五，根据国务院或者省、自治区、直辖市人民政府对行政区划的勘定、调整或者征用土地的决定，自治区、直辖市人民政府确认土地、矿藏、水流、森林、山岭、草原、荒地、滩涂、海域等自然资源的所有权或者使用权的行政复议决定（《中华人民共和国行政复议法》第 30 条）。

（5）刑事司法行为。《行政诉讼法解释》第 1 条第 2 款第 1 项规定，公安、国家安全等机关依照刑事诉讼法的明确授权实施的行为不属于行政诉讼的受案范围。刑事司法行为的性质是司法行为，而不是行政行为，故其不属于行政诉讼受案范围。

（6）行政调解和行政仲裁行为。《行政诉讼法解释》第 1 条第 2 款第 2 项规定，调解行为以及法律规定的仲裁行为不属于行政诉讼受案范围。当事人对行政调解行为和行政仲裁行为的效力有异议时，可以通过民事诉讼的方式解决争议，因此这两类行为不属于行政诉讼的受案范围。

（7）行政指导行为。《行政诉讼法解释》第 1 条第 2 款第 3 项规定，行政指导行为不属于行政诉讼受案范围。行政指导行为是指行政机关在行政管理活动中，以倡议、示范、建议、咨询等方式，引导行政相对人自愿作出或不作出某种行为，以实现行政管理目标的非强制行为。由于行政指导行为不具有强制性，所以其不属于行政诉讼受案范围。

（8）驳回当事人对行政行为提起申诉的重复处理行为。《行政诉讼法解释》第 1 条第 2 款第 4 项规定，驳回当事人对行政行为提起申诉的重复处理行为不属于行政诉讼受案范围。行政主体驳回提起申诉的重复处理行为，实际上是对原来的行政行为的再次肯定，并没有形成新的实质性决定。因为其本身并不发生任何法律后果，故不能对其提起行政诉讼。

（9）不产生外部法律效力的行为。《行政诉讼法解释》第 1 条第 2 款第 5 项规定，行政机关作出的不产生外部法律效力的行为不属于行政诉讼受案范围。行政行为的法律效力应具有外部性，行政机关之间的请示、批复、会签意见等内部行政行为，不产生外部法律效力，不属于行政诉讼受案范围。

（10）过程性行为。《行政诉讼法解释》第 1 条第 2 款第 6 项规定，行政机关为作出行政行为而实施的准备、论证、研究、层报、咨询等过程性行为不属于行政诉讼受案范围。过程性行为仅仅只是程序性的措施,并不是最终的决定,不会对行政相对人的权利义务产生影响,因而不能对其提起行政诉讼。

(11)协助执行行为。《行政诉讼法解释》第1条第2款第7项规定,行政机关根据人民法院的生效裁判、协助执行通知书作出的执行行为不属于行政诉讼受案范围,但行政机关扩大执行范围或者采取违法方式实施的除外。行政机关根据人民法院的生效裁判、协助执行通知书作出的执行行为,实际上是人民法院司法行为的延伸和实现,不是行政机关的自主行政行为,故不属于行政诉讼受案范围。但当行政机关扩大执行范围或者采取违法方式实施执行行为时,行政机关的行为已经超出了人民法院司法行为的范围和本意,不再属于实施司法协助的执行行为,受到侵害的相对人有权提起行政诉讼。

(12)内部层级监督行为。《行政诉讼法解释》第1条第2款第8项规定,上级行政机关基于内部层级监督关系对下级行政机关作出的听取报告、执法检查、督促履行职责等行为不属于行政诉讼受案范围。在我国,有的法律规定上级行政机关应当对下级行政机关进行监督。

(13)信访办理行为。《行政诉讼法解释》第1条第2款第9项规定,行政机关针对信访事项作出的登记、受理、交办、转送、复查、复核意见等行为不属于行政诉讼受案范围。信访办理行为通常对信访人不具有强制力,不会对信访人的实体权利义务产生实质影响,因而不属于行政诉讼的受案范围。

(14)不产生实际影响的行为。《行政诉讼法解释》第1条第2款第10项规定,对公民、法人或者其他组织权利义务不产生实际影响的行为不属于行政诉讼受案范围。不产生实际影响的行为本身并没有对当事人设定权利义务,故其并不存在需要起诉救济的内容。

第二节　行政审判第一审程序

行政审判第一审程序是人民法院对行政案件进行初次审理时适用的程序。按照《行政诉讼法》的规定,第一审程序有普通程序和简易程序之分。普通程序是人民法院审理第一审行政案件时所普遍适用的程序。简易程序是对普通程序的简化,庭审中可以省略普通程序的某些诉讼环节,以提高审判效率。人民法院只有在审理事实清楚、权利义务关系明确、争议不大的行政案件时才能适用简易程序。

一、普通程序

(一)审理前的准备

审理前的准备,又称为庭前工作,是指人民法院在案件受理后到开庭审理前,为了保证庭审工作顺利进行所进行一系列准备工作。通过审理前的准备，人民法院可以审核诉讼材料，掌握案件的基本情况，通知诉讼参加人参加诉讼，归纳当事人的争议焦点，为开庭审理奠定良好的基础。根据《行政诉讼法》和相关司法解释的规定，审理前的准备工作主要包括以下几项内容：

(1)送达起诉状副本和答辩状。《行政诉讼法》第 67 条规定："人民法院应当在立案之日起五日内，将起诉状副本发送被告。被告应当在收到起诉状副本之日起十五日内向人民法院提交作出行政行为的证据和所依据的规范性文件，并提出答辩状。人民法院应当在收到答辩状之日起五日内，将答辩状副本发送原告。被告不提出答辩状的，不影响人民法院审理。"

(2)依法组成合议庭。《行政诉讼法》第 68 条规定："人民法院审理行政案件，由审判员组成合议庭，或者由审判员、陪审员组成合议庭。合议庭的成员，应当是三人以上的单数。"

(3)审核诉讼材料，调查收集必要证据。审判人员应对原告的起诉状、被告的答辩状以及双方提出的证据进行审核，以便归纳争议焦点，把握庭审的中心环节。审判人员在审核诉讼材料的基础上，也可以要求当事人提供或补充证据，或依职权调查取证。

(4)更换或追加当事人。《行政诉讼法解释》第 26 条规定："原告所起诉的被告不适格，人民法院应当告知原告变更被告；原告不同意变更的，裁定驳回起诉。应当追加被告而原告不同意追加的，人民法院应当通知其以第三人的身份参加诉讼，但行政复议机关作共同被告的除外。"《行政诉讼法解释》第 27 条规定："必须共同进行诉讼的当事人没有参加诉讼的，人民法院应当依法通知其参加；当事人也可以向人民法院申请参加。人民法院应当对当事人提出的申请进行审查，申请理由不成立的，裁定驳回；申请理由成立的，书面通知其参加诉讼。"

(5)决定是否需要停止执行或先行给付。《行政诉讼法》第 56 条规定："诉讼期间，不停止行政行为的执行。但有下列情形之一的，裁定停止执行：(一)被告认为需要停止执行的；(二)原告或者利害关系人申请停止执行，人民法院认为该行政行为的执行会造成难以弥补的损失，并且停止执行不损害国家利益、社会公共利益的；(三)人民法院认为该行政行为的执行会给国家利益、社会公共利益造成重大损害的；(四)法律、法规规定停止执行的。"《行政诉讼法》第 57 条规定："人民法院对起诉行政机关没有依法支付抚恤金、最低生活保障金和工伤、医疗社会保险金的案件，权利义务关系明确、不先予执行将严重影响原告生活的，可以根据原告的申请，裁定先予执行。"

(6)决定其他有关事项。在庭审开始前，人民法院还需要决定其他有关事项，为开庭审理做好准备。例如，审查被告提出的管辖权异议，决定案件是合并审理还是分开审理，决定合议庭成员是否需要回避，决定案件是否公开审理，决定是否需要延期开庭审理，等等。

（二）开庭审理

开庭审理，又称为法庭审理，是指人民法院在当事人和其他诉讼参与人的参加下，依照法律规定的形式和顺序，查清案件事实，分清是非责任，对案件作出处理决定的诉讼活动。在我国的《行政诉讼法》中，没有对开庭审理的程序作出明确的规定。根据行政诉讼法的立法精神，行政审判的庭审程序通常是参照适用民事诉讼法的规定分阶段进行。

1. 开庭准备

人民法院应当在开庭前3天将开庭的时间、地点通知给当事人和其他诉讼参加人。

2. 法庭调查

开庭审理前，由书记员查明当事人或其他诉讼参与人是否到庭，并宣布法庭纪律，然后由审判长宣布开庭。法庭调查应按照以下顺序进行：①当事人陈述。原告陈诉起诉状，被告陈述答辩状，然后由合议庭根据当事人的陈述归纳争议焦点。②出示证人证言。法庭应告知证人作证所享有的权利，以及作证所要承担的法律义务。证人未到庭的，还必须当庭宣读未到庭的证人证言。③出示书证、物证、视听资料和宣读勘验笔录、现场笔录。④当事人对证据相互质证。

3. 法庭辩论

法庭辩论的顺序是：①原告及其诉讼代理人发表辩论意见。②被告及其诉讼代理人发表辩论意见。在行政诉讼中，被告通常是行政机关。《行政诉讼法》第3条第3款规定："被诉行政机关负责人应当出庭应诉。不能出庭的，应当委托行政机关相应的工作人员出庭。"《最高人民法院关于行政机关负责人出庭应诉若干问题的规定》第2条进一步明确："行政诉讼法第三条第三款规定的被诉行政机关负责人，包括行政机关的正职、副职负责人、参与分管被诉行政行为实施工作的副职级别的负责人以及其他参与分管的负责人。"③当事人相互辩论。法庭辩论终结前，审判长按照原告、被告的先后顺序征询双方的最后陈述意见。

4. 评议与宣判

法庭辩论结束后，合议庭不进行调解或调解不成的，由审判长宣布休庭。合议庭全体成员退庭，对事实认定和法律适用问题进行评议，评议由审判长主持，实行少数服从多数原则。评议情况应制作笔录，由合议庭成员签名。合议庭依照不同情形，分别作出如下判决：

（1）行政行为证据确凿，适用法律、法规正确，符合法定程序的，或者原告申请被告履行法定职责或给付义务理由不成立的，判决驳回原告的诉讼请求。

（2）行政行为有下列情形之一的，判决撤销或者部分撤销，并可以判决被告重新作出具体行政行为：主要证据不足的；适用法律、法规错误的；违反法定程序的；超越职权的；滥用职权的；明显不当的。

（3）被告不履行或者拖延履行法定职责的，判决其在一定期限内履行。

(4)被告依法负有给付义务的,判决被告履行给付义务。

(5)行政行为有下列情形之一的,判决确认违法,但不撤销行政行为:行政行为依法应当撤销,但撤销会给国家利益、社会公共利益造成重大损害的;行政行为程序轻微违法,但对原告权利不产生实际影响的。

(6)行政行为有下列情形之一,不需要撤销或者判决履行的,判决确认违法:行政行为违法,但不具有可撤销内容的;被告改变原违法行政行为,原告仍要求确认原行政行为违法的;被告不履行或者拖延履行法定职责,判决履行没有意义的。

(7)行政处罚明显不当,或者其他行政行为涉及对款额的确定、认定确有错误的,可以判决变更。

无论是公开审理还是不公开审理,一律公开宣告判决。当庭宣判的,应当在10日内发送判决书。定期宣判的,宣判后立即发给判决书。无论是采取哪种宣判形式,宣告判决时,必须告知当事人的上诉权利、上诉期限以及上诉法院。人民法院应当在立案之日起6个月内作出第一审判决。有特殊情况需要延长的,由高级人民法院批准,高级人民法院审理第一审案件需要延长的,由最高人民法院批准。

二、简易程序

简易程序是应对“诉讼爆炸”的产物,最初兴起于民事诉讼领域。在立案登记制全面推行以后,行政案件的立案数激增,简易程序成了一个解决“人案失衡”问题的重要手段。简易程序是相对于普通程序而言,在审理程序、审判期限等方面较为简略的一种诉讼程序。设置简易程序是世界各国诉讼立法的趋势,简案快审对于提高审判效率具有重要意义。

对于简易程序的适用条件,《行政诉讼法》第82条规定:“人民法院审理下列第一审行政案件,认为事实清楚、权利义务关系明确、争议不大的,可以适用简易程序:(一)被诉行政行为是依法当场作出的;(二)案件涉及款额二千元以下的;(三)属于政府信息公开案件的。除前款规定以外的第一审行政案件,当事人各方同意适用简易程序的,可以适用简易程序。发回重审、按照审判监督程序再审的案件不适用简易程序。”

简易程序的特点主要体现在以下几个方面:①适用简易程序的案件,由审判员一人独任审判。②适用简易程序的案件应当在立案之日起45日内审结。③简易程序的庭审阶段简化,庭审可以省略普通程序的某些诉讼环节,以迅速、准确审结案件。④简易程序可以变更为普通程序。人民法院在审理过程中,发现案件不宜适用简易程序的,可以裁定转为普通程序。[1]

---

① 应松年.行政法与行政诉讼法学[M].北京:高等教育出版社,2017:506.

2016 年，最高人民法院颁布了《关于进一步推进案件繁简分流优化司法资源配置的若干意见》。该意见第 6 条规定："简化行政案件审理程序。对于已经立案但不符合起诉条件的行政案件，经过阅卷、调查和询问当事人，认为不需要开庭审理的，可以径行裁定驳回起诉。对于事实清楚、权利义务关系明确、争议不大的案件，探索建立行政速裁工作机制。"该规定为人民法院在简易程序的基础上探索更为简化的行政诉讼机制提供了依据。从我国的司法实践看，行政速裁机制主要表现出期限缩短化、程序简略化、询问提纲化、文书模板化、送达简便化等特点，体现出"简案简审、难案精审"的行政审判改革方向。

第三节　行政审判第二审程序

两审终审作为我国诉讼制度的基本原则，体现了"有权利必有救济"的基本司法理念。行政诉讼的当事人不服一审法院作出的尚未生效的行政判决、裁定时，有权依法向上一级人民法院提起上诉。上一级人民法院在下级人民法院作出的判决、裁定发生法律效力之前，基于当事人的上诉，依据事实和法律对案件进行审理的程序，就是第二审程序，又称为上诉审程序或终审程序。

一、上诉的提起

上诉，是指行政诉讼当事人不服一审法院未生效的判决、裁定，在法定期限内要求上一级人民法院进行审理并撤销或者变更原判决、裁定的诉讼行为。依据《行政诉讼法》的规定，提起上诉需要符合下列条件：

(1)必须有法定的上诉人。根据《行政诉讼法》第 85 条的规定，上诉人是不服一审判决、裁定的当事人。因此，在行政诉讼中，双方当事人和第三人都有权提起上诉。《行政诉讼法解释》第 107 条规定："第一审人民法院作出判决和裁定后，当事人均提起上诉的，上诉各方均为上诉人。诉讼当事人中的一部分人提出上诉，没有提出上诉的对方当事人为被上诉人，其他当事人依原审诉讼地位列明。"

(2)必须在法定期限内提出。根据《行政诉讼法》第 85 条的规定，当事人不服人民法院第一审判决的，有权在判决书送达之日起 15 日内向上一级人民法院提起上诉；当事人不服人民法院第一审裁定的，有权在裁定书送达之日起 10 日内向上一级人民法院提起上诉。逾期不提起上诉的，人民法院的第一审判决或者裁定发生法律效力。

(3)应当递交上诉状。上诉状的内容一般包括：当事人的基本情况，原审判决、裁定的基本情况，上诉请求及事实和理由等。《行政诉讼法解释》第 108 条规定：当事人提出上诉，应当按照其他当事人或者诉讼代表人的人数提出上诉状副本。原审人民法院收到上诉状,应当在5日内将上诉状副本发送其他当事人,对方当事人应当在收到上诉状副本之日起15日内提出答辩状。上诉状既可以通过原审人民法院提出,也可以直接向第二审人民法院提出。当事人直接向第二审人民法院上诉的,第二审人民法院应当在5日内将上诉状移交原审人民法院。

二、上诉的审理

上诉的审理,是指二审法院依法对一审法院作出的判决、裁定进行全面的审查,行使审判监督权,并形成二审判决、裁定的诉讼活动。二审法院审理上诉案件,依据第二审程序进行。《行政诉讼法》及相关司法解释对第二审程序没有规定的,可以适用第一审程序的有关规定。

1. 审理前的准备

《行政诉讼法》第86条规定:人民法院对上诉案件,应当组成合议庭,开庭审理。经过阅卷、调查和询问当事人,对没有提出新的事实证据或者理由,合议庭认为不需要开庭审理的,也可以不开庭审理。由此可见,二审法院对于上诉案件,应在开庭前依法组成合议庭,做好阅卷、询问当事人和调查取证的工作。如果当事人没有提出新的事实证据或者理由,合议庭可以决定进行书面审理。

2. 开庭审理

二审行政案件的开庭审理程序应参照第一审程序进行,也包括开庭准备、法庭调查、法庭辩论、合议庭评议和宣判。与民事案件的二审审理不同,人民法院审理二审行政案件并不受上诉范围的限制。二审法院应当对一审法院的判决、裁定和被诉行政行为进行全面审查,审查的内容包括事实的认定、法律的适用、诉讼程序的合法性三个方面。

3. 撤回上诉

我国《行政诉讼法》对第二审程序中撤回上诉并未作出明确规定,但在实践中,通常是参照《行政诉讼法》第62条处理。《行政诉讼法》第62条规定:"人民法院对行政案件宣告判决或者裁定前,原告申请撤诉的,或者被告改变其所作的行政行为,原告同意并申请撤诉的,是否准许,由人民法院裁定。"在参照上述规定处理二审程序中撤回上诉时,需要注意的是:①人民法院裁定准许撤回上诉后,即产生终局性的法律后果,上诉人不得重新提起上诉。②人民法院裁定准许撤回上诉后,一审法院的判决、裁定即产生法律效力,当事人必须履行。但二审期间行政机关改变被诉具体行政行为,当事人申请撤回上诉的,准许撤回上诉的裁定可以载明行政机关改变被诉具体行政行为的主要内容及履行情况,并可以根据案件具体情况,在裁定理由中明确被诉具体行政行为或者原裁判全部或者部分不再履行。③人民法院裁定准许撤回上诉后,第二审案件受理费减半收取,并由上诉人负担。《诉讼费用交纳办法》第15条规定:"以调解方式结案或者当事人申请撤诉的,减半交纳案件受理费。”由于上诉人在提起上诉时需预交全部的第二审案件受理费，人民法院裁定准许撤回上诉后，应向上诉人退还一半的第二审案件受理费。

4. 评议与宣判

二审行政案件的评议和宣判应参照第一审程序进行。但二审裁判与一审裁判不同的是：二审裁判是终审裁判，一经作出即发生法律效力，因而不存在宣判时告知当事人上诉权利、上诉期限以及上诉法院的问题。依据《行政诉讼法》和相关司法解释，人民法院经过审理，按照下列情形，分别处理：

（1）原判决、裁定认定事实清楚，适用法律、法规正确的，判决或者裁定驳回上诉，维持原判决、裁定；

（2）原判决、裁定认定事实清楚，但是适用法律、法规错误的，依法改判撤销或者变更；

（3）原判决认定基本事实不清、证据不足的，发回原审人民法院重审，也可以查清事实后改判；

（4）原判决遗漏当事人或者违法缺席判决等严重违反法定程序的，裁定撤销原判决，发回原审人民法院重审；

（5）原审人民法院不予立案或者驳回起诉的裁定确有错误且当事人的起诉符合起诉条件的，应当裁定撤销原审人民法院的裁定，指令原审人民法院依法立案或者继续审理。

原审人民法院对发回重审的案件作出判决后，当事人提起上诉的，二审法院不得再次发回重审。人民法院审理上诉案件，需要改变原审判决的，应当同时对被诉行政行为作出判决。

二审法院审理上诉案件，应当自收到上诉状之日起 3 个月内作出终审判决。有特殊情况需要延长的，由高级人民法院批准；高级人民法院审理上诉案件需要延长的，由最高人民法院批准。

第四节　行政审判监督程序

行政审判监督程序，又称行政再审程序，是指人民法院对已经发生法律效力的行政判决、裁定，在有法律规定的情形出现时，依法进行再次审理的程序。行政审判监督程序并不是每一个行政案件的必经程序，也不属于一个固定的审级，而是旨在为确有错误的判决、裁定提供一个纠正的机会，从而尽可能降低法院错判风险的修正程序。

一、行政审判监督程序的启动

(一)启动审判监督程序的法定事由

审判监督程序作为一种特殊的审判程序,只有当原判决、裁定确有错误或违反法律、法规的规定时才能启动。为了统一裁判尺度、解决行政诉讼再审难的问题,《行政诉讼法》第91条规定了下列八种启动审判监督程序的法定事由:①不予立案或者驳回起诉确有错误的;②有新的证据,足以推翻原判决、裁定的;③原判决、裁定认定事实的主要证据不足、未经质证或者系伪造的;④原判决、裁定适用法律、法规确有错误的;⑤违反法律规定的诉讼程序,可能影响公正审判的;⑥原判决、裁定遗漏诉讼请求的;⑦据以作出原判决、裁定的法律文书被撤销或者变更的;⑧审判人员在审理该案件时有贪污受贿、徇私舞弊、枉法裁判行为的。对于符合上述情形之一的生效判决、裁定,人民法院应当启动审判监督程序。

(二)启动审判监督程序的方式

1. 审判委员会讨论决定再审

《行政诉讼法》第92条第1款规定:"各级人民法院院长对本院已经发生法律效力的判决、裁定,发现有本法第91条规定情形之一,或者发现调解违反自愿原则或者调解书内容违法,认为需要再审的,应当提交审判委员会讨论决定。"根据上述规定,人民法院院长如果发现本院已经生效的判决、裁定有启动审判监督程序的法定事由时,应当提交审判委员会集体讨论决定是否再审。

2. 上级人民法院提审或指令再审

《行政诉讼法》第92条第2款规定:"最高人民法院对地方各级人民法院已经发生法律效力的判决、裁定,上级人民法院对下级人民法院已经发生法律效力的判决、裁定,发现有本法第91条规定情形之一,或者发现调解违反自愿原则或者调解书内容违法的,有权提审或者指令下级人民法院再审。"

3. 人民检察院提出抗诉

《行政诉讼法》第93条规定:"最高人民检察院对各级人民法院已经发生法律效力的判决、裁定,上级人民检察院对下级人民法院已经发生法律效力的判决、裁定,发现有本法第91条规定情形之一,或者发现调解书损害国家利益、社会公共利益的,应当提出抗诉。地方各级人民检察院对同级人民法院已经发生法律效力的判决、裁定,发现有本法第91条规定情形之一,或者发现调解书损害国家利益、社会公共利益的,可以向同级人民法院提出检察建议,并报上级人民检察院备案;也可以提请上级人民检察院向同级人民法院提出抗诉。各级人民检察院对审判监督程序以外的其他审判程序中审判人员的违法行为,有权向同级人民法院提出检察建议。"除人民检察院主动提起抗诉之外,当事人也可以向人民检察院申请抗诉或检察建议。《行政诉讼法解释》第117条规定:“有下列情形之一的,当事人可以向人民检察院申请抗诉或者检察建议:(一)人民法院驳回再审申请的;(二)人民法院逾期未对再审申请作出裁定的;(三)再审判决、裁定有明显错误的。人民法院基于抗诉或者检察建议作出再审判决、裁定后,当事人申请再审的,人民法院不予立案。”

4. 当事人申请再审

《行政诉讼法》第90条规定:“当事人对已经发生法律效力的判决、裁定,认为确有错误的,可以向上一级人民法院申请再审,但判决、裁定不停止执行。”与前面三种审判监督程序启动方式不同,当事人申请再审,只是要求原审法院或上一级法院对已生效的判决、裁定进行复查,并不必然导致审判监督程序的启动。《行政诉讼法解释》第116条规定:“当事人主张的再审事由成立,且符合行政诉讼法和本解释规定的申请再审条件的,人民法院应当裁定再审。当事人主张的再审事由不成立,或者当事人申请再审超过法定申请再审期限、超出法定再审事由范围等不符合行政诉讼法和本解释规定的申请再审条件的,人民法院应当裁定驳回再审申请。”

二、行政审判监督案件的审理

(一)审判监督案件的审理程序

1. 原审法院的再审程序

《行政诉讼法解释》第119条规定:“人民法院按照审判监督程序再审的案件,发生法律效力的判决、裁定是由第一审法院作出的,按照第一审程序审理,所作的判决、裁定,当事人可以上诉;发生法律效力的判决、裁定是由第二审法院作出的,按照第二审程序审理,所作的判决、裁定,是发生法律效力的判决、裁定。”“人民法院审理再审案件,应当另行组成合议庭。”

2. 上级法院提审的程序

《行政诉讼法解释》第119条规定:“上级人民法院按照审判监督程序提审的,按照第二审程序审理,所作的判决、裁定是发生法律效力的判决、裁定。”

(二)审判监督案件的裁判

人民法院审理审判监督案件应当围绕再审请求和被诉行政行为合法性进行。当事人的再审请求超出原审诉讼请求,符合另案诉讼条件的,告知当事人可以另行起诉。人民法院经审理后,可以在审理所认定的事实基础上,按照下列情形,分别处理:

(1)原判决、裁定认定事实清楚,适用法律、法规正确的,判决维持原判决、裁定。

(2)原生效判决、裁定确有错误的,可以在撤销原生效判决或者裁定的同时作出相应裁判,也可以裁定撤销原生效判决或者裁定,发回原审法院重新审理。

(3)原二审法院维持一审法院不予立案、驳回起诉裁定错误的,应当裁定撤销原一审、二审生效裁定,指令一审法院受理。

(4)有下列情形之一的,裁定终结再审程序:①再审申请人在再审期间撤回再审请求,人民法院准许的;②再审申请人经传票传唤,无正当理由拒不到庭的,或者未经法庭许可中途退庭,按撤回再审请求处理的;③人民检察院撤回抗诉的;④其他应当终结再审程序的情形。

第六章

执行制度

执行又称强制执行，有广义与狭义之分。广义上的执行既包括民商事执行，也包括行政执行与刑事执行；狭义上的执行仅指民商事执行。本部分采用执行的广义内涵，分别讨论民商事执行、刑事执行与行政执行。

第一节　民商事执行

一、民商事执行概述

（一）民商事执行的内涵

民商事执行是指国家机关依债权人的申请，以生效法律文书为依据，运用国家强制力，强制义务人履行义务、实现债权人权利并解决因此而产生的争议的法律行为。民商事执行的目的在于实现已经由生效法律文书确定的权益内容。民商事执行的强制性体现在运用国家强制力确保私权的实现，强制执行就是国家统治权的具体行使过程。

在我国，人民法院是行使民商事执行权的法定机关，只有人民法院才有权采取强制性的执行措施强制债务人履行义务，实现生效民事法律文书的内容。因此，凡是需要通过执行程序来实现的权益除法律另有规定外原则上需由人民法院统一执行。根据我国现行法律的规定，只有法院作出的具有民事给付内容的判决书、裁定书、调解书、支付令，仲裁机构作出的仲裁裁决书、调解书，公证机构作出的公证债权文书才能作为民商事执行依据。

（二）民商事执行的类型

1. 终局执行与保全执行

根据执行的结果不同，民商事执行可分为终局执行与保全执行。终局执行也称满足执行，是指使债权人的债权获得实现的执行。例如依据确定的给付判决所为的执行。保全执行是指维持现状，以保证将来的终局执行得以顺利进行的执行。例如对债务人的财产予以查封、扣押、冻结等限制处分该财产的行为。终局执行是根据确定当事人之间实体权利义务关系的法律文书进行的，如生效的判决书、仲裁裁决书、公证债权文书等；保全执行是根据要求维持财产或行为现状的法律文书进行的，如财产或证据保全裁定书等。由于保全执行仅是手段而非目的，因此民商事执行原则上指终局执行，保全执行为其例外。

2. 实现金钱债权执行与实现非金钱债权执行

根据执行的内容，即实现的债权的性质不同，民商事执行可分为实现金钱债权执行与实现非金钱债权执行。实现金钱债权执行也称为实现金钱执行，是指强制债务人履行金钱给付义务的执行。

3. 直接执行、间接执行与替代执行

根据执行方法与手段的不同，民商事执行可以分为直接执行、间接执行与替代执行。直接执行是指执行机关直接对执行标的采取执行行为，从而实现债权人权利的执行。例如查封、扣押、拍卖、变卖债务人的财产等执行措施。间接执行是指民商事执行机构不直接对执行标的采取执行行为，而是给予拒绝履行义务的债务人一定的处罚，以迫使其履行义务的执行。例如罚款、拘留债务人或者拘传债务人的法定代表人等。替代执行，是指债务人拒绝履行义务时，民商事执行机构委托第三人替代债务人履行义务，并要求债务人负担由此产生的费用的执行。例如可替代行为请求权的执行。

4. 对财产执行与对行为执行

根据执行标的的不同性质，民商事执行可分为对财产执行与对行为执行。对财产执行就是以债务人的财产作为执行标的，要求债务人给付金钱或交付标的物的执行，例如强制债务人以给付金钱的方式赔偿损失等。对行为执行就是以债务人的行为作为执行标的，强制债务人履行某种行为义务的执行，如强制债务人赔礼道歉等。对财产执行，通常为直接执行；对行为执行，通常为间接执行或者替代执行。

5. 一般执行与个别执行

根据所涉及的债务人的财产的范围，民商事执行可分为一般执行与个别执行。一般执行，是指为满足全体债权人的债权，对债务人的全部财产实施的执行。个别执行，是指为满足或保全债权人的个别债权，对债务人的个别财产实施的执行。一般执行以债务人的财产不足以清偿其全部债务为条件，个别执行以债务人拒绝履行义务为条件，而不以债务人不能清偿全部债务为条件。一般来说，民商事执行仅指个别执行,而一般执行制度则由破产法加以规范。

(三)民商事执行的管辖

民商事执行管辖,是指划分各级人民法院之间以及同级人民法院之间民商事执行案件的分工和权限。根据《民事诉讼法》及相关司法解释,我国民商事执行案件管辖的具体内容包括:

(1)发生法律效力的民事判决、裁定以及刑事判决、裁定中的财产部分,由第一审人民法院或者与第一审人民法院同级的被执行的财产所在地人民法院执行。

(2)发生法律效力的支付令,由制作支付令的人民法院执行。

(3)仲裁机构作出的仲裁裁决、公证机关依法赋予强制执行效力的公证债权文书,由被执行人住所地或被执行财产所在地的人民法院执行。根据《最高人民法院关于适用〈中华人民共和国仲裁法〉若干问题的解释》第 29 条的规定,当事人申请执行仲裁裁决案件,由被执行人住所地或者被执行的财产所在地的中级人民法院管辖。

(4)在国内仲裁过程中,当事人申请财产保全,经仲裁机构提交人民法院的由被申请人住所地或被申请保全的财产所在地的基层人民法院裁定并执行;申请证据保全的,由证据所在地的基层人民法院裁定并执行。在涉外仲裁过程中,当事人申请财产保全,经仲裁机构提交人民法院的,由被申请人住所地或被申请保全的财产所在地的中级人民法院裁定并执行;申请证据保全的,由证据所在地的中级人民法院裁定并执行。

(5)专利管理机关依法作出的处理决定和处罚决定,由被执行人住所地或财产所在地的省、自治区、直辖市有权受理专利纠纷案件的中级人民法院执行。

(6)经人民法院裁定承认其效力的外国法院制作的判决、裁定,以及国外仲裁机构制作的仲裁裁决,由当事人直接向被执行人住所地或财产所在地的中级人民法院申请执行。

(7)两个以上的执行机构对同一民商事执行案件都有管辖权时,由申请执行人向其中一个民商事执行机构申请执行。如果当事人向两个以上的民商事执行机构申请执行的,由最先立案的民商事执行机构管辖。

二、民商事执行依据与执行机关

(一)民商事执行依据

民商事执行依据,是指由有权机构依法制作的,执行机关可据以请求执行的生效法律文书。从形式上看,执行依据表现为生效法律文书。但是,并非所有的法律文书都是民商事执行依据。《民事诉讼法解释》第 461 条规定:“当事人申请人民法院执行的生效法律文书应当具条下列条件:(一)权利义务主体明确;(二)给付内容明确。法律文书确定继续履行合同的,应当明确继续履行的具体内容。”

根据我国法律和相关司法解释的规定,执行依据分为人民法院制作的发生法律效力的法律文书和其他机关(机构)制作的发生法律效力的法律文书两类。

1. 人民法院制作的发生法律效力的法律文书

人民法院制作的发生法律效力的法律文书是最基本的民商事执行依据。包括:①人民法院制作的已经发生法律效力的、具有给付内容的民事判决书、裁定书、调解书、确认调解协议裁定书、实现担保物权裁定书、支付令和民事制裁决定书;②人民法院制作的行政判决书、裁定书以及行政赔偿调解书;③人民法院制作的已经发生法律效力的刑事判决书、裁定书中的财产部分以及刑事附带民事判决书、裁定书和调解书;④人民法院承认外国法院作出的判决、裁定以及外国仲裁机构作出的仲裁裁决的裁定书。

2. 其他机关(机构)制作的发生法律效力的法律文书

根据《民事诉讼法》及相关司法解释的规定,其他机关(机构)依法制作的、发生法律效力的法律文书,也可成为民商事执行依据。主要包括:①行政机关制作的依法应当由人民法院执行的行政处罚决定书和行政处理决定书;②我国仲裁机构作出的仲裁裁决书、调解书;③公证机关制作的依法赋予强制执行效力的关于追偿债款、物品的债权文书;④法律规定由人民法院执行的其他法律文书。

(二)民商事执行机关

人民法院是我国的民商事执行机关。地方各级人民法院和最高人民法院都设立了专门的执行机构即执行局。根据我国法律的规定,民商事执行机构通常由执行员和书记员组成。从权力基础、职能职责、人员构成等方面来看,民商事执行机构与审判机构存在重大的区别。人民法院内部将民商事执行机构与审判机构分开设立并明确其职能分工,有利于从体制上确保提高执行与审判的效率,实现程序与实体公正。

三、民商事执行开始

(一)执行申请

申请执行,是指被执行人拒绝履行生效法律文书确定的给付义务时,申请执行人向民商事执行机构提出申请,请求启动民商事执行程序,采取强制性的执行措施迫使被执行人履行义务。由申请执行人提出申请是民商事执行程序最主要的启动方式。申请执行人不申请执行的,民事行机构一般不会依职权主动开始执行。

申请执行人申请执行的,应当以书面形式在法定期间向有管辖权的人民法院提出执行申请。申请人书写申请执行书确有困难的,可口头提出,由人民法院相关人员制作笔录,申请执行人签字或盖章。申请执行书一般应当载明当事人及法定代理人或法定代表人、申请执行的事项或理由、执行标的、申请执行人所了解的被执行人的财产状况等。根据我国《民事诉讼法》的规定，申请执行的期间为 2 年，从法律文书规定履行期间的最后一日起计算；法律文书规定分期履行的，从规定的每次履行期间的最后一日起计算；法律文书未规定履行期间的，从法律文书生效之日起计算。申请执行时效的中止、中断，适用法律有关时效中止、中断的规定。

（二）移送执行

移送执行，是指债务人拒绝履行生效法律文书确定的义务，审判机关直接将案件移交民商事执行机构，从而启动民商事执行程序。移送执行是民商事执行程序启动的补充方式。

移送执行是启动民商事执行程序的一种特殊形式，根据最高人民法院《关于人民法院执行工作若干问题的规定（试行）》（以下简称《执行工作规定（试行）》）第 17 条第 2 款的规定，移送执行适用于以下四种生效法律文书：①具有给付赡养费、扶养费、抚育费内容的法律文书；②民事制裁决定；③刑事附带民事判决、裁定、调解书。

移送执行，应当填写移交执行书，连同本案全部诉讼材料移送执行机构。对于审判庭移送执行的案件，执行机构应当立案执行。

四、委托执行

本节所称委托执行为案件的委托执行，是指债务人或者被执行的财产在受理执行申请的民商事执行机构的辖区之外，受理执行申请的民商事执行机构委托执行标的物所在地或者执行行为实施地的民商事执行机构实施执行，以实现生效法律文书内容的一种执行制度。委托执行是我国《民事诉讼法》规定的跨辖区案件执行的基本方式。

根据《民事诉讼法》及相关司法解释的规定，委托执行应当同时具备以下三个条件：①委托的民商事执行机构对案件具有管辖权并已受理案件。②债务人在本辖区内已无财产可供执行，且在其他省、自治区、直辖市内有可供执行的财产。③受委托的民商事执行机构具有实施执行的便利性。

五、民商事执行的阻却

（一）暂缓执行

1. 暂缓执行的内涵

暂缓执行，也称延缓执行，是指民商事执行程序启动后，经当事人合意约定或者民商事执行机构依职权决定，暂缓采取执行措施而导致执行程序暂时停止的制度。

2. 暂缓执行的事由

(1)依申请暂缓执行:因执行担保而暂缓执行。执行担保,是指在执行程序中被执行人向人民法院提供担保,并经申请执行人同意,人民法院可以决定暂缓执行的制度。在被执行人暂时缺乏履行能力的情况下,由被执行人提供担保并经申请执行人同意而暂缓执行,既有利于防止被执行人因暂时的支付困难而陷入危机,也有利于申请执行人实现债权。

执行担保应当具备以下条件:第一,由被执行人向人民法院提出申请,并提供财产担保或者由第三人担保。第二,申请执行人同意,并向执行机构出具书面同意意见。第三,人民法院决定暂缓执行。暂缓执行的期限应当与担保期限一致,但最长不得超过一年。

(2)依职权暂缓执行:执行或审判监督中的暂缓执行。根据《执行工作规定(试行)》的规定,执行或者审判监督中的暂缓执行的法定事由主要有:第一,上级法院发现下级法院在执行中作出的裁定、决定、通知或者具体执行行为不当或者有错误的,应当及时指令下级法院纠正,并可以通知有关法院暂缓执行。第二,上级法院在监督、指导、协调下级法院执行案件中,发现据以执行的生效法律文书确有错误的,应当书面通知下级法院暂缓执行,并按照审判监督程序处理。第三,上级人民法院在申诉案件复查期间,为了防止错误后果的继续扩大,可以决定对生效法律文书暂缓执行。

3. 暂缓执行的期限

根据《执行工作规定(试行)》第77条的规定,上级法院通知暂缓执行的,应同时指定暂缓执行的期限。暂缓执行的期限一般不得超过三个月。有特殊情况需要延长的,应报经院长批准,并及时通知下级法院。暂缓执行的原因消除后,应当及时通知执行法院恢复执行。期满后上级法院未通知继续暂缓执行的,执行法院可以恢复执行。

4. 暂缓执行的效力

暂缓执行实施后,产生相应的法律效果:①暂停执行程序。暂缓执行实施后,执行机构不得再采取新的执行措施、不得再为新的执行行为。②维持原有的执行效果。暂缓执行实施前采取的执行措施仍然有效,不因缓执行而自然或当然失效。③有条件地恢复执行。暂缓执行期间内或暂缓执行期限届满时,当事人履行了法律文书确定的义务的,则执行程序完结。如逾期仍不履行义务的,除非另行决定延长暂缓执行期限,否则执行机构可径行恢复执行,继续原来的执行程序。④暂缓执行期间不计入执行期间。

5. 暂缓执行的恢复

一旦暂缓执行期限届满或者暂缓执行事由消灭,人民法院应当立即恢复执行。暂缓执行的恢复,主要包括以下情形:①暂缓执行期限届满;②据以决定暂缓执行的事由消灭;③因执行担保而暂缓执行的,被执行人逾期不履行义务或被执行人、担保人在暂缓执行期间隐匿、转移、变卖、毁损用于担保的财产。

(二)执行中止

1. 执行中止的内涵

执行中止亦称中止执行,是指人民法院依法执行案件,由于出现法定的原因或事由需要暂时停止执行程序,待法定的原因或事由消失后,恢复执行程序的法律制度。

中止执行的,人民法院应制作裁定书,裁定书送达当事人后立即生效。

2. 执行中止的法定事由

根据《民事诉讼法》及相关司法解释的规定,中止执行的法定事由包括:①申请人表示可以延期执行的;②案外人对执行标的提出确有理由的异议的;③作为一方当事人的公民死亡,需要等待继承人继承权利或者承担义务的;④作为一方当事人的法人或者其他组织终止,尚未确定权利义务承受人的;⑤人民法院已受理以被执行人为债务人的破产申请的;⑥当被执行人确无财产可供执行的;⑦被执行的标的物是其他法院或仲裁机构正在审理的案件争议标的物,需要等待该案件审理完毕确定权属的;⑧一方当事人申请执行仲裁裁决,另一方当事人申请撤销仲裁裁决的;⑨仲裁裁决的被申请执行人向人民法院提出不予执行请求,并提供适当担保的;⑩人民法院按照审判监督程序提审或者再审的案件,法院应当根据上级法院或者本院作出的中止执行裁定书中止执行。⑪按照审判监督程序决定再审的案件,裁定中止原判决、裁定、调解书的执行,但追索赡养费、扶养费、抚育费、抚恤金、医疗费用、劳动报酬等案件,可以不中止执行。

3. 中止执行的恢复

中止执行的情形消失后,执行法院可以根据当事人的申请或者依职权恢复执行。恢复执行应当书面通知当事人。

(三)执行和解

1. 执行和解的内涵

执行和解,是指在执行过程中,双方当事人自愿协商,就生效法律文书内容的履行达成协议,经人民法院批准并履行完毕后,结束执行程序的法律制度。执行程序中,执行人员不得进行调解。双方当事人自行达成和解协议的,执行员应当将协议内容记入笔录,由双方当事人签名或者盖章。

2. 执行和解的效力

执行和解的目的在于当事人自愿结束执行程序,执行和解协议仅发生拘束执行当事人的效力,没有强制执行力。执行和解的效力表现为:①阻却执行程序,产生执行中止或执行终结的效果;②当事人自愿达成并履行和解协议的,变更当事人之间的权利义务关系。

一方当事人不履行或者不完全履行在执行中双方自愿达成的和解协议,对方当事人申请执行原生效法律文书的，人民法院应当恢复执行，但和解协议已履行的部分应当扣除。申请执行人因受欺诈、胁迫与被执行人达成和解协议的，人民法院可以根据当事人的申请，恢复对原生效法律文书的执行。和解协议已经履行完毕的，人民法院不予恢复执行。

六、民商事执行异议

在执行过程中，当事人、利害关系人认为执行行为违反法律规定的，或者案外人对执行标的的全部或一部分主张实体权利的，可以向执行法院提出书面执行异议。执行异议制度包括执行行为异议与案外人异议。

（一）执行行为异议

1. 执行行为异议的内涵

《民事诉讼法》第232条规定，当事人、利害关系人认为执行行为违反法律规定的，可以向负责执行的人民法院提出书面异议。其中“当事人”是指执行当事人，即申请执行人和被执行人，不仅包括执行依据上所列明的当事人，也包括在执行过程中被人民法院依法变更、追加为当事人的公民、法人或其他组织。“利害关系人”的范围，法律并未明确规定，一般认为指的是受执行行为直接影响、以自己的名义享有执行权利或承担执行义务的、除执行当事人以外的人。当事人、利害关系人须采用书面形式提出异议。异议书应当载明异议的对象和理由。

2. 执行行为异议的条件

当事人、利害关系人提起执行异议应当具备以下四个条件：①必须在执行程序中提起；②必须以执行行为违反法律为由提起；③必须向负责执行的执行机构提起；④必须以书面形式提起。

3. 对执行行为异议的裁判

依据《民事诉讼法》第232条的规定，当事人、利害关系人提出书面异议的，人民法院应当自收到书面异议之日起15日内审查，理由成立的，裁定撤销或者改正；理由不成立的，裁定驳回。当事人、利害关系人对裁定不服的，可以自裁定送达之日起10日内向上一级人民法院申请复议。依据最高人民法院《关于适用〈中华人民共和国民事诉讼法〉执行程序若干问题的解释》（以下简称《执行程序解释》）第10条的规定，执行异议审查和复议期间，不停止执行。被执行人、利害关系人提供充分、有效的担保请求停止相应处分措施的，人民法院可以准许；申请执行人提供充分、有效的担保请求继续执行的，应当继续执行。

（二）案外人异议

1. 案外人异议的内涵

案外人异议，是指在执行过程中执行当事人以外的人对执行标的提出异议，要求停止对该标的的执行。案外人，是指本案执行当事人以外的人。

2. 提出案外人异议的条件

案外人提出案外人异议应当具备以下条件：①应当在执行过程中提出，即执行开始后到结束前；②有权提出执行异议的主体应当限于案外人，即执行当事人以外的，认为其法律权益因执行行为而受损害的利害关系人；③异议理由应当是案外人对执行标的主张实体权利，既包括主张全部权利，也包括主张部分权利；④执行异议应当向执行法院提出；⑤案外人提出执行异议应当采用书面形式，并提供相应的证据。

3. 对案外人异议的裁判与救济

在执行过程中，案外人对执行标的提出书面异议的，人民法院应当自收到书面异议之日起15日内审查。审查期间人民法院不得对执行标的进行处分，但查封、扣押等保全性执行措施不受影响。审查之后分情况作出不同处理：①异议理由成立的，裁定中止对该标的的执行；②异议理由不成立的，裁定驳回异议。根据《民事诉讼法解释》的规定，案外人对执行标的不享有足以排除强制执行的权益的，裁定驳回其异议。驳回案外人执行异议裁定送达案外人之日起15日内，人民法院不得对执行标的进行处分。

根据《民事诉讼法》的规定，案外人对执行机构就案外人异议作出的裁定不服，进一步救济途径有以下两种：①申请再审。案外人认为原判决、裁定错误的，依照审判监督程序处理；②另行诉讼。案外人对裁定不服，与原判决、裁定无关的，可以自裁定送达之日起15日内向执行法院提起诉讼。

七、民商事执行结束

（一）执行完毕

1. 执行完毕的概念

执行完毕，是指在执行程序中执行依据所确定的债权人权利全面实现。执行完毕标志着执行程序的自然结束，是执行结案的方式之一。

2. 执行完毕的表现形式

因执行依据的内容不同，执行完毕的表现形式存在差异：①对实现金钱请求权的执行，执行完毕表现为申请执行人收到了生效法律文书确定的本金、利息、迟延履行期间的双倍利息等全部款项数额；②对实现物的交付请求权的执行，执行完毕表现为执行依据指定交付的动产或不动产被分别取交或点交给申请执行人，并完成必要的产权变更手续；③对实现作为行为请求权的执行，执行完毕表现为执行依据所确定的特定行为，已由被执行人履行，或者已由他人代替完成并已由被执行人承担代履行费用；④对实现不作为请求权的执行，执行完毕就是执行依据所确定的某种禁止行为，被执行人没有作出，或者已容忍申请执行人作出某种行为；⑤对实现意思表示请求权的执行中，执行完毕表现为被执行人作出某种意思表示。

（二）不予执行

1. 不予执行的内涵

不予执行，是指民商事执行机构在执行仲裁裁决、公证债权文书或者其他非诉讼裁判文书的过程中，依当事人申请或依职权裁定停止执行行为并结束民商事执行程序的一种执行制度。根据我国《民事诉讼法》和相关司法解释的规定，不予执行只能发生在对仲裁裁决、公证债权文书和其他非诉讼裁判文书的执行过程中。对人民法院制作的生效法律文书不能裁定不予执行。不予执行的裁定作出以后，当事人不得再请求执行该仲裁裁决或公证债权文书，执行机构也不得再采取执行措施，不得恢复执行。

2. 不予执行的法定事由

（1）不予执行国内仲裁裁决的法定事由。被执行人提出证据证明国内仲裁裁决有下列情形之一的，经民商事执行机构组成合议庭审查核实，裁定不予执行：第一，当事人在合同中没有订立仲裁条款或者事后没有达成书面仲裁协议的；第二，裁决的事项不属于仲裁协议的范围或者仲裁机构无权仲裁的；第三，仲裁庭的组成或者仲裁的程序违反法定程序的：第四，裁决所根据的证据是伪造的；第五，对方当事人向仲裁机构隐瞒了足以影响公正裁决的证据的；第六，仲裁员在仲裁该案时有贪污受贿、徇私舞弊、枉法裁判行为的；第七，执行该裁决违背社会公共利益的。

（2）不予执行涉外仲裁裁决的法定事由。对我国涉外仲裁机构作出的仲裁裁决，被执行人提出证据证明仲裁裁决有下列情形之一的，经民商事执行机构组成合议庭审查核实，裁定不予执行：第一，当事人在合同中没有订立仲裁条款或者事后没有达成书面仲裁协议的；第二，被申请人没有得到指定仲裁员或者进行仲裁程序的通知，或者由于其他不属于被申请人负责的原因未能陈述意见的；第三，仲裁庭的组成或者仲裁的程序与仲裁规则不符的；第四，裁决的事项不属于仲裁协议的范围或者仲裁机构无权仲裁的；第五，执行该裁决违背社会公共利益的。

（3）不予执行公证债权文书的事由。人民法院裁定不予执行公证债权文书的法定事由为：第一，被执行人未到场日未委托代理人到场办理公证的；第二，无民事行为能力人或者限制民事行为能力人没有监护人代为办理公证的；第三，公证员为本人、近亲属办理公证，或者办理与本人、近亲属有利害关系的公证的；第四，公证员办理该项公证有贪污受贿、徇私舞弊行为，已经由生效刑事法律文书等确认的；第五，其他严重违反法定公证程序的情形。

有下列情形之一的，债务人可以在执行程序终结前，以债权人为被告，向执行法院提起诉讼，请求不予执行公证债权文书：第一，公证债权文书载明的民事权利义务关系与事实不符；第二，经公证的债权文书具有法律规定的无效、可撤销等情形；第三，公证债权文书载明的债权因清偿、提存、抵销、免除等原因全部或者部分消灭等。

（三）执行终结

1. 执行终结的内涵

执行终结，亦称终结执行，是指在执行程序中，因发生法律规定的事由，执行程序没有必要或者不可能继续，人民法院裁定结束执行程序的法律制度。

2. 执行终结的法定事由

有下列情形之一的，人民法院裁定终结执行：①申请人撤销申请的；②据以执行的法律文书被撤销的；③作为被执行人的公民死亡，无遗产可供执行，又无义务承担人的；④追索赡养费、扶养费、抚育费案件的权利人死亡的；⑤作为被执行人的公民因生活困难无力偿还借款，无收入来源，又丧失劳动能力的；⑥被执行人被人民法院裁定宣告破产或者作为被执行人的企业法人终止，又确无连带义务人的，执行法院应当裁定终结执行；⑦经过财产调查未发现可供执行的财产，在申请执行人签字确认或者执行法院组成合议庭审查核实并经院长批准后，可以裁定终结执行；⑧人民法院认为应当终结执行的其他情形。

第二节　刑事执行

一、刑事执行概述

（一）刑事执行的内涵

刑事执行，是指人民法院将已经发生法律效力的刑事判决和裁定交付执行机关，以实施其确定的内容，以及处理执行中的诉讼问题而进行的各种活动。判决和裁定发生法律效力后，应当立即交付执行。

（二）刑事执行的特点

执行程序是刑事诉讼的最后一个阶段，是对审判所作出的刑罚的实现过程，对实现刑事诉讼目的和完成刑事诉讼任务具有重要的意义。刑事执行具有以下几个特点：①合法性。刑事执行活动必须依照法律规定的诉讼程序进行。②及时性。只有及时有效地执行生效的有罪裁判，才能使犯罪分子受到应得的惩罚，使国家利益和公民的人身、财产等权利得到保护，实现国家刑罚权；也只有及时执行无罪或者免除刑事处罚的裁判，才能使无辜或者不应受到刑罚的公民尽快被释放或者恢复人身自由。③强制性。裁判所确定的内容应当被强制无条件执行。

二、刑事执行的依据与执行机关

(一)刑事执行的依据

根据《刑事诉讼法》和相关司法解释的规定,人民法院发生法律效力的刑事判决和裁定,主要有以下几种:

(1)已过法定期限没有上诉、抗诉的判决和裁定,即地方各级人民法院作出的上诉期满而没有上诉或抗诉的第一审判决和裁定。

(2)终审的判决和裁定,即中级、高级人民法院第二审案件的判决和裁定,最高人民法院第一审和第二审案件的判决和裁定。

(3)最高人民法院核准的死刑判决和高级人民法院核准的死刑缓期二年执行的判决。

(4)最高人民法院核准的在法定刑以下处刑的判决和裁定。

(二)刑事执行机关

按照各种刑罚的特点和执行主体的职能的不同,可以把执行机关分为三种:交付执行机关、执行机关和执行监督机关。

(1)交付执行机关。根据《宪法》《刑事诉讼法》和《人民法院组织法》规定,人民法院是将生效裁判交付执行的机关,人民法院根据已生效裁判所确定的内容及其刑罚执行方式交由相应的执行机关执行。

(2)执行机关。这些执行机关及其所执行的刑罚种类分别是:①人民法院。负责对无罪、免予刑事处罚、罚金、没收财产和死刑立即执行判决和裁定的执行。②监狱和未成年犯管教所。对于被判处死刑缓期二年执行、无期徒刑、有期徒刑的罪犯由监狱执行。为了减少押解成本、节省时间和有利于改造,对于被判处有期徒刑的罪犯,在被交付执行刑罚前,剩余刑期在三个月以下的,由看守所代为执行。未成年犯管教所负责对未成年犯的执行。③公安机关。对判处拘役、剥夺政治权利的罪犯,由公安机关执行。④社区矫正机构。对判处管制、宣告缓刑、假释或者暂予监外执行的罪犯由社区矫正机构负责执行。

(3)执行监督机关。人民检察院是法律规定的监督机关,依法对刑事诉讼实行法律监督。

三、各种判决、裁定的执行程序

(一)死刑立即执行判决的执行

死刑是依法剥夺犯罪分子生命的刑罚,是刑罚中最严厉的刑种。为了防止无法挽回的后果,我国《刑事诉讼法》以及《刑事诉讼法解释》对死刑执行程序作了严格的规定。

1. 死刑执行命令的签发与执行死刑的机关

最高人民法院判处和核准的死刑立即执行判决应当由最高人民法院院长签发执行死刑的命令。执行死刑命令应当按照统一格式填写，然后由院长签名，并加盖人民法院印。最高人民法院的执行死刑命令，由高级人民法院交付第一审人民法院执行。第一审人民法院接到执行死刑命令后，应当在七日以内执行。在死刑缓期执行期间故意犯罪，最高人民法院核准执行死刑的，由罪犯服刑地的中级人民法院执行。

2. 执行死刑的暂停执行

根据《刑事诉讼法解释》的规定，下级人民法院在接到执行死刑命令后、执行前，发现有下列情形之一的，应当暂停执行，并立即将请求停止执行死刑的报告和相关材料层报最高人民法院：①罪犯可能有其他犯罪的；②共同犯罪的其他犯罪嫌疑人到案，可能影响罪犯量刑的；③共同犯罪的其他罪犯被暂停或者停止执行死刑，可能影响罪犯量刑的；④罪犯揭发重大犯罪事实或者有其他重大立功表现，可能需要改判的；⑤罪犯怀孕的；⑥判决、裁定可能有影响定罪量刑的其他错误的。最高人民法院经审查，认为可能影响罪犯定罪量刑的，应当裁定停止执行死刑；认为不影响的，应当决定继续执行死刑。

最高人民法院在执行死刑命令签发后、执行前，发现有前述情形的，应当立即裁定停止执行死刑，并将有关材料移交下级人民法院。下级人民法院接到最高人民法院停止执行死刑的裁定后，应当会同有关部门调查核实停止执行死刑的事由，并及时将调查结果和意见层报最高人民法院审核。对下级人民法院报送的停止执行死刑的调查结果和意见，由最高人民法院原作出核准死刑判决、裁定的合议庭负责审查；必要时，另行组成合议庭进行审查。

最高人民法院对停止执行死刑的案件，应当按照下列情形分别处理：①确认罪犯怀孕的，应当改判；②确认罪犯有其他犯罪，依法应当追诉的，应当裁定不予核准死刑，撤销原判，发回重新审判；③确认原判决、裁定有错误或者罪犯有重大立功表现，需要改判的，应当裁定不予核准死刑，撤销原判，发回重新审判；④确认原判决、裁定没有错误，罪犯没有重大立功表现，或者重大立功表现不影响原判决、裁定执行的，应当裁定继续执行死刑，并由院长重新签发执行死刑的命令。

3. 死刑执行的监督

人民检察院收到同级人民法院执行死刑临场监督通知后，应当立即派员并做好如下监督工作：①查明同级人民法院是否收到最高人民法院核准死刑的判决或者裁定和执行死刑的命令；②检查执行死刑的场所、方法和执行死刑的活动是否合法；③执行死刑前发现有《刑事诉讼法》规定的“应当停止执行”或“暂停执行”的情形后，应当建议人民法院立即停止执行；④执行死刑过程中，根据需要可以进行拍照、录像；⑤执行死刑后，检查罪犯是否确已死亡，并填写死刑临场监督笔录，签名后入卷归档。

4. 死刑罪犯同近亲属的会见

第一审人民法院在执行死刑前，应当告知罪犯有权会见其近亲属。罪犯申请会见并提供具体联系方式的，人民法院应当通知其近亲属。确实无法与罪犯近亲属取得联系，或者其近亲属拒绝会见的，应当告知罪犯。罪犯申请通过录音录像等方式留下遗言的，人民法院可以准许。罪犯近亲属申请会见的，人民法院应当准许并及时安排，但罪犯拒绝会见的除外。罪犯拒绝会见的，应当记录在案并及时告知其近亲属；必要时，应当录音录像。

罪犯申请会见近亲属以外的亲友，经人民法院审查，确有正当理由的，在确保安全的情况下可以准许。罪犯申请会见未成年子女的，应当经未成年子女的监护人同意；会见可能影响未成年人身心健康的，人民法院可以通过视频方式安排会见，会见时监护人应当在场。

5. 执行死刑的方法和场所

死刑采用枪决或者注射等方法执行。采用注射方法执行死刑的，应当在指定的刑场或者羁押场所内执行。采用枪决、注射以外的其他方法执行死刑的，应当事先层报最高人民法院批准。

（二）死刑缓期二年执行、无期徒刑、有期徒刑和拘役判决的执行

1. 执行机关

根据《刑事诉讼法》的规定，对被处死刑缓期二年执行、无期徒刑、有期徒刑的罪犯，由公安机关依法将该罪犯送交监狱执行刑罚。对判处有期徒刑的罪犯，在被交付执行刑罚前，剩余刑期在三个月以下的，由看守所代为执行。对判处拘役的罪犯，由公安机关执行。对未成年犯应当在未成年犯管教所执行刑罚。

2. 交付执行的期限

被判处死刑缓期执行、无期徒刑、有期徒刑、拘役的罪犯，第一审人民法院应当在判决、裁定生效后十日以内，将判决书、裁定书、起诉书副本、自诉状复印件、执行通知书、结案登记表送达公安机关、监狱或者其他执行机关。同案审理的案件中，部分被告人被判处死刑，对未被判处死刑的同案被告人需要羁押执行刑罚的，应当根据前文所述及时交付执行。但是，该同案被告人参与实施有关死刑之罪的，应当在复核讯问被判处死刑的被告人后交付执行。

3. 收押和执行程序

执行机关收押罪犯应当对罪犯进行身体检查，对于不适合在监狱或其他执行场所执行的，可以暂不予收押。但如果对其暂予监外执行有社会危害性的应当收监。执行机关对罪犯收押后应当将罪犯罪名、刑期、执行地址等自收监日起 5 日内通知罪犯家属。对于罪犯在服刑中死亡、调动、脱逃满 2 个月未捕回或捕回后有变动的，执行机关应当书面报告交付执行的人民法院及对该监所实行监督的人民检察院。

4.对未成年犯的执行

对未成年犯的执行应在未成年犯管教所执行,这是因为考虑到未成年犯生理和心理上的特点,未成年犯管教所在管理上比监狱相对宽松,将未成年犯与成年犯分别关押于不同场所进行教育改造,可以避免成年犯对未成年犯的传授、教唆,同时也便于对未成年犯采取有针对性的教育改造措施。

(三)管制、有期徒刑缓刑、拘役缓刑判决的执行

管制是一种适用于罪行较轻的犯罪分子的刑罚。缓刑是在具备一定的法定条件下对判处拘役、3年以下有期徒刑的罪犯在一定期间内暂缓执行刑罚,若其在暂缓执行期间未犯新罪,则原判刑罚不再执行的一种刑罚执行制度。缓刑包括拘役缓刑和有期徒刑缓刑。

根据《刑事诉讼法》与《刑事诉讼法解释》的规定,对被判处管制、宣告缓刑的罪犯,人民法院应当依法确定社区矫正执行地。社区矫正执行地为罪犯的居住地;罪犯在多个地方居住的,可以确定其经常居住地为执行地;罪犯的居住地、经常居住地无法确定或者不适宜执行社区矫正的,应当根据有利于罪犯接受矫正、更好地融入社会的原则,确定执行地。宣判时,应当告知罪犯自判决、裁定生效之日起十日以内到执行地社区矫正机构报到,以及不按期报到的后果。

对于被判处管制的罪犯,在管制期间,必须遵守法律、法令,服从群众监督,积极参加生产劳动或工作,定期向执行机关报告自己的活动情况,迁居或外出必须报经执行机关批准。对被判处管制的罪犯,在劳动中实行管制的刑期从判决之日起计算。判决执行前先行羁押的,羁押1日折抵刑期2日。管制期满,执行机关应及时解除对犯罪分子的管制,同时,向罪犯本人和有关群众公开宣布。

对于被判处有期徒刑、拘役宣告缓刑的罪犯,在宣告缓刑时,应当同时宣告缓刑的考验期。罪犯在缓刑考验期内,必须遵守法律、法令,接受监督考察。迁移户口应经人民法院或公安机关批准。没有附加剥夺政治权利的,缓刑期间不应限制其政治权利的行使。管制、缓刑罪犯参加劳动,应同工同酬。如果同时判处附加刑的,附加刑仍应执行。

被宣告缓刑的罪犯,在缓刑考验期限内没有再犯新罪,考验期满,原判刑罚就不再执行,社区矫正机构应当公开向罪犯、有关群众和组织宣布终止考察,不必再另办法律手续;在缓刑考验期限内再犯新罪或者有漏罪没有判决,需要撤销缓刑的,应当由审判新罪的人民法院,在审判新罪、漏罪时,对原判宣告的缓刑予以撤销、按刑法规定的数罪并罚原则处理。如果原来是上级人民法院判决宣告缓刑的,审判新罪的下级人民法院也可以撤销原判决宣告的缓刑。

(四)剥夺政治权利的执行

根据《刑事诉讼法》与《刑事诉讼法解释》的规定,对被判处剥夺政治权利的罪犯,由公安机关执行。执行期满,应当由执行机关书面通知本人及其所在单位、居

住地基层组织。对剥夺政治权利的，要严格按照《刑法》第 54 条规定的政治权利的范围执行，对于不属于政治权利范围的其他权利不能予以剥夺。

对单处剥夺政治权利的罪犯，人民法院应当在判决、裁定生效后十日以内，将判决书、裁定书、执行通知书等法律文书送达罪犯居住地的县级公安机关，并抄送罪犯居住地的县级人民检察院。

对判处有期徒刑、无期徒刑、拘役附加剥夺政治权利的罪犯，剥夺政治权利的刑期，从有期徒刑、无期徒刑、拘役执行完毕之日或从假释之日起计算。判处管制附加剥夺政治权利的，剥夺政治权利的期限与管制的期限相等，同时执行。剥夺政治权利期满，经公开宣布，即应恢复当事人的政治权利。

（五）罚金、没收财产的执行

1. 罚金的执行

罚金，是人民法院依法判决犯罪公民或犯罪单位，向国家缴纳一定数额金钱的刑罚方法。根据《刑事诉讼法》的规定，罚金判决由人民法院负责执行。被判处罚金的罪犯或犯罪单位，应按照判决确定的数额在判决规定的期限内一次或分期缴纳。期满无故不缴纳或者未足额缴纳的，人民法院应当强制缴纳。经强制缴纳仍不能全部缴纳的，在任何时候，包括主刑执行完毕后，发现被执行人有可供执行的财产的，应当追缴。行政机关对被告人就同一事实已经处以罚款的，人民法院判处罚金时应当折抵，扣除行政处罚已执行的部分。如果由于遭遇不能抗拒的灾祸或者罪犯及其家属重病、伤残等，以及其他不能抗拒的灾祸等原因导致缴纳罚金确实有困难的，被执行人申请延期缴纳、酌情减少或者免除罚金的，应当提交相关证明材料。人民法院应当在收到申请后一个月以内作出裁定。符合法定条件的，应当准许；不符合条件的，驳回申请。

2. 没收财产的执行

没收财产，是指把犯罪人个人所有财产的一部或者全部依法无偿地收归国有的一种刑罚。没收财产可以附加适用，也可以独立适用。根据《刑事诉讼法》与《刑事诉讼法解释》的相关规定，判处没收财产的，判决生效后，应当立即执行。没收财产的判决，无论附加适用或者独立适用，都由人民法院执行；在必要的时候，可以会同公安机关执行。为了防止没收财产判决在执行前罪犯或者其他人转移财产影响执行，第一审人民法院可以先行查封、扣押和冻结被告人财产。

没收财产的范围只限于罪犯个人所有财产的部分或全部。没收全部财产的应对罪犯个人及其抚养的家属保留必要的费用，不得没收属于其家属所有或者应得的财产。对查封前犯罪分子所负的正当债务，如果需要用没收的财产偿还的，经债权人请求，由人民法院裁定在没收的财产中偿还。如果在没收的财产中，有罪犯利用犯罪手段获得的他人财产，经原物所有权人申请，并经人民法院查证属实后，应将原物退还原主。对于没收的财产，应按有关规定及时上缴国库或财政部门。

（六）无罪判决和免除刑罚判决的执行

根据《刑事诉讼法》的规定，第一审人民法院判决被告人无罪、免除刑事处罚的，如果被告人在押，在宣判后应当立即释放。由此可知，无罪、免除刑事处罚的判决，由人民法院执行。为了保护不应受到刑罚处罚的被告人的合法权益，无罪和免除刑罚的判决一经宣布，由人民法院将无罪或免除刑事处罚的判决书连同执行通知书送交看守所，看守所在接到上述法律文书后应当立即释放被关押的被告人。

无罪和免除处罚判决生效后，人民法院和其他司法机关应当协同有关单位做好善后工作。根据《刑事诉讼法》第200条第2、3项的规定，依据法律认定被告人无罪的，应当作出无罪判决；证据不足，不能认定被告人有罪的，应当作出证据不足、指控的犯罪不能成立的无罪判决。由该规定可知，对前一种情况的无罪判决，应妥善处理，及时恢复无罪被告人的人身自由和名誉。对后一种情况规定的无罪判决，人民法院也应立即释放关押的被告人。对于免除处罚的被告人，也应恢复其人身自由，撤销非关押性质的其他强制措施。同时，人民法院可根据案件不同情况予以训诫、责令具结悔过、赔礼道歉、赔偿损失或建议有关主管机关给予被告人行政处罚或行政处分。

（七）社区矫正

社区矫正是指将符合条件的罪犯放置于社区内，由专门国家机关在相关社会团体和民间组织以及社会志愿者的协助下，在判决、裁定或决定确定的期限内，矫正其犯罪心理和行为恶习，并促进其顺利回归社会的非监禁刑罚执行活动。

我国的社区矫正从2003年开始试点，2009年在全国全面推行。2011年2月25日，第十一届全国人民代表大会常务委员会第十九次会议审议通过的《中华人民共和国刑法修正案（八）》首次以法律形式规定对判处管制、缓刑以及假释的罪犯依法实行社区矫正。2012年3月14日，第十一届全国人民代表大会第五次会议表决通过的《关于修改〈中华人民共和国刑事诉讼法〉的决定》对社区矫正制度又从程序法上作了进一步规定：对被判处管制、宣告缓刑、假释或者暂予监外执行的罪犯，依法实行社区矫正，由社区矫正机构负责执行。

根据《刑事诉讼法》第269条的规定，社区矫正主要适用于以下四种罪犯：①被判处管制的；②被宣告缓刑的；③被暂予监外执行的，具体包括有严重疾病需要保外就医的、怀孕或者正在哺乳自己婴儿的妇女、生活不能自理并且适用暂予监外执行不致危害社会的；④被裁定假释的。

四、执行的变更

（一）死刑执行的变更

我国《刑事诉讼法》第262条规定，下级人民法院接到最高人民法院执行死刑的命令后，应当在 7 日内交付执行。但是发现有下列情形之一的应当停止执行，并且立即报告最高人民法院，由最高人民法院作出裁定：①执行前发现判决可能有错误的；②在执行前罪犯揭发重大犯罪事实或者有其他重大立功表现，可能需要改判的；③罪犯正在怀孕的。

我国《刑事诉讼法》第 263 条第 4 款规定，指挥执行的审判人员对罪犯应当验明正身，讯问有无遗言、信札，然后交付执行人员执行死刑。在执行前，如果发现可能有错误，应当暂停执行，报请最高人民法院裁定。《刑事诉讼法解释》第 500 条规定，下级人民法院在接到执行死刑命令后、执行前，发现有下列情形之一的，应当暂停执行，并立即将请求停止执行死刑的报告和相关材料层报最高人民法院：①罪犯可能有其他犯罪的；②共同犯罪的其他犯罪嫌疑人到案，可能影响罪犯量刑的；③共同犯罪的其他罪犯被暂停或者停止执行死刑，可能影响罪犯量刑的；④罪犯揭发重大犯罪事实或者有其他重大立功表现，可能需要改判的；⑤罪犯怀孕的；⑥判决、裁定可能有影响定罪量刑的其他错误的。

最高人民法院经审查，认为可能影响罪犯定罪量刑的，应当裁定停止执行死刑；认为不影响的，应当决定继续执行死刑。最高人民法院在执行死刑命令签发后、执行前，发现有前述规定情形的，应当立即裁定停止执行死刑，并将有关材料移交下级人民法院。

最高人民法院对停止执行死刑的案件，应当按照下列情形分别处理：①确认罪犯怀孕的，应当改判；②确认罪犯有其他犯罪，依法应当追诉的，应当裁定不予核准死刑，撤销原判，发回重新审判；③确认原判决、裁定有错误或者罪犯有重大立功表现，需要改判的，应当裁定不予核准死刑，撤销原判，发回重新审判；④确认原判决、裁定没有错误，罪犯没有重大立功表现，或者重大立功表现不影响原判决、裁定执行的，应当裁定继续执行死刑，并由院长重新签发执行死刑的命令。

（二）死刑缓期二年执行的变更

1. 死刑缓期二年执行的减刑

被判处死刑缓期两年执行的罪犯在死刑缓期执行期间如果没有故意犯罪，死刑缓期执行期满应当减为无期徒刑；如果确有重大立功表现，2 年期满后减为 25 年有期徒刑。但是对被判处死刑缓期执行的累犯以及因故意杀人、强奸、抢劫、绑架、放火、爆炸、投放危险物质或者有组织的暴力性犯罪被判处死刑缓期执行的犯罪分子，人民法院根据犯罪情节、人身危险性等情况，可以在作出裁判的同时决定对其限制减刑。

罪犯在死刑缓期执行期间没有故意犯罪，2 年期满由执行机关提出减刑书面建议，报经省级司法厅（局）监狱管理部门审核后，提交当地高级人民法院依法裁定。减刑裁定书应当发给罪犯及交付执行机关，并将副本送达原审人民法院和对执行机关实行监督的人民检察院。死刑缓期执行期满后尚未裁定减刑前又犯罪的，应当依法减刑后对其所犯新罪另行审判。

2. 执行死刑

被判处死刑缓期二年执行的罪犯，在死刑缓期执行期间，如果故意犯罪，情节恶劣，查证属实，应当执行死刑的，由高级人民法院报请最高人民法院核准；对于故意犯罪未执行死刑的，死刑缓期执行的期间重新计算，并报最高人民法院备案。罪犯在2年死刑缓期执行期间故意犯罪的，由罪犯服刑的监狱进行侦查，侦查终结后移送罪犯服刑地的地、州、市人民检察院审查起诉并向服刑地的中级人民法院提起公诉，人民法院经审理所作的判决可以上诉、抗诉。应当执行死刑的，最高人民法院核准死刑后，由院长签发执行死刑命令，交罪犯服刑地的中级人民法院依照法定程序和方式执行死刑。

（三）监外执行

监外执行，是指被判处有期徒刑、拘役的罪犯，本应在监狱或其他执行场所服刑，由于出现了法律规定的某种特殊情形，不适宜在监狱或其他执行场所执行刑罚时暂时采取的一种变通执行方法。

监外执行可以适用于被判处无期徒刑、有期徒刑或者拘役的罪犯，但是应当符合以下条件：①有严重疾病需要保外就医的。但是对于适用保外就医可能有社会危险性的罪犯，或者自伤自残的罪犯不得保外就医。②怀孕或者正在哺乳自己婴儿的妇女。③生活不能自理，适用暂予监外执行不致危害社会的。被判处无期徒刑的罪犯只有是怀孕或者正在哺乳自己婴儿的妇女时才可以适用暂予监外执行。

根据《刑事诉讼法》及相关司法解释的规定，被判处无期徒刑、有期徒刑或者拘役的罪犯，人民法院决定暂予监外执行的，应当制作暂予监外执行决定书，写明罪犯基本情况、判决确定的罪名和刑罚、决定暂予监外执行的原因、依据等。人民法院在作出暂予监外执行决定前，应当征求人民检察院的意见。人民检察院认为人民法院的暂予监外执行决定不当，在法定期限内提出书面意见的，人民法院应当立即对该决定重新核查，并在一个月以内作出决定。对暂予监外执行的罪犯，依法实行社区矫正。对被判处管制、宣告缓刑、裁定假释、决定暂予监外执行的未成年罪犯，人民法院可以协助社区矫正机构制定帮教措施。

暂予监外执行的罪犯，有下列情形之一的，应当及时收监：①发现不符合暂予监外执行条件的。②严重违反有关暂予监外执行监督管理规定的，包括未经批准离开所居住的市、县，经警告拒不改正，或者拒不报告行踪，脱离监管的；因违反监督管理规定受到治安管理处罚，仍不改正的；受到执行机关两次警告，仍不改正的；保外就医期间不按规定提交病情复查情况，经警告拒不改正的。③暂予监外执行的情形消失后，罪犯刑期未满的。④保证人丧失保证条件或者因不履行义务被取消保证人资格，不能在规定期限内提出新的保证人的。⑤违反法律、行政法规和监督管理规定，情节严重的其他情形。

（四）减刑和假释

1. 减刑

减刑是指被判处管制、拘役、有期徒刑和无期徒刑的罪犯在执行期间确有悔改或者立功表现的，可以依法减轻其刑罚的制度。减刑的对象是被判处管制、拘役、有期徒刑和无期徒刑的罪犯。罪犯只要在服刑期间确有悔改表现或在服刑期间有立功表现即可。

减刑后实际执行的刑期，判处管制、拘役及有期徒刑的，不得少于原判刑期的1/2；判处无期徒刑的，不能少于13年。无期徒刑减为有期徒刑后的，刑期从裁定之日起计算，已执行的刑期，不计入减刑后的刑期内；而其他刑罚的刑期，原判刑期已执行的部分，则应当计入减刑后的刑期。附加剥夺政治权利的，无期徒刑减为有期徒刑时，应当把附加剥夺政治权利的期限改为3年以上10年以下；有期徒刑、拘役、管制减刑时，可以酌减附加剥夺政治权利的期限。

针对原判刑罚的不同，法律规定了相应的提出减刑建议以及审核裁定的机关：①对无期徒刑罪犯的减刑，由监狱或者未成年犯管教所提出减刑建议书，经省级监狱管理部门核准同意后，报当地高级人民法院审核裁定；②对有期徒刑罪犯的减刑，由监狱或未成年犯管教所提出减刑建议书，报请当地中级人民法院审核裁定；③对拘役罪犯的减刑，由拘役所提出减刑建议书，报请当地中级人民法院审核裁定；④对管制、宣告缓刑罪犯的减刑，由县级司法行政机关的社区矫正机构提出书面意见，报请当地中级人民法院审核裁定。

2. 假释

假释，是指对判处有期徒刑、无期徒刑的罪犯在执行一定刑期以后，确有悔改表现且不致危害社会的，将其附条件地予以提前释放并进行社区矫正的制度。假释的对象是被判处有期徒刑和无期徒刑的罪犯，不包括判处拘役的罪犯。对累犯及因故意杀人、强奸、抢劫、绑架、放火、爆炸、投放危险物质或者有组织的暴力性犯罪被判处10年以上有期徒刑、无期徒刑的犯罪分子不得假释。

假释应当符合以下条件：（1）执行期限的要求。被判处有期徒刑的罪犯应当执行原判刑期1/2以上，被判处无期徒刑的罪犯应当已执行13年以上。（2）对于具有“特殊情况”的案件，经最高人民法院核准可以不受上述执行刑期限制。“特殊情况”是指与国家、社会利益有重要关系的情况。

（五）对新罪、漏罪和申诉的处理

1. 对新罪、漏罪的处理

新罪，是指罪犯在服刑期间又犯的新罪行。漏罪，是指判决生效后在执行过程中发现的罪犯在判决宣告以前所犯的尚未判决的罪行。《刑事诉讼法》第273条第1款规定：“罪犯在服刑期间又犯罪的，或者发现了判决的时候所没有发现的罪行，由执行机关移送人民检察院处理。”如果认为需要追究刑事责任，人民检察院应按管辖分工的不同,向有管辖权的基层人民法院或中级人民法院起诉。人民法院应依法进行审判,将罪犯的新罪或漏罪所判处的刑罚与原判决尚未执行完毕的刑期,按数罪并罚的原则,决定应当执行的刑罚。

对罪犯脱逃后又犯新罪,应分别情况处理。如果新罪是在被捕以后发现的,应按前述管辖和处理程序进行追究;如果罪犯所犯罪行是在犯罪地发现的,即由犯罪地的公安机关、人民检察院、人民法院依照管辖范围和法定程序进行处理。判决后,原则上仍送回原所在监狱执行。

2. 对申诉的处理

申诉,是指罪犯认为对自己的判决有错误,在服刑中提出撤销或变更原判刑罚的请求。对于罪犯的申诉材料,监狱或其他刑罚执行机关应当及时转递,不得扣压。人民检察院或者原判人民法院对收到的申诉材料及意见,应当迅速审查。对于确有错误的,应依法提起审判监督程序,对案件进行再审。对于原判正确,申请没有理由的,可以驳回申诉,并将处理结果通知申诉人和有关执行机关。《监狱法》规定,人民检察院或人民法院应当自收到监狱提请处理意见书之日起6个月内将处理结果通知监狱。

第三节 行政执行

一、行政诉讼中的执行

(一)行政诉讼中的执行概述

行政诉讼中的执行,是指人民法院、行政机关和其他国家机关及其工作人员依照法定的程序,运用法定的强制手段,迫使行政诉讼当事人履行法院已经发生法律效力的裁判的活动。

行政诉讼中的执行具有以下特点:①行政诉讼中的执行的依据仅限于人民法院对行政案件作出的判决和裁定,以及申请法院强制执行的行政行为;②行政诉讼中的执行,对被申请人所采取的执行措施不同。对于行政相对人,一般的执行措施都可以适用,而对于行政机关则主要适用划拨和罚款。③行政诉讼中的执行机关既包括人民法院,也包括行政机关和其他国家机关及工作人员,行政机关所为执行亦属于行政强制执行。

(二)执行程序

1. 申请条件

根据《行政诉讼法》与相关司法解释的规定,申请行政执行的条件有:①当事人拒绝履行生效裁判。根据《行政诉讼法》的规定，当事人拒绝履行判决、裁定、调解书的，行政机关或者第三人可以向第一审人民法院申请强制执行，或者由行政机关依法强制执行。②申请应当在法定的申请期限内提出。申请人是公民的，申请执行生效的行政判决书、行政裁定书、行政赔偿判决书和行政赔偿调解书的期限为1年；申请人是行政机关、法人或者其他组织的，申请执行期限为180日。申请执行的期限从法律文书规定的履行期间最后日起计算；法律文书中没有规定履行期限的，从该法律文书送达当事人之日起计算。逾期申请的，除有正当理由外，人民法院不予受理。③应当向对生效裁判的执行有管辖权的法院申请。

2. 执行依据

依据《行政诉讼法》的相关司法解释的规定，行政诉讼的执行依据主要包括以下四类法律文书：①行政判决书；②行政裁定书；③行政赔偿判决书；④行政赔偿调解书。

在行政诉讼中，发生法律效力的可作为执行依据的法律文书主要包括：①已过上诉期没有提起上诉的一审判决和裁定；②终审的判决和裁定；③人民法院主持下形成的行政赔偿调解书。

3. 执行管辖

根据我国《行政诉讼法》和相关司法解释的规定，不履行法院判决、裁定的执行案件，无论其是否经过二审程序，一般都由基层人民法院管辖。发生法律效力的行政判决书、行政裁定书、行政赔偿判决书和行政赔偿调解书，由第一审人民法院执行。第一审人民法院认为情况特殊需要由第二审人民法院执行的，可以报请第二审人民法院执行；第二审人民法院可以决定由其执行，也可以决定由第一审人民法院执行。

4. 执行措施

(1) 对行政相对人的执行措施。我国行政诉讼法对行政相对人拒不履行判决、裁定等法定义务所采取的执行措施未作具体规定。在行政诉讼实践中，可参照适用《行政强制法》和《民事诉讼法》的有关规定加以处理。

(2) 对行政机关的强制措施。根据《行政诉讼法》的规定，行政机关拒绝履行判决、裁定、调解书的，第一审人民法院可以采取下列措施：①应当归还的罚款或者应当给付的款额，通知银行从该行政机关的账户内划拨；②在规定期限内不履行的，从期满之日起，对该行政机关负责人按日处50元至100元的罚款；③将行政机关拒绝履行的情况予以公告；④向监察机关或者该行政机关的上一级行政机关提出司法建议，接受司法建议的机关，根据有关规定进行处理，并将处理情况告知人民法院；⑤拒不履行判决、裁定、调解书，社会影响恶劣的，可以对该行政机关直接负责的主管人员和其他直接责任人员予以拘留，情节严重，构成犯罪的，依法追究刑事责任。

5. 执行步骤

行政执行应当依据下列步骤进行：①申请人向有管辖权的人民法院提出执行的申请。申请人应当提交申请执行书、据以执行的法律文书和其他必须提交的材料。②人民法院的行政审判庭对申请执行的行政行为进行合法性审查。不符合申请执行条件的，人民法院应当裁定不予受理。③向被执行人发出执行通知书。④必要时可采取查封、扣押、冻结、划拨等财产保全措施。⑤对于公告期届满，被执行人仍然拒绝履行的，人民法院应依法采取强制执行措施。

（三）执行的处理

如果申请执行的行政行为合法，除有中止或终结执行的情形外，人民法院应当在 3 个月内执行完毕。申请执行的行政行为具有下列情形的，人民法院应当裁定不予执行：①超越、滥用职权或者显失公正的；②主要证据不足或适用法律错误或违反法定程序侵犯被申请执行人实体权益的；③具有其他违法情形的。

二、非诉行政案件的执行

（一）非诉行政案件的执行概述

非诉行政案件的执行，是指行政相对人对于行政机关已经生效的行政行为，既不履行又不向法院提起行政诉讼，行政机关依法向法院提出执行申请，由法院采取强制措施促使行政行为实施的活动。

非诉行政案件的执行，应当具备以下条件：①行政行为依法可以由人民法院执行。②行政行为已经生效并具有可执行内容；③申请人是作出该行政行为的行政机关或者法律、法规、规章授权的组织；④被申请人是相应行政行为所确定的义务人且未在行政行为确定的期限内或者行政机关另行指定的期限内履行义务；⑤申请人在法定期限内向有管辖权的人民法院提出申请。

（二）执行程序

1. 申请和受理

行政机关向法院依法提出执行申请是非诉行政案件的执行程序的开始。如果行政机关在申请执行的期限内未申请人民法院强制执行的，生效行政行为确定的权利人或者其继承人、权利承受人在 90 日内可以申请人民法院强制执行。享有权利的公民、法人或者其他组织申请人民法院强制执行行政行为，参照行政机关申请人民法院强制执行行政行为的规定。

行政机关提出非诉行政案件的执行申请后，法院应当对执行申请进行审查以决定是否受理。人民法院对符合条件的申请，应当立案受理，并通知申请人；对不符合条件的申请，应当裁定不予受理。行政机关对人民法院不予受理的裁定有异议的，可以在 15 日内向上一级人民法院申请复议，上一级人民法院应当自收到复议申请之日起15日内作出是否受理的裁定。

2. 审查

人民法院受理行政机关申请执行其行政行为的案件后，应当在30日内由行政审判庭组成合议庭对行政行为的合法性进行审查，并就是否准予强制执行作出裁定。该裁定一旦作出，当事人不能就该裁定提起上诉。被申请执行的行政行为有下列情形之一的，人民法院应当裁定不准予执行：①明显缺乏事实根据的；②明显缺乏法律依据的；③其他明显违法并损害被执行人合法权益的。

3. 履行告知

行政机关申请人民法院强制执行前，应当催告当事人履行义务。催告书送达10日后当事人仍未履行义务的，行政机关可以向所在地有管辖权的人民法院申请强制执行；执行对象是不动产的，向不动产所在地有管辖权的人民法院申请强制执行。

4. 执行措施

我国行政诉讼法及司法解释中对行政相对人拒不履行判决、裁定等法定义务所采取的执行措施未作具体规定。在行政诉讼实践中，可适用《民事诉讼法》关于诉讼执行中的执行程序与执行措施等有关规定，还可以根据执行依据的具体内容采取不同的措施。

5. 执行完成

执行完成，法院应当结清有关执行的各种手续和费用，将案件材料整理归档，并书面通知申请执行的行政机关，宣告执行程序完结。

第二编 检察实务

检察是一种由特定的国家职权机关代表国家向法院提起诉讼以及维护法律实施的司法职能。检察制度是国家司法制度的一项重要制度，其是人类社会发展到一定历史阶段的产物，是一定政治、经济、文化、法律的综合反映，是国家权力确认的关于检察机关的性质、法律地位、职权职责、活动原则、工作程序、组织机构和人员组成等法律规范的总和。英国是传统检察制度的最早形成国，在时间上早于法国的现代检察制度。从比较法的角度来看，当前域内外的检察制度可以分为三种类型，即以英国、美国为代表的英美法系检察制度，以德国、法国为代表的大陆法系检察制度，以及以中国为代表的社会主义国家的检察制度。

中国的人民检察制度是人民政权的重要组成部分，人民检察的发展史与中国共产党领导的人民政权建设史紧密相连。早在新民主主义革命时期，中国共产党领导的苏维埃民主政权就已经设立了检察机关。1949 年 10 月，中国社会主义检察制度与中华人民共和国相伴而生，至今已走过七十多年的发展历程。在这期间，我们的社会主义检察制度的发展并不是一帆风顺的，经历了探索发展、取消中断、恢复发展、开放变革等四个发展阶段。在这四个不同的发展阶段中，都曾遇到过诸多重大的理论和实践问题。恢复发展以来，全国各级检察机关充分履行法律监督职责，与公安机关、人民法院分工负责、互相配合、互相制约，为服务改革开放和经济社会健康发展做出了重要贡献。尤其是随着中国特色社会主义进入新时代，随着检察实践活动的日益丰富和检察理论研究的逐渐深入，中央将司法改革纳入国家全面深化改革、全面依法治国的顶层设计，随着省级以下检察机关人财物的上收管理、司法责任制、人员分类管理、公益诉讼等改革制度的落实，检察权的职责范围、监督理念、机构组织、工作程序等法律规范发生相应的变革，给检察事业的发展带来蓬勃的生机和活力，体现了历史的必然性和承继性，是历史和逻辑的统一。这也说明，检察制度是我国政治制度和司法制度中不可缺少的重要组成部分，必须加强实务研究，确保检察权正确行使，维护法治权威。

第七章

检察实务概说

党的十八大以来，最高人民检察院根据党中央对司法体制改革的决策部署和人民群众对民主法治、公平正义和安全环境等社会发展的新要求新期待，先后出台实施了一系列深化检察改革举措。目前已经初步建立了权责明晰、监管有效、保障有力的检察权运行体系。2018 年 10 月，十三届全国人大常委会审议通过《中华人民共和国人民检察院组织法》（以下简称《检察院组织法》）修订案。修改后的《检察院组织法》共 6 章 53 条，条文数量增加了近一倍，体例、内容上亦相应做了较大的修改完善，对检察机关的机构设置、职权配置、检察权的运行方式和保障机制等诸多检察体制改革内容分别在法律上予以确认和规定，把改革成果上升为法律规定，进一步丰富完善了检察法律体系。2021 年 6 月，中共中央印发《关于加强新时代检察机关法律监督工作的意见》（以下简称《意见》），《意见》是习近平法治思想在检察机关法律监督工作中的具体化，是当前和今后相当长的一个时期加强检察工作的纲领性文件，为开展相应的理论研究和实务工作提供了基本遵循。

第一节　检察机关的基本定位

不同国家检察机关的定位因经济、政治、社会和法律文化等赓续发展不同而有所区别，同一国家检察机关的定位也因经济体制、政治体制和社会文化、法律制度的变迁而有所不同。依据我国《宪法》《检察院组织法》和中共中央《意见》等法律和党的规范性文件的规定，对检察机关的基本定位如下。

一、人民检察院是国家的法律监督机关

我国的人民检察院是国家法律监督机关，与行政机关、监察委员会、人民法院

共同构成人民代表大会下具有中国特色的“一府一委两院”体制，这是由我国人民代表大会的基本政治制度所决定的。我国的1954年《宪法》和《检察院组织法》虽未直接明确规定人民检察院的国家法律监督机关之内容，但是依据其规定的职权范围和内容，充分体现了检察机关作为国家法律监督机关的基本定位。1979年《检察院组织法》第一次直接明确规定“人民检察院是国家的法律监督机关”，1982年《宪法》进一步确认了人民检察院的性质和地位。这种定位成为此后制定修改《刑事诉讼法》《民事诉讼法》《行政诉讼法》和《检察官法》等法律相应内容的基本依据。

二、人民检察院是保障国家法律统一正确实施的司法机关

司法机关是依法行使司法权的国家机关，是国家权力机关的重要组成部分，对于保障实现国家秩序、社会公正和公民权利具有重要的意义。2006年中共中央下发《关于进一步加强人民法院、人民检察院工作的决定》，该文件明确指出“人民法院、人民检察院均是国家的司法机关”。我国《检察院组织法》明确规定，人民检察院维护国家法制的统一、尊严和权威，坚持司法公正，实行司法公开、司法责任制。[①]法律条文内容中多处采用“司法”词汇予以表述，足以表明人民检察院就是国家的司法机关。

三、人民检察院是保护国家利益和社会公共利益的重要力量

2017年6月，全国人民代表大会常务委员会表决通过关于修改《民事诉讼法》和《行政诉讼法》的决定，授权人民检察院针对生态环境和资源保护、食品药品安全、国有财产保护、国有土地使用权出让等领域出现的侵害国家利益或者社会公共利益的行为开展检察公益诉讼工作，这标志着我国正式以立法形式确立了检察机关提起公益诉讼制度。我国《检察院组织法》第2条规定，人民检察院通过行使检察权，追诉犯罪，维护国家安全和社会秩序，维护个人和组织的合法权益，维护国家利益和社会公共利益。2017年9月，习近平总书记在致第二十二届国际检察官联合会年会暨会员代表大会的贺信中指出：“中国检察机关是国家的法律监督机关，

---

① 《检察院组织法》(2018年修订)第2条规定:“人民检察院通过行使检察权,追诉犯罪,维护国家安全和社会秩序,维护个人和组织的合法权益,维护国家利益和社会公共利益,保障法律正确实施,维护社会公平正义,维护国家法制统一、尊严和权威,保障中国特色社会主义建设的顺利进行。”第6条规定:“人民检察院坚持司法公正,以事实为根据,以法律为准绳,遵守法定程序,尊重和保障人权。”第7条规定:“人民检察院实行司法公开,法律另有规定的除外。”第8条规定:“人民检察院实行司法责任制,建立健全权责统一的司法权力运行机制。”

承担惩治和预防犯罪、对诉讼活动进行监督等职责”,“检察官作为公共利益的代表,肩负着重要责任”。近年来,新修订的《中华人民共和国未成年人保护法》(以下简称《未成年人保护法》)、《中华人民共和国军人地位和权益保障法》(以下简称《军人地位和权益保障法》)、《中华人民共和国安全生产法》(以下简称《安全生产法》)等多部法律先后授权人民检察院在该法适用领域开展检察公益诉讼工作,检察公益诉讼工作的范围不断得到拓展。由此可见,人民检察院是保护国家利益和社会公共利益的重要力量。

四、人民检察院是国家监督体系的重要组成部分

坚持和完善党和国家监督体系,是国家治理体系和治理能力现代化建设的重要方面。随着国家监察体制改革的深入推进,党和国家的监督体系持续发展完善,包括党的监督、人大监督、监察监督、法律监督、社会监督、群众监督等内容进一步革新丰富。在党和国家监督体系中,党的监督是政治监督,主要是对国家行政机关和工作人员的监督,其对于维护国家政权稳定具有重大意义;人民代表大会及其常务委员会的监督是工作监督,主要包括听取审议工作报告以及检查法律的实施情况,是政治制度的重要组成部分;监察监督是对人的监督,即对行使公权力的公职人员进行监督,有利于整合国家反腐败力量。① 与前述不同,检察机关是国家的法律监督机关,这种法律监督职能由人民检察院依法独立行使。近年来,随着《宪法》的第五次修改、监察体制改革以及《刑事诉讼法》《民事诉讼法》《行政诉讼法》《检察院组织法》的修改,人民检察院的法律监督职能由刑事领域向民事、行政、公益诉讼领域逐步拓展延伸,与推进国家治理体系建设进程的适应性不断增强,对保障国家法律统一正确实施,维护法制的统一、尊严和权威的重要性日渐彰显。因此,检察机关作为国家的法律监督机关,在国家治理体系和治理能力现代化建设中肩负重要的政治责任、法治责任和检察责任,是国家监督体系的重要组成部分。

第二节　检察工作的基本原则

检察工作的基本原则,是指人民检察院在履行法律监督职责过程中行使检察权应当普遍遵循的准则。2018 年 10 月新修订的《检察院组织法》确立了八项检察工作的基本原则,即检察机关的依法设置原则、依法独立行使检察权原则、适用法律平等原则、司法公正原则、司法公开原则、司法责任制原则、检察一体化原则、接

---

① 陈瑞华.论国家监察权的性质[J].比较法研究,2019:1.

受人民群众监督原则。检察工作的基本原则贯穿检察工作始终，对检察机关和检察人员开展检察工作具有普遍的指导意义，对保障检察权的正确行使、依法履行法律监督职责有着重要作用。

一、依法设置原则

《检察院组织法》第 3 条规定："人民检察院依照宪法、法律和全国人民代表大会常务委员会的决定设置。"其法理基础在于，检察机关是国家机构的重要组成部分，为确保法律监督工作的权威性、统一性和规范性，检察机关组织体系的构建和职权范围的界定，必须依据宪法、司法组织法等法律或者权力机关的决定来进行。检察机关的设置一般应遵循与行政区域或司法管辖区设置相一致原则，这既有利于就犯罪案件向法院提起公诉，有利于对辖区司法和执法行为的法律监督，也方便检察机关的人事和财物管理。此外，检察机关也会根据特殊的实际需要原则，设置一定的专门检察院，方便对特定领域内或特殊类型犯罪进行追究，更好地行使法律监督权。目前我国设立的专门检察院有军事检察院和铁路运输检察院。

二、依法独立行使检察权原则

我国《宪法》第 136 条规定："人民检察院依照法律规定独立行使检察权，不受行政机关、社会团体和个人的干涉。"《检察院组织法》第 4 条贯彻沿用了此项原则。依法独立行使检察权原则符合宪法关于检察机关作为法律监督机关的宪法定位，有利于保障检察权的依法独立公正行使。需要注意的是，要全面准确把握这一原则的核心要义，即条文中的"依照法律规定"是独立行使检察权的前提和基础；"干涉"是指非法的干预或者干扰，既不能将其与党的领导相对立，也不能将其与合法的监督相混淆。在开展检察工作中，各级人民检察院要自觉坚持和加强党的绝对领导，要自觉接受同级人民代表大会及其常务委员会的监督，自觉接受广大人民群众和其他社会组织的监督。依法独立行使检察权原则从保障检察权正确行使的角度，厘清了检察机关与行政机关、社会团体和个人的关系。《检察院组织法》"人民检察院行使职权的保障"一章对该项原则的贯彻实施作出了进一步的具体制度设计，明确了对领导干部等主体不当干预司法活动、插手具体案件处理以及提出超职责要求等行为的记录、报告和处理制度，为各级人民检察院依法独立行使检察权提供了制度保障。

三、适用法律平等原则

我国《宪法》第 33 条第 2 款规定："中华人民共和国公民在法律面前一律平

等。"《检察院组织法》第5条贯彻沿用了此项原则，并且更进一步明确规定："人民检察院行使检察权在适用法律上一律平等，不允许任何组织和个人有超越法律的特权，禁止任何形式的歧视。"这项原则是现代法治的基本原则之一，要求检察机关在适用法律时不得区分适用对象，必须依照法律的规定和查明认定的事实进行判断，将法律无差别地适用所有的人。比如，在刑事检察业务中，对于任何人的犯罪行为，都应当平等地依法追究，既不允许任何犯罪人享有超越法律的特权，也不允许任何犯罪人因歧视受到法律的不当追究。检察机关作为专门的法律监督机关，不仅自身要坚持好这一原则，还要对违背这一原则的执法司法行为依法履行法律监督职责。

四、司法公正原则

《检察院组织法》第6条规定："人民检察院坚持司法公正，以事实为根据，以法律为准绳，遵守法定程序，尊重和保障人权。"公正是法律的核心价值，是现代司法的基本价值追求，更是检察监督工作的生命线。人民检察院作为国家专门性的法律监督机关，在履行职责中要自觉坚守司法公正这一原则，把公正作为检察工作永恒的价值追求。在微观层面，检察官在司法办案中要牢固树立忠于职守、秉公办案的理念，提高公正司法能力，决不能把自己当作一方当事人而片面强调追诉和打击，要全面客观收集证据并注重对证据的审查，切实在尊重和保障人权中实现公正司法。在宏观层面，各级检察机关都要认真落实好以审判为中心的诉讼制度改革，健全司法责任追究机制，为保障检察官依法独立公正行使职权创造良好的司法环境。

五、司法公开原则

《检察院组织法》第7条规定："人民检察院实行司法公开，法律另有规定的除外。"司法公开是指司法机关在办案过程中一般应依法向社会和诉讼参与人公开有关诉讼活动和案件信息。司法公开是司法公正的重要保障，是党的群众路线在司法领域的具体要求和生动体现。党的十八届四中全会明确提出，要构建开放、动态、透明、便民的阳光司法机制，依法及时公开执法司法的依据、程序、流程、结果和生效法律文书，杜绝暗箱操作。推进检察业务的公开，保障人民群众参与司法，要从全面推进依法治国战略布局的高度，充分认识新形势下深入推进检务公开的重要意义，以高度的政治自觉和务实创新的态度，健全完善人民监督员监督工作、检察公开听证等机制，建立法律文书的公开查询制度，进一步明确规范可行的"公开"与"例外"标准，加强法律文书的释法说理，依法及时公开司法办案的依据、程序、流程、结果等关键信息和生效的检察法律文书，让诉讼参与人和社会公众以看得见的方式实现司法的公平正义。

六、司法责任制原则

《检察院组织法》第 8 条规定:“人民检察院实行司法责任制,建立健全权责统一的司法权力运行机制。”司法责任制在司法制度体系和司法权运行机制中居于基础和核心的地位。对检察机关而言,完善司法责任制的目标是,健全办案组织,科学界定办案权限,完善司法办案的责任体系,构建公正高效的检察权运行机制和公平合理的责任认定及追究机制,做到谁办案谁负责、谁决定谁负责。完善司法责任制的基本原则是,坚持遵循司法规律,符合检察工作的职业特点;坚持突出检察官的办案主体地位与加强监督制约相结合;坚持权责明晰,权责相当;坚持主观过错与客观行为相一致,责任与处罚相适应。①以司法责任制原则为指导和引领,《检察院组织法》在分则中专设“人民检察院的办案组织”一章,规定了不同司法主体的职权范围和责任制度体系,这为建立权责明晰、权责统一、权责相应的检察权运行机制奠定了法律基础。

七、检察一体化原则

我国《宪法》第 137 条规定:“最高人民检察院是最高检察机关。最高人民检察院领导地方各级人民检察院和专门人民检察院的工作,上级人民检察院领导下级人民检察院的工作。”《检察院组织法》第 10 条对此予以复述沿用。该条文规定的内容清晰地表达了检察机关上下级之间的领导组织体系与检察一体化原则。检察权一体化是世界上多数国家和地区检察制度的惯常设置。根据法律规定和司法实践,目前我国检察一体化原则的内涵如下:其一,在上下级的检察机关和检察官之间存在着上命下从的领导关系;其二,各地和各级检察机关之间具有检察职能的协助义务;其三,人民检察院之间和检察官之间在法律职务上可以发生相互承继、移转和代理的关系。2021 年 4 月,最高人民检察院在《“十四五”时期检察工作发展规划》中针对行政检察工作提出:“因应行政审判集中管辖改革,建立健全行政诉讼监督机制,充分发挥一体化优势,着力破解基层行政检察作用发挥难问题。”检察权一体化原则既符合检察机关统一行使职权的需要,也有利于抗衡外部的不当干预。

---

① 参见《最高人民检察院关于完善人民检察院司法责任制的若干意见》第 1 条、第 2 条。

八、接受人民群众监督原则

《检察院组织法》第 11 条规定:“人民检察院应当接受人民群众监督,保障人民群众对人民检察院工作依法享有知情权、参与权和监督权。”接受人民群众监督原则是检察工作践行党的群众路线的具体体现。检察机关作为法律监督者,更要牢记司法为民宗旨,自觉接受人民群众的监督,不断建立健全接受人民群众监督的机制。要通过深化群众信访件有回复制度、设置检务公开大厅、严格权利义务告知制度、召开新闻发布会、组织检察开放日、公开网上法律文书、健全依当事人申请公开制度等多种形式,保障人民群众对检察工作的知情权、参与权和监督权,以自觉接受群众监督保障各项检察工作公正廉洁,推动队伍的革命化、正规化、专业化、职业化建设,提升检察工作的效率和水平,确保检察工作更加健康科学发展。

第三节　检察机关的基本职权

为更好满足新时代人民群众对检察工作更高水平的需求,最高人民检察院于 2018 年对检察机关内设机构作出系统性、整体性、协同性改革,推动形成刑事、民事、行政、公益诉讼“四大检察”并行的法律监督工作总体格局,这是以职能对象为标准对检察权进行的分类,改变了过去以批捕、公诉、反贪等刑事职能为标准的分类模式。2019 年 3 月,第十三届全国人民代表大会第二次会议通过决议,要求检察机关更好发挥刑事、民事、行政和公益诉讼检察职能,为决胜全面建成小康社会提供更高水平的司法保障,这是“四大检察”首次明确写进全国人民代表大会决议。2021 年 6 月,中共中央《关于加强新时代检察机关法律监督工作的意见》明确提出检察机关要履行刑事、民事、行政和公益诉讼等检察职能。党中央文件和国家权力机关决议对“四大检察”职能的认可,为新时代检察工作战略布局提供了明确依据。在“四大检察”职能的框架下,《检察院组织法》赋予了检察机关八项基本职权,明确了抗诉、提出纠正意见、检察建议等行使职权的具体方式,形成了立体化的职责权限体系。

一、依照法律规定对有关刑事案件行使侦查权

为深化国家监察体制改革,推进国家治理体系和治理能力现代化,2018 年 10 月 26 日全国人大常委会对《刑事诉讼法》修订时,对侦查权的概念和检察机关的侦查职能进行了修正。修改后的《刑事诉讼法》第 108 条第 1 项规定,“侦查”是指公安机关、人民检察院对于刑事案件,依照法律进行的收集证据、查明案情的工作

和有关的强制性措施。将原规定的“专门性调查工作”修改为“依照法律进行的收集证据、查明案情的工作和有关的强制性措施”，这与《中华人民共和国监察法》（以下简称《监察法》）第11条第2项规定的监察委员会对职务犯罪行为的调查权予以区别和衔接。根据《刑事诉讼法》第19条第2款的规定，人民检察院可以对诉讼活动法律监督中发现的司法工作人员利用职权实施的非法拘禁、刑讯逼供、非法搜查等侵犯公民权利、损害司法公正的犯罪，立案侦查；对于公安机关管辖的国家机关工作人员利用职权实施的重大犯罪，需要由人民检察院直接受理的，经省级以上人民检察院决定，可以由人民检察院立案侦查。上述规定，是鉴于监察法的有关规定，删去了检察机关对贪污贿赂等案件的侦查管辖，将检察机关的侦查职权主要定位在对司法人员利用职权侵犯公民权利、损害司法公正犯罪案件的侦查权，以及根据管辖需要的机动侦查权。此外，根据《刑事诉讼法》第170条第1款规定，人民检察院对监察机关移送起诉的案件，经审查认为需要补充核实的，应退回监察机关补充调查，必要时可以自行补充侦查。

二、对刑事案件进行审查，批准或者决定是否逮捕犯罪嫌疑人

逮捕是由法律规定的执法机构依照正当法定程序，针对可能被判处一定刑罚的犯罪嫌疑人、被告人采取的有时限性羁押、剥夺其人身自由的一种刑事强制措施，其目的是为了防止犯罪嫌疑人、被告人逃跑，保全有关案件证据，排除犯罪嫌疑人、被告人可能给侦查活动带来的干扰，防范犯罪嫌疑人、被告人继续犯罪或者可能对被害人、证人实施威胁，保障侦查活动和其他诉讼活动的顺利进行，使犯罪的人受到惩罚、无罪的人不受追诉。从其本质上说，逮捕权是一种国家宪法性权力。逮捕是一种最严厉的刑事强制措施，与公民权利的保障有着密切关系。基于法治国家建设的要求，必须有严格的制度对逮捕进行规范。[①]我国《宪法》第37条第2款规定：“任何公民，非经人民检察院批准或者决定或者人民法院决定，并由公安机关执行，不受逮捕。”《刑事诉讼法》第3条第1款规定：“对刑事案件的侦查、拘留、执行逮捕、预审，由公安机关负责。检察、批准逮捕、检察机关直接受理的案件的侦查、提起公诉，由人民检察院负责。审判由人民法院负责。除法律特别规定的以外，其他任何机关、团体和个人都无权行使这些权力。”根据这一规定，人民检察院有逮捕的批准权和决定权，人民法院有逮捕决定权，公安机关有执行逮捕权，其他的任何机关、团体和个人均没有权限行使这些权力。

---

① 姜伟.中国检察制度[M].北京:北京大学出版社,2009:218.

三、对刑事案件进行审查，决定是否提起公诉，对决定提起公诉的案件支持公诉

公诉是指法律授权的机关针对被告人所涉嫌的犯罪向法院提出控告，请求通过审理认定犯罪，裁判追究犯罪人刑事责任的诉讼活动。根据《刑事诉讼法》第3条的规定，提起公诉，由人民检察院负责，其他的任何机关、团体和个人都无权行使这一权力。进而言之，对于监察委员会经调查和检察机关侦查部门、公安机关、国家安全机关经侦查，认为应当对犯罪嫌疑人追究刑事责任的案件，必须移送人民检察院审查起诉，由人民检察院依法决定是否提起公诉。人民检察院在人民法院开庭审理公诉案件时，应当派员出席法庭支持公诉，就指控的事实出示证据、阐述公诉意见以及履行相应的法律监督职责，促请法院就指控的犯罪作出合法适当的刑事裁判。

四、依照法律规定提起公益诉讼

为优化司法的职权配置、完善行政诉讼制度，推进法治政府建设，2014年10月，党的十八届四中全会提出探索建立检察公益诉讼制度。依照全国人大常委会的授权，检察机关自2015年7月至2017年6月在13个省（区、市）开展检察公益诉讼试点工作。为期两年试点工作中大量的实践证明，检察机关提起公益诉讼的制度设计是可行的、具有成效的。2017年6月27日，全国人大常委会通过修改《民事诉讼法》《行政诉讼法》的决定，正式立法确认建立检察机关提起公益诉讼制度。与之相适应，修改后的《检察院组织法》第24条第4项规定，人民检察院依照法律规定提起公益诉讼，赋予检察机关提起公益诉讼的职权。随着法治政府建设的推进和检察实践探索的发展，以及更好地维护国家利益和社会公共利益的需要，《未成年人保护法》《军人地位和权益保障法》《安全生产法》等法律陆续授权人民检察院提起公益诉讼职权。①

---

① 2020年10月修订的《未成年人保护法》第106条规定："未成年人合法权益受到侵犯，相关组织和个人未代为提起诉讼的，人民检察院可以督促、支持其提起诉讼；涉及公共利益的，人民检察院有权提起公益诉讼。"2021年6月修订的《军人地位和权益保障法》第62条规定："侵害军人荣誉、名誉和其他相关合法权益，严重影响军人有效履行职责使命，致使社会公共利益受到损害的，人民检察院可以根据民事诉讼法、行政诉讼法的相关规定提起公益诉讼。"2021年6月修订的《安全生产法》第74条第2款规定："因安全生产违法行为造成重大事故隐患或者导致重大事故，致使国家利益或者社会公共利益受到侵害的，人民检察院可以根据民事诉讼法、行政诉讼法的相关规定提起公益诉讼。"

五、对诉讼活动实行法律监督

检察机关作为国家专门的法律监督机关，对诉讼活动实施法律监督，是宪法和法律赋予检察机关的重要职责，是社会主义司法制度和检察制度的重要特色，是法律监督性质和职能的重要体现。全面加强检察机关对诉讼活动的法律监督，促进司法公正，是党中央的明确要求和人民群众的迫切愿望，对维护我国社会主义法制的统一、尊严和权威，维护社会的公平正义、促进社会的和谐稳定具有重要意义。①近年来，《刑事诉讼法》《民事诉讼法》《行政诉讼法》对检察机关加强诉讼活动监督的内容陆续补充修正，尤其是进一步明确了检察机关在民事、行政领域的法律监督职责。目前，检察机关对刑事诉讼、民事诉讼、行政诉讼等三大诉讼活动法律监督的并行格局逐步完善发展。②

六、对判决、裁定等生效法律文书的执行工作实行法律监督

执行是诉讼活动的关键环节，直接关系司法裁判的实现和当事人合法权益的保护。对执行活动进行法律监督，是人民检察院作为国家法律监督机关的应有之义。执行监督具有诉讼监督的特点，但是不完全等同于诉讼监督，是一种相对独立的复合性法律监督权。执行监督的对象包括刑事、民事、行政等生效裁判法律文书。与之相适应，目前三大程序法中都有相关规定。《刑事诉讼法》第 276 条规定，人民检察院对刑罚执行活动是否合法实行监督。对发现的违法情况，应通知执行机关予以纠正。《民事诉讼法》第 235 条规定，人民检察院有权对民事执行活动实行法律监督。《行政诉讼法》第 101 条，亦授权人民检察院对行政案件的执行进行监督。③

---

① 参见《最高人民检察院关于印发〈最高人民检察院关于进一步加强对诉讼活动法律监督工作的意见〉的通知》（高检发〔2009〕30 号）。

② 《刑事诉讼法》第 8 条规定“人民检察院依法对刑事诉讼实行法律监督。”《民事诉讼法》第 14 条规定：“人民检察院有权对民事诉讼实行法律监督。”《行政诉讼法》第 11 条规定：“人民检察院有权对民事诉讼实行法律监督。”

③ 《行政诉讼法》第 101 条规定：“人民法院审理行政案件，关于期间、送达、财产保全、开庭审理、调解、中止诉讼、终结诉讼、简易程序、执行等，以及人民检察院对行政案件受理、审理、裁判、执行的监督，本法没有规定的，适用《中华人民共和国民事诉讼法》的相关规定。”

七、对监狱、看守所的执法活动实行法律监督

权力的运行必须受到有效监督，监狱、看守所的执法权同样如此。在某种意义上来说，检察机关的法律监督甚至更为需要。这首先是因为监狱场、看守所与社会隔离而具有封闭性，容易成为执法监督的盲点。其次，监狱、看守所的执法活动权具有国家权力的强制性，直接作用执法对象人身，其权益容易受到侵害。根据《中华人民共和国监狱法》第6条、《人民检察院监狱检察办法》第3条、《人民检察院看守所检察办法》第3条、公安部《看守所留所执行刑罚罪犯管理办法》第8条的规定，人民检察院有职权对监狱、看守所的执法活动实行法律监督。

八、法律规定的其他职权

《检察院组织法》第20条第8项是对检察机关法律监督职权的兜底性概况，也为未来法律监督职权的进一步拓展预留了衔接窗口。检察机关作为国家专门的法律监督机关，是国家监督体系的重要组成部分，这决定了其监督职权体系的复杂性，除上述七个方面的基本职权之外，法律还赋予了检察机关另一些必要职权。比如，《检察院组织法》第20条授权最高人民检察院对报请核准追诉的案件进行审查、决定是否追诉；第23条授权最高人民检察院可以对检察工作中具体应用法律问题作出司法解释以及发布指导性案例；第26条授权人民检察院检察长或受检察长委托的副检察长，可以列席同级人民法院的审判委员会会议。

第八章

刑事检察实务

进入新时代，随着我国监察体制改革和司法体制改革的深入推进，最高人民检察院提出和构建的"四大检察"体系得到广泛的肯定和认同，这标志着检察法律监督体系和职能运行模式的重构，对中国特色社会主义检察制度的完善和发展具有里程碑意义。刑事检察集指控犯罪和诉讼监督于一身，贯穿刑事诉讼整个过程。在"四大检察"职能中，刑事检察职能起步最早、内涵最丰富、程序最完善，是检察机关的最基本职能、核心业务，也是检察机关服务党和国家大局最重要的职能，必须持之以恒强化优化。[①] 正确认识刑事检察在"四大检察"中的基础地位，有利于促进民事、行政、公益诉讼检察的协同发展。

第一节　刑事检察实务概说

党的十八大以来，以落实司法责任制为核心的检察体制改革取得重大突破，检察机关内设机构、审查逮捕公诉制度、刑事案件速裁程序和认罪认罚从宽制度、国家监察体制等方面的改革陆续展开，这些改革与刑事检察工作密切相关，直接影响到刑事检察的任务职能、司法理念、案件管理等诸多方面。检察改革是司法体制改革的重要组成部分，同时也是刑事检察制度和刑事检察工作发展的不竭动力。做优刑事检察工作，必须解放思想、更新理念，自觉适应新时代人民群众对民主法治、公平正义、安全环境的新需求。

① 万春."四大检察"协同共进实现全面协调充分发展[J].检察日报,2019(10).

一、刑事检察的意涵

刑事检察是指人民检察院在刑事诉讼过程中依法行使法律监督权的活动，包括办理自侦案件、审查逮捕、审查起诉、提起公诉和对刑事侦查、刑事审判和刑罚执行依法进行的检察监督。

刑事检察是人民检察院工作的传统职权和优势项目，在法律监督格局中处于重要地位，其内涵十分丰富。在自侦工作方面，可立案侦查司法工作人员利用职权实施的非法拘禁、刑讯逼供、非法搜查等侵犯公民权利、损害司法公正的犯罪案件；经省级以上人民检察院决定，可立案侦查公安机关管辖的国家机关工作人员利用职权实施的重大犯罪案件。在审查逮捕、审查起诉工作方面，是对刑事案件进行综合审查，批准或者决定是否逮捕犯罪嫌疑人，决定是否提起公诉，对决定提起公诉的案件要出席法庭支持公诉。在刑事诉讼监督工作方面，包括立案侦查、审判、执行全过程的监督工作。立案侦查监督是对侦查机关的立案和侦查活动进行监督；审判监督是对法院的刑事审判活动进行监督；执行监督是人民检察院依法对刑罚执行机关执行生效刑事裁判活动的合法性实行的监督，其包括对监管改造场所执行刑罚的监督和在社会上执行刑罚的监督。此外，人民检察院在办理刑事案件的过程中，还需要贯彻好各种检察司法政策，积极参与社会治安的综合治理，不断提升办案质效，提高检察队伍的综合素质，促进公正廉洁执法，更为有效地打击犯罪，维护公平正义。

二、刑事检察的职能

最高人民检察院《人民检察院刑事诉讼规则》第 2 条明确了检察机关在刑事诉讼中的任务是，立案侦查直接受理的案件、审查逮捕、审查起诉和提起公诉、对刑事诉讼实行法律监督，保证准确、及时查明犯罪事实，正确应用法律，惩罚犯罪分子，保障无罪的人不受刑事追究，保障刑事法律的统一正确实施，维护社会主义法制，尊重和保障人权，保护公民的人身权利、财产权利、民主权利和其他权利，保障社会主义建设事业的顺利进行。刑事检察的任务实现与刑事检察的职能配置密切相关。概括而言，刑事检察具有以下四种职能：①维护社会稳定。维护国家安全和社会稳定是检察机关的首要职责，通过审查逮捕和审查起诉职能的履行，严厉惩治涉枪、涉爆等严重犯罪，深入开展扫黑除恶专项斗争，维护国家安全、公共安全和社会稳定。②维护公共利益。检察机关代表国家对犯罪行为进行追诉，不仅仅是因为犯罪侵害了被害者的私人权益，更重要的是犯罪侵害了公共秩序和社会公共利益。现代检察制度设置之初的首要职能就是代表国家对刑事犯罪进行追诉，以实现对法益尤其是对国家利益和社会公共利益的保护。③守护司法公正。检察机关作为国家利益和社会公共利益的维护者，在行使追诉职权的同时，还行使相对独立的监督职权。检察的追诉职权与监督职权是内在统一的关系。刑事检察机构的法律监督职权，具有覆盖范围大、监督领域广、监督效果强的突出特点。通过履行对刑事侦查、刑事审判、刑罚执行的诉讼监督职责，刑事检察发挥着促进严格执法、公正司法的重要作用。④促进社会治理。实现司法办案三个效果的有机统一是新时代刑事检察的重要职责。刑事和解与认罪认罚从宽制度，为刑事检察延伸职能，参与社会治理，化解社会矛盾、减少社会对抗，推动国家治理体系和治理能力现代化提供了重要的路径。

三、刑事检察的理念

理念是行动的先导。根据《刑事诉讼法》、《人民检察院刑事诉讼规则》、最高人民检察院《"十四五"时期检察工作发展规划》等法律法规和司法政策性文件对刑事检察工作的要求，做优新时代的刑事检察工作，必须有适应时代发展需要的、科学的司法理念。

1. 尊重和保障人权的理念

《刑事诉讼法》第 2 条明确提出，"尊重和保障人权，保护公民的人身权利、财产权利、民主权利和其他权利"是我国刑事诉讼法的重要任务。《人民检察院刑事诉讼规则》第 1 条开宗明义提出："实现惩罚犯罪与保障人权的统一。"尊重和保障人权不仅是法治国家建设的现实需要，更是刑事司法的发展趋势。刑事诉讼中被追诉人的权利保障能够体现法治精神和价值的追求，防止出现司法专横。随着法治的进步，人民群众对司法工作的评判标准更加多元，对正义的诉求也更加强烈。不错捕不一定就是捕得恰当、准确，适用逮捕是否平衡了控制犯罪与保障人权的要求、是否纠正了侵犯人权的违法侦查、是否保障了犯罪嫌疑人的诉讼权利，是否遵循了必要性原则等逮捕质量的评价要求，等等，尊重和保障人权是落实上述要求的核心理念，是检察官不可推卸的司法责任。①

2. 少捕慎诉的理念

所谓少捕慎诉是指检察机关在履行审查逮捕和审查起诉职责时，对可捕可不捕的不捕，可诉可不诉的不诉。少捕慎诉最开始是检察机关在办理涉未成年犯罪案件中提出的一项司法政策，其目的在于通过轻缓的程序性措施来实现对未成年人的特殊保护。2020 年 1 月，中央政法工作会议提出，既要依法严厉打击严重刑事犯罪，又要把握少捕慎诉原则。2021 年 4 月，最高人民检察院在《"十四五"时期检察工作发展规划》中提出："全面贯彻宽严相济刑事政策，落实少捕慎诉慎押司

---

① 杨迎泽，郭云忠．刑事检察业务培训讲义[M]．北京：法律出版社，2019：9.

法理念。”检察机关落实少捕慎诉司法理念的实践，使犯罪情节轻微、主观恶性小、社会危害性小等没有羁押必要性的犯罪嫌疑人不被逮捕，对可诉可不诉的案件决定不起诉，有利于节约司法资源，化解社会矛盾，修复社会关系。这既是落实宽严相济刑事政策、推动认罪认罚制度实施的需要，更是检察机关改变传统重打击轻保护的理念，化解社会矛盾，司法为民的重要举措。

3. 理性平和的理念

客观公正是刑事检察的基本要求，理性平和是实现客观公正的保障。理性平和有助于检察人员排除干扰、坚持客观公正的立场。价值衡平是刑事诉讼的价值基础，理性平和是价值衡平的前提。刑事检察对诉讼价值的追求是多元的，理性平和的司法理念有助于实现价值衡平。保持理性的心态，在适用速裁程序中可以避免只顾效率、不顾正义而降低证明标准，在适用刑事和解中可避免只顾效果、一味迁就当事人而罔顾法律底线。保持平和的心态，在面对刑讯取得的真实供述时，才能在实体真实与程序正义之间不受冲动追诉的驱使，排除非法证据。①

4. 宽严相济的理念

宽严相济刑事政策是党和国家与敌对势力和犯罪分子做斗争的长期历史经验总结，蕴涵着深刻的社会主义法治理念，可以说是我国刑事司法的灵魂。宽严相济的理念要求对严重刑事犯罪从重打击、从严惩处，这是维护国家安全和社会稳定的必要措施；对轻微犯罪从宽处理、从轻处罚，这是化解社会矛盾、减少社会对抗、促进社会和谐的客观需要。宽与严有机统一、相辅相成，最终目的在于有效实现控制犯罪、保障人权，维护社会的和谐稳定。要在宽严相济的理念要求下，准确把握审查逮捕、审查起诉的质量内涵，强化审查把关意识，切实把宽严相济刑事政策的要求和少捕、慎捕、慎诉的精神贯彻到实际工作之中，促进刑事检察工作质量的提高，更好实现刑事司法的谦抑性、公正性、合法性等基本价值追求。

第二节 检察侦查

检察侦查权是检察机关在履行法律监督职能的过程中拥有对特定的犯罪线索、犯罪事实和犯罪嫌疑人进行侦查的权力。检察侦查是指检察机关对于受理的刑事案件，依照法律规定开展的收集证据、查明案情工作以及采取的强制性措施。检察侦查作为法律监督的有力保障手段，其职权特点导致学界数十年来对检察权属性的认识不一。如有学者认为，监督本身有客观中立的要求，监督的对象是处分实体权利的法律行为，而侦查权在追诉属性或者是实体处分等方面均脱离了监督

① 孙谦.全面依法治国背景下的刑事公诉[J].法学研究，2017(3)：15.

的内涵,侦查权在刑事诉讼中是相当明确的,不能用法律监督以概括。[①]随着国家监察体制改革、检察机关原有自侦部门的转隶,以及《监察法》的出台、《刑事诉讼法》的修订等相应法律法规的完善,检察侦查权的法律监督属性更加清晰。根据《检察院组织法》第 20 条的规定,依法行使侦查权是人民检察院的八项基本职权之一。紧接着《检察院组织法》第 21 条规定:"人民检察院行使本法第二十条规定的法律监督职权,可以进行调查核实"。显而易见,尽管学界对检察侦查权的属性存在分歧,但是在国家的立法层面,已经将检察侦查权定性为"法律监督职权"。厘清检察侦查权的职权属性,有利于明确其在检察职权配置体系中的地位,也有助于科学界定其与监察机关、公安机关的职权边界和运行模式,从而理解好、构建好、适用好检察侦查权。

一、检察侦查的案件范围

检察侦查的案件范围,也就是检察机关依法能够行使侦查权的案件范围。侦查权是运用特定侦查手段开展侦查活动的强制性国家权力,其行使直接关涉公民的自由和权利保障、国家和社会的安全及稳定,因此法律对刑事侦查权的主体和范围都进行了明确规范。根据《刑事诉讼法》《检察院组织法》等法律规定,当前检察侦查的案件范围可以从自行侦查权、补充侦查权、机动侦查权等三个维度予以观察分析。[②]

(一)自行侦查的案件范围

《刑事诉讼法》第 19 条第 2 款规定,检察机关对诉讼法律监督中发现的司法工作人员利用职权实施的非法拘禁、非法搜查、刑讯逼供等侵犯公民权利和损害司法公正的犯罪案件,可以由检察机关立案侦查。这类检察机关可享有自行侦查权

① 周新.论我国检察权的新发展[J].中国社会科学,2020(8).

② 自行侦查权、补充侦查权、机动侦查权构成了现有检察机关侦查权之制度体系。这三类侦查权并非重新创设,而是在国家监察体制改革、检察机关职务犯罪侦查权转隶之背景下,检察机关对侦查权的部分保留。卞建林.检察机关侦查权的部分保留及其规范运行:以国家监察体制改革与《刑事诉讼法》修改为背景[J].现代法学,2020(3).

力的特定类型案件共涉及 14 个罪名。[①]值得注意的是，关于检察机关自行侦查权的案件范围，在司法实践应注意把握好以下两个方面的问题：一是自行侦查权的适用条件。①特定的犯罪主体，即负有侦查、检察、审判、监管职责的司法工作人员；②特定的职权行为属性，即司法人员利用职权实施的侵犯公民权利、损害司法公正的犯罪行为；③特定的程序发现途径，即上述特定犯罪主体实施的犯罪行为，系检察机关在履行诉讼法律监督中发现的。只有同时符合上述三个条件的特定犯罪才可以由检察机关直接予以立案侦查。二是与监察机关调查权在职能交叉重叠时的协调问题。根据最高人民检察院《关于人民检察院立案侦查司法工作人员相关职务犯罪案件若干问题的规定》的有关要求，检察机关立案侦查司法人员相关职务犯罪时，发现犯罪嫌疑人同时涉嫌监察机关管辖的职务犯罪线索的，应及时与监察机关沟通，一般应由监察机关为主进行调查，检察机关予以协助。经沟通认为全案由监察机关管辖更为适宜的，检察机关应当撤销案件，将案件移送监察机关；认为由监察机关和检察机关分别管辖更为适宜的，检察机关应将相应职务犯罪线索移送监察机关，由检察机关对管辖的犯罪案件继续侦查。

（二）补充侦查的案件范围

检察补充侦查是指检察机关在审查起诉阶段，认为案件现有证据不足或者事实不清，需要补充侦查的，自行调查收集案件所需证据材料的诉讼活动。补充侦查不是刑事诉讼的必经程序，在刑事诉讼中具有特殊的地位。检察补充侦查权既可以适用于公安机关移送的一般刑事案件，同样还可以适用于监察机关移送的职务犯罪案件。《刑事诉讼法》第 175 条第 2 款规定，检察机关在审查案件中，对于需要补充侦查的，可退回公安机关进行补充侦查，也可以自行侦查。《刑事诉讼法》第 170 条规定，人民检察院对于监察机关移送起诉的案件，经审查认为需要补充核实的，应退回监察机关补充调查，必要时可以自行补充侦查。

---

① 根据最高人民检察院《关于人民检察院立案侦查司法工作人员相关职务犯罪案件若干问题的规定》，人民检察院在对诉讼活动实行法律监督中，发现司法工作人员涉嫌利用职权实施的下列侵犯公民权利、损害司法公正的犯罪案件，可以立案侦查：①非法拘禁罪（刑法第二百三十八条）（非司法工作人员除外）；②非法搜查罪（刑法第二百四十五条）（非司法工作人员除外）；③刑讯逼供罪（刑法第二百四十七条）；④暴力取证罪（刑法第二百四十七条）；⑤虐待被监管人罪（刑法第二百四十八条）；⑥滥用职权罪（刑法第三百九十七条）（非司法工作人员滥用职权侵犯公民权利、损害司法公正的情形除外）；⑦玩忽职守罪（刑法第三百九十七条）（非司法工作人员玩忽职守侵犯公民权利、损害司法公正的情形除外）；⑧徇私枉法罪（刑法第三百九十九条第一款）；⑨民事、行政枉法裁判罪（刑法第三百九十九条第二款）；⑩执行判决、裁定失职罪（刑法第三百九十九条第三款）；⑪执行判决、裁定滥用职权罪（刑法第三百九十九条第三款）；⑫私放在押人员罪（刑法第四百条第一款）；⑬失职致使在押人员脱逃罪（刑法第四百条第二款）；⑭徇私舞弊减刑、假释、暂予监外执行罪（刑法第四百〇一条）。

(三)机动侦查的案件范围

检察机动侦查权指检察机关在履行法律监督职能过程中,根据具体案件侦查犯罪的实际需要,依法决定行使立案管辖的权力。检察机关机动侦查权的立法规定由来已久[①],2018 年,全国人大常委会在修改《刑事诉讼法》时,为了与监察体制改革衔接,对检察机动行使侦查权的案件范围作了限缩,将"国家机关工作人员利用职权实施的其他重大的犯罪案件"变更限定为"公安机关管辖的国家机关工作人员利用职权实施的其他重大犯罪"。从立法的变迁看,机动侦查权的适用空间虽有缩减,却依然得以保留,究其原因,这与检察机关履行法律监督职能的客观需要密切相关。

二、检察侦查的办案流程[②]

检察侦查作为具有一定强制性的诉讼程序,必须严格依照法律而行。详而言之,侦查活动的起始和终结,侦查措施的运用尤其是强制性侦查活动的采取,必须严格遵照法律规定的条件和程序。就检察侦查的办案流程而言,在司法实务中的关键节点和内容主要是立案审查、侦查措施的采取和强制措施的适用以及侦查程序的终结。

(一)立案

1. 立案的条件

立案的条件是指立案侦查的事实根据和法定理由。《刑事诉讼法》第 112 条规定,人民法院、人民检察院或者公安机认为有犯罪事实并需要追究刑事责任的时候,应当立案;认为没有犯罪事实,或者犯罪事实显著轻微,不需要追究刑事责任的时候,不予立案。根据这一规定,检察机关对职务犯罪的立案必须同时具备以下两个条件:其一,犯罪的事实条件;其二,需要追究刑事责任的法律条件。仅有犯罪的事实,尚不能立案侦查,还必须具备依法确需追究刑事责任,才能立案。刑事诉讼的启动是以追究犯罪人的刑事责任为目的,但并非所有发现的犯罪事实都需要追究刑事责任。因此,依照法律规定对不需要追究刑事责任的就不应当立案侦查。总之,立案侦查的上述两个条件必须同时具备,缺一不可。犯罪事实是立案侦查的

---

① 1979 年第五届全国人民代表大会第二次会议通过的《刑事诉讼法》第 13 条第 2 款规定:"贪污罪、侵犯公民民主权利罪、渎职罪以及人民检察院认为需要自己直接受理的其他案件,由人民检察院立案侦查和决定是否提起公诉。"这是我国最早的有关机动侦查权的立法表述。

② 这里的办案流程主要是指行使自行侦查权和机动侦查权的办案流程,行使补充侦查权的流程仅是前两者的部分内容。

基础和追究刑事责任的前提，没有犯罪事实就无从谈起立案；立案侦查的目的是确需追究犯罪嫌疑人的刑事责任，落实国家的刑罚权，若虽有犯罪事实却无需追究刑事责任，立案同样会失去意义。

2. 立案的审查

现行《人民检察院刑事诉讼规则》在 2019 年修订时，将原来表述的“初查”变更为“立案审查”，将“初查”概念修订为“调查核实”，使立案审查工作更加科学。根据《人民检察院刑事诉讼规则》的有关规定，检察人员进行调查核实，可以采取询问、查询、检查、勘验、鉴定等不限制被调查对象人身和财产权利的措施；不得对被调查对象采取强制措施和技术侦查措施。需要特别注意的是，检察人员在立案的调查核实环节，一般不得接触被调查对象；确需接触被调查对象的，应当事先得到检察长的批准。

3. 立案的决定

检察机关对于直接受理的案件，经审查认为有犯罪事实并且需要追究刑事责任的，经检察长批准后予以立案。对于符合立案条件，但犯罪嫌疑人尚不确定的，可以依据已查明的犯罪事实予以立案。检察机关对具有下列情形之一的，应当不予立案：其一，具有《刑事诉讼法》第 16 条规定的免予追究刑事责任情形之一的①；其二，调查核实认为没有犯罪事实的；其三，案件事实或者证据尚不符合立案条件的。

（二）侦查行为

检察侦查是指人民检察院为了收集证据、查清案件事实、查获犯罪嫌疑人而依法进行的审查核实工作和采取的有关强制性措施。检察机关进行侦查活动的目的是全面客观地收集犯罪嫌疑人有罪或无罪、罪轻或罪重的证据材料，查明犯罪嫌疑人是否存在犯罪的有关事实，为侦查的终结奠定基础。侦查行为包括询问犯罪嫌疑人、询问证人及被害人、勘验、检查、搜查、调取、查封、扣押、查询、冻结、鉴定、辨认、技术侦查措施、通缉等多种措施行为。这里选择关键点予以强调说明。

1. 询问犯罪嫌疑人

询问犯罪嫌疑人，是指侦查人员按照法律规定的程序以言词方式，就案件有关的事实和问题对犯罪嫌疑人进行审讯的侦查行为。在询问犯罪嫌疑人的程序中，要注意询问人员的人数和身份、时间、地点、方法、步骤以及禁止性规定等。尤其是

---

① 《刑事诉讼法》第 16 条规定：“有下列情形之一的，不追究刑事责任，已经追究的，应当撤销案件，或者不起诉，或者终止审理，或者宣告无罪：（一）情节显著轻微、危害不大，不认为是犯罪的；（二）犯罪已过追诉时效期限的；（三）经特赦令免除刑罚的；（四）依照刑法告诉才处理的犯罪，没有告诉或者撤回告诉的；（五）犯罪嫌疑人、被告人死亡的；（六）其他法律规定免予追究刑事责任的。”

要注意询问的时间要求，在犯罪嫌疑人到案后，应由其在传唤证上亲自填写到案时间。在传唤结束时，要求犯罪嫌疑人在传唤证上填写传唤结束的时间。犯罪嫌疑人拒绝填写的，检察人员应当在传唤证上予以注明。传唤犯罪嫌疑人持续的时间不得超过 12 个小时。对于案情特别重大复杂，以及需要采取拘留、逮捕措施的犯罪嫌疑人，传唤持续的时间不得超过 24 个小时。两次传唤犯罪嫌疑人的间隔时间一般不少于 12 个小时，禁止以连续传唤的方式变相拘禁犯罪嫌疑人。检察人员在讯问犯罪嫌疑人时，应当告知其将对讯问进行全程同步录音、录像，并将告知情况在录音、录像中予以反映，清晰记入笔录。

2. 勘验、检查

勘验、检查，是指侦查人员对与犯罪有关的场所、物品、人身或者尸体进行实地查看和检验，以发现收集犯罪行为遗留下的各种痕迹和物品的侦查活动。勘验、检查一般包括现场勘验、物品检验、人身检查、尸体检验。勘验和检查是发现收集有关犯罪证据的重要手段，在工作中要坚持迅速、全面、客观、细致的工作原则。在司法实践中，尤其要注意对人身的检查不得采取损害被检查人的生命、健康或者贬低其名誉、人格的方法。检察人员对知悉的被检查人的个人隐私，应予以保密。对于侦查实验，在运用时要经检察长批准，并且禁止采取一切足以造成危险、侮辱人格或有伤风化的行为。

3. 搜查

搜查是指侦查人员为了收集犯罪证据、查获犯罪分子，对可能隐藏罪犯或者藏匿犯罪证据的人身、物品、场所和其他有关的地方，进行强制性搜索检查的侦查行为。鉴于搜查直接关涉公民的人身自由和住宅不受侵犯的权利，必须严格依法进行。在搜查时，检察人员应当及时向被搜查人或其家属出示搜查证，但检察人员在执行逮捕、拘留措施遇有紧急情况时，不用搜查证也可进行搜查。这主要包括以下紧急情形：可能随身携带有凶器；可能藏匿爆炸、剧毒等危险物品；可能隐匿、毁弃犯罪证据；可能藏匿其他犯罪嫌疑人等其他紧急情况。对于这些紧急搜查行为，搜查人员在搜查结束后，应当在 24 个小时以内补办有关搜查手续。

4. 扣押、查封、冻结

扣押、查封、冻结是指侦查机关根据侦查犯罪的需要，依法强行扣留、提存、冻结与案件有关的财物和文件的侦查活动。在司法实践中，检察机关对不能立即查明是否与案件有关的可疑财物和文件，在查封、扣押、冻结后应当及时审查，经查确实与案件无关的，应当在 3 日以内解除扣押、查封、冻结措施。检察机关对权利人申请出售被扣押、冻结的债券、股票等财产，经审查认为不损害国家利益和被害人利益，不影响诉讼正常进行的，以及扣押、冻结的汇票、本票、支票之有效期即将届满的，可以经检察长批准在结案前依法出售或变现，所得价款由检察机关指定的银行账户保管。对此，检察机关应将有关出售和变现情况及时告知当事人或者其近亲属。

5. 鉴定

鉴定是具有一定资质的鉴定人为解决案件中涉及的专门性问题，依法对有关的人身、尸体、痕迹、物品、生物体等检材进行检验，出具鉴定意见的专门性活动。检察机关在侦查犯罪的过程中，往往会遇到一些专门性的问题，比如当事人的精神状态、病历情况、死亡原因等，只有在解决这些疑难问题之后，才能准确地查明案情。鉴定由检察机关有鉴定资格的人员实施，必要时可以聘请外部有鉴定资格的人员进行，但聘请之前应当征得鉴定人所在单位的同意。检察机关对采纳用作证据的鉴定意见，应告知犯罪嫌疑人、被害人；若是被害人死亡或者没有相应的诉讼行为能力，则应当告知其法定代理人、诉讼代理人或近亲属。

6. 技术侦查措施

技术侦查措施是检察机关根据侦查犯罪的需要，依法使用记录、行踪、通信、场所等监控方法，对犯罪行为人以及与犯罪活动关联人员进行秘密调查取证的侦查措施。技术侦查措施赋予了侦查机关必要的侦查手段，有利于加强打击犯罪的力度，但也要强化对技术侦查措施的规范使用和制约监督，防范侦查措施的滥用。在司法实践中，检察机关在对利用职权严重侵犯公民人身权利的重大犯罪立案后，经过严格的批准手续，方可采取技术侦查措施，但要交有关机关执行。检察机关对于使用技术侦查措施获取的证据材料，若公开后可能危及特定人员的人身安全、国家秘密或者严重损害商业秘密、个人隐私的，应当采取适当保护措施。必要时，检察机关可以建议对有关证据材料不在法庭上质证，在庭外由审判人员对证据进行核实。

(三)侦查终结

侦查终结是指检察机关在对案件进行一系列的侦查活动以后，根据已经查明的案件事实、有关证据和法律规定，足以认定犯罪嫌疑人是否构成犯罪以及是否应当追究刑事责任时，决定结束侦查活动并对案件依法作出相应处理决定的诉讼活动。

1. 侦查终结的处理决定

根据《刑事诉讼法》第 168 条之规定，人民检察院对侦查终结的案件，应当作出提起公诉、不起诉或者撤销案件等三种处理决定。其中提起公诉的适用条件是：犯罪嫌疑人的犯罪事实已查清，定罪量刑的全部事实都有证据证明，据以定案的全案证据均经法定程序查证属实，对所认定事实涉及的全案证据均已排除合理怀疑，并且依法应当追究刑事责任。不起诉的适用条件是：案件的既有事实或者证据本身不符合起诉的标准，或者犯罪嫌疑人的犯罪情节轻微，依照刑法规定不需要处以刑罚或者可免除刑罚。撤销案件的适用条件是：具有刑事诉讼法第 16 条规定符合免予追究刑事责任情形之一，或者案件没有犯罪事实，或者案件虽有犯罪事实，但不是犯罪嫌疑人所为。

2. 侦查终结的处理程序

侦查程序的终结需要依照一定的程序进行，其主要的程序是制作侦查终结报告和案件处理意见书。侦查终结报告应包括以下内容：案件的来源及立案时间；犯罪嫌疑人的基本情况；对犯罪嫌疑人采取强制措施的情况；查明的案件事实和收集的证据；需要说明的有关案件问题；侦查人员的处理建议。侦查人员在制作侦查终结报告之后，应遵循案件流程制作处理文书，主要包括起诉意见书（文书样式参见节后"文书示例一"）、不起诉意见书（文书样式参见节后"文书示例二"）、撤销案件意见书等法律文书。根据《人民检察院刑事诉讼规则》的要求，这些文书应当标注在案证据和物品的相关情况，最后报请检察长批准。

三、检察侦查的运行保障

随着国家监察体制改革的深入推进，以及检察机关原反贪反渎侦查部门的整体转隶，目前检察机关的侦查职务犯罪工作面临着人员力量短缺、外部协调不畅的现实困难，加之对司法人员渎职犯罪侦查难度大，提升推动检察侦查工作，就要从发挥检察一体化优势、培养办案能力、强化办案规范和监督制约机制建设等关键方面着力，突出检察侦查的保障工作建设。

1. 发挥检察一体化优势

《人民检察院刑事诉讼规则》第 14 条、第 167 条对检察侦查的级别管辖、上下级院侦查协作等作出规定，明确了检察机关一体化办案的工作机制。在人员力量的调配上，侦查部门可以根据案件特点，调配上下级检察院以及不同业务部门的人员参加，特殊案件可以建立专案指挥中心，更好调动必要的人员力量，形成适应侦查办案的有效合力。在案件线索的获取上，充分发挥控申、捕诉、民事、行政、公益诉讼等检察部门发现犯罪线索的能力，积极拓展可查性大、成案价值高的案件线索来源。在完善侦、捕、诉协作的机制上，积极探索由捕诉部门提前介入案件办理，对取证方向进行引导，对法律适用给予指导，确保案件的定性准确，证据的收集确实充分。

2. 培养和加强侦查业务能力建设

首先，强化岗位练兵，发挥好业务骨干的传帮带作用。侦查工作需要相当的经验和技巧，侦查专家也靠多年实践经验所练就，这均非具备法律知识即能胜任，因此，要充分发挥目前检察队伍中为数不多的侦查骨干的作用，加大岗位练兵，无论是侦查思路策略，还是采取侦查措施和强制措施的经验，均应当得到传承和借鉴。其次，强化科技练兵，积极发挥好信息化科技装备的辅助作用。要主动适应科技强检、智慧检务的目标引导，尽快实现侦查装备的科技化转型升级，促使侦查人员在办案中能够充分、熟练使用大数据和人工智能装备，确保能力水平适应新时代侦查工作的需要。

3. 强化办案规范和监督制约机制建设

加强办案规范化和监督制约，既是对侦查工作的考验，更是提高执法办案水平的重要保障。侦查部门在日常工作中，应严格落实各项制度的规范要求，主动接受捕诉部门的监督制约和人民监督员的监督，全面配合好重大案件讯问的合法性核查、羁押必要性审查等监督工作，推动侦查权在阳光下运行，更好实现侦查工作的高质量发展。

示例文书一①

××××人民检察院

起诉意见书

××检××移诉〔20××〕×号

犯罪嫌疑人××[犯罪嫌疑人姓名(别名、曾用名、绰号等)]，性别，出生年月日，公民身份号码，民族，文化程度，职业或工作单位及职务，住址，政治面貌(如是人大代表、政协委员，一并写明具体级、届代表、委员及代表、委员号)，犯罪嫌疑人简历及前科情况。案件有多名犯罪嫌疑人的，逐一写明。单位犯罪案件中，应当写明单位的名称、地址、组织机构代码、法定代表人姓名、性别、公民身份号码、联系方式。

犯罪嫌疑人××(姓名)涉嫌××(罪名)一案(写明案由和案件来源，具体为单位或者公民举报、控告、上级交办、有关部门移送、本院其他部门移交以及办案中发现等。简要写明案件侦查过程中的各个法律程序开始的时间，如立案、侦查终结的时间。具体写明采取强制措施的种类、采取的时间、强制措施变更情况及延长侦查羁押期限的情况等)，现已侦查终结。

经依法侦查查明：

……(概括叙写经检察机关侦查认定的犯罪事实，包括犯罪时间、地点、经过、手段、目的、动机、危害后果等与定罪有关的事实要素。应当根据具体案件情况，围绕刑法规定的该罪构成要件，简明扼要叙述。)

(对于只有一个犯罪嫌疑人的案件，犯罪嫌疑人实施多次犯罪的犯罪事实应逐一列举；同时触犯数个罪名的犯罪嫌疑人的犯罪事实应该按照主次顺序分别列举；对于共同犯罪的案件，写明犯罪嫌疑人的共同犯罪事实及各自在共同犯罪中的地位和作用后，按照犯罪嫌疑人的主次顺序，

① 本章刑事检察部分有关示例文书，如无特殊注明，均引自《人民检察院刑事诉讼法律文书格式样本(2020版)》。

分别叙述各个犯罪嫌疑人的单独犯罪事实。)

认定上述事实的证据如下:

……(针对上述犯罪事实,分列相关证据)

上述犯罪事实清楚,证据确实、充分,足以认定。

犯罪嫌疑人……(具体写明是否有累犯、立功、自首、和解等影响量刑的从重、从轻、减轻等犯罪情节,以及自愿认罪的情况)。

综上所述,犯罪嫌疑人……(根据犯罪构成简要说明罪状),其行为已触犯《中华人民共和国刑法》第××条之规定,涉嫌××罪。依照《中华人民共和国刑事诉讼法》第××条之规定,现将此案移送起诉。查封、扣押、冻结物品、文件清单随案移送。

此致

负责捕诉的部门

负责侦查的部门

20××年×月×日

附件:

1. 随案移送案件材料、证据;

2. 犯罪嫌疑人现在处所;

3. 查封、扣押、冻结物品、文件清单×份附后。

(所附项目根据需要填写)

第三节　审查逮捕

我国的逮捕制度既是宪法制度、刑事司法制度,也是中国特色社会主义检察制度的有机组织部分,受检察制度规律的制约。正确认识逮捕制度,必须坚持法律监督一元论。[①]审查逮捕是检察机关履行法律监督职能的具体方式和途径。近年来,随着以审判为中心的刑事诉讼制度改革的深入推进以及司法体制责任制的落实,审查逮捕的司法理念和工作方式也随之发生了相应的变化。在审查理念上,由注重打击犯罪向注重人权保障转变,由构罪即捕向比例原则转变。在审查方式上,由以书面审查为主向司法化审查转变。这些变化都需要在司法实务中进行认真的总结研究和适当应对,在此基础上推动审查逮捕工作的规范化、科学化,更好地实现逮捕强制措施的法律价值。

---

① 孙谦. 中国特色社会主义检察制度[M]. 北京:中国检察出版社,2009:42-43.

一、逮捕的条件

逮捕作为在一定时限内剥夺人身自由并予以羁押的一种最严厉的刑事强制措施,《刑事诉讼法》和相关司法解释对其适用条件作出了明确规定。在司法实务中可从以下三个方面予以把握。

(一)逮捕的一般条件

《刑事诉讼法》第 81 条第 1 款规定,有证据证明有犯罪事实的犯罪嫌疑人、被告人,可能判处徒刑以上刑罚,采取取保候审不足以防止其发生社会危险性,应当予以逮捕。这条规定即明确了逮捕的一般条件,即事实证据条件、有期徒刑以上的刑罚条件、社会危险性条件。

1. 事实证据条件

事实证据条件是指现有证据所证明的事实已经构成犯罪。《人民检察院刑事诉讼规则》第 128 条、第 138 条对事实证据条件的内涵进行了明确,即“有证据证明有犯罪事实”系指同时具备下列三种情形:

(1)有证据证明发生了犯罪事实。犯罪事实可以是单一犯罪行为的事实,也可以是数个犯罪行为中任何一个犯罪行为的事实。

(2)有证据证明该犯罪事实是犯罪嫌疑人、被告人实施的。其可以是实施多个犯罪行为的嫌疑人、被告人,也可以是共同犯罪的嫌疑人、被告人。

(3)证明犯罪嫌疑人、被告人实施犯罪行为的证据已经查证属实。这里现行法律规定的“有证据证明有犯罪事实”,不同于既往法律规定的“主要犯罪事实已经查清”。长期的司法实践证明,对适用逮捕的事实证据条件确定为“有证据证明有犯罪事实”是合理的,符合事实发现的规律和司法实践的需要,有助于及时查明案件事实、提高办案效率。①

2. 有期徒刑以上的刑罚条件

逮捕的刑罚条件是犯罪嫌疑人可能判处有期徒刑以上的刑罚,这也是对犯罪严重程度的规定。根据刑法的规定,如果能够初步判断犯罪嫌疑人可能被判处有期徒刑以上的刑罚,而不是只可能会被判处管制、拘役或者独立适用附加刑,甚至可能被免于刑罚的情况,则在罪责上基本符合逮捕的价值定位。另一方面,规定逮捕的刑罚条件要达到有期徒刑以上刑罚,这是与逮捕的羁押期可折抵有期徒刑刑期的规定相衔接。因此,不管是从逮捕的价值定位,还是从罪责方面来说,对于可能被判处管制、拘役或者独立适用附加刑的犯罪嫌疑人,根本没有必要采取严厉的

---

① 卞建林. 改革开放 40 年法律制度变迁刑事诉讼法卷[M]. 厦门:厦门大学出版社,2019:82.

逮捕强制措施。

3. 社会危险性条件

社会危险性条件是指对犯罪嫌疑人、被告人采取取保候审、监视居住等强制措施，不足以防范其社会危险性而有逮捕的必要。由于逮捕是最严厉的强制措施，在确有必要时才可以适用。因此，即使犯罪嫌疑人符合逮捕的证据条件、刑罚条件，采取取保候审或监视居住足以防止其危害社会，就无逮捕的必要。对于社会危险性的判断标准，《刑事诉讼法》第 81 条第 1 款列举了 5 种情形①，紧接着该条第 2 款概括指出了“社会危险性”的主要判断因素，即批准或决定逮捕，应将犯罪嫌疑人涉嫌犯罪的性质、情节以及认罪认罚等情况，作为是否可能发生社会危险性的考虑因素。需要说明的是，《刑事诉讼法》第 81 条第 3 款规定：“对有证据证明有犯罪事实，可能判处十年有期徒刑以上刑罚的，或者有证据证明有犯罪事实，可能判处徒刑以上刑罚，曾经故意犯罪或者身份不明的，应当予以逮捕。”该规定的三种情形在学理上称之为“径行逮捕”条件，究其实质，无论“十年有期徒刑以上刑罚”，还是“故意犯罪”“身份不明”，均意含危险性因素的考量，因此这种表面上的“事实证据条件”和“刑罚条件”的两条件论，仍未脱离上述三条件的判断范畴。

（二）逮捕的特殊条件

逮捕的特殊条件相对于逮捕一般条件的三要件而言，其在司法实践中的适用也称之为转化逮捕，系指被取保候审、监视居住的犯罪嫌疑人、被告人严重违反取保候审、监视居住的有关规定，可以予以逮捕。《刑事诉讼法》第 81 条第 4 款对犯罪嫌疑人、被告人严重违反取保候审、监视居住规定而适用的逮捕特殊条件进行了概括性描述②，《人民检察院刑事诉讼规则》第 101 条对犯罪嫌疑人严重违反取保

---

① 《刑事诉讼法》第 81 条第 1 款规定：“对有证据证明有犯罪事实，可能判处徒刑以上刑罚的犯罪嫌疑人、被告人，采取取保候审尚不足以防止发生下列社会危险性的，应当予以逮捕：（一）可能实施新的犯罪的；（二）有危害国家安全、公共安全或者社会秩序的现实危险的；（三）可能毁灭、伪造证据，干扰证人作证或者串供的；（四）可能对被害人、举报人、控告人实施打击报复的；（五）企图自杀或者逃跑的。”

② 《刑事诉讼法》第 81 条第 4 款规定：“被取保候审、监视居住的犯罪嫌疑人、被告人违反取保候审、监视居住规定，情节严重的，可以予以逮捕。”

候审规定的情形进行了细化列举①。转化逮捕的适用也说明对犯罪嫌疑人、被告人采取刑事强制措施并非一成不变,在符合法律规定条件的时候可以发生改变,以保障刑事诉讼的顺利进行,实现控制犯罪和人权保障平衡的司法价值。

(三)逮捕的例外规定

为了促使逮捕措施的适用体系更加规范化、法治化、科学化,法律在规定了应当逮捕的情形之外,还规定了一般不宜适用逮捕的情形,可称之为逮捕的例外情形。根据《刑事诉讼法》第74条第1款和《人民检察院刑事诉讼规则》第107条的规定,对符合下列情形之一的犯罪嫌疑人、被告人可以适用监视居住措施:①患有严重疾病、生活不能自理;②怀孕或者正在哺乳自己婴儿的妇女;③系生活不能自理人的唯一扶养人;④因为案件的特殊情况或者办理案件的需要,采取监视居住措施更为适宜的;⑤羁押期限届满,案件尚未办结,需要采取监视居住措施。

二、审查逮捕的程序

(一)案件的受理

审查逮捕案件的受理是指检察机关对公安机关移送提请逮捕案件和检察机关侦查部门移送决定逮捕案件的形式审查和判断,进而决定是否接受移送案件予以办理的诉讼活动。案件受理一般仅进行形式审查,主要审查移送的案卷材料和证据材料是否齐全,法律手续、文书是否完备。鉴于公安机关移送提请逮捕案件和检察机关侦查部门移送决定逮捕案件类似,以下以公安提请逮捕案件为例加以说明。检察机关受理审查逮捕案件,主要对以下内容进行审查:①提请逮捕书是否具备;②认定的犯罪事实是否有证据证明,相应的证据材料是否随卷移送;③犯罪嫌疑人被采取强制措施的情况以及相应的法律文书;④搜查、扣押情况以及相应的物品清单;⑤接受刑事案件登记表、立案报告、破案报告等有关必备的法律文书及相应的审批手续。

---

① 《人民检察院刑事诉讼监督规则》第101条规定:"犯罪嫌疑人有下列违反取保候审规定的行为,人民检察院应当对犯罪嫌疑人予以逮捕:(一)故意实施新的犯罪;(二)企图自杀、逃跑;(三)实施毁灭、伪造证据,串供或者干扰证人作证,足以影响侦查、审查起诉工作正常进行;(四)对被害人、证人、鉴定人、举报人、控告人及其他人员实施打击报复。犯罪嫌疑人有下列违反取保候审规定的行为,人民检察院可以对犯罪嫌疑人予以逮捕:(一)未经批准,擅自离开所居住的市、县,造成严重后果,或者两次未经批准,擅自离开所居住的市、县;(二)经传讯不到案,造成严重后果,或者经两次传讯不到案;(三)住址、工作单位和联系方式发生变动,未在二十四小时以内向公安机关报告,造成严重后果;(四)违反规定进入特定场所、与特定人员会见或者通信、从事特定活动,严重妨碍诉讼程序正常进行。有前两款情形,需要对犯罪嫌疑人予以逮捕的,可以先行拘留;已交纳保证金的,同时书面通知公安机关没收保证金。"

检察机关捕诉部门依法对公安机关提请批准逮捕的有关材料进行初步审查，对符合条件的应当受理并进行实质审查。如果发现未依法移送案卷材料和证据，应将案件退回或者要求补充移送；如果公安机关拒绝补充移送有关材料，而现有所移送的证据材料不足以证明有犯罪事实的，检察机关应依法作出不批准逮捕的决定。

（二）案件的审查

这里审查是指对案件的事实和证据的实质审查。究其根本，实际上对事实的审查也就是对证据的审查。换言之，对证据审查判断是作出批准逮捕或者决定逮捕与否的重要依据，加之审查逮捕阶段的证据具有不固定性、不完全性，审查逮捕必须遵循一定的原则和方法，才能作出科学合理的审查决定。

在证据的审查原则方面，要坚持全面原则和合法原则。全面原则就是既要审查证明犯罪嫌疑人有罪或者罪重的符合逮捕条件的证据，也要审查证明犯罪嫌疑人罪轻或者无罪的不符合逮捕条件的证据。合法原则就是要求：①证据的来源合法，以之判断证据的真实性和可信度；②证据主体合法，以之判断证据的资格和证明力；③证据的形式合法，以之判断证据形式要件的合法性；④收集证据的手段、过程、制作方法等合法，以之判断是否需要排除相应的非法证据。证据在经过上述四个方面的合法性审查之后，才能被作为认定审查逮捕案件的事实依据。在证据的审查方法上，比较有运用价值的就是对照分析法。其内容如下：①将认定的犯罪事实与在案证据材料相对比，看是否能对应证明；②将犯罪嫌疑人的口供以及与其他犯罪嫌疑人的口供以及其他证据相对比，看是否一致；③将认定的犯罪性质、罪名与犯罪事实以及法律规定相对比，看案件定性和罪名认定的是否正确；④将犯罪嫌疑人的罪行、悔罪表现、身体状况与法律规定相对比，看是否应羁押；⑤将有关诉讼行为与相应的法律文书相对比，看侦查行为是否合法；⑥将扣押清单与赃款赃物相对比，看是否存在挪用、侵吞、损毁有关赃款赃物的行为。①

（三）案件的审结

检察机关对公安机关提请批准逮捕的案件审查后，应当根据不同情况分别作出审查处理。对犯罪嫌疑人已经被拘留的案件，检察机关应当在 7 日内作出是否批准逮捕的决定；对犯罪嫌疑人未被拘留的，应当在 15 日内作出是否批准逮捕的决定，重大、复杂的案件，不得超过 20 日。检察机关的承办人在对提请批准逮捕的案件审查后，应依照认定的事实和法律的规定，提出是否批准逮捕的处理意见，经捕诉部门负责人审核后报请检察长批准，重大的案件应当经检察委员会讨论后决定。

在经过审查程序后，检察机关对认为符合逮捕条件的犯罪嫌疑人，应依法作出

---

① 马虎银．刑事检察理论与实务［M］．兰州：甘肃人民出版社，2006：387-388.

批准逮捕决定,并制作批准逮捕决定法律文书,连同案卷材料等送达公安机关,公安机关应当立即执行逮捕决定,并将执行情况通知人民检察院;如果对检察机关的逮捕决定未能执行,也应将回执送达检察机关,并写明未能执行的原因。检察机关对于不符合逮捕条件的,应作出不批准逮捕决定,在制作不批准逮捕决定法律文书中说明不批准逮捕的理由,连同案卷材料等送达公安机关;对于需要继续补充侦查的,也应当将有关情况通知公安机关依据相关规定处理。

对于检察机关决定不批准逮捕的在押犯罪嫌疑人,公安机关在收到不批准逮捕决定书后,应立即释放该犯罪嫌疑人或者变更刑事强制措施,并在3日内将执行回执送达作出不批准逮捕决定的检察机关。公安机关认为检察机关的不批准逮捕决定有错误时,可以要求复议,但是必须将在押犯罪嫌疑人立即释放。如果该复议意见不被接受,仍可以向其上一级检察机关提请复核。上级检察机关应当立即复核,及时作出是否变更的决定,通知下级检察机关和公安机关执行。这一规定是公安机关与检察机关在刑事诉讼中互相配合、互相制约原则的具体体现,有利于防范当捕不捕的犯罪嫌疑人,保障国家法律准确、有效地实施。

三、逮捕制度改革的实务解读

近年来,随着司法体制改革的深入,人权保障司法理念的更新,以及为适应经济社会的发展修订《刑法》而带来的轻罪适用日渐增多的趋势①,检察机关审查逮捕领域的一些制度和工作方式亦因之发生了变化,在司法实务中需要深入思考如何适应这些挑战和应对。下文主要围绕近一个时期较为突出的"捕诉一体""认罪认罚从宽"制度改革和"审查逮捕诉讼化转型"来探讨相关问题。

(一)"捕诉一体"的认识和应对

2018年最高人民检察院提出,实行捕诉合一,形成完整的、适应司法责任制需求、有助于提高办案质量的内设机构体系。所谓的"捕诉一体",是指一个刑事案件的审查逮捕和审查起诉,均由同一部门的同一检察官负责。在"捕诉一体"的背景下,案件始终由一个人负责,审查逮捕的全面化审查更容易推行,但也要防范审查逮捕权的"误用"和"滥用",为此,可以从以下几个方面予以应对:①树立正确的司法理念,牢固树立人权保障意识,摒弃构罪即捕的错误思想,实现打击犯罪与保障人权、实体公正与程序公正的有机统一,确保案件质量;②完善办案监督管理,加强案件受理和结案审查,全面优化案件流程监控,做实案件质量评查,全面落实"谁办案谁负责、谁决定谁负责"的司法责任制要求;③推进阳光司法建设,扩大审

---

① 白建军.犯罪圈与刑法修正的结构控制[J].中国法学,2017(5).刘传稿.法治语境下犯罪圈的扩张及其限度:访武汉大学法学院教授何荣功[J].人民检察,2017(5).

查逮捕工作信息的公开范围，切实保障民众的知情权、监督权，积极拓展与社会公众交流的渠道；④加强职业素能培训，积极开展互相学习、岗位练兵等活动，增进相互了解、提升能力，强化对法学理论和法律法规的深刻理解和准确把握，为审查逮捕工作夯实素能基础。

（二）“认罪认罚从宽”制度的认识和应对

2018 年 10 月，《刑事诉讼法》正式将认罪认罚从宽制度从试点经验上升为法律，其中第 81 条第 2 款规定，在批准或者决定逮捕时，应当将犯罪嫌疑人、被告人涉嫌犯罪认罪认罚情况，作为判断是否可能发生社会危险性的考虑因素。由于认罪认罚从宽制度是一项相对较新的诉讼改革制度，如何将其应用于审查逮捕是亟待探索研究的问题。根据《刑事诉讼法》第 81 条第 2 款和《人民检察院刑事诉讼规则》第 164 条第 5 项、第 267 条第 2 款、第 270 条、第 280 条第 1 款第 5 项的规定以及“五部委”《关于适用认罪认罚从宽制度的指导意见》等相关立法和司法政策，可以从以下几个方面予以把握运用：①在案件事实的审查认定上，若发现案件本身事实不清、证据不足，无论犯罪嫌疑人是否认罪认罚，都应当作出存疑不捕决定，由公安机关进一步侦查取证；②在询问犯罪嫌疑人时，首先要告知其诉讼权利义务，让其充分了解认罪认罚的性质和法律后果，让其明确作出是否同意适用认罪认罚的意见；③在审查方式上，探索开展诉讼化审查，不再局限于书面审查，充分听取犯罪嫌疑人、辩护律师、看守所值班律师、诉讼代理人、被害人等有关方面的意见，进而对审查逮捕的事实证据条件、社会危险性条件作出科学的判断；④在强制措施的变更上，人民法院、人民检察院对已经逮捕的犯罪嫌疑人、被告人认罪认罚的，应及时对其羁押的必要性进行审查。若是没有继续羁押必要的，则应变更为取保候审或监视居住。

（三）审查逮捕诉讼化转型

长期以来，检察机关审查逮捕模式受到诸多质疑，包括逮捕流程的行政化审批、认定事实的证据材料来源单向以及缺少司法救济途径等弊端。2016 年 9 月，最高人民检察院在《“十三五”时期检察工作发展规划纲要》中明确提出，围绕审查逮捕的司法审查转型，探索建立诉讼式机制的改革目标。逮捕诉讼化转型，其改革目标在改变以往审查逮捕程序的书面化、封闭化、行政化审查方式，构建一种检察官居中裁断，侦查机关、辩护律师、诉讼代理人等诉讼参与方相互充分对抗的司法审查程序。逮捕诉讼化转型符合审查逮捕的司法属性，契合司法责任制改革的内在要求，顺应国际人权保障的主流趋势，对于改革和完善我国审查逮捕制度具有重要意义。结合我国目前的审查逮捕的实际工作情况，在诉讼化构建上可以从以下几个方面加强探索和实践[①]：①进一步扩大审查案件范围，对于某些罪与非罪的

---

① 孙谦．司法改革背景下逮捕的若干问题研究[J]．中国法学，2017(3)．

重大争议案件以及存在重大非法取证嫌疑的案件，在听取侦查机关意见的基础上，可以开展诉讼化审查；②突出对社会危险性条件的审查，探索将认罪认罚作为判断社会危险性的重要因素，纳入逮捕诉讼化审查的内容；③加强对证据合法性的诉讼化审查，加强对侦查权的控制制约，发挥审查逮捕作为防范冤假错案首要关口的作用；④合理设置审查程序，探索实施案件繁简分流、不同案件参与人员差别化、参与地点规范化，体现司法的公正性、庄重性；⑤转变审查逮捕办案形式，将普通案件批准逮捕权赋予检察官，简化办案文书、笔录，公开审查逮捕信息，提高各方参与积极性，彰显司法公正；⑥完善法律援助制度，保障犯罪嫌疑人能够借助值班辩护律师为其充分表达其诉求；⑦健全司法救济措施，赋予犯罪嫌疑人不服逮捕或者不予变更强制措施决定提出复核的权利，积极开展羁押必要性审查、延长羁押期限的全面审查，防止犯罪嫌疑人被继续不当羁押。

第九章

刑事起诉

第一节　刑事起诉基本概论

一、刑事起诉的概念

刑事起诉，是指人民检察院或个人依法向人民法院提出刑事指控或请求，请求人民法院对被起诉人追究刑事责任的诉讼程序。按照起诉主体不同，可分为公诉和自诉两种方式。公诉是指人民检察院代表国家和有关社会群体向人民法院起诉，要求人民法院追究被告人刑事责任。自诉是指刑事被害人及其法定代理人、近亲属等以个人的名义向人民法院起诉，要求追究被告人的刑事责任。我国对刑事诉讼的起诉，实行以公诉为主，自诉为辅的方式。

二、刑事起诉的意义

起诉是启动人民法院审判活动发动程序，连接了侦查和审判行为，对刑事诉讼具有重要意义，其主要意义表现为：

1. 启动刑事审判程序

现代刑事诉讼制度确立不告不理原则，法院的审判活动只有起诉程序启动后才能进行，这就防止法院自诉自审、被告人沦为程序客体的纠问式做法。法律规定人民检察院、自诉人享有向人民法院起诉的权力，并且具有独占性，在保障法定起诉主体权利的同时，也从程序上保障了法院客观中立审查的地位。

2. 限制审判对象和范围

人民法院审判案件，应当按照控审分离和不告不理的原则，对起诉的对象和事实进行审理，不得审理未经起诉指控的对象和事实，防止法院恣意审判，侵害起诉方的合法权益。

3. 履行控诉义务

通过起诉活动，公诉人或者自诉人指控被告人犯罪和要求法院判处刑罚追究其刑事责任，实现惩罚犯罪、控制犯罪的任务。

第二节 审查起诉

一、审查起诉的概念和性质

审查起诉是指人民检察院对公安机关侦查终结移送的案件、监察机关调查终结移送起诉的案件，依法进行全面审查，以决定是否将犯罪嫌疑人交付人民法院审判的一项诉讼活动。《刑事诉讼法》第 169 条规定，凡需要提起公诉的案件，一律由人民检察院审查决定。

1. 具有检察机关独占享有并主持进行的一项诉讼活动

在域外国家，在侦查程序与审判程序之间确立了法院主持下的审查公诉程序，如域外国家的预审法官、大陪审团审查公诉程序等，防止检察机关滥用追诉权、恣意起诉，损害当事人合法权益和国家司法秩序。在中国，法院没有享有对审查起诉的审查权，也不得参与审前程序中的侦查、起诉行为。凡需要以国家名义向法院提起公诉要求追究被告人刑事责任的，均应当由人民检察院审查并决定是否提起公诉。相对于侦查活动而言，审查起诉程序在审查主体、诉讼阶段、诉讼期限、审查对象等方面具有相对的独立性。

2. 具有程序分流、过滤作用

根据《刑事诉讼法》有关规定，经过人民检察院审查起诉之后，认为案件符合提起公诉条件的，根据案件情况可以将案件提起公诉，并可依法建议使用简易程序、刑事速裁程序审理。对没有管辖权的案件，也可以将案件移交给有管辖权的检察机关提起公诉，因此体现了程序分流功能。对于不符合起诉条件的，根据法律规定，作出绝对不起诉、微罪不起诉、存疑不起诉决定，主要目的是为了防止不符合起诉条件的案件进入刑事审判诉讼程序，同时也是防止犯罪嫌疑人受到不合法和不合理的起诉。

3. 具有开展侦查监督、诉前准备性质

我国《宪法》规定，人民检察院是法律监督机关。在审查起诉中，对侦查活动的合法性进行监督，对发现的侦查违法情况及时监督纠正，是检察机关履行审查起诉职责的法定义务。对事实不清、证据不足或者遗漏主要犯罪行为或者犯罪嫌疑人的案件，检察机关可以退回侦查机关补充侦查，也可以自行补充侦查。对符合起诉条件的案件，检察机关还要撰写起诉书和量刑意见书等，为提起公诉作准备。

二、审查起诉的内容

根据《刑事诉讼法》第 171 条和《人民检察院刑事诉讼规则》第 330 条之规定，人民检察院对于移送审查起诉的案件，进行初步审查认为有管辖权予以受理后，依法对案件进行正式审查，主要围绕以下方面开展审查：①犯罪嫌疑人身份状况是否清楚，主要包括姓名、性别、国籍、出生年月日、职业和单位等；如果是单位犯罪的，单位的相关情况是否清楚。②犯罪事实、情节是否清楚。实施犯罪的时间、地点、手段、危害后果是否明确。③认定犯罪性质和罪名的意见是否正确，有无法定的从重、从轻、减轻或者免除处罚情节及酌定从重、从轻情节；共同犯罪案件的犯罪嫌疑人在犯罪活动中的责任认定是否恰当。④犯罪嫌疑人是否认罪认罚，要认真审查犯罪嫌疑人认罪认罚的真实性、自愿性、程序合法性。这是 2019 年刑事诉讼规则修订时根据刑事诉讼法修改情况增加的内容。⑤证明犯罪事实的证据材料是否随案移送，证明相关财产系违法所得的证据材料是否随案移送；不宜移送的证据的清单、复制件、照片或者其他证明文件是否随案移送。⑥证据是否确实、充分，是否依法收集，有无应当排除非法证据的情形。⑦采取侦查措施包括技术侦查措施的法律手续和诉讼文书是否完备。⑧有无遗漏罪行和其他应当追究刑事责任的人。⑨是否属于不应当追究刑事责任的。⑩有无附带民事诉讼。对于国家财产、集体财产遭受损失的，是否需要由人民检察院提起附带民事诉讼；对于破坏生态环境和资源保护，食品药品安全领域侵害众多消费者合法权益，侵害英雄烈士的姓名、肖像、名誉、荣誉等损害社会公共利益的行为，是否需要由人民检察院提起附带民事公益诉讼。⑪采取的强制措施是否适当，对于已经逮捕的犯罪嫌疑人，有无继续羁押的必要。⑫侦查活动是否合法。⑬涉案财物是否查封、扣押、冻结并妥善保管，清单是否齐备；对被害人合法财产的返还和对违禁品或者不宜长期保存的物品的处理是否妥当，移送的证明文件是否完备。

三、审查起诉的程序和方式

人民检察院审查起诉的基本程序和方式主要有以下几种情形：

1. 审阅案卷材料

审阅移送案卷材料，是审查起诉的基础性工作，可以接触案件、深入全面了解案情。要认真围绕《刑事诉讼法》和《人民检察院刑事诉讼规则》有关规定进行审查，对起诉意见书认定的犯罪事实与随案移送的证据材料是否一致，有无差异、遗漏等情况，特别是对犯罪性质、罪名的认定以及共同犯罪认定责任划分是否有足够的事实和法律依据。

2. 讯问犯罪嫌疑人、听取辩护人或者值班律师、被害人及其诉讼代理人的意见

《刑事诉讼法》第173条规定，人民检察院审查案件，应当讯问犯罪嫌疑人，听取辩护人或者值班律师、被害人及其诉讼代理人的意见，并记录在案。辩护人或者值班律师、被害人及其诉讼代理人提出书面意见的，应当附卷。讯问犯罪嫌疑人、听取辩护人或者值班律师、被害人及其诉讼代理人的意见是审查起诉的基本手段和基本程序，通过直接听取犯罪嫌疑人的供述和辩解，可以直接了解、感受案情起因、经过、后果等，抓住案情关键和案件背后的情形，有助于增强对案件的敏锐判断力，为作出正确的审查起诉决定提供基础。在讯问犯罪嫌疑人中，需要重点关注的有认罪认罚的案件、未成年犯罪案件、有法律援助的犯罪案件等。对于犯罪嫌疑人认罪认罚的，人民检察院应当告知其享有的诉讼权利和认罪认罚的法律规定，听取犯罪嫌疑人、辩护人或者值班律师、被害人及其诉讼代理人对下列事项的意见，并记录在案。《刑事诉讼法》规定了三项必要情形：①涉嫌的犯罪事实、罪名及适用的法律规定；②从轻、减轻或者免除处罚等从宽处罚的建议；③认罪认罚后案件审理适用的程序。除此之外，还规定了其他需要听取意见的事项，为司法解释预留空间，满足了司法实践的需求。人民检察院依照前两款规定听取值班律师意见的，应当提前为值班律师了解案件有关情况提供必要的便利。

3. 调查核实有关证据

办案人员在审阅案卷材料、讯问犯罪嫌疑人等过程中，如果发现侦查机关或者监察机关移送的证据材料有疑点或者相互之间存在矛盾时，可以进一步调查尚未移送的证据，对有关证据的勘验检查情况进行复验、复查、补充鉴定或者重新鉴定，可以对证人进行询问。

4. 补充侦查或者补充调查

根据《刑事诉讼法》和《人民检察院刑事诉讼规则》的规定，人民检察院审查案件，可以要求公安机关提供法庭审判所必需的证据材料。需要补充侦查的，可以退回公安机关补充侦查，也可以自行侦查。对于补充侦查的案件，应当在一个月内补充侦查完毕。补充侦查以两次为限。需要特别注意的是，人民检察院对监察机关调查终结移送的案件，认为需要补充核实的，也可以退回监察机关补充侦查，必要时可以自行补充侦查。根据《监察法》《人民检察院刑事诉讼规则》的规定，人民检察院开展自行补充侦查的案件，主要体现在以下三个方面：①证人证言、犯罪嫌疑人供述和辩解、被害人陈述的内容主要情节一致，个别情节不一致的；②物证、书证等证据材料需要补充鉴定的；③其他由人民检察院查证更为便利、更有效率、更有利于查清案件事实的情形。补充侦查完毕后，不仅应当将相关证据材料入卷，而且还应当抄送监察机关，这一点与补充侦查公安机关移送的案件的要求是不一致的。

第三节　提起公诉

一、提起公诉的概念和条件

提起公诉是指人民检察院对移送的案件审查后，认为符合起诉条件，依法作出起诉决定，要求人民法院追究被告人刑事责任的诉讼活动。《刑事诉讼法》第 176 条规定，人民检察院认为犯罪嫌疑人的犯罪事实已经查清，证据确实、充分，依法应当追究刑事责任的，应当作出起诉决定，按照审判管辖的规定，向人民法院提起公诉，并将案卷材料、证据移送人民法院；犯罪嫌疑人认罪认罚的，人民检察院应当就主刑、附加刑、是否适用缓刑等提出量刑建议，并随案移送认罪认罚具结书等材料。据此规定，人民检察院提起公诉后“犯罪嫌疑人”身份改变为“被告人”。根据《刑事诉讼法》的规定，对提起公诉的案件 ，需要符合三个条件：一是犯罪嫌疑人的犯罪事实已经查清，证据确实充分。二是依法应当追究刑事责任，不属于《刑事诉讼法》第 16 条规定的“情节显著轻微、危害不大，不认为是犯罪的”等六种情形之一，而且也不属于“犯罪情节轻微，依照刑法规定不需要判处刑罚或者免除刑罚”的情形。三是符合审判管辖的规定。即刑事案件由犯罪地的人民法院管辖。如果由被告人居住地审判更为方便的，可以由被告人居住地的人民法院管辖。

在提起公诉时，除了向法院提交起诉书行使定罪请求权，还要提交量刑建议书来行使量刑申请权。

二、起诉书的制作

起诉书是检察机关代表国家提起公诉，追求被告人法律责任的法律文书，同时也是人民法院受理案件对被告人进行审判的依据，还是法庭调查辩论的基础。起诉书应当做到忠于事实和法律，做到叙事清楚、表述严谨、文字简练、引用法律规范。

起诉书的主要内容包括：一是提起公诉的人民检察院名称、文号、被告人的基本情况，如果是单位犯罪的，还应当写明犯罪单位的名称和组织机构代码、所在地址、法定代表人和诉讼代表人的姓名、职务、联系方式。对有应当负刑事责任的直接负责的主管人员或者其他直接负责人员，应当写明基本情况。对自然人和单位犯罪并存时，应当先单位再个人。二是案由和案件来源。案由是案件内容简要，写明当事人名字和罪名。案件来源主要写明案件的立案、侦查等诉讼经过。三是案件事实。这部分是重点，主要包括犯罪的时间、地点、经过、手段、动机、目的、危害后果等与定罪量刑有关的事实，也即我们通常所称“七何”要素。四是案件证据。应当写明证据的名称、种类。一般有两种方式叙述案件证据：一种是“一事一证”的方式，另一种是“一罪一证”的方式。司法实践中一般采取第一种方式，如单位犯罪案件普通程序和认罪认罚从宽案件的起诉书格式样本。

三、量刑建议书的制作

量刑建议书是近年来刑事司法制度改革的产物，虽然不是法律规定提起公诉必须提交的法律文书，但绝大多数案件在提起公诉时都附带了量刑建议书，只有极少数案件在法庭审理中以口头方式提出。量刑建议书通常包括以下几个要素：被告人的犯罪事实；认定的量刑情节；建议的刑事处罚种类、幅度、刑罚的执行方式；所提量刑建议和理由。量刑建议有确定型量刑建议和幅度型量刑建议。

四、案卷证据材料的移送

2012 年刑事诉讼法修改后，我国提起公诉实行“案卷移送制度”，而非“起诉书一本主义”的起诉方式，也不是 1996 年刑事诉讼法修订的“主要证据复印件移送主义”，这有利于法院全面查阅案卷、进行庭前会议等，虽然也受到学界的批评，但是改革后有利于当前我国司法实践。检察机关提起公诉时，除了提交起诉书、量刑建议书外，还要将全部案卷材料一并移送法院。按照《刑事诉讼法》《人民检察院组织法》等有关法律规定，我国检察官履行客观公正义务，检察机关不仅要移送证明被告人犯罪事实和从重量刑事实的证据材料，还要移送所有可以证明被告人无罪、罪轻的证据材料。

五、公诉变更

公诉变更，是指人民检察院起诉后，发现起诉书指控的被告人、犯罪事实或者适用法律与案件事实不相符合时，撤回、追加、补充或者变更指控的一种诉讼活动。按照公诉变更的形态，可以分为撤回、追加、补充或者变更指控。按照变更的对象不同，可分为变更起诉事实和变更罪名、变更起诉对象。《刑事诉讼法》没有直接对公诉变更进行规定，而是散见于《人民检察院刑事诉讼规则》。《人民检察院刑事诉讼规则》第 423 条规定，人民法院宣告判决前，人民检察院发现被告人的真实身份或者犯罪事实与起诉书中叙述的身份或者指控犯罪事实不符的，或者事实、证据没有变化，但罪名、适用法律与起诉书不一致的，可以变更起诉。发现遗漏同案犯罪嫌疑人或者罪行的，应当要求公安机关补充移送起诉或者补充侦查；对于犯罪事实清楚，证据确实、充分的，可以直接追加、补充起诉。《人民检察院刑事诉讼规则》第426条规定，人民检察院变更、追加、补充或者撤回起诉应当以书面方式在判决宣告前向人民法院提出。需要注意的是，人民检察院进行起诉变更需要在一审法院宣告判决前，而且应当报经检察长批准或者检委会决定，并以书面方式向人民法院提出。对于要求撤回起诉的，人民法院应当审查撤回起诉的理由，作出是否准许的裁定。对于撤回起诉的案件，人民检察院应当在30日内作出不起诉决定。

第四节　不起诉

一、不起诉的概念和意义

不起诉，是指人民检察院对法定机关侦查终结或调查终结的移送起诉的案件进行审查后，认为犯罪嫌疑人没有犯罪事实，或者起诉的事实不清、证据不足，或者犯罪嫌疑人不需要追究刑事责任等法定情形，从而做出不将犯罪嫌疑人提交人民法院审判的一种处理决定。人民检察院作出的不起诉决定具有程序终结性质，但不具有程序终局效力。《刑事诉讼法》规定，对不起诉的案件，如果发现新的证据符合起诉条件的，或者发现不起诉决定确有错误，符合起诉条件的，应当撤销不起诉决定，提起公诉。在法律上其身份是无罪之人，若今后实施了犯罪，仍属于初犯，不得认定为累犯。《刑事诉讼法》规定的不起诉制度，能够有效及时地从程序上终结刑事追诉活动，有力加强犯罪嫌疑人的权益保障，同时也节约了司法资源，更好地实现刑事诉讼任务。

二、不起诉的种类和适用条件

根据刑事诉讼法规定和不起诉类型不同，可将我国不起诉种类分为法定不起诉、相对不起诉、证据不足不起诉和特殊情形案件不起诉。

（一）法定不起诉

法定不起诉，也可称绝对不起诉，是指检察机关经审查法定机关移送审查起诉的案件后，发现没有犯罪事实，或者符合《刑事诉讼法》第16条规定的情形之一的，应当作出不起诉决定。对于符合法定不起诉的案件，应当经过检察长或者检察委员会决定，依法作出不起诉决定。主要包括以下7种情形：①情节显著轻微、危害不大，不认为是犯罪的；②犯罪已过追诉时效期限的；③经特赦令免除刑罚的；④依照刑法告诉才处理的犯罪，没有告诉或者撤回告诉的；⑤犯罪嫌疑人、被告人死亡的；⑥没有犯罪事实的；⑦其他法律规定免予追究刑事责任的。

（二）相对不起诉

相对不起诉，又称微罪不起诉，是指人民检察院审查后认为，已经构成犯罪但犯罪情节轻微，依照刑法规定不需要判处刑罚或免除刑罚的，可以作出不起诉决定。刑事诉讼法赋予检察机关检察裁量权，对犯罪情节、危害后果、刑事政策等情况综合考量，可以作出不起诉决定，也可以作出起诉决定。但是，根据宽严相济刑事政策、少捕慎诉慎押刑事法律政策要求，应当从有利于挽救犯罪嫌疑人、节约司法资源的角度，原则上应当作出不起诉决定。根据《刑事诉讼法》第 177 条第 2 款规定，犯罪嫌疑人犯罪情节轻微，依照刑法规定不需要判处刑罚或者免除刑罚的，人民检察院可以作出不起诉决定。因此，相对不起诉应当具备两个条件：一是犯罪嫌疑人犯罪情节轻微构成犯罪；二是因犯罪嫌疑人犯罪情节轻微，依照刑法规定不需要判处刑罚或者免除刑罚。其中依照刑法规定不需要判处刑罚的，主要是指《刑法》第 37 条之规定，归纳起来如下：①在我国领域外犯罪，依照我国刑法规定应当负刑事责任，但在国外已经受过刑事处罚的；②犯罪嫌疑人又聋又哑，或者是盲人犯罪的；③犯罪嫌疑人因防卫过当或因避险过当而犯罪的；④为犯罪准备工具、制造条件的；⑤在犯罪过程中，自动放弃犯罪或者自动有效防止犯罪结果发生，没有造成损害的；⑥在共同犯罪中，起次要或者辅助作用的；⑦被胁迫参加犯罪的；⑧犯罪嫌疑人自首且犯罪较轻的，或者有重大立功表现的。当然，除上述情形之外，人民检察院作出相对不起诉，还要结合犯罪嫌疑人的年龄、一贯表现、犯罪动机和目的、犯罪手段、危害后果以及悔罪态度等方面来综合考虑。按照《刑事诉讼法》的规定，相对不起诉要经过检察长或者检察委员会决定。

（三）证据不足不起诉

证据不足不起诉，又称存疑不起诉，人民检察院对于经过补充侦查或者补充调查的案件，仍然认为证据不足，不符合起诉条件的，经过检察长批准，依法作出不起诉决定。根据《人民检察院刑事诉讼规则》第 368 条规定，具有下列情形之一，不能确定犯罪嫌疑人构成犯罪和需要追究刑事责任的，属于证据不足，不符合起诉条件：①犯罪构成要件事实缺乏必要的证据予以证明的；②据以定罪的证据存在疑问，无法查证属实的；③据以定罪的证据之间、证据与案件事实之间的矛盾不能合理排除的；④根据证据得出的结论具有其他可能性，不能排除合理怀疑的；⑤根据证据认定案件事实不符合逻辑和经验法则，得出的结论明显不符合常理的。

（四）特殊情形的案件不起诉

该类情形主要是指《刑事诉讼法》第 182 条之规定，犯罪嫌疑人自愿如实供述涉嫌犯罪的事实，有重大立功或者案件涉及国家重大利益的，经最高人民检察院核准，公安机关可以撤销案件，人民检察院可以作出不起诉决定，也可以对涉嫌数罪中的一项或者多项不起诉。这一类型的不起诉包括了重罪、重刑案件，实质上改变了我国刑事诉讼法传统意义上的仅可对轻罪、轻刑案件作相对不起诉的法律规定。

但是为了防止实践中滥用，又设定了需要经过最高人民检察院批准的条件限制，这样既保留了特殊情形适用不起诉有法律程序和条件，也可有力限制不起诉的滥用。但是如此设计，到目前，司法机关尚未发布适用该法律条款的案件，下一步如何激活沉睡的法律规定，也是我们需要研究的重点方向。

三、不起诉的程序

不起诉程序包括人民检察院制作不起诉决定书、送达不起诉文书、涉案财物的处置、对不起诉决定的制约等诉讼行为。

（一）不起诉文书制作

人民检察院要作出不起诉决定必须要有不起诉文书，这是法定的条件。不起诉文书的内容主要包括文书首部、文书正文、文书尾部。不起诉文书首部包括人民检察院名称、文书名称和文书编号。不起诉文书正文部分包括被不起诉人基本情况、辩护人基本情况、案件事实、不起诉的法律根据和理由、涉案财物被查封扣押冻结情况。不起诉文书的尾部包括签名和签发日期。

（二）被不起诉人和涉案财物的处置

根据案件情况，对被不起诉人的处理分为检察机关自行处理和移送有关主管机关处理。根据《刑事诉讼法》的规定，人民检察院可以对被不起诉人予以训诫或者责令具结悔过、赔礼道歉、赔偿损失。根据案件情况，对被不起诉人需要给予行政处罚、行政处分或者需要没收其违法所得的，人民检察院应当提出检察意见，连同不起诉书一并移送有关主管机关处理，并要求有关主管机关及时通报处理情况。

（三）对被不起诉程序的制约

为了加强权力监督制约，防止不起诉权的滥用，损害侦查机关、监察机关，被害人和被不起诉人的合法权益，刑事诉讼法赋予公安机关有要求复议复核权、被害人的申诉或者起诉权等权益。

1. 公安机关的要求复议和报请复核权

对公安机关认为不起诉决定有错误的，应当在7日内向作出原决定的人民检察院书面提出复议。人民检察院作出不起诉决定的部门应当另行指派检察人员进行审查，并收到复议意见书的30日内作出复议决定。公安机关对复议意见仍然不接受的，公安机关可以在7日内提请上一级人民检察院复核。

2. 被害人的申诉或者起诉权

被害人如果对人民检察院的不起诉决定不服，可以自收到不起诉决定书7日内向上一级人民检察院申诉，请求提起公诉。对上级人民检察院维持不起诉决定的，被害人可以向人民法院起诉。被害人也可以不经申诉，直接向人民法院起诉。

3. 被不起诉人的申诉

刑事诉讼法赋予了被不起诉人不服不起诉决定时申诉的权利。被不起诉人对作出的相对不起诉决定，认为不构成犯罪或者不应当追究刑事责任，在收到决定书7日以内向人民检察院申诉。

4. 监察机关移送起诉案件不起诉决定的制约权

《监察法》第47条规定，人民检察院对监察机关移送起诉的案件作出不起诉的，必须经上一级人民检察院批准。监察机关认为不起诉决定有错误的，可以向上一级人民检察院提请复议。

第五节 抗 诉

一、抗诉的概念和性质

抗诉是人民检察院发现或者认为人民法院的判决、裁定确有错误时，提请人民法院依法重新审判的诉讼行为。地方各级人民检察院提出抗诉时，即阻断第一审法院判决和裁定的效力，引发第二审程序。抗诉不仅是公诉权的一种延伸，同时也具有诉讼监督功能。

二、提起抗诉的主体

根据我国宪法的规定，人民检察院是国家法律监督机关。在刑事诉讼中，对于人民法院的审判活动是否合法应当实行法律监督。抗诉权是人民检察院行使法律监督权的重要组成部分。只要第一审判决、裁定确有错误，为了维护统一和法律的正确适用，人民检察院应当履行法律监督职能，依法提起抗诉。《刑事诉讼法》规定，地方各级人民检察院认为，本级人民法院第一审的判决、裁定确有错误的时候，应当向上一级人民法院提出抗诉。抗诉是人民检察院发现或者认为人民法院的判决、裁定确有错误时，提请审判机关依法重新处理并予以纠正的诉讼行为。抗诉通常分为第一审生效裁判的抗诉和已生效裁判的抗诉两种。前者称为上诉程序的抗诉，后者称为再审程序的抗诉。

三、请求抗诉的主体

根据《刑事诉讼法》的规定，被害人及其法定代理人不服地方各级人民法院第一审判决的，自收到判决书后5日以内，有权请求人民检察院提出抗诉。对此，人民检察院应当根据有关法律规定进行审查，在收到请求后的5日以内作出是否抗诉的决定，并答复请求人。

四、抗诉、请求抗诉的对象

根据《刑事诉讼法》有关规定，抗诉和请求主要有两方面区别：一是抗诉和请求抗诉的对象有所不同。抗诉可以针对刑事判决，也可以针对刑事裁定，而请求抗诉权只能针对法院的判决提出。二是抗诉和请求抗诉的主体不同。抗诉的主体是指最高人民检察院和地方各级人民检察院；请求抗诉是指被害人及其法定代理人。地方各级人民检察院依照第二审程序的规定，提出抗诉的对象是同级人民法院第一审判决、裁定。抗诉的目的是纠正同级人民法院判决，裁定的错误。根据《刑事诉讼法》的有关规定，被害人及其法定代理人的请求抗诉，仅限于对第一审人民法院所作的判决提出。

五、抗诉的理由

根据《刑事诉讼法》的有关规定，人民检察院提起抗诉必须以人民法院判决、裁定确有错误为由。由此可认为，抗诉的理由有两个方面，第一是实体错误；第二是程序错误。实体错误主要包括：①认定事实不清、证据不足的；②有确实充分证据证明有罪而判无罪或者无罪判有罪的。程序错误主要包括原审法院在审理过程中，严重违反法律规定的诉讼程序的情形。程序错误的主要情形有违反回避制度的规定、违反公开审判的规定、剥夺或者限制被告人的诉讼权利，如不允许被告人申请新的证人到庭、申请新的证据或重新鉴定勘验等。

六、抗诉、请求抗诉的期限

根据《刑事诉讼法》的规定，不服判决的上诉和抗诉的期限为10日，不服裁定的上诉和抗诉的期限为5日，从接到判决书、裁定书的第二日计算。法律规定抗诉期限、请求抗诉的期限主要是为了保障诉讼效率等。被害人及其法定代理人不服地方各级人民法院第一审的判决的有权请求人民检察院提出抗诉。对此，人民检察院应当在收到被害人及其法定代理人的请求后5日以内进行审查并答复。

七、抗诉、请求抗诉的方式

根据《刑事诉讼法》的规定，地方各级人民检察院对同级人民法院第一审判决裁定的抗诉应当通过原审人民法院提出抗诉，并且将抗诉书抄送上一级人民检察院。由此可认定为，抗诉必须制作抗诉书，只能以书面方式提出，不能用口头提出。而对于被害人及其法定代理人请求抗诉的方式，既可以口头的，也可以书面方式提出，对此法律并没有相关规定，其目的是为了最大限度地保障请求抗诉权的行使。

八、抗诉的撤回

上级人民检察院如果认为抗诉不当的，可以撤回抗诉并通知下级人民检察院，体现了上级人民检察院对下级人民检察院抗诉工作的领导和监督。同时，下级人民检察院如果认为上一级人民检察院撤回抗诉不当的，可以提请复议。人民检察院在抗诉期限里撤回抗诉的，第一审人民法院不再向上级人民法院移送案件；在抗诉期满后、第二审人民法院宣告裁判前撤回抗诉的，第二审人民法院可以裁定准许，并通知第一审人民法院和当事人。

九、抗诉撤回的法律效果

抗诉的撤回，直接影响第一审判决裁定的生效日期。根据最高法院执行刑事诉讼法的司法解释有关规定，在抗诉期满前，撤回抗诉的第一审判决、裁定在抗诉期满之日起生效。抗诉期满后要求撤回抗诉的，第一审人民法院判决、裁定应当自第二审裁定送达抗诉机关之日起生效。

第五节 刑事诉讼监督

诉讼是维护社会稳定和实现公平正义的重要手段。刑事诉讼直接关乎公民的生命、健康、财产、人格等权利的保护，在刑事诉讼过程中做好对公安、审判、国家安全、监狱管理、社区矫正等部门的监督工作就显得尤为必要和重要。《刑事诉讼法》第 8 条规定："人民检察院依法对刑事诉讼实行法律监督。"这一规定明确了检察监督是我国刑事诉讼法的一项基本原则，也是检察机关法律监督职能在刑事诉讼活动中的具体体现。检察监督刑事诉讼的范围包括从刑事立案、刑事侦查、刑事审判到刑事执行整个诉讼过程，是对刑事诉讼活动全方位、全过程的监督。①

---

① 此处需要说明的是，因为公诉兼具司法职能和司法监督职能，本章起诉制度一节对刑事审判检察监督的内容已有抗诉、纠正审判行为违法等相关论说，本节对此不再赘述。

一、刑事立案监督

刑事立案监督是指检察机关对公安等侦查机关刑事立案活动的合法性进行的监督。刑事立案监督对于打击犯罪、防范违法立案、保障公民权利具有十分重要的意义，是我国刑事诉讼法律监督体系的重要内容。根据《刑事诉讼法》《人民检察院刑事诉讼规则》《最高人民检察院、公安部关于刑事立案监督有关问题的规定（试行）》等法律和司法解释的规定，立案监督主要包括立案监督的内容、程序。

1. 立案监督的内容

根据《刑事诉讼法》第 113 条和《人民检察院刑事诉讼规则》第 557 条的规定，立案监督的内容包括三个方面：

（1）应当立案侦查而不立案侦查的。检察机关接到被害人及其法定代理人、近亲属或者行政执法机关的控告、举报，认为公安机关对其控告或者移送的案件应当立案侦查而不立案侦查，或者检察机关自身发现公安机关可能存在应立而不立案侦查情形的，应当及时依法进行审查。

（2）不应当立案而立案的。检察机关接到当事人的控告，认为公安机关不应当立案而立案的，应当及时受理并进行审查。

（3）行政执法部门不移送涉嫌犯罪案件的。检察机关在接到控告、举报，或者发现行政执法部门不移送涉嫌犯罪案件的，在经过检察长批准后向行政执法部门提出检察意见，要求其按照法律的管辖规定向公安机关移送涉嫌犯罪的案件。

2. 立案监督的程序

立案监督的程序是指检察机关依法对立案活动实行监督，纠正其有案不立、有罪不究或者不应当立案而立案等违法行为的具体程序。主要包括受理、要求说明理由、决定等。

（1）立案监督的受理。检察机关控告申诉部门受理对公安机关应当立案而不立案或者不应当立案而立案的，控告人、申诉人应提交申请书，写明申请人的基本情况、联系方式、申请监督的事实和理由，并提供公安机关的相关法律文书等证据材料。控告申诉部门在接到有关案件线索后，认为需要公安机关说明不立案或者立案理由的，应及时转刑事检察监督部门处理。

（2）要求说明理由。检察机关对公安机关应立案而不立案的线索审查后，认为需要追究刑事责任，且有管辖权的公安机关已作出不立案决定，在经检察长批准后要求公安机关书面说明不立案理由。检察机关对于不服公安机关立案决定的投诉，审查后认为公安机关可能存在违法立案的情形，且已采取强制措施或者强制性侦查措施，尚未提请批准逮捕或者移送审查起诉的，在经检察长批准后要求公安机关书面说明立案理由。检察机关要求公安机关说明理由的，应当制作《要求说明不立案理由通知书》或《要求说明立案理由通知书》，并将其及时送达公安机关。

公安机关应当在接到通知书7日内作出书面说明，全面客观反映不立案或者立案的情况以及依据理由。如果公安机关主动立案或者撤案，应当将立案决定书或者撤销案件决定书的复印件及时送达检察机关。

（3）作出立案监督决定。检察机关经调查核实，认为公安机关不立案或者立案的理由不成立，在经检察长或者检察委员会决定后，制作通知立案书或者通知撤销案件书，说明事实依据和法律理由，连同有关证据材料移送公安机关，通知公安机关立案或者撤销案件。公安机关认为检察机关撤销案件通知有错误的，可要求同级检察机关复议。公安机关不接受同级检察机关复议决定的，可提请上一级人民检察院复核。

二、刑事侦查监督

刑事侦查监督是指在刑事诉讼中，为了防范侦查权的扩张和滥用，由检察机关对侦查机关的专门调查活动、强制措施以及事实认定和法律适用的合法性所进行的监督。就侦查实践而言，保障侦查的高效率和合法有效是侦查活动的根本出发点。通过侦查检察监督形成对诉讼进程中侦查活动的有效监控，及时纠正已发生或可能发生的违法现象和错误后果，尽可能早地降低错误成本，从而在更高层次上实现侦查活动的高效率。

（一）侦查监督的内容

侦查监督的对象是违法侦查行为，其主要包括：①采用刑讯逼供、诱供等非法手段收集犯罪嫌疑人的供述；②在讯问犯罪嫌疑人时没有按照法律规定录音或者录像，或者未在法定羁押场所进行；③以暴力、威胁、非法限制人身自由等手段，非法收集证人证言、被害人的陈述，或者非法阻止证人作证，或者指使他人作伪证；④伪造、隐匿、销毁、涂改证据，或者为当事人毁灭、伪造证据提供帮助；⑤非法决定、执行、变更、撤销强制措施，或者强制措施的期限届满而不予释放犯罪嫌疑人、解除或者变更强制措施；⑥没有依照法律规定退还取保候审保证金；⑦非法讯问、勘验、搜查、鉴定或者采取技术侦查措施；⑧非法查封、扣押、冻结；⑨贪污、挪用、调换等违反规定使用查封、扣押涉案财物；⑩违法撤销案件；⑪没有按照法律规定的情形进行回避；⑫不依法告知而影响犯罪嫌疑人行使有关诉讼权利；⑬对犯罪嫌疑人采取强制措施，没有按照法律规定通知其家属；⑭阻碍当事人、辩护人、诉讼代理人、值班律师依法行使诉讼权利；⑮不依法出具证据收集的合法性说明，或者不提供有关证明材料。

（二）侦查检察监督的途径和程序

检察机关主要通过以下四种途径，对公安机关的侦查活动实行监督：①通过审查逮捕和审查起诉程序，监督公安机关的侦查是否合法；②通过派员参加公安机关对重大案件的研究讨论或者其他重要侦查活动，监督其侦查行为是否合法；③通过受理对侦查人员侵犯诉讼权利和人身权利的控告，依法纠正处理发现的违法侦查行为；④通过审查公安机关执行批准或者不批准逮捕决定情况，以及其他有关强制措施的变更情况，对发现违法的情形履行侦查监督职责。①

检察机关主要采取以下两种措施，对非法侦查行为实行法律监督：①口头纠正方式。对于情节轻微的违法行为，向违法者本人口头提出纠正意见；对于带有共性的违法行为，向公安机关的负责人提出纠正意见。对在参加讯问犯罪嫌疑人、搜查、勘验现场等侦查活动中发现的违法行为，及时口头提出纠正意见。②书面纠正方式。对于侦查活动中比较严重的违法行为，在检察长批准后向公安机关发出纠正违法通知书。纠正违法通知书是重要的检察监督法律文书，一经发出即具有法律效力，公安机关应立即纠正并将纠正违法情况回复检察机关。公安机关不接受纠正违法意见的，检察机关应当向其上一级检察机关报告，并抄报上一级公安机关。上级检察机关认为下级检察机关意见正确的，通知同级公安机关督促下级公安机关纠正；上级检察机关认为下级检察机关提出的纠正违法意见错误，则通知下级检察机关撤销纠正违法通知书，并通知同级公安机关。

三、刑事执行监督

刑事执行监督，是指检察机关对刑事执行主体执行生效刑事裁判以及执行刑事强制措施、强制医疗等行为的合法性实施监督的活动，其目的是保障刑事诉讼的顺利进行和国家刑罚权的实现。从刑事执行监督的职权属性来看，刑事执行监督的核心内容是对刑罚执行和监管活动的监督，因此，刑事执行监督的职权兼具刑事性和行政性、诉讼性和非诉讼性，是一种复合性法律监督权。从刑事执行监督的行使方式来看，检察机关根据工作的实际需要，可以采取巡回检察、派驻检察等方式对监狱、看守所等场所进行监督。从刑事执行监督的处置措施来看，对执法瑕疵、安全隐患等违法情节轻微的，可以口头提出纠正意见；对发生重大事故等严重违法的，或者在 7 日内未予纠正口头提出的纠正意见，则可书面提出纠正意见；对存在可能导致执法不公，或者重大监管漏洞、重大安全隐患、重大事故风险的问题，可以提出检察建议。下面根据主要监督对象的不同，结合司法实践对不同监督方式方法、处置应对加以详述。

（一）交付执行的监督

交付执行中常见的违法行为如下：①交付执行的法院没有在法定期间内将法律文书送达刑罚执行机关；②公安机关、看守所自接到执行通知等法律文书 30 日

① 马虎银．刑事检察理论与实务[M]．兰州：甘肃人民出版社，2006：523．

内，没有依法将罪犯送交刑罚执行机构；③交付执行的法院没有依照法律的规定将未被羁押的罪犯收监，并将有关法律文书送达公安机关；④公安机关对需要收监执行刑罚但下落不明的罪犯，没有依法及时抓捕、通缉；⑤对被判处管制、宣告缓刑或者人民法院决定暂予监外执行的罪犯，未及时依法交付罪犯居住地社区矫正机构执行；⑥对被单处剥夺政治权利的罪犯，未依法交付公安机关执行；⑦社区矫正机构或者公安机关违法拒绝接收法院的依法交付执行；⑧法院、看守所对无罪、免予刑事处罚、判处管制、宣告缓刑、单处罚金或者剥夺政治权利的被告人超期羁押；⑨公安机关在拘役执行完毕后没有按照法律规定向刑满释放人员发放释放证明，或者剥夺政治权利执行完毕未书面通知本人及其所在单位、居住地基层组织。对于上述行为，检察机关应当对违犯交付执行的行为提出纠正意见。在司法实践中，刑罚交付执行要加强各司法机关的衔接配合，构建必要的衔接协作机制，共同找到需要衔接配合的契合点，有效促进刑罚交付执行工作的规范化发展。

（二）减刑、假释、暂予监外执行的监督

减刑、假释、暂予监外执行是刑罚执行变更方式，体现了保障人权的基本理念，在司法实践中其常见违法行为如下：①违法提请、决定暂予监外执行；②违反法律规定或者没有合法手续提请、决定暂予监外执行；③监狱、看守所没有及时将暂予监外执行的书面意见抄送检察机关；④对决定或者批准暂予监外执行的罪犯未依法交付社区矫正机构执行；⑤没有依法提请暂予监外执行；⑥在作出暂予监外执行决定前，法院没有依法征求检察机关的意见；⑦对不符合暂予监外执行的罪犯未依法及时收监执行；⑧监狱、看守所未依法对将暂予监外执行的罪犯执行收监；⑨监狱、看守所未依法建议法院将有关罪犯监外执行期间、脱逃期间不计入执行刑期；⑩暂予监外执行的罪犯刑期届满，未及时办理释放手续；⑪违法提请或者不提请法院裁定减刑、假释；⑫提请对罪犯减刑的减刑幅度、起始时间、间隔时间或者减刑后又假释的间隔时间不符合有关规定。

目前我国对减刑、假释、暂予监外执行的刑罚执行变更规定，多出现在“两高”的司法解释或者司法部、公安部的部门规章中，这些规定一般是站在各自部门立场而制定，难以避免有时考虑更多的是自身的权力和管理问题，这就造成在执行时对某些问题，法院、检察院、公安机关、监狱对具体的法律适用存在不同的理解与适用。因此，在司法实践中相关司法和执法部门通过加强沟通，统一适用法律的标准就至关重要。

（三）社区矫正的监督

2019 年 12 月，全国人民代表大会对《社区矫正法》进行审议并通过，其确认了检察机关对社区矫正监督的法律依据和法定职责。在司法实践中，常见的违法行为如下：①社区矫正机构对矫正对象未履行法定告知义务，致使其未依法接受监督管理；②违法批准矫正对象离开所居住的市、县，或者违反法院禁止令进

入特定区域或者场所；③未依法监管而导致矫正对象脱管；④矫正对象违反监管规定或者法院的禁止令，未依法警告、未提请公安机关给予治安管理处罚；⑤采取殴打、体罚、虐待、侮辱、强迫矫正对象参加超时间或者超体力社区服务等方式侵犯其合法权利；⑥没有依照法律规定办理解除、终止社区矫正；⑦公安机关未依法对在逃的罪犯实施追捕。检察机关发现上述违法行为，应当及时依法提出纠正意见。

（四）刑事裁判涉财产部分执行的监督

刑事裁判涉财产部分的执行，是指发生法律效力的刑事裁判主文确定的罚金、没收财产、责令退赔、处置赃款赃物、没收供犯罪所用的本人财物。在司法实践中，常见的违法行为如下：①执行立案违法；②违法延期缴纳、酌情减少或者免除罚金；③违法中止执行或者终结执行；④对有履行能力的被执行人不执行；⑤损害被执行人以及其他人合法权益；⑥拒绝执行回转；⑦未依法将执行财产上缴国库；⑧公安机关不依法向法院移送涉案财物、相关清单和其他证明材料，或者对涉案财物的查封、冻结、返还、处置等活动存在违法情形的。检察机关发现上述违法行为，应当及时依法提出纠正意见。

（五）死刑执行的监督

死刑执行临场监督由检察机关负责刑事执行检察的部门承担。检察机关在看守所、监狱的派驻人员应当予以协助，负责捕诉的部门应当提供有关情况。检察机关在执行死刑前，发现下列情形之一的，应当建议法院立即停止执行，并层报最高检负责死刑复核监督的部门：①被执行人并非应执行死刑的罪犯；②被执行人犯罪时不满18周岁，或者审判时已满75周岁；③被执行人正在怀孕；④共同犯罪的犯罪嫌疑人到案，共同犯罪的其他罪犯被暂停或者停止执行死刑，可能影响其罪犯量刑；⑤被执行人可能有其他犯罪的；⑥被执行人揭发他人重大犯罪或者有重大立功表现，可能需要改判的；⑦判决、裁定可能有影响定罪量刑的错误。在执行死刑活动中，检察机关发现法院有侵犯被执行罪犯人身权、财产权或者其近亲属、继承人的合法权利等违法情形，则应及时依法提出纠正意见。

（六）监管执法监督

检察机关发现看守所、监狱等执行机关在监管、教育改造罪犯的活动中有违法行为，应当依法提出纠正意见。在司法实践中看守所的常见违法行为如下：①给在押人员通风报信，私送物品，帮助其伪造、毁灭、隐匿证据或者干扰证人作证；②违反规定同意侦查人员将犯罪嫌疑人提出看守所讯问；③收到在押犯罪嫌疑人、被告人变更强制措施的申请或者其他申诉、控告、举报，不及时转交、转告检察机关或者有关办案机关；④阻碍辩护律师依法会见在押的犯罪嫌疑人、被告人；⑤违法安排会见在押的犯罪嫌疑人、被告人；⑥辩护律师在会见犯罪嫌疑人、被告人时被监听；⑦将被判处有期徒刑剩余刑期在三个月以上的罪犯留所服刑；⑧将留所服刑罪犯与其他犯罪嫌疑人、被告人混押、混管和混教。检察机关发现看守所、监狱有殴打、体罚、虐待、违法使用戒具、违法禁闭等行为侵害在押人员权利的，应当及时依法提出纠正意见。

第十章

公益诉讼检察实务

2014年10月,党的十八届四中全会通过的《中共中央关于全面推进依法治国若干重大问题的决定》提出,探索建立检察机关提起公益诉讼制度。习近平总书记在向全会作的决定起草情况专门说明中,对探索建立检察公益诉讼制度的缘由目的、探索路径、突出领域、职能作用等作了阐释,这是检察公益诉讼制度的源头。2017年6月,全国人大常委会修订《民事诉讼法》和《行政诉讼法》,正式将检察公益诉讼制度纳入立法,为检察公益诉讼的全面实施提供了基本法律依据。根据这次法律修订的授权,2017年7月1日,检察公益诉讼工作在全国全面铺开。

第一节　公益诉讼检察实务概说

检察机关办理公益诉讼案件,就是通过依法行使检察监督权,督促行政机关依照法律规定履行监督管理职责,支持法律规定的主体依法行使公益诉权,保护国家利益和社会公共利益,维护宪法和法律权威,以法治思维和法治方式推进促进国家治理体系和治理能力现代化。检察公益诉讼的实践探索和制度构建,是中国共产党领导的政治优势和中国特色社会主义的制度优势转化为国家治理效能的一个真实具体写照。

一、公益诉讼检察的制度特点

我国检察公益诉讼制度并未成熟定型,但在运行模式、实际效果和价值追求等诸多方面具有鲜明的中国特色。主要有以下几个特点[①]:

---

① 胡卫列.中国检察公益诉讼基本特征和理论制度构建[J].人民检察,2019:5.

（1）政治性。我国检察公益诉讼制度是根据党中央的决策部署探索建立的，公益诉讼办案首要的任务就是围绕党和国家的中心工作，主动服务经济社会发展大局。通过办案参与、促进国家治理和社会治理，办案效果辐射面广、系统性强。

（2）人民性。我国公益诉讼中的公共利益包括制度公益、国家利益以及无法还原为个体利益的大多数人的利益等，这是由我们的国家性质所决定的，体现了公共利益与人民利益的一致性。社会各界和广大人民群众共同参与检察公益诉讼活动的开展，凸显了我国检察公益诉讼的人民性，为了人民、代表人民，依靠人民实现更好的制度效果。

（3）法律监督性。授权检察机关作为法定职责承担公益诉讼工作，是推动解决"公地悲剧"治理难题的新方案，在案件规模和效果上不可同日而语（从环境公益诉讼领域看，美国每年的案件量在八十件左右，我国社会组织每年提起的案件大约有五六十件）。检察公益诉讼工作的实践，体现了法律监督权运行的程序性、兜底性和有限性等多重特点和规律。

（4）协同性。我国的政权性质决定检察机关与行政机关在维护国家利益和社会公共利益上目标一致。通过检察公益诉讼的诉前程序与诉讼相衔接的独特程序设计，充分发挥行政机关承担维护公益的直接、主要的职能，充分发挥检察机关督促行政机关自我纠错的职能，形成既依法督促又协同履职的新型监督关系。加强与法院、监察委等机关的协调协作，以多部门、多职能协同配合形成公益保护合力，实现双赢多赢共赢。

二、公益诉讼检察的办案范围

检察公益诉讼的案件包括行政公益诉讼和民事公益诉讼两种案件类型，其中民事公益诉讼案件又包括一般的民事公益诉讼和刑事附带民事公益诉讼两种案件类型。公益诉讼检察的办案范围呈现逐渐拓展的态势，根据法律的授权来看，目前包括以下办案领域：①生态环境和资源保护；②食品药品安全领域[①]；③国有财产

---

① 《民事诉讼法》第55条第2款规定："人民检察院在履行职责中发现破坏生态环境和资源保护、食品药品安全领域侵害众多消费者合法权益等损害社会公共利益的行为，在没有前款规定的机关和组织或者前款规定的机关和组织不提起诉讼的情况下，可以向人民法院提起诉讼。前款规定的机关或者组织提起诉讼的，人民检察院可以支持起诉。"

保护;④国有土地使用权出让[①];⑤英烈荣誉名誉权保护;⑥未成年人合法权益保护[②];⑦军人荣誉、名誉和其他相关合法权益保护[③];⑧安全生产领域[④]。

需要说明的是,公益诉讼检察的办案范围,在全国人大的立法授权之外,许多省级人大常委会通过决定或者决议的形式,授权相应的检察机关在生产安全、公共交通安全、产品质量安全、文物和文化遗产保护、不特定公民个人信息保护等领域探索开展公益诉讼工作。

三、公益诉讼检察的受案管辖

1. 行政公益诉讼的管辖

检察机关办理行政公益诉讼案件,一般由行政机关对应的同级检察机关立案管辖。同级管辖是行政公益诉讼管辖的基本规则。

2. 民事公益诉讼的管辖

检察机关办理民事公益诉讼案件,由违法行为发生地、损害结果地或者违法行为人住所地的基层检察院立案管辖。关于刑事附带民事公益诉讼案件,由办理刑事案件的检察院立案管辖。

3. 管辖权的转移

监督的行政机关为人民政府,由上一级检察机关管辖更为适宜的,也可以由上一级检察机关立案管辖。设区的市级以上检察机关管辖本辖区内重大、复杂的案件。公益损害范围涉及两个以上行政区划的公益诉讼案件,可以由共同的上一级检察机关管辖。上级检察机关认为确有必要的,可以办理下级检察机关管辖的案件,也可以将本院管辖的案件交下级检察机关办理。

---

① 《行政诉讼法》第 25 条第 4 款规定:"人民检察院在履行职责中发现生态环境和资源保护、食品药品安全、国有财产保护、国有土地使用权出让等领域负有监督管理职责的行政机关违法行使职权或者不作为,致使国家利益或者社会公共利益受到侵害的,应当向行政机关提出检察建议,督促其依法履行职责。行政机关不依法履行职责的,人民检察院依法向人民法院提起诉讼。"

② 《未成年人保护法》第 106 条规定:"未成年人合法权益受到侵犯,相关组织和个人未代为提起诉讼的,人民检察院可以督促、支持其提起诉讼;涉及公共利益的,人民检察院有权提起公益诉讼。"

③ 《军人地位和权益保障法 》第 62 条规定:"侵害军人荣誉、名誉和其他相关合法权益,严重影响军人有效履行职责使命,致使社会公共利益受到损害的,人民检察院可以根据民事诉讼法、行政诉讼法的相关规定提起公益诉讼。"

④ 《安全生产法》第 74 条第 2 款规定:"因安全生产违法行为造成重大事故隐患或者导致重大事故,致使国家利益或者社会公共利益受到侵害的,人民检察院可以根据民事诉讼法、行政诉讼法的相关规定提起公益诉讼。"

4. 移送管辖

检察机关立案管辖与人民法院诉讼管辖级别、地域不对应的，具有管辖权的检察机关可以立案，需要提起诉讼的，应当将案件移送有管辖权人民法院对应的同级检察机关。

5. 指定管辖

上级检察机关可以根据办案需要，将下级检察机关管辖的公益诉讼案件指定本辖区内其他检察机关院办理。检察机关对管辖权发生争议的，由争议双方协商解决。协商不成的，报共同的上级检察机关指定管辖。

四、公益诉讼检察的特殊制度

我国检察公益诉讼制度，既有不同于国外公益诉讼的制度设计，也有不同于我国一般民事诉讼、行政诉讼的特殊规定，主要体现在以下几个方面：

（一）检察机关特殊的诉讼地位

检察机关以“公益诉讼起诉人”身份提起公益诉讼，依照民事诉讼法和行政诉讼法的规定享有相应的诉讼权利，履行相应的诉讼义务。人民法院开庭审理检察机关提起的公益诉讼案件，应当在开庭 3 日前向检察机关送达“出庭通知书”，而不是向普通当事人送达开庭的“传票”。检察机关的出庭人员是基于检察职权的派出人员，向人民法院提交的是“派员出庭通知书”，而不是适用普通当事人授权委托的诉讼代理文书。

（二）公益诉讼对反诉的排除适用

对于检察机关提起的民事公益诉讼，被告以反诉的方式提出诉讼请求的，人民法院不予受理。检察机关提起的公益诉讼是客观诉讼，检察机关在诉讼中不能获得任何利益，因此公益诉讼不适用民事诉讼的反诉制度。

（三）法院对诉讼请求的特殊释明义务

在诉讼中，人民法院认为检察机关提出的诉讼请求尚不足以保护社会公共利益的，可向检察机关释明变更或者增加停止侵害、恢复原状等诉讼请求。这是说人民法院也是保护公益是主体之一，在检察机关提出的诉讼请求不足以保护社会公共利益的情形下，法院有释明提示的义务。

（四）交付执行制度

在检察机关提起的公益诉讼案件判决、裁定发生法律效力后，被告不履行的，人民法院应当移送执行。这一规定解决判决生效后的执行问题，公益诉讼案件判决后，被告不主动履行的，法院审判人员应及时将判决书交付执行庭立案执行，检察机关有权通过执行监督进行督促。

（五）一审适用人民陪审员制

人民法院审理检察机关提起的第一审公益诉讼案件，适用人民陪审制。在公益诉讼案件中适用人民陪审制，既是保障公民对司法的参与权利，促进司法公正、提升司法公信的需要，也是弥补普通法官在审理诸如环境类公益诉讼案件时专业技术知识不足的需要。

第二节　行政公益诉讼

检察机关在履行职责中发现生态环境和资源保护、食品药品安全、国有财产保护、国有土地使用权出让、军人地位和权益保障、安全生产、未成年人保护等领域负有监管职责的行政机关违法行使职权或者不作为，致使国家利益或者社会公共利益受到侵害的，向行政机关提出检察建议，督促其依法尽责履职。在收到检察建议书后，行政机关应在两个月内依法履行职责，并书面回复检察机关；如果出现国家利益或社会公共利益损害继续扩大等紧急情形的，行政机关应当在15内书面回复检察机关。行政机关在收到检察建议书后，仍不依法履行职责的，检察机关依法向人民法院提起诉讼。

一、立案与调查

（一）立案

1. 案件线索的来源

公益诉讼案件线索来源主要有以下途径：①自然人、法人和非法人组织向检察机关控告举报的；②检察机关在办案中发现的；③在行政执法信息共享平台上发现的；④由国家机关、社会团体和人大代表、政协委员等转交的；⑤由新闻媒体、社会舆论等反映的；⑥其他检察机关在履行职责中发现的。

2. 立案的条件

检察机关对案件线索进行评估，认为同时存在以下两个条件，应当立案：①国家利益或者社会公共利益受到侵害的；②负有监管职责的行政机关可能存在违法行使职权或者不作为的。

3. 立案的流程

检察人员对公益诉讼案件线索进行评估后，应当明确提出立案或者不立案意见，并制作立案审批表，经过初步调查的要附上初步调查报告。在报请检察长决定后，由办案人员制作立案决定书或者不立案决定书。检察机关决定立案的，应当在7日内将立案决定书送达被立案监督的行政机关。

（二）调查

《检察院组织法》第21条规定，检察机关行使法律监督职权，可以进行调查核实。

1. 调查的方式

检察机关在办理公益诉讼案件中，可以采取以下方式开展调查和收集证据：①查阅、复制、调取有关行政执法、诉讼卷宗材料等；②询问行政机关的有关工作人员、违法行为人以及行政相对人、利害关系人、证人等；③向有关单位、组织和个人收集书证、物证、视听资料、电子数据等证据；④咨询专业人员、有关部门或者行业协会等对专门问题的意见；⑤委托鉴定、评估、审计、检测、检验、翻译；⑥勘验物证、现场。

2. 调查的主要内容

检察机关办理行政公益诉讼案件，主要围绕以下事项进行调查：①国家利益或社会公共利益受到侵害的事实；②行政机关的监管职责，认定监管职责的依据为法律法规规章，可参照行政机关的“三定”方案、责任清单和权力清单等；③行政机关未依法履行职责的行为事实；④行政机关未依法履行职责的行为与国家利益或者社会公共利益受到侵害的关联性。

3. 调查的限制

检察机关在调查和收集证据的过程中，不得采取限制人身自由或者查封、扣押、冻结财产等强制性措施。

对于可能因被告的行为或者其他原因，使判决难以执行或造成与国家利益和社会公共利益相关的其他侵害情形，检察机关可以建议有关人民法院对被告的财产进行保全。人民法院根据检察机关建议采取保全措施的，检察机关无须提供担保。对于案件的证据存在可能灭失或者以后难以取得的，检察机关可以建议人民法院保全有关证据。

4. 调查的处理

在调查结束后，若是认为行政机关没有违法行使职权或者不作为的，或者国家利益和社会公共利益得到有效保护的，或者行政机关全面采取整改措施依法履行职责的，应当作出终结案件决定。若是认为行政机关没有依法履行职责，致使国家利益或者社会公共利益受到侵害的，在报请检察长决定后，向行政机关提出督促履职检察建议。

二、检察建议

检察机关决定对行政机关不依法履行职责的行为提出检察建议的，应当制作检察建议书，检察建议书应当包括以下内容：行政机关的名称；案件的来源；国家利益或者社会公共利益受到侵害的相关事实；认定行政机关不依法履行职责的有关事实和法律理由;提出检察建议的法律依据;检察建议的具体内容;行政机关的整改期限;其他需要说明的事项。检察建议书的建议内容应当与可能提起的行政公益诉讼的诉讼请求相衔接。

检察机关决定提出检察建议,应当在3日内将检察建议书送达被督促履职的行政机关。在送达检察建议时,检察机关可以邀请人大代表、政协委员、人民监督员等参加,采取宣告的方式送达检察建议书。

在提出检察建议后,检察机关应当对行政机关履行职责的情况以及国家利益或者社会公共利益受到侵害的情况跟进调查,及时收集有关证据材料。经过跟进调查,若是行政机关全面采取整改措施依法履行职责的,应当作出终结案件决定。若是行政机关仍然没有依法履行职责,国家利益或者社会公共利益处于受侵害状态的,检察机关应当向人民法院依法提起行政公益诉讼。

三、对行政机关"尽责履职"的审查

从检察公益制度的顶层设计来看,检察公益诉讼制度的设立初衷以及所需要解决的核心问题,都与行政违法履职和不作为有关。① 从具体的制度构建来看,行政公益诉讼中提出检察建议是起诉的必经前置程序,也就是所谓的诉前程序。诉前程序是提起诉讼的前提,提起诉讼是落实检察建议的保障。对行政机关是否"尽责履职"的判断则是决定诉前程序走向提起诉讼的关键节点。《人民检察院公益诉讼办案规则》第82条规定对行政机关未依法履行职责的情形进行了列举②,但是在司法实践中,仅靠这些列举的情形难以准确完成对"尽责履职"的判断。鉴于"尽责履职"的判断一直是行政公益诉讼庭审的争论焦点,有必要在学理上进一步深化认识,以此强化对行政机关未依法履行职责的准确判断,提升行政公益诉讼的办案质效。

对行政机关"尽责履职"的判断问题上,学界存在以下三种不同的判断标准。一是行为标准说,认为诉前程序在制度设计和解释上存在着审查标准结果导向过

---

① 习近平.关于《中共中央关于全面推进依法治国若干重大问题的决定》的说明[N].人民日报,2014-10-29(02).

② 《人民检察院公益诉讼办案规则》第82条规定:"有下列情形之一的,人民检察院可以认定行政机关未依法履行职责:(一)逾期不回复检察建议,也没有采取有效整改措施的;(二)已经制定整改措施,但没有实质性执行的;(三)虽按期回复,但未采取整改措施或者仅采取部分整改措施的;(四)违法行为人已经被追究刑事责任或者案件已经移送刑事司法机关处理,但行政机关仍应当继续依法履行职责的;(五)因客观障碍导致整改方案难以按期执行,但客观障碍消除后未及时恢复整改的;(六)整改措施违反法律法规规定的;(七)其他没有依法履行职责的情形。"

于严苛、期限设置僵化等弊端问题，在判断行政机关是否履职问题上应秉持行为标准而非结果标准①。二是结果标准说，认为判断行政机关是否履行职责，以及是否可以从诉前程序转入诉讼程序应符合一个总体的标准，即行政机关未能及时制止损害的发生，国家和社会公共利益仍处在受侵害状态或者处在受侵害的潜在威胁状态②。三是复合标准说，认为复合标准既关注行为履行过程的判断，也关注行为结果的公共利益能否最终实现的判断，将行为标准和结果标准结合起来判断，是一种更为严格的判断标准③。显然，这三种学说在均有一定的合理之处，从单纯理论逻辑推演来说，确实难以选择，但是，从司法实践的角度来看，必须统一认识并选择一种科学的理论学说，来指导或者推动检察公益诉讼工作的健康持续发展。

将这三种标准对比分析来看，行为标准强调了行政机关监管手段的“穷尽”标准，它具有可考量性、易操作的优势，也存在不当激励的弊端。结果标准强调“恢复”标准，它具有实现公益目的优势，但也存在着忽视恢复阻却条件的弊端。复合标准强调了主客观的统一性，具有全面性的优势，但也存在自身的“骑墙”模糊性的弊端，其实该综合性的判断基准，说到底最终还是落实到了行政机关是否穷尽了所有监管手段的标准。由此可以说，在检察公益诉讼中对行政机关“尽责履职”的判断，应坚持行为标准，深入考量行政机关是否穷尽了监管手段，以之作为检察机关是否向法院提起诉讼的判断标准。进一步的理由阐述如下：

（1）行为标准和结果标准具有内在统一性。从行为标准与结果标准的内在逻辑机理看，这两个标准并非完全相互排斥，只是观察问题的视角不同而已，结果标准是在行为标准基础上提出的更高判断标准。履职行为是保护公益的基础和前提，使受损公益得以恢复是履职行为的目标和后果。在行为标准的基础上还追求更高的结果标准，就是秉持行为标准判断背后的结果标准。纯粹的结果标准是无法独立存在，必须以行为标准为基础和前提。当行政机关没有全面充分履行职责而导致公益受到侵害的，据此判定行政机关未“尽责履职”的，其实质上就是适用了行为标准。因此，尽管行为标准与结果标准的概念和审视视角不同，但两者在判断功能和实践价值的追求上是一致的。

（2）“尽责履职”的界定在其本质上属于对行政行为自身的价值评判。离开行为标准或者说片面强调结果标准，势必会导致客观归责，进而不当加重行政机关的责任。正是基于此，在检察公益诉讼实践中，对于一些特殊情形，如恢复植被、修复土壤、治理污染等，行政机关主观上有整改意愿，但客观上由于季节和气候条件、施工条件等限制，行政机关无法及时整改完毕的，应当继续跟进调查和督促，暂不提

---

① 刘超. 环境行政公益诉讼诉前程序省思[J]. 法学,2018(01).

② 沈开举，邢昕. 检察机关提起行政公益诉讼诉前程序实证研究[J]. 行政法学研究,2017(5).

③ 王清军. 对环境行政公益诉讼中行政不作为的审查基准[J]. 清华法学,2020(02).

起行政公益诉讼。因此来说,关于“尽责履职”判断标准的争议,主要是因观察问题视角不同而导致的理论争议,或者说是对行为标准与结果标准人为割裂、臆想而引发的争议。进而言之,在检察公益诉讼实践中,由于“尽责履职”的界定在其本质上属于对行政行为自身的价值评判,因此结果标准无独立的严格适用空间。

(3)行为标准的适用并不必然与公益保护的目的相悖。与结果标准相比较,行为标准立足于行政行为的合法性,有客观、便捷等优势。此标准突出了行为与法律规定的契合度,只要现有证据可以证明行政主体已按法定程序实施了法律规定的行为,穷尽了所有的法定履职手段,即可认定行政主体已依法履行职责。显然,从这个角度来看,行为标准的适用是与公益保护目的相向而行的。通常在客观条件暂不具备或者说法律依据有缺隙的情形下,依据行为标准行政机关才不必为所谓的保护公益而“履职”。但在这种情形之下,断非保护公益职能之逃逸,而是规范依法行政的具体内在需要和外在表现的统一。暂时的客观条件限制毕竟是时间有限的、一定条件下的不必作为,但在随后条件具备时仍然要依照行为标准,及时全面履行好公益保护之责任。

四、提起诉讼

经检察建议督促,行政机关仍然没有依法履行职责,国家利益或者社会公共利益仍然处于受侵害状态,检察机关应当依法制作行政公益诉讼起诉书,提起行政公益诉讼。

关于起诉书的诉讼请求,检察机关可以根据行政机关不依法履职的不同违法情形,向法院提出确认行政行为违法或者无效、撤销或者部分撤销违法行政行为、依法履行法定职责、变更行政行为等诉讼请求。需要说明的是,在检察机关提出的依法履行法定职责的诉讼请求中,不予载明行政相对人承担的具体义务或者减损具体权益的事项,以之避免检察权对行政权的不当干预。

在行政公益诉讼案件的审理过程中,对于行政机关已经依法履行职责,且全部诉讼请求得到实现的,检察机关可以撤回起诉。若是确有必要,检察机关可以变更诉讼请求,请求法院判决确认诉前未依法履职的行政行为违法。检察机关决定撤回起诉或者变更诉讼请求的,应当在报请检察长决定后,制作撤回起诉决定书或者变更诉讼请求决定书,并在3日内提交法院。

第三节 民事公益诉讼

检察机关在履行职责中发现破坏生态环境和资源保护、食品药品安全领域侵害众多消费者合法权益、侵害英烈荣誉权名誉权、侵害军人合法权益、危害安全生产、侵害未成年人合法权益等损害社会公共利益的行为,经公告程序督促,有关法律规定的机关和组织不提起诉讼的情况下,可以向法院提起诉讼。

一、立案

1. 立案的条件

经审查认为破坏生态环境和资源保护、食品药品安全领域侵害众多消费者合法权益、侵害英烈荣誉权名誉权、侵害军人合法权益、危害安全生产、侵害未成年人合法权益等行为可能损害社会公共利益,应当在报请检察长决定后立案。

2. 立案的程序

制作立案审批表,附上初步的证据材料,若是经过初步调查的,还应当附上立案审查报告,在报请检察长决定后立案,并及时到案件管理部门登记。对决定立案的,案件承办人应及时制作立案决定书。

二、诉前程序

1. 调查

(1)调查前期的准备工作。确定调查的思路、方法、步骤以及拟收集证据的清单等,制订较为详细的调查计划;收集案件涉及的法律法规、行业规范等;需要现场勘验调查的,准备适合的相机、执法记录仪等调查设备。

(2)调查内容。检察机关应当按照法定程序和侵权构成要件,全面客观地调查收集证据。一是侵权主体的基本情况,重点包括主体的身份情况、主体性质、经营规模、营利情况等;二是行为人的实施侵权行为及具体过程;三是损害事实,包括公共利益遭受损害的持续状态,以及损害的类型、具体数额等;四是违法行为与损害事实之间的因果关系;五是侵权主体的主观过错程度,应结合侵权行为人实施违法行为的持续时间、手段方式、获利情况以及是否曾接受行政处罚或者刑事处罚等情况综合确定;六是侵权行为人是否存在免除或减轻责任的相关事实。

2. 审查

(1)审查内容。检察机关在审查民事公益诉讼案件时,应当重点查明以下内容:①行为人实施的侵权行为;②公共利益受到损害的事实证据;③侵权行为与损害后果之间的因果关系;④侵权行为人或者共同侵权人的责任分配;⑤侵权行为人的主观过错程度;⑥在案证据的合法性、真实性和关联性,以及证据之间是否存在冲突;⑦案件的法律适用,包括法律、法规、规章、司法解释,以及参考的政策性文件等。

(2)审查讨论及审批程序。民事公益诉讼案件的办案主体是检察官办案组。办案组经过审查,制作诉前审查报告,明确提出是否发出公告或终结审查的处理意见，并报请应检察长决定。

(3)作出决定。对审查终结的民事公益诉讼案件，若是不存在损害公共利益或者需要追究民事法律责任的，或者损害公共利益的情形已经消除且公共利益已经获得有效救济的，应该按照程序终结审查。若是在损害公共利益的情形持续存在或者需要追究侵权行为人民事法律责任的，应在全国范围发行的媒体上进行公告。

3. 公告

在向法院提起民事公益诉讼之前，检察机关应当在全国范围发行的媒体上公告，督促符合法律规定的机关和有关组织提起民事公益诉讼。

若是有符合法律规定的机关或者有关组织提起诉讼的，检察机关则可以支持起诉。

三、提起诉讼

经过诉前的公告程序，若是法律规定的机关和有关组织没有对案件提起民事公益诉讼，或者没有适格的主体提起诉讼，社会公共利益持续处于受侵害情形的，检察机关以公益诉讼起诉人的身份依法向法院提起民事公益诉讼。

人民法院在对民事公益诉讼案件的审理中，可以依法主持检察机关和被告进行调解。但需要注意的是，达成的调解协议不得减免诉讼请求载明的民事责任，也不得损害社会的公共利益。

在民事公益诉讼进行中诉讼请求全部实现的，检察机关可以决定撤回起诉。检察机关决定撤回起诉的，应在报请检察长决定后，制作撤回起诉决定书，并在3日内提交人民法院。

第四节　公益诉讼检察的听证

公益诉讼检察的听证，是指检察机关在办理公益诉讼案件中对于符合条件的案件，组织召开听证会，就案件的事实认定、法律适用以及案件处理等问题听取听证员、行政机关、违法行为人和专家学者等的意见，了解各方的看法和诉求，以妥善解决受损公益保护的案件审查活动。为促进司法公开，维护司法公正，提升司法公信，落实普法责任，推动矛盾化解，2020年9月最高人民检察院颁布实行《人民检察院审查听证工作规定》，同年10月，最高检察院第八检察厅发布《关于做好公益诉讼案件办理中开展听证工作的通知》，在工作中全面推行公益诉讼检察听证制度。2021年7月，最高检发布12起公益诉讼检察听证的典型案例，并提出在以后的工作中要加大推进力度，切实做到“应听证尽听证”，推动实现办理公益诉讼案件听证工作各级各院全覆盖，让这项创新制度在推动公益诉讼检察工作的健康发展中发挥更大的作用。①

一、公益诉讼检察听证的职能作用

公益诉讼检察业务具有与其他检察业务不同的鲜明特点，因此公益诉讼检察听证的职能作用，既有与其他检察听证所共同具有的促进司法公开、提升司法公信、落实普法责任、推动矛盾化解的共性作用，也具有解决专业技术难题促进查明案情、准确厘定行政监管职责的个性作用。

1. 促进解决技术性难题

生态环境和资源保护、食品药品安全、生产安全、公民个人信息保护等公益诉讼领域，相关工作的技术知识复杂，从损害公益事实的认定到监管部门的整改方案是否科学可行的评估，都需拥有较强的技术知识、充分的信息资源、熟悉鉴定工作流程等专业听证人员的参与，这种听证方式有利于较好应对公益诉讼所涉及的大量技术性复杂性问题的处理，以便检察办案人员在专业听证人员的辅助下充分掌握诉讼所需的信息资源和证据材料。

2. 促进厘定监管职责

在司法实务中，对行政机关职责的厘定，一般借助查阅法律法规规章，参考行政机关的“三定”方案、权力责任清单等，可以基本厘定被监督行政机关的职责范围。但是在遇到机构改革、行政职权临时调整或者受到侵害的公益是“多因一果”的情形下，厘定监管部门的职权范围以及责任范围并不容易，此时若是组织听证就有助于问题的解决。比如，在重庆市两江地区检察院督促整治截污管网溢流污染环境行政公益诉讼一案中②，本案的社会公共利益受损的事实清楚，但案发地所在的开发区与区县政府在行政管理体制上有较大差异，加之机构改革又尚未完全落地，涉及管网破损整治的责任部门较多，一般的调查核实方式难以迅速确定责任部门。通过组织公开听证的方式，让相关行政部门充分发表意见，厘清职能职责，较快确定了整改的责任主体和监督对象，实现了监督的准确性。

3. 促进司法公信力的提升

实行公益诉讼检察听证制度，有利于让社会各界了解检察机关作出监督决定的依据和过程，以阳光司法的方式增加了检察工作的透明度，有助于树立和维护检察机关依法办案的公正形象。同时，听证程序让各方平等出示证据并表达意见，让

---

① 以看得见的方式守护公共利益：最高检第八检察厅负责人就公益诉讼检察听证典型案例答记者问[J]. 检察日报，2021(7)：1.

② 系最高人民检察院于2021年7月22日发布的12起公益诉讼检察听证典型案例之一。

检察机关工作也受到其他参与方的监督，避免不必要地陷入检察机关既作为当事人又作为监督者的悖论问题，提升检察机关法律监督的公信力。

4. 促进普法工作的落实

党的十八届四中全会提出，实行“谁执法谁普法”的普法责任制，这是在新时代新形势下对普法工作提出的新任务新要求，也是执法部门和司法机关深入开展法治宣传教育面临的新机遇。公益诉讼检察听证工作有助于落实“谁执法谁普法”的普法责任，增强人民群众的法治意识。检察机关作为法律监督机关，更应自觉成为履行普法责任的积极参与者、践行者。检察听证制度是普法宣传的有效手段，为参与听证的单位和个人营造了亲临普法的现场感，让其零距离体悟身边生动的法律宣传教育。

二、公益诉讼检察听证的适用情形

公益诉讼检察听证的适用范围广，在案件办理的各阶段各环节，对于案件事实的认定、法律的适用以及案件处理的决定等问题，包括遇到公益受到损害事实和程度、行政机关的监管职责、整改方案是否科学合理、整改效果如何、是否应该结案或提起诉讼等具体情形，均可组织听证。①

1. 对事实认定的听证

检察听证是公益诉讼检察部门行使调查核实权的重要手段，其有利于在有限的时间内全面准确了解公益诉讼的案情和收集证据。如国家利益或者社会公共利益是否受到损害或者受到损害的程度；负有监管职责的行政机关及其法定职责范围，被监督对象是否完全尽责履职，没有履职是否存在客观履职障碍；民事侵权行为人的基本情况以及实施侵权行为的主观过错、损害结果，等等。如湖北省黄石市铁山区检察院督促整治乱占耕地违建房屋行政公益诉讼案②，针对多家行政机关对耕地、违建具有监管职责却相互推诿的情况，检察机关借助公开听证的方式，查明有关事实、厘清行政机关职责边界，明确监督对象，最终实现精准监督、精准起诉。

2. 对法律适用的听证

检察机关和行政机关对于具体公益诉讼案件适用法律法规政策存在较大争议，需要进行深入研究、选择法律适用时，检察机关可通过组织召开听证会的方式充分听取行政机关、法律专家及上级行政执法部门等的意见，实现对法律的准确适

① 闫晶晶. 以看得见的方式守护公共利益：最高检第八检察厅负责人就公益诉讼检察听证典型案例答记者问[N]. 检察日报，2021-07-23(1).

② 系最高人民检察院于 2021 年 7 月 22 日发布的 12 起公益诉讼检察听证典型案例之一。

用。如新疆维吾尔自治区布尔津县检察院督促收缴水土保持补偿费行政公益诉讼案①,在行政机关对执法中如何适用法律法规以及应当履职的内容与检察机关存在不同认识的情形下,检察机关以组织召开公开听证会的方式释法说理,让行政机关充分表达不同意见,听证人员客观公正发表意见,共同解决认识上不一致的问题,依法对案件作出正确的处理决定。

3. 对案件处理决定的听证

检察机关通过组织听证的方式判断行政机关是否依法全面履职,进而决定诉与不诉,不仅有助于实现精准监督,也有助于被监督的行政机关认识到自身执法的不到位、不完全性,自觉整改不足,形成公益保护的合力,实现法律监督的双赢多赢共赢。如万峰湖流域生态环境受损公益诉讼专案,2020 年 12 月 22 日至 25 日,最高检专案组赴贵州省黔西南州召开听证会。听证会由最高检副检察长张雪樵主持,邀请 7 名无利害关系的社会人士作为听证员,其中全国人大代表 3 名、相关专家学者 4 名;邀请生态环境部珠江局、水利部水库移民司、水利部珠江委和农业农村部渔业渔政局 4 名代表列席;邀请黔西南州、百色市、曲靖市三地 3 名市(州)领导代表地方行政机关参加;邀请万峰湖沿岸五县政府领导和沿岸群众代表旁听。检察机关是否已完成办案任务,万峰湖流域的污染问题是否得到根本性治理,沿岸的群众是否满意等,都是检察机关能否顺利结案的"必答题"。该听证会的听证人员一致认为,四级检察机关协同配合开展的公益诉讼,履职有力,办案的目的已经实现。运用公开听证的办案方式,对案件的办理质量和效果进行客观评价,提升了办案的说服力,促进了诉前程序的司法化。②

三、公益诉讼检察听证的规范完善

在司法实务中做好公益诉讼检察听证工作,关键在于加强听证的规范化建设,尤其是对公益诉讼案件的听证范围、听证程序及听证保障等内容要予以细化、体系化,增强可操作性。

1. 明确听证范围

在案件的对象选择控制上,应选择检察机关与行政机关或者其他当事人对事实认定、法律适用、案件处理等方面存在较大争议的案件,或者上级检察机关督办的案件,或者其他有重大社会影响的案件。在案件的流程控制上,对承办人提出拟听证的案件,需经部门负责人层报检察长批准后,方可召开听证会。在确保"应听尽听"的同时,也要防范"为了听证而听证",避免司法资源的浪费。

---

① 系最高人民检察院于 2021 年 7 月 22 日发布的 12 起公益诉讼检察听证典型案例之一。

② 刘家璞,董长青,庞文远. 浅谈公益诉讼检察大案办理思路:以"万峰湖流域生态环境受损公益诉讼专案"为例[J]. 检察日报,2021(5):7.

2. 规范听证人员的构成

首先要保障听证员的适格性，选择的听证员能够胜任听证议题的专业性、技术性需要。其次，要根据具体案件的需要选择对案件事实、法律适用能清晰表达意见的合适参与人，以及根据案件的影响力确定适度范围的旁听人员出席，既要考虑保障听证会的顺利进行，也要考虑保证听证会的代表性。

3. 规范听证场所建设

严格按照《人民检察院检察听证室设置规范》的要求建设听证室，统一规范听证室的名称标识、席位设置、听录设备、视频监控等。此外，充分利用高检院的检察听证网，提高直播听证的利用率，让信息技术为检察听证插上云视听的翅膀，以优质的听证环境助力提升公益诉讼的听证效果。

4. 规范细化听证流程

首先，应做好调查预案和会前准备，列出详细的听证调查提纲，做好听证预案；其次，正式听证阶段应突出听证的调查、示证、辩论等程序的细节规范。最后，规范听证评议环节，确保听证员有相应的时间和专门的场所开展评议工作，能充分发表评议意见。

5. 规范听证成果的运用

要严格落实《人民检察院审查案件听证工作规定》第 16 条和《人民监督员规定》第 19 条的精神，切实把听证员的意见作为检察机关处理案件的重要参考；认真研究人民监督员的监督意见，未采纳的应当经适当程序作出解释说明。以规范的检察听证制度，助力检察机关全面、及时、准确查明案件的有关事实，正确适用法律，作出正确决定，增强公益诉讼检察监督的针对性和实效性，保障群众的知情权、参与权、监督权，促进司法公开和司法民主，凝聚公益保护的共识合力，推动公益诉讼检察工作健康发展。

第三编 律师实务

律师法律实务是律师接受当事人委托或者法院指定，运用法律知识处理各种法律业务为委托人提供法律服务的总称。律师的工作性质和职业特点，要求律师必须有较高的法学知识水平、较强的法律业务技能。本编主要介绍律师开展法律业务的基本技能，内容包括律师民商事诉讼实务、律师刑事诉讼实务、律师行政诉讼实务和律师非诉实务。

第十一章

律师实务概说

现代律师制度至少可追溯至古罗马时代甚至古希腊。古罗马人发展了复杂的成文法典以及诉讼制度,包括辩护律师制度,都为近代西方法体系所继承。罗马共和时期(公元前 510 或公元前 509—公元前 30)的诉讼,必须根据执政官或法务官的告示,按法定的手续进行。由于法律和告示不断增多,诉讼日趋复杂,当事人在诉讼中,特别是在法庭进行辩论时,需要熟悉法律的人协助,因此,从共和制末期到帝国制初期(公元前 1 世纪后半期),辩护人应运而生。至公元 5 世纪末,充当辩护的人,须在主要城市学过法律,取得资格。他们逐渐形成行业,组成自己的职业团体,成为专职律师。

近现代律师制度和律师业在中国的出现,包含了由外而内的西方现代意义"律师"重塑和更新中国本土"讼师"意涵的变革活动,具体而言是清末变法改制效仿西方典章的产物。① 在现今社会,律师发挥着极为重要的作用,其发展状况已成为一个国家法治程度和文明程度的一个标志。本章通过对律师主要职责、业务范围、主要技能的概括介绍,以期让读者对律师实务形成一个大致的印象轮廓。

第一节　律师实务范围

经过多年的发展,现今中国律师的整体状况已经今非昔比。根据司法部 2021 年 6 月发布的统计,截至 2020 年年底,全国共有执业律师 52.2 万人,律师事务所 3.4 万家。其中专职律师 42.44 万人,占比 81.3%,兼职律师 1.35 万人,占比 2.59%。人类已有的经验表明,法治兴,律师兴。律师业的兴盛表征社会法治的发

① 张志铭.回眸和展望:百年中国律师的发展轨迹[J].国家检察官学院学报,2013,21(01):121-134.

达。可以说,律师业已成为一种不可或缺的社会主体,律师职业也成为建设社会主义法治国家的必须具备的一种职业。

一、律师实务的界定

律师的工作性质和职业特点,决定了律师必须有较高的法学知识水平、较强的业务技能和广博的知识储备。律师实务,是指律师接受当事人委托或者法院的指定,运用法律知识处理各种法律业务的操作规程及工作方式、工作技巧。[①]

二、律师的职责

律师是指依法取得法律执业证书,接受委托或者指定,为当事人提供法律服务的执业人员。根据《中华人民共和国律师法》(以下简称《律师法》)第5条的规定,"申请律师执业,应当具备下列条件:(1)拥护中华人民共和国宪法;(2)通过国家统一法律职业资格考试取得法律职业资格;(3)在律师事务所实习满1年;(4)品行良好。实行国家统一法律职业资格考试前取得的国家司法考试合格证书、律师资格凭证,与国家统一法律职业资格证书具有同等效力。"

《律师法》规定了律师可以从事下列业务:①接受自然人、法人或其他组织的委托,担任法律顾问;②接受民事案件、行政案件当事人委托,担任代理人,参加诉讼;③接受刑事案件犯罪嫌疑人、被告人的委托或者依法接受法律援助机构的指派,担任辩护人,接受自诉案件自诉人、公诉案件被害人或者其他近亲属的委托,担任代理人,参加诉讼;④接受委托,代理各种诉讼案件的申诉;⑤接受委托,参加调解、仲裁活动;⑥接受委托提供非诉讼法律服务;⑦解答有关法律的询问、代写诉讼文书和有关法律事务的其他文书。

从《律师法》的以上规定可以看出,我国律师的主要职责有以下两个方面:

(1)维护当事人的合法权益。律师在从事法律服务时,通过充当刑事、民事、经济、行政委托人的代理人,担任犯罪嫌疑人、被告人的辩护人,承办委托的法律事务和担任法律顾问等,帮助公民、法人和其他组织依法行使享有的权利,维护其合法权益。

(2)维护法律的正确实施。律师执业的基本原则就是维护法律的正确实施,这同时也是律师的责任。在我国,法院、检察院分别行使审判权和检察权,而律师则通过被委托或者担任辩护人参与诉讼,保障法律的正确实施。

实践中,经常根据律师业务的主要种类将律师业务分为诉讼业务和非诉讼业

---

① 胡志民.律师制度与实务[M].上海:华东理工大学出版社,2013:13.

务两大类。诉讼律师主要从事诉讼业务,事务律师主要从事非诉讼业务。

三、律师诉讼实务

律师从事诉讼实务,主要分为三类,分别是民事诉讼实务、刑事诉讼实务、行政诉讼实务。

律师民事诉讼实务,主要包括以下几个方面:①案件接收阶段接待、会见当事人,建立委托关系。②在代理阶段撰写民事诉状、申请财产保全、立案。③在应诉答辩阶段包括撰写民事答辩状、提出反诉、提出管辖异议,提交证据。④一审审前准备工作包括举证、收集证据、拟定诉讼策略,形成代理意见。⑤一审审理中的实务包括申请回避、法庭调查阶段的举证、质证,法庭辩论、提出最终代理意见等。⑥二审阶段的民事诉讼实务包括撰写上诉状、收集新证据,质证,准备代理词。此外还有民事裁判执行中的律师实务等。

律师刑事诉讼实务主要包括:①收案阶段的解答咨询、建立委托。②案件侦查阶段的与侦查机关建立联系、会见犯罪嫌疑人、视会见情况为犯罪嫌疑人申请取保候审,代理申诉、控告。③检察起诉阶段的查阅案卷、调查取证。④庭审阶段的阅卷、拟定辩护提纲,法庭询问、法庭质证、提交辩方证据,提交辩护词等。⑤二审阶段的代为提起上诉、审查证据、分析一审判决、参加开庭审理或者书面审理等。

律师行政诉讼实务主要包括:①收案阶段审查是否接受委托,审查争议的行政行为是否属于行政诉讼受案范围以及是否属于复议前置行政行为,审查行政行为是否在法定诉讼时效之内。②收案后撰写行政起诉状、确定原告和被告,确定具体准确的诉讼请求,收集证据,参加法庭审理,法庭审理期间进行举证、质证、法庭辩论、提交代理词。行政诉讼实务注意的主要事项有:行政诉讼中法律适用的规则、起诉不停止执行、行政诉讼二审的全面审查原则、限制新证据提出原则等。

四、律师非诉讼实务

律师的非诉讼实务,简称非诉实务,是律师接受公民、法人或其他组织委托,在其职权范围内依照有关法律、法规的规定,不与法院和仲裁委员会发生司法意义上的联系,直接为委托人办理某种法律事务的活动。在非诉业务中,律师可以运用其专业知识和丰富的纠纷解决经验,帮助当事人充分了解案情,掌握诉讼程序的具体特点以及具体适用程序,为当事人预判通过非诉活动获得的大致收益,帮助当事人做出合理的选择。随着社会和经济的发展,律师涉足非诉业务的领域越来越广泛。目前,律师非诉业务主要集中在法律咨询、法律顾问、律师见证三个主要的领域,具体内容见本书第十五章。

第二节 法律谈判

相较于对抗性强的诉讼,法律谈判作为一种协商对话、共赢和谐的纠纷解决方式,愈发受到人们的重视和推崇。法律谈判所具有的高效率、低成本、专业性、和解性等独特的优势逐渐被社会所认可。从本质上看,法律谈判也是一种解决问题的主要渠道,成为我们日常生活中的一部分。作为律师而言,熟练掌握法律谈判技能也是必备的专业素质。特别是“认罪认罚从宽”“被害人谅解”“民事赔偿达成和解”等制度进入法律后,包括公、检、法、律师等所有法律人都会用到法律谈判手段,因此法律谈判成为法律人的一项必备技能。

一、谈判与法律谈判

毫无疑问,法律谈判也是谈判的一种,具有谈判的一般共性,在学习了解法律谈判前有必要先了解下谈判的一般知识。

(一)谈判的一般知识

谈判是有关当事人就共同关心的问题互相磋商、交换意见、寻求解决分歧和问题的途径和达成协议的过程。

纵观人类社会,谈判是文明和进步的标志,因为谈判意味着由对抗走向协商,由追求单一价值转向实现多元价值。谈判存在于任何领域,较为常见的有政治谈判、商业谈判、外交谈判、军事谈判等,当然也包括法律谈判。无论哪种谈判都具有这样几个共性特征:

(1)谈判的前提存在分歧或者需要解决的问题。人类社会任何时间和环节都会出现矛盾和冲突,解决这些矛盾和冲突就需要采取行动或措施,谈判就是为了解决问题或者达成某种目标采取的行动。人们的需要既是谈判的基础,也是谈判的动机。

(2)谈判是两个以上的利益关联方或者利益冲突方的交际活动,只有一方是无法进行谈判活动的。尽管参与谈判的各方可能存在着实力、地位和力量的不对等,各方的自由选择度也有差别,但是无论过程如何,参与谈判的各方都有自主选择谈判方式和是否接受谈判合意的自由,在这一点上谈判与传达命令、法庭宣判等活动还是有区别的。

(3)谈判是人类社会文明进步的标志,是理性和理智的产物。实际上,解决纠纷和矛盾的方式有很多,简单粗暴的方式就是武力解决,这种原始简单的丛林法则带有巨大的破坏力,往往两败俱伤,玉石俱焚。躲避和逃跑虽然也能暂时回避矛盾,但过于消极,并不解决问题。相较之下,谈判通过综合利弊、理性协商权衡,往往能让矛盾各方达成一致,这样解决问题的方式成本最低、效益最好。

(4)谈判是一种协调各方行为的“互惠”过程,也是寻求建立或改善人际关系的行为。谈判的前提是各方希望通过和平理性的方式解决矛盾。谈判过程中,既有合作的一面也有冲突的一面,谈判合作的一面是各方都希望通过谈判达成对各方都有利的协议。冲突的一面是谈判各方都希望在谈判中尽可能多地获得利益,因此要讨价还价。互惠互利、皆大欢喜是一般的结局。那种企图一方全赢、另一方全输的谈判往往以谈判失败收场。

谈判的形式多种多样,按照谈判各方解除的方式,有直接谈判和间接谈判之分。前者不需要中间人介入,省去很多中间手续。后者谈判方不直接出面,需要通过中间人或代理人进行谈判。

谈判的议题商谈顺序可以分为横向议题和纵向议题。从谈判的结果看,有竞争性谈判、合作性谈判和双赢谈判。当然实际生活中,大概率是几种结果的混合。

(二)法律谈判

法律谈判是谈判的一种。在法律实务中,法律谈判广泛存在,比如民事侵权、订立合同、合同纠纷、离婚案件、交通事故等多种场合。从法律谈判发生的阶段看,在法律纠纷产生、发展、处理和预防的各个阶段都可能普遍存在。如前所述,解决法律纠纷的方式有很多,相较诉讼等方式,法律谈判可能是最简单、最方便、最经济、最有效的方式。

1. 法律谈判的特点

与其他谈判相比,法律谈判具有以下几方面的特点:

(1)法律谈判需要解决的问题是法律问题。现实生活中很多问题都具有自然属性、政治属性、宗教属性等。在法律社会,这些问题同样也可能成为法律问题,比如土地的归属,对所属土地享有哪些开发的权利都与法律规定有关,属于法律问题,因此法律问题的普遍性决定了法律谈判的普遍性。

(2)法律谈判的标准是法律。可以说不同的谈判,标准也不尽相同,商业谈判的标准是看是否营利,道德谈判的标准是是非对错,外交谈判的标准是外交关系,那法律谈判的标准就是法律,即准确适用法律为谈判基础。从某种意义上,法律谈判就是给纠纷各方当事人充分阐述法律根据和观点,论证各自意见合法性的过程。

(3)法律谈判在多数情况下需要法律专业人员参与或辅助。社会生活中涉及法律谈判的场合非常多,从邻里纠纷到公司股权确认等,在这其中,由于许多人不具备法律专业知识,因此往往需要法律职业者参与其中,提供帮助。并且这些法律专业人员的参与往往会帮助当事方了解法律规定,认清法律后果,把握事实法律定性,从而加快达成合意。

2. 法律谈判的作用

法律谈判是人类文明的一个标签,是在法律文化基础上发展起来的法律文明。法律谈判的作用主要表现为以下三个方面:

(1)可以自由地体现双方或多方当事人的意志。谈判是建立在当事各方自愿基础上的纠纷协商解决方式,谈什么、如何谈、如何设置底线,都是当事人的自由选择。相较而言,诉讼或仲裁的程序和过程都是由别人(法官、仲裁员)把控,不能随意说话、走动,自由空间远不如法律谈判。

(2)法律谈判可以快速、经济地解决纠纷。法律谈判是由当事方自己决定时间、地点和程序,可以分步进行也可以整体协商,不仅能节省诉讼费、代理费、保全费等各种费用,还可以节省大量时间,大大降低时间成本和机会成本。

(3)能兼顾各方利益,达到案结事了。法律谈判虽然不一定都能做到双赢或者多赢,也有没有达到各方满意的情况。但是法律谈判的结果输赢都在明处,即使没有达到目的也算输了个明白。相较于诉讼这样独立第三方介入解决纠纷,最困难的是让第三方设身处地地替当事人着想,往往判决的结果各方不满意或单方不满意。而法律谈判结果是自己谈的,输赢赔赚往往容易接受,容易达至案结事了。

二、法律谈判的步骤

从一般的情况看,常规的法律谈判主要阶段可以分为四个:准备、开局、对局和终局。也有学者将法律谈判分为六个组成部分,分别是谈判准备、开局、报价、对方报价、讨价还价、终局。从具体的类型看,有学者把法律谈判分为进攻型、协作型和解决问题三种[①]。下面就以法律谈判主要的两个大的阶段——谈判准备和谈判过程,介绍下法律谈判的主要步骤。

(一)谈判准备

1. 组建谈判团队

实际上,任何一次有效的谈判,组建一个合适、高效的谈判团队是谈判成功的关键。当然,组建谈判团队的具体情况取决于谈判解决问题的难易程度。根据法律谈判所需准备,谈判团队的组建至少需要一个掌握事实和经过的人员和一个熟悉法律的人员,再根据需要增加其他人员,这就是俗称的“1+1+N”基本模式。二人谈判团队要明确主次分工注意相互配合;三人以上的谈判团队,就要明确负责人,防止各自为战、互相拆台、出尔反尔。总体上各方参与谈判的人数要大致相当,如果一方参与人数远远超过对方,往往会给对方造成心理压力,不容易达成谈判成功。

2. 摸清事实与争议

谈判团队组建完成后第一件工作就是摸清事实和争议。在了解事实和经过的过程中,顺藤摸瓜,把证明这些事实的证据都收集起来,形成证据链,并且将事实和

---

① 韩德云,袁飞. 法律谈判[M]. 北京:法律出版社,2018:20.

经过通报团队成员，做好内部沟通，这样才能保持对外一致。

3. 确定谈判目标和谈判策略

确定谈判目标和谈判策略就是根据已有的证据和事实，确定达成的法律效果和选择最有利于己方的思路和方法。首先要确定的是谈判目标，谈判的目标往往有多个，有理想目标、可接受目标和最低目标。只有确定目标，才能检验谈判效果，确定对谈判人员的授权。在最低目标范围内，授权谈判人员灵活机动地处理问题，当对手开价低于目标时，可以终止谈判，另选其他方式，避免浪费时间。其次是确定谈判策略。是选择主动进攻还是见招拆招的防守，这取决于各方所处的法律地位、掌握的证据等具体情况。一般而言，被害人、原告方会主动进攻、主动要价，过错方一般会采取防守策略，可以说正确选择谈判策略，对最终的结果会有质的影响，需要慎重，更需要智慧。

4. 把握恰当的谈判时机

在确定谈判的目标和策略后，选择对己方最有利的时机就很关键了。从预防纠纷的角度看，尽可能在萌芽阶段进行谈判，避免增大损失，比如作为乙方建筑施工方如果因材料运输、环保等原因不能如期完工，就要选择在逾期前与甲方谈判，这样容易获得对方谅解。但有些案件，谈判却不宜过早，比如侵权之初损害责任尚未确定而对方漫天要价时，双方各执一词，过早谈判往往无功而返。总体上，谈判时机取决于当事人心理和外在行为的准备程度，同时也与其他客观条件密不可分。在重大法律事件或重大法律行为发生以前，是否应该开始谈判或重启谈判就需要慎重考虑，如果错过时机往往会付出更大的代价。比如诉讼理亏的一方尽可能在一审判决之前做出让步和妥协，否则一旦判决作出，再谈代价会更高。比如在刑事附带民事的诉讼过程中，被害人进行民事赔偿的谈判最佳时机就是一审判决前，如果谈成，获得被害人谅解就会为后续判决产生有利影响。

（二）谈判过程

根据法律谈判需要解决的法律纠纷的难易程度，谈判过程也有长有短。短的几十分钟就可达成协议，长的数月甚至数年反复多次谈判还不一定达成一致的意见。常规的谈判过程可以分为开局、各自陈述、讨价还价、终局四个阶段。

1. 开局

开局是谈判的开始，或者是谈判的开始阶段。好的开局，往往可以营造一个真诚交流的氛围，有助于各方达成一致。为此，开局应注意在谈判场地的布置和选择上，一般采取对等和平等的原则安排座位，不能有主客场和高低贵贱之分，谈判前做好联络沟通，以及必要的寒暄问候，营造良好的谈判氛围。

2. 各自陈述

谈判的真正开始阶段是各自陈述。在各自陈述过程中，各方阐明各自的主要诉求和主张、观点、理由、解决问题的思路等。通过各自陈述，可以相互了解对方的真实意图和诉求。这是谈判的起点，因此一般而言，在各自诉求阶段，各方需要把全部诉求和盘托出，不能遮遮掩掩、得陇望蜀、出尔反尔。陈述内容还应包括事实经过、主要证据，支持己方主张的法律依据。各自陈述视情况可以一轮也可以多轮，确定各方的主要目标、关键分歧和焦点问题，并围绕分歧和焦点展开协商，不至于驴唇不对马嘴，不在一个问题层面争论。

3. 讨价还价（磋商）

法律谈判讨价还价的过程就是磋商。依照法律规定，任何一方均可提出、变更请求，也可以放弃请求或部分请求；另一方也可以反驳、承认对方请求。法律谈判过程的讨价还价实际上并不局限于金钱的数量和价格，泛指一切有利于己方的主张或利益，如产品质量、违约责任、交货地点、免责条款等。在磋商过程中，一般不能超过陈述上限增加请求（俗称的得寸进尺、临时加价），同时讨价还价过程中需要有法律和事实根据，不能对当事人不能处分的内容讨价还价，比如违法的合同不受法律保护、刑事责任或是否构成犯罪不能进行串通。磋商过程中，可以通过对方讨价还价的力度和努力程度，判断对方的谈判预期，如果不想谈判破裂，总需要一方或者双方做出让步来打破僵局。谈判过程中一步不让的人，要么是借谈判拖延时间，要么是对谈判达成一致不抱希望。

4. 终局

终局是谈判的结束。终局有两种结果：一是谈判成功达成协议，二是谈判破裂各奔东西。当然达成协议的谈判也可能单方满意、也可能多方共赢。一个谈判何时终局，往往考验谈判组织者的智慧和水平。从心理学的角度，各方都希望实现己方利益的最大化，因此终局时机的把握就是对自己利益最大化的把握和对方心理预期的把握。很难有确定的标准。一般而言，达到如下条件就可以考虑结束谈判：第一，对方主张没有法律和事实依据，且经过辩论磋商后既不提出新的理由也拒不让步。第二，不谈事实和法律，只是一味以暴力、胁迫等违法手段逼迫对方让步。以上两种情况没有平等协商，不是真正的谈判，多谈无益。第三，达到谈判可接受的目标且让步的条件属于可接受的范围之内，尝试更有利的目标被拒绝。第四，各方诉求都得到满足。后两种的终局一般意味着达成一致，需要签署书面和解协议或者谅解备忘录等具有法律约束力的文件。让各方谈判代表签字，注明和解生效的条件和失效的条件。即便是未能达成一致的谈判，也尽可能将各自的要求、主要观点和理由相互确认后存档备查，改变“谈判不成不留记录”的老做法。

三、法律谈判应注意的问题

业内有不少介绍法律谈判时，常把谈判技巧列为重点，津津乐道于“声东击西”“欲擒故纵”等“谈判三十六计”，其实法律谈判的这些所谓技巧，离开了法律谈判的事实和法律基础以及委托关系，都是舍本逐末。因此有必要强调法律谈判的基础和根本性问题。

1. 尊重事实和证据

以事实为根据,以法律为准绳是任何法律纠纷解决都必须遵循的基本原则。在法律上,真实的事实最终多大程度上得到法律的确认成为法律事实,关键靠证据。法律谈判首要的问题就是用证据还原事实,先确认哪些是当事各方认可的事实,哪些是有争议的事实。进行举证和质证时,需要突出有利于己方的事实证据和不利于对方的事实证据,一定要面对客观证据事实,该认可的认可,该辩驳的辩驳,不能胡搅蛮缠。

2. 注意文明和礼节

法律谈判的各方利益相互对立,谈判过程更有可能互不相让,针尖对麦芒,这时候往往需要控制情绪,避免污言秽语人身攻击,否则情绪的宣泄只能激化矛盾,使谈判无法进行,让所有的努力化为乌有。谈判是文明的标志,也是当事人理智的选择,智慧的较量。不管谈判结果如何,开始谈判注意必要的礼节是取得成功的第一步,因为礼仪的核心之处就是保持诚实守信的态度,这是谈判成功的基础。不说谎、不造假、不欺瞒,往往会取信于人,容易获得对方的信任和谅解,否则如果被发现有恶意欺骗、恶意串通,甚至侮辱谩骂威胁胁迫,裂痕就会加深,往往会导致谈判破裂。

3. 忠实委托人的合法利益

法律职业者受托谈判必须忠实于委托人的利益。这就要求,必须明确授权委托的范围,保守团队的秘密,借以确定委托人的谈判底线,哪些结果可以接受,哪些结果不能接受,不能越俎代庖,擅自替委托人做主。一定要知道委托人的核心利益,哪些是可以用来交换的和让步的利益,并且保守这些秘密,不能为了获得好处泄露给对方。谈判成员从谈判对手处获得任何利益或者好处,都是对委托人信任的亵渎,情节严重的将构成犯罪,承担刑事责任。

第三节 法律文书写作

法律文书是法律人进行沟通的书面语言。文本属性兼具应用文和议论文的特点:一方面要把事情说清楚;另一方面还要把道理说透彻。写好法律文书需要两个基本条件:一是书面语言表达能力,二是法律基础知识。当然真正写好法律文书还需要多练笔。

一、法律文书的概念

关于法律文书的概念,不同教材内涵与外延的范围也有所不同。有学者认为:“所谓法律文书,是指在司法程序中,司法机关和公证、仲裁机关处理各种普通案件和特殊诉讼案件时使用的或制作的，以及案件当事人、律师自书或代写的，具有法律效力或法律意义的文书总称。”[①]这里作者总体上限定了法律文书的范围，将法律文书等同于诉讼（仲裁）文书。也有学者从更广的角度定义法律文书，认为法律文书是“实施法律的载体和工具，是法律行为主体在法律规定的条件下，为规范行为，实施权利、履行义务或行使职权而制作的具有法律效力和法律意义的文书总称”[②]。也有学者以法律写作代替法律文书，以避免与高校本科法律文书课程的重复。[③]

结合法律实务的具体实际，我们认为法律文书采广义说比较合适，即认为法律文书是用来记载法律事实、固定法律证据、表达法律愿望和诉求、阐明法律态度和后果的书面意见和材料。

从制作的主体看，法律文书可以分为法院法律文书、检察院法律文书、律师法律文书、公安法律文书、公证法律文书、仲裁法律文书、当事人法律文书等。总体上，法院、检察院与公安的法律文书从形式到内容要求最高，格式有国家强制规定，律师、公证、仲裁的法律文书发挥的空间更大一些。法律业务的多样决定了法律文书的多样性。但为了管理和统计的需要，法律文书的格式有国家强制规定或行业认可的规范。1988 年国家出台《国家行政机关公文格式》（GB/T 9704－1988），1999 年、2012 年进行了换版和更新。最高人民法院于 2016 年 8 月起施行《人民法院民事裁判文书制作规范》，最高人民检察院也发布了类似文书规范。限于篇幅我们不再列举详细的法律文书写作规范，但是需要注意的是，法律文书制作不是简单的写作课程，也不是法律知识的堆积，需要了解行业规范和内部规定，注意形式与内容的有效与完整。

二、法律文书的作用

法律文书是法律活动留给客观世界的法律烙印。法律文书的作用主要表现为以下几个方面：

（1）法律文书是法律活动的记录和载体，是法律活动的基石。法律文书能够完整记载我们的法律活动，一个动作、一段语音都可以通过法律文书固定重现。离开法律文书，所有的法律活动将无所附着，失去意义。法律文书是法律活动的基石，是用书面语言记录的法律活动，通过法律文书，可以感知各方观点和态度，是法律活动进行的基础。

---

① 陈卫东，刘计划. 法律文书写作[M]. 北京：中国人民大学出版社，2016.

② 周萍. 法律文书实务教程[M]. 北京：中国人民大学出版社，2013：1–3.

③ 许身健. 法律诊所[M]. 北京：中国人民大学出版社，2017.

(2)法律文书是法律规范与具体个案的结晶,具有相应的法律效力、产生相应的法律后果。法律条文或者法律规范是对社会生活的概括和抽象,具有一般性和普遍性。具体案件产生于特定的时间和空间,具有个别性和特殊性。法律文书实际上就是将一般的法律应用于特殊的案件之中的过程。法律的约束力就是通过适用法律并执行法律文书才得以体现的。

(3)法律文书是主观和客观的结合,是相关法律职业人员法律水平和工作质量的反映。法律文书是对客观法律活动的记载,法律语言不同于文学语言,要结合案件证据描述事实,在关键事实点上不容杜撰和假设。但是即使一个简单的事实描述,也会因记录者不同的心态和突出的重点不同呈现出不同的面貌,同样的证据,经过使用者的主观加工,会给人不同的印象。法律文书制作的过程也是一种创作过程,是一种在尊重证据事实、尊重法律基础上的描述和分析。其质量反映出制作者的法律水平,也是评估和考核相关法律人员的依据,比如法院系统每年会有裁判文书评比等。

三、法律文书的语言

法律文书通过文字语言进行表达,因此文书起草人应具有较好的文字功底、较强的语言组织能力以及较广的法律知识。由于法律文书能够直接产生法律效力,因此很多优秀法律职业者起草时往往字斟句酌、反复推敲。综合来看,法律文书应当具有准确性、周密性、简洁性和通俗性。

1. 准确性

法律文书的准确性是指法律文书的语言表达要明确具体,不能产生歧义、模棱两可。文书语言要求排除夸张、渲染性语言,讲究语言的朴实恰当确切。名词要有准确的定义,比如,“公共财产”“重伤”“劳务合同”都要求准确。人称代词或者计量单位必须合法。人称代词能够节省语言,但需要注意的是同样的人称代词在不同语境下表达不同的意思。比如“其”就指代颇多,应尽量少用。表示重量的单位尽量用千克、公斤、吨,不用“石”“斗”等。当某个新型网络语言尚未形成行业共识时,法律文书要谨慎使用。

2. 周密性

法律文书语言的周密性是指文书表达的意思必须完整,符合逻辑和语言语法规范。从语言的基本语法看,一句话应当有主语、谓语和宾语,定语、状语、补语的使用要合乎语法要求。有可能引起各种歧义的语言也应不用或者少用,比如“大概”“也许”“可能”等,还有一些可能出现争议的词“以上”“以下”“以前”“以后”等,要说明是否包含本数。语言逻辑上的周密还要注意逻辑上的各种可能性,做到不遗漏、不偏颇。比如出租人违约包括多种情形,不交付、迟延交付或交付的出租物不符合合同约定都是违约,这就要具体说明各种违约的责任,而不是笼统地概括了事。所以，在起草合同或者协议时，一定要考虑到各种情况以及相应的处理，否则就会十分被动。

3. 简洁性

法律文书的语言应做到文字简练、言简意赅，以尽可能少的文字表达出最完整的意思。表面上看，法律文书语言的简洁与周密好像矛盾，其实这种表面的矛盾恰恰是法律文书内部统一的表现，简洁性与周密性互为前提，互相补充。缺乏周密性的简洁必然产生歧义，遗漏必要的内容，不是真正的简洁；缺乏简洁的周密必然啰嗦反复，浪费时间。只有简明清晰、通俗易懂、语言朴实庄重，才能避免歧义、清楚明白、提高效率。法律语言的庄重性还要求避免使用文学修辞上的渲染、夸张、拟人、比喻等，这避免了让人不明就里，不明不白。

4. 通俗性

法律文书的通俗性是指法律文书的语言文字必须做到大众化、普通化，要使一般人看得懂，不识字的人听得懂。因为法律文书毕竟是表达意见、态度和传递想法的工具。让人听得懂、看得明白是基本要求，不能晦涩深奥。因此法律文书的要求使用国家推广的普通话为表达语言，禁止使用文言文或者诗歌语言。法律文书尽可能书面化，不得使用方言、土语和口头语。法律文书语言尽量少用否定语气，基本不使用反问、设问、感叹、双重否定等加重语气感情色彩的表达方式。也尽量不用倒装、祈使句、插叙等文学叙事手法。本书在具体法律实务的介绍中也有进一步介绍相关的审判文书、律师文书的问题，因此不再具体赘述。这里就附录网上公布的一起张扣扣故意杀人案的公诉书和辩护词作为法律文书的参考。

附录1：

陕西省汉中市人民检察院公诉意见书

被告人：张扣扣

案由：故意杀人罪、故意毁坏财物罪

起诉书号：（略）

审判长、审判员、人民陪审员：

2018年2月15日，正值农历年三十，人们都处在欢度春节的喜庆、祥和气氛中。被告人张扣扣故意杀人、故意毁坏财物案，因其作案手段特别残忍，情节特别恶劣，危害后果特别严重，引起了当地人民群众的惊愕恐慌，更是引发了全国人民的震惊和广泛关注。

案件发生后，检察机关高度重视，在随后的审查逮捕、审查起诉过程中，严格执行各项办案规定，遵守办案期限，以程序合法确保案件实体公正。

根据《中华人民共和国刑事诉讼法》第一百八十九条、第一百九十八条和第二百零九条的规定，我们受陕西省汉中市人民检察院的指派，以国家公诉人的身份出席今天的法庭，支持公诉，并依法履行法律监督。现对本案证据和案件情况发表如下意见，请法庭注意。

一、被告人张扣扣犯故意杀人罪、故意毁坏财物罪事实清楚、证据确实充分

通过今天的当庭举证，我们已经充分证明了起诉书指控的被告人张扣扣的犯罪事实。

1. 现场二十余位群众目睹了被告人张扣扣行凶及毁坏财物的全过程

案发时正值2018年大年三十的中午，三民村村民祭祖返回之际，被告人张扣扣头戴黑色长檐帽子、面戴深色口罩、脖缠粉色T恤，突然窜入人群，手持事先准备的单刃尖刀，首先对毫无防备的王正军进行割喉、捅刺致其倒地；在众人惊慌逃散时追上王校军捅刺其胸部，并将其追至路边水沟中反复戳刺其要害部位，将其杀死后又迅速返回对王正军进行第二次捅刺；接着窜入王自新家院中，对王自新反复捅刺致其当场死亡。后返回自家，取出事先准备好的菜刀及自制汽油燃烧瓶，到被害人王校军的小轿车停放处，对该车进行砍击、燃烧，并对前来阻止的村民持枪威胁。上述各细节过程均有多位证人予以证明。

2. 收集在案的多组客观性证据可以锁定本案系被告人张扣扣所为

在被告人张扣扣所穿衣物上分别鉴定出了三被害人的血迹，证明这些血迹是张扣扣在三处不同地点连续向三被害人行凶时喷溅所致。在张扣扣指认下打捞出的作案工具单刃刀上检出两人以上血迹，该隐蔽性证据证明其为张扣扣杀害三名被害人时所持凶器，并于案发后被其丢弃；在烧损车辆后座上提取的菜刀上检测出张扣扣的血迹，证明张扣扣是在连续用力向三名被害人捅刺时致自己手部受伤，后又手持该菜刀击打毁损被害人车辆的事实。以上物证分别经被告人、相关证人的辨认予以确认，与鉴定意见相互印证，能够确认是被告人张扣扣实施了本案的犯罪行为。

上述证据结合现场勘查、尸检鉴定意见、相关证人证言及被告人供述等其他证据，已形成完整的证据锁链，充分证明了起诉书所指控的被告人张扣扣故意杀人、故意毁坏财物的犯罪事实。

二、被告人张扣扣犯罪手段特别残忍、后果极其严重，社会危害性极大

1. 本案是一起有预谋、有准备的严重暴力犯罪

被告人张扣扣作案前几日便通过其家中窗户观察分析被害人一家的活动情况。在掌握了被害人一家的进出活动规律之后，伺机作案。先后在集镇上购买了单刃刀、玩具手枪。考虑到被害人可能驾车躲避，又借用他人摩托车，从中抽出汽油做了多个燃烧瓶。同时还准备了用来伪装自己的口罩、长檐帽等物品，精心地进行犯罪准备工作。案发过程中，被告

人持单刃刀，直接对三名被害人致命部位进行反复捅刺。当王校军被刺倒后，又返回对已经倒在血泊中的王正军继续进行捅刺；在连续多刀捅刺年过七旬的王自新之后，怀疑其倒地装死，又扯开其衣领，在脖颈补刀。尸检表明，被害人王正军身中24刀，王校军身中9刀，王自新身中16刀。这49刀主要围绕被害人的胸、腹、颈部等要害部位，足见其杀人犯意之坚决，作案手段之凶残。

2. 本案是一起社会影响极其恶劣的恶性案件

被告人张扣扣选择的作案时间是中国人最重要的传统节日春节，在年终岁满的大年三十的正午；其选择的作案地点是在村委会旁、村民返乡回家的必经之路上；其选择的作案时机是在大多数村民阖家团圆、祭祖回乡之时；在光天化日之中、在众目睽睽之下、在老弱妇孺之前，刻意伪装、公然行凶连杀三人，其恐怖的行为造成周围群众惊愕、恐惧和逃散。又在纵火烧损汽车之后，掏枪威胁前来劝阻之人，并在作案后潜逃。其极大的人身危险性，也给人民群众心理蒙上了阴影，也给社会造成了巨大的恐慌。

三、被告人张扣扣主观恶性极深，罪行极其严重，应当依法予以严惩

纵观全案，无论是犯罪前、犯罪中，还是犯罪后，其藐视法律实施暴力犯罪的故意坚决，甚至至今仍无任何悔罪表示，足见其主观恶性之深。

1. 作案前，其选择的作案对象不仅仅是三名被害人

张扣扣曾多次供述“本来我想等老二回来一起动手报仇，但是老二一直没有回来，我等不及就动手了”。事实上，从其犯罪预备来看，其就是在等待被害人全家祭祖时，四名男性同时在场的杀人时机，其杀害对象还包括王家二子王富军，只是王富军因故一直未返回，张扣扣才未能得逞。

2. 作案后，投案并非其接受法律制裁的真实意思表示

在投案后其供述“从我作案之后我一直都在逃跑，躲避你们民警对我的抓捕，我逃跑累得没办法了，身上又没有钱和吃的东西，以我的性格是不会束手就擒的，我选择投案主要是身上没有钱，如果有钱的话我肯定不会投案，我能跑多远就跑多远”，可见其投案只是出于走投无路，在本人没有钱财证件、没有可以信赖的亲朋、同时又受到公安机关布网抓捕的客观压力下，才做出的被迫之举。

3. 到案后，故意误导侦查，浪费司法资源

张扣扣起初对于杀人凶器的去向故意作虚假供述，误导侦查人员耗费大量人力物力财力在错误的地点进行打捞，其目的是“我随便说个地方让你们警察慢慢去捞，鹿头堰水域比较复杂，水面比较大，打捞比较困难，给你们警察增加工作难度，反正就是不想让你们捞到刀，好毁灭证

据”，足见其对抗侦查，不愿悔罪，浪费司法资源的恶意。

4. 时至今日，被告人仍无任何悔罪表现

被告人张扣扣当众行凶杀害被害人三人，应当认识到任何人都无权非法剥夺他人生命，应当认识到其行为会造成被害人家属的极度痛苦，应当认识到其行为造成了群众的恐慌不安，破坏了安定祥和的节日氛围；应当认识到其行为严重破坏了社会秩序和社会和谐；对此，被告人张扣扣应当对被害人亲属表示忏悔，应当对父老乡亲表示忏悔。但是被告人张扣扣直到今日庭审，仍然坚持其所谓的“报仇有理”，认罪但不悔罪。

以上四点表明，被告人张扣扣虽当庭认罪具有自首情节，但其主观恶性极深，犯罪后又无悔罪表现，属于罪行极其严重的犯罪分子，不足以对其从轻处罚，应当依法予以严惩。

四、被告人张扣扣走向犯罪的根源

案件发生后，被告人张扣扣称其杀人是“为母报仇”，其父张福如、其姐张丽波也向媒体宣称是由于1996年其母被杀、判案不公引发本案，事实真相真是如此吗？

1. 揭示本案的犯罪根源，需要了解被告人的工作生活经历

被告人张扣扣初中毕业后即外出打工，期间曾因找工作被骗；2003年服役两年后的张扣扣回乡，用曾经辛苦劳作积攒的钱款，两次帮助家里修建新房，但这与其想要有钱有车，能够自驾游的目标相去甚远；为赚取更多钱财，其选择与他人合伙做生意，辗转于安徽、河南等地时，却又两次被传销所骗；后由于被告人自身文化程度不高、学习适应能力不强、也无一技之长，虽然在杭州等地打工，还是收入不高，不能满足其旅游爱好。后为能尽快挣大钱而远赴阿根廷、斐济，在远洋货轮上打工，但仅三个月就因工作环境艰苦、收入比预想要低，又与同事交恶等原因，于2017年8月返乡；至案发前，其再未外出打工。在家期间，又因未成家、需要钱交电费、修房子等琐事与其父多次争吵。

纵观张扣扣工作生活经历，不难看出随着我国经济的高速发展，外出打工、经商都会面临各种困难和挑战，需要不断丰富自身知识储备、增强竞争意识、提高自身技能、增加社会经验来应对。但张扣扣对自身能力认识不清，遇到挫折后不从自身寻找原因，反省自身的短板和不足，没有通过改变和提高自我来适应当下的竞争环境，反而好高骛远，一蹶不振，正如其供述的“打工打工，两手空空，穷得只剩一条命了，对未来看不到希望，对人生也迷茫了”。

2. 揭示本案的犯罪根源，需要探寻被告人的真实心理活动

被告人张扣扣遇到挫折不能正确面对，他自己供述“我在外面打工好多次被骗，生活工作也不太顺利。这个社会没有人情味，人与人之间没

有信任感。从我被骗以后，我不相信任何人，我只相信钱，因为钱是万能的，所以我就想办法挣钱，没有挣到钱，加上我多次外出旅游，相当花钱，手头上也没有多少存款，思想压力非常大，经常晚上睡不着觉”。这说明张扣扣已经因其工作生活的不如意，陷入了金钱至上的错误观念。后在其二次返乡之时，因为无法自我排解而将负面情绪完全归结于他人，陷入了更大的错误逻辑之中。他说：“我是一个不甘平平凡凡过一辈子的人，如果平凡过一辈子还不如死了。那天我在我家窗口又看到王自新的三儿子王三娃，我当时就在想我妈22年前被他用棒打死，王三娃认为这个事情对他来说过去了，但是对我来说这事还没有结束。我认为报仇的机会来了，于是我就产生了把王三娃杀了的想法。”可见此时的张扣扣已经因为没有宣泄途径，而选择了被害人一家作为宣泄对象。他其实是打着“为母报仇”的旗号，掩盖其宣泄工作生活不如意之实；其杀人动机的产生并非是由“96年案件”引起，而是因为其自身原因，对生活现状不满，对未来失去信心，为宣泄其情绪所寻找的出口，所以其才供述“如果我生活过得好了，自己有钱娶妻生子了，也不会发生今天杀人的悲剧。”对此，其姐张丽波也证明：“我弟弟张扣扣如果早点结婚成家了，就不会发生杀人的事情了，他自己有家庭了，心里头就有牵挂，做事情考虑的就多了。”所以说，“96年案件”只不过是张扣扣杀人的借口而已。

3. 揭示本案的犯罪根源，需要明辨“96年案件”的事实真相

1996年案件在本案案发之后，经过张扣扣家人申诉和上诉，已经由汉中市中级人民法院和陕西省高级人民法院两级法院审查，认定“96年案件”判决依法有效，不存在司法不公的问题。两级法院依照法律规定，均对该案进行了实体部分和程序部分的复查，对包括媒体关注的如“张福如申诉原审判决内容是什么、案发时王正军是否是未成年人、是否存在他人顶包的情形、对王正军为何以故意伤害罪定罪、是否存在影响公正审判的情形、赔偿款是如何确定的、王正军为何被准予假释”等问题均进行了审查，并依法作出裁定，刚才质证环节也已经详细出示。我院也本着实事求是、客观公正的态度对“96年案件”进行了调卷审查，对其事实认定是否准确、证据是否确实充分、适用法律是否正确、量刑是否适当、服刑是否符合法律规定，均进行了核查，未发现任何不当之处，与两级法院对该案刑事部分的认定结论相一致。

“96年案件”系邻里之间的琐事引发，张扣扣母亲汪秀萍先向王富军脸上吐唾沫，引起争吵后又先持扁铁打伤王正军头面部并致其流血，王正军才临时起意从现场捡起木棒，向其头部击打一下，之后再无其他加害行为。这些事实都有张扣扣的父亲张福如、姐姐张丽波及其他数名目击证人证明，且张丽波证明王正军与她同岁，当时未满18周岁。故原审判决

认定被害人张扣扣之母王秀萍有过错无疑，认定伤害行为系王正军实施不存在顶包问题无疑，认定王正军作案时系未成年人无疑，对其以故意伤害定罪适用法律正确，对其处以七年有期徒刑的量刑适当。这说明无论是对现在还是对过去的案件审查，司法部门都是以事实为依据，以法律为准绳，让证据来说话，而非任何个人的主观臆断。对于22年前"96年案件"，有6名现场目击证人的证言都一致，其中包括张扣扣的父亲张福如、姐姐张丽波。为何现在因为张福如、张丽波做出与当初证言完全相反的陈述，就引起了对"96年案件"的质疑？这些质疑很多都是对事实的误解。为何在22年前，张家任何人都未对案件的任何问题提出质疑？为何张扣扣之姐张丽波明知王正军当年不满十八岁，却在现在质疑其年龄？为何在本案案发后张丽波和张福如向媒体做出与之前完全相反的陈述？显然，在"96年案件"判决刑事部分处理没有任何问题的情况下，张扣扣家人提出的这些质疑理由，其根本目的不是针对原"96年案件"，而是为张扣扣杀人所寻找的借口。

所以，以上所揭示的张扣扣犯罪根源的三个方面，足以说明本案系多因一果。张扣扣将自己生活工作中的种种不如意完全归结为其母的死亡和王家人所为，在这种荒谬逻辑下，在这种严重扭曲的心理支配下，最终用这种违法天理、国法、人情的，极端残忍的方式，来发泄自己对生活的不满，来逃避现实中的困境，这才是张扣扣杀人的真实动机所在。

五、本案的警示教育

本案之所以受到媒体和社会公众的高度关注，其焦点问题就在于本案和"96年案件"的关联性，"为母报仇"是否是其杀人动机？"96年案件"是否存在司法不公？这两个问题引起社会大众的广泛关注，而网络上的大多数讨论也是没有任何证据基础的，基于证据和事实的法律判断，才是现代文明社会对于任何不法行为应有的态度。围绕这两个问题，公诉人以本案的事实证据为基础，结合本案特点提出如下意见。

1. 极端自私的个人"恩仇"，绝不是凌驾于法律之上的借口和理由

本案的被告人张扣扣实施其所谓"为母报仇"的杀人行为，是我国刑法严厉禁止的犯罪行为。众所周知，杀人行为根本没有对错之分，法治社会只能用法律的手段来解决矛盾和问题，任何人都无权使用法律之外的手段来惩罚他人。如果人人都把自己当作正义的使者滥用私刑，那么人人都可以枉顾法律，任意犯罪，如此社会秩序如何稳定，社会和谐如何实现？以牙还牙，以暴制暴，只会让社会处于混乱和无序的状态，必须坚决杜绝。如果给连杀三人的张扣扣贴上"为母报仇"的"英雄标签"，那就混淆了一个法治社会基本的是非观念。

更何况本案的被告人张扣扣只是以"替母报仇"为借口，来肆意宣泄

自己的压力和生活不如意的怨气。如果每个人在遇到挫折、困难、不快时，不寻求正当合法的途径解决问题，而是违背法律规定、打击报复他人或社会，那还有何安全感可言？在法治社会中，善良公允的行为准则从来都不是快意恩仇，不是个人好恶，而是体现群体共同意志的良法之治。

2. 促进司法公信力提升，推进国家法治进程，需要大众、媒体更加合法、理性，有效参与

该案发生至今，大众通过网络参与度极高，体现了人民群众的法治理念在不断提高。司法机关也将群众监督与舆论作为提高司法公信力的“加速器”，因此，我们司法机关也要始终将事实和法律作为我们坚守的原则，让人民群众在每一起案件中都能够感受到公平正义。但是，法治社会的建设，良好秩序的维护，司法公信力的树立，不仅仅需要司法机关的公正司法，也需要大众共同努力和维护，需要大家用理性平和的视角来观察，不要想当然地提出质疑。

例如在本案当中，被告人张扣扣的父亲张福如、姐姐张丽波在案发后，发表一些与“96 年案件”真相不符的言论，引发了大家的各种质疑，造成了恶劣的社会影响。今天，我们已经当庭揭示了本案的事实真相，当再次面对其他案件时，我们应该有怎样的反思？在试图去了解、探寻真相的同时，除了好奇心、同情心，我们是否更需要平和的心态、理性的认识、严谨的思考和对未知的敬畏？面对那些我们没有亲身经历的司法案件，我们能否不再轻信那些没有证据支持的猜测和推断，不再轻信谣言、传播谣言？我们能否擦亮双眼，对那些杜撰案情、利用我们朴素的正义感来恶意炒作的行为坚决地说不？尤其是对那些血腥暴力、恐怖惊悚、网络谣言、“标题党”、仇恨煽动等负面有害信息清晰辨别、坚决遏制。

我们相信，通过广大人民群众、法律工作者、各级司法机关、职能部门与舆论宣传媒体等的共同努力，公众对法治的信仰和司法的公信力将会不断提高，全面依法治国的目标才能早日实现。

附录 2：

张扣扣被控故意杀人、故意毁坏财物案一审律师辩护词

汉中中级人民法院，合议庭的各位成员：

张扣扣被控故意杀人罪、故意毁坏财物罪一案，今天迎来了正式开庭。在我开始阐述辩护观点之前，请先允许我对逝去的三条生命致以最诚挚的哀悼，对被害人家属表示最深切的同情和慰问。今天我的辩护意见，不能在任何角度或任何意义上被解读为对逝者的不敬或挑衅，也不能在任何角度或者任何意义上被理解为对暴力的推崇或讴歌。

英国早在 14 世纪就确立了正当程序原则。其中内容之一便是：任何

人在遭受不利对待之前,都有权要求听取自己的陈述和申辩。正是基于这一古老而朴素的正义理念,今天,我才出庭坐在了辩护席上;也正是基于这一古老而朴素的正义理念,今天,我们大家才得以坐在这里。

我深信,不管是什么案件,不管是什么人,都应当依法保障他本人以及他委托的律师的辩护权利。这种保障,不仅仅是准许他说话,不应该只是一种形式上的保障。这种保障,应该是一种实质上的保障,即:充分听取辩护意见,并认真采纳其中合理的部分。

法律是一整套国家装置。它不能只有形式逻辑的躯壳,它还需要填充更多的血肉和内涵。今天,我们不是为了拆散躯壳;今天,我们只是为了填补灵魂。我的辩护共分为五个部分:

01 这是一个血亲复仇的故事

那些发生于童年时期的疾病是最严重、也是最难治愈的。——(奥地利)西格蒙德·弗洛伊德

时间必须回到1996年。这一年,张扣扣年仅13岁。汪秀萍,张扣扣的母亲,被王正军用木棒打死。母亲被打后,倒在了张扣扣的怀里。张扣扣眼睁睁地看着母亲在自己的怀里断气、死去。在会见张扣扣的时候,张扣扣告诉我,有三个场景深深印刻在他的脑海,令他终生难忘、时常浮现:一是王正军打他妈妈的那一棒;二是妈妈在他怀里断气的时候,鼻子、口里都是血,鲜血在喉咙里面"咕咕咕咕"地作响;三是妈妈的尸体在马路上被公开解剖,现场几百人围观。张扣扣亲眼看到妈妈的头皮被人割开,头骨被人锯开。

这样惨绝人寰的血腥场面,对于一个年仅13岁的儿童来说,简直是毁灭性的,也是常人无法想象的。童年时期经受过这样巨大创伤的人,长大后是几乎不可能成为一个健全的正常人的。

弗洛伊德说过:"人的创伤经历,特别是童年的创伤经历会对人的一生产生重要的影响。悲惨的童年经历,长大后再怎么成功、美满,心里都会有个洞,充斥着怀疑、不满足、没有安全感……不论治疗身体还是心理上的疾病,都应考虑患者童年发生的事。那些发生于童年时期的疾病是最严重、也是最难治愈的。"

心理学上有一种严重的心理疾病,叫创伤后应激障碍。它的典型定义是:"个体经历、目睹或遭遇到一个或多个涉及自身或他人的实际死亡,或受到死亡的威胁,或严重的受伤,或躯体完整性受到威胁后,所导致的个体延迟出现和持续存在的精神障碍。"创伤后应激障碍有许多症状,其中一个最主要的症状是"记忆侵扰",即受创时刻的伤痛记忆萦绕不去。主要表现为患者的思维、记忆或梦中反复、不自主地涌现与创伤有关的情境或内容,可出现严重的触景生情反应,甚至感觉创伤性事件好像再

次发生一样。张扣扣本人曾供述“眼睛一闭，当年的场景就浮现了上来……经常梦见母亲去世的样子”。我们高度怀疑张扣扣患有创伤后应激障碍。

这样的心理创伤和精神痛苦所激发的仇恨能量是常人难以想象的。张扣扣在口供中详细描述了他的心理经过：“王三娃用木棒将我母亲一棒打死，我也在现场，当时我年龄还小，只有13岁，我就想拿着刀将王三娃弄死，最后被我爸爸拉住了，当时我看到我妈鼻子口里都是血，心里非常痛苦，我就发誓一定要给我妈报仇，我还大声说：‘我不报仇，我就是×××。’从那之后一直到现在，我心里一直憋着这股仇恨。”

张扣扣被仇恨的欲望所裹挟，被复仇的情绪所支配。而这仇恨的种子，却是别人播下的。张扣扣本人也是受害者，也是牺牲品。庭前会议上，我们曾申请对张扣扣进行精神鉴定，遗憾没有获得法庭许可。精神正常不正常，靠一些邻居人同学的口供是无法证明的。我个人高度确信，张扣扣的心理创伤对其后续行为有着决定性影响。在意志自由这个层面，张扣扣是不同于正常人的，是受到限制的。现在以一种正常人的标准、用一种局外人的理性去要求张扣扣，去审判张扣扣，是在当年悲剧的基础上对张扣扣的又一次不公。

02 张扣扣没有更好的仇恨排遣通道

如果这些年王自新一家愿意给我们赔礼道歉，我也不会发生今天杀人的悲剧。——张扣扣

心理学的研究表明，激烈的侵犯会导致复仇的欲望，而复仇的欲望只有得到排解，才能放弃复仇的行动。国内学者黄永锋总结了排遣复仇欲望的可能途径，包括：①借助诉诸神秘力量的报应思想；②通过得到所在群体的支持；③诉诸暴力反击；④寻求公权力救济；⑤通过忏悔和宽恕；⑥容忍并由时间抚慰。因此，为了实现社会控制，国家应当尽可能地向行为人提供代价更小的仇恨排遣途径。

对于23年前的那场审判和判决，虽然陕西高院已经驳回了张扣扣父亲张福如的申诉，但一个不容否认的事实是张扣扣一家三口都认为这个判决太轻了。法院垄断了法律裁判权，但法院垄断不了正义评价的标准。正义有张普罗透斯的面孔，每个人心里都有一杆秤。美国伟大法学家罗尔斯终其一生研究正义问题，最后给出的答案竟然是正义离不开直觉。

23年前的那场审判，无法给予张扣扣足够的正义感受。张扣扣自己供述说：“王三娃被判处有期徒刑7年，表面上是受到制裁判决了，但实际上是轻判了。”实际上，王正军虽然被判处7年有期徒刑，但仅仅服刑4年就被释放。在此次事发前七八天，张扣扣还对他父亲说：“王自新家将我妈杀了，既没有偿命，又没有偿钱，我要收拾他们。”

王正军虽然受到了一定的法律制裁，但案结事未了，张扣扣的心灵创伤并没有被抚平，张扣扣的复仇欲望也没有被排遣。更重要的是，王家从未向张扣扣家道歉、认过错，寻求过谅解。

张扣扣在公安机关供述说："在过去的22年中，王自新一家人始终没有给我们家道歉沟通过，也没有经济赔偿，这22年的仇恨在我的心里越来越严重，我就想把王自新他们一家人杀死给妈报仇，为了报仇我连媳妇和娃都没有要，我心里想的就是为了报仇，如果这些年王自新一家愿意给我们赔礼道歉，我也不会发生今天杀人的悲剧。"可以说，是王家自己首先存在重大过错，自己亲手埋下了复仇的种子。

张扣扣自幼家境贫寒，初中毕业即踏入社会。学历不高，加上幼年遭此打击，后面的工作和生活并不如意。辗转广东和浙江，但从事的多是保安、车间工人等底层职业。工作辛苦但收入微薄，经济长期拮据，期间还多次被人骗入传销组织。可以说，张扣扣社会融入过程极其不顺利，社会支持系统长期缺位，加剧了他内心的痛苦脆弱和孤立无援。

家庭也没有给予他足够的关爱。母亲离世，姐姐远嫁，张扣扣的大部分岁月都缺乏女性的关爱。父亲张福如小学文化，从小对张扣扣管教严格，只要是张扣扣跟别人发生冲突，不管谁对谁错，都要遭受父亲的责怪。父爱严苛有余，温情不足，以至于张扣扣的朋友曾秋英说他有很强的恋母情结。

在张扣扣诉诸暴力反击以前，我们的社会对其复仇欲望根本未予关注，更不用说帮其疏导。张扣扣在母亲死去的当天，曾经仰天长啸，发誓为母报仇，但这样的声音没有被人重视。有利于社会的仇恨排遣通道统统阻塞了，只留下了一条暴力反击的通道。

惨案发生后，我们去苛责张扣扣的残忍和暴力，却全然忘记了在之前整个社会对他的弃之不顾。没有心理疏导，没有帮扶关爱，任由一颗复仇的种子生根发芽。鲁迅先生说过："不在沉默中爆发，就在沉默中灭亡。"张扣扣长大成人后，要么做一个畏畏缩缩、逆来顺受的木偶，要么就注定会走向另外一个极端。

03 复仇有着深刻的人性和社会基础

义应复仇，故擅杀之罪轻。——（清）沈之奇

古今中外，在人类的各个历史时期、各个社会类型，复仇都是永恒的话题。从莎士比亚的《哈姆雷特》到大仲马的《基度山伯爵》，再到中国的《赵氏孤儿》，以复仇为题材的文学作品，至今仍是人类跨文化、跨地域的共同精神食粮。文学是人性和社会的反映，复仇在文学作品中的重要地位是其人性和社会基础的最好证明。

中国传统司法实践对复仇案例大多给予了从轻发落。孔子有"以直

报怨，以德报德”的著名论述，儒家经典《礼记·曲礼》甚至有“父之仇，弗与共戴天”的说法。宋朝是中国文化最鼎盛的时期之一，对复仇案件格外重视。《宋刑统》规定，地方官员遇到复仇案件，需要奏请皇帝敕裁，以期实现人伦天理和王朝法制在个案中的统一。

《明律》明文规定：“祖父母、父母为人所杀，而子孙擅杀行凶人者，杖六十。其即时杀死者勿论。其余亲属人等被人杀而擅杀之者，杖一百。”明朝律法对复仇杀人较之普通杀人，明确给予了减轻处罚。清律继承了明律的相关规定。清朝律法学者沈之奇曾经对此有过生动的注释：“义应复仇，故擅杀之罪轻。若目击其亲被杀，痛忿激切，即时手刃其仇，情义之正也，何罪之有？”

在中国漫长的法制历史中，有许多经典的复仇案例。《宋史》中记载过一则“甄婆儿复仇案”，与张扣扣案非常相似：

有京兆鄠县民甄婆儿，母刘与同里人董知政忿竞，知政击杀刘氏。婆儿始十岁，妹方襁褓，托邻人张氏乳养。婆儿避仇，徙居赦村，后数年稍长大，念母为知政所杀，又念其妹寄张氏，与兄课儿同诣张氏求见妹，张氏拒之，不得见。婆儿愤怒悲泣，谓兄曰：“我母为人所杀，妹流寄他姓，大仇不报，何用生为！”时方寒食，具酒肴诣母坟恸哭，归取条桑斧置袖中，往见知政。知政方与小儿戏，婆儿出其后，以斧斫其脑杀之。有司以其事上请，太宗嘉其能复母仇，特贷焉。

法史学者李德嘉认为：“太宗通过此案宽赦了甄婆儿，做到了情法两尽。”

时至现代，复仇已经被正式的国家法彻底否定。但对于复仇现象和复仇案件，著名法学家朱苏力认为，不能简单地以一句“依法治国”给打发了。朱苏力认为，报复性反应是任何生物在自然界生存竞争的基本需要和本能。任何物种不具有这种本能，都将被自然界淘汰。畏惧他人报复会减少对他人的侵犯，报复本能为人类创造了一种博弈论意义上的合作互不侵犯，从而使人类进入了“文明”。

而复仇本质上就是报复。报复是即时的复仇，复仇是迟滞的报复。根据现代法律，如果当场反击、即时报复，有可能会构成正当防卫或者紧急避险，从而无须承担法律责任。而复仇之所以被现代法律禁止，理由之一是被侵犯者有时间寻求公权力救济，可以寻求司法替代。国家垄断合法暴力，个人复仇行为被法律强制转化为司法程序。

而复仇之所以具有迟滞性、后发性，往往是因为当时不具有即时报复的能力。年仅 13 岁的张扣扣当时也曾想上去“拼命”，但被父亲阻拦。据张扣扣姐姐陈述，母亲被打死后，张扣扣抱着母亲，一边流泪一边发誓：“我长大要为你报仇。”当时的力量对比悬殊，张扣扣经过理智权衡，选择在自己“长大”后再去报仇。

国内学者黄永锋曾经关注和研究过复仇心理学。根据他的理论，张扣扣的复仇心理过程可以概括如下：①王家对其母实施了故意伤害行为；②眼睁睁看着母亲在自己的怀里断气、死去；③目睹母亲的尸体在马路边被公开解剖；④内心遭受了难以想象的痛苦和羞辱；⑤内心的愤怒被激发，心理失衡，产生强烈的复仇欲望；⑥王正军被轻判，王家没有道歉和足额赔偿，复仇的欲望未能排遣；⑦社会融入不畅，社会支持系统缺乏，强化了复仇欲望；⑧暴力反击，复仇欲望发泄，心理恢复平衡。

现代法律之所以禁止私力复仇，是因为提供了司法这样的替代选择。然而公权力并非无边无际，他在伸张正义的时候也必然存在各种局限，有其无法抵触和覆盖的边界。当公权力无法完成其替代职能，无法缓解受害者的正义焦渴的时候，复仇事件就有了一定的可原谅或可宽恕基础。

04 国家法应该适当吸纳民间正义情感

不要支离破碎地去看待法律，而要将法律看作是一个连续、一往无前的发展整体。——（美）本杰明·N. 卡多佐

根据现行刑法，张扣扣的确犯有故意杀人罪和故意毁坏财物罪。对于检察院起诉指控的事实和罪名，我们没有异议。我们也认同，法律应当对张扣扣的行为给予制裁。我们今天的辩护主要围绕量刑展开。

无论是儒家经典的“荣复仇”，还是众多历史典籍和文学作品中的快意恩仇，复仇某种程度上就是民间版的自然法。中国古代司法实践中，对复仇行为要么赦免其罪，要么从轻处罚，要么予以嘉勉，但从未进行从重处罚。而人伦天理和法制统一的矛盾冲突在王朝社会就已经存在，并非今天才有。

诚然，现代的社会基础已与古时不同，现代的法治理念已与之前迥异，但儒家经典和传统律法背后所反映的人性基础和善恶观念仍然延续至今，并未全然中断。今天的我们是由过去的他们所塑造，今天的司法又怎能轻易地与传承千年的历史一刀两断？正如美国联邦大法官卡多佐所说：“不要支离破碎地去看待法律，而要将法律看作是一个连续、一往无前的发展整体。”审视和处理张扣扣案，历史的维度和民间法的维度不仅不是多余的，反而是必不可少的。

权力可以集中，但正义必然是个体化的、分散化的。司法在追求正义的过程中，如果完全摒弃民间的立场，完全忽略个体当事人的感受，有可能会导致正义的错位甚至正义的窒息。23 年前的悲剧，某种程度上正是由这样的原因导致的。23 年后，我们还要再一次重蹈这样的错误吗？

张扣扣的行凶对象有着明确而严格的限定，对于一般的民众并无人身危险性。在回答为何要向王正军、王校军、王自新行凶时，张扣扣解释

道："是老二先挑起来的，是老二先打我妈的，王三娃是用棒把我妈打死的主要凶手，王校军是王三娃打死人之后打通层层关系的幕后操作人，王自新就是煽风点火的人，没有王自新说的'打，往死里打，打死了老子顶到'这句话我妈也不会死，所以我才要杀死王自新他们四个人。"至于当时同样在家的杨桂英，虽然是王正军的母亲，但因为与23年前的案件无关，张扣扣并未对她有任何伤害举动。

王家亲戚王汉儒在公安机关作证："我当时劝张扣扣……张扣扣跟我和王利军说：'与你们没有关系，你们不要参与。'烧完车后，我听张扣扣说：'我等了22年，我妈的仇终于报了。'并在村道上举起两只手边走边说：'等了22年，终于给妈妈报仇了……'"张扣扣在此之前，没有任何违法犯罪前科，足以说明张扣扣不是一个危害社会的人。他的复仇行为导致了三条生命逝去，但他也有节制的一面，他的行为不会外溢到伤害无辜的程度。

根据正式的国家法，虽然被害人存在过错、张扣扣有自首情节、家属有积极赔偿，但根据以往的判例，张扣扣的判决结果似乎不言而喻。但正如我前面所说的，张扣扣这个案件有着极其的特殊性。这是一个典型的复仇案件，具备民间法的某些正义元素。因此，如果我们把正式的国家法作为一个整体框架，而不是作为一个完全封闭自足的系统；如果我们认为，正式的国家法仍然能够为民间法预留某些空间，或者仍然与民间法保留着某些对话、融合的可能通道，那么张扣扣应该能有生的希望。

05 尾声：张扣扣是一个什么样的人

即使是邪恶软弱之人，也不可能低于你们心中的至恶。——（黎巴嫩）纪·哈·纪伯伦

在我会见张扣扣的时候，张扣扣曾经问我："你觉得我是一个什么样的人？是不是跟你一开始想的不一样？"我笑笑回答："你的确跟我想象的不一样，你没有我想象的那么凶残。但你跟我不是同一类人。"张扣扣说："我其实很随和的，生活中很少跟别人发生摩擦或者矛盾。"

张扣扣是个什么样的人呢？是那种大奸大恶的人吗？显然不是。邻居兼同学张良刚评价张扣扣："不打牌不抽烟不喝酒，不惹事，也不乱花钱，自尊心很强，对人有礼貌，爱干净得很，家里收拾得利索，衣服都是自己洗。"王家亲戚王汉儒评价："平时不爱出门，喜欢待在屋里，小伙子还比较有礼貌。"朋友曾秋英评价："和工友们在一起相处得很好，平时有说有笑，和别人都没有矛盾，扣扣这个人生活很节俭，很少乱花钱，也不到外面乱跑或者出去玩。"前同事梁江召评价："他和同事相处都很好，平时和同事也没发生过矛盾，他这个人做事尽职尽责，我们在一起还互相请吃饭，他这个人还是比较大方的，别人请客吃饭，他也会请客……我和扣扣

还是集团工作标兵。”可以说,张扣扣本质上并不是坏人。只是生活和命运让他有了不同于常人的选择。

张扣扣是个什么样的人呢?是那种手刃仇敌的大英雄吗?显然也不是。今天,我们并非是在广场上把张扣扣当作英雄进行簇拥和歌颂。相反,张扣扣今天是站在被告席上接受法律的审判。他的行为在整体上,是被法律予以明确否定的。作为法律人,在张扣扣的整体行为评价上,我并无异议。

简单地喊着正义或者邪恶的口号很容易,简单地说一句法律禁止私力复仇很容易。难的是,如何用法律人的理性和细致去勘查和勾勒正义的边界,如何在坚持主流意识形态和国家法律话语体系的前提下发现并兼顾被忽略的民间法,如何用法律人的良知和怜悯去斟酌和界分刑罚的合适重量,如何让一份司法判决既能承载法律的威严又能浸透人性的光辉。

因此,今天我的辩护基调不是铿锵的,而是悲怆的。我要向法庭表达的不是强烈的要求,而是柔软的恳求。今天,我想用最诚恳的态度,恳求法庭能够刀下留人,给张扣扣留下一条生路。我期待法院能体谅人性的软弱,拿出慈悲心和同理心,针对此案作出一个可载入史册的伟大判决。

最后,我想引用黎巴嫩诗人纪伯伦的《罪与罚》作结:

在你们身上多数是人性,还有许多非人性,是一个未成形的侏儒,在迷雾中梦游,找寻着自己的清醒。我现在想说说你们身上的人性,因为熟识罪与罚的只有它,不是你们的神性,也不是迷雾中的侏儒。

我常常听你们谈起犯了某个错误的人,好像他不是你们中的一员,而是一个闯入了你们世界的陌生人。然而我要说,即使是神圣正直之人,也不可能超越你们每个人心中的至善,同样,即使是邪恶软弱之人,也不可能低于你们心中的至恶。

宛如一片孤叶,未经大树的默许就不能枯黄,那犯罪之人,未经你们全体的暗许就不能为非作歹。你们就像一列向着人类“神性面”迈进的队伍,你们是坦途,也是路人。

若其中一人跌倒,他是为后面的人跌倒,让他们小心避开绊脚的石头。他也是为了前面的人跌倒,他们步伐虽然迅捷稳健,然而却没有移走绊脚石。

以上意见,恳请予以采纳。判决结果,全部交给法庭。谢谢。

张扣扣委托辩护人　邓学平律师①

2019 年 1 月 8 日

---

① 公诉书和辩护词见网址 https://www.sohu.com/a/335172736_769092,2021 年 12 月 20 日最后一次访问。

第十二章

民商事诉讼律师实务

民商事诉讼业务是律师最常见的业务，在民商事诉讼进程中，律师的主要工作不仅仅体现为收集、整理证据和发表代理意见并撰写代理词等基础工作，更重要的是结合证据来确定法律关系、诉讼请求以及代理思路。近年来，随着《民法典》颁行、《民事诉讼法》修订，法律制度不断细化与完善，民商事诉讼案件的专业性显著增强，从起诉（或答辩）到案件的一审、二审、再审以及执行程序，每一个诉讼环节均需要律师的深度参与。本章将以民商事案件的一般流程为主线，介绍民商事案件的不同阶段律师的实务。

第一节　接收案件的律师实务

接收案件是律师办理案件的前提和基础，律师接收案件并不是简单地与当事人签订一份委托代理合同，而是包括从接待当事人到案件审查、洽谈代理费用，再到最终确定并签署委托代理合同的整个流程，且每个步骤都有需要注意的事项。

一、接待当事人

接待当事人是承办案件流程中的第一个环节，是连接初步咨询、沟通和达成最终委托的重要桥梁，其效果可能会影响到案件的委托成功与否。

（一）基本接待流程

1. 接待前的准备工作

（1）了解接待对象。在正式面谈前，我们最好对当事人及其涉及的纠纷有所了解，比如通过电话或者微信等了解一些基本情况，包括当事人的基本信息、知识背景、所处行业等，以及当事人需要律师做什么，需要我们提供哪一类的服务或者什么性质的服务，当事人有什么样的诉求和目标。如果能让当事人事先提供一些案情材料或背景资料就更好。

（2）做些基本功课。在对当事人的需求进行初步了解以后，律师要通过查询相关法律法规，查询类似判例等方式对案件进行基本的判断，了解相关司法实践信息，为自己在面谈时增加素材，增强自信与底气。

2. 接待当中的注意事项

（1）注重仪表。视觉往往是人形成第一印象的关键，专业形象的树立首先就体现在外表上。律师在与当事人接触时，穿着要得体，尽量着正装，展现干练、端庄等形象。

（2）谈吐得体。只有自信的律师才能赢得当事人的信任。自信，不仅在于律师对法律知识的熟练、专业，还要把这种自信通过语言、神态和交谈内容等传递给当事人，取得当事人的信任。

（3）善于倾听。作为一名优秀的律师，善于倾听是必要的。学会倾听对方陈述，尽可能不要打断当事人的陈述。如果当事人陈述冗长、杂乱，律师就要以“倾听——询问——再倾听——再询问”的方法加以引导。同时，律师要掌握对陌生信息的处理能力，在倾听过程中和这个过程结束之后很短的时间内，要迅速、准确地对所听到的信息进行整理、归纳，概括出事实脉络，抽取出争议要点和当事人需求等有价值的信息。

（4）多谈实体，少谈程序。当事人最关心的往往是案件委托给律师以后律师能做些什么，他的问题能否解决、诉求能否实现。这就要求律师在倾听完当事人的陈述后，要给当事人做一个简要的法律分析与判断，对争议焦点进行总结归纳，为当事人分析目前的优劣势，指出案子的难点或突破口等。但无须过于细致，尤其是不要说没有把握的话，免得言多必失。

（5）律师费的要价要适当。在面谈过程中，当事人一般会询问律师费如何收取。律师进行服务报价时要综合考虑律师工作成本、利润与当事人的财务能力，其中，律师工作成本一般取决于案件的难易程度、标的额大小、支付方式是否与代理结果挂钩（一般代理还是风险代理）、纠纷及管辖法院所处地域、当事人对服务的要求等因素。

（二）制作接待笔录

律师在接待当事人的过程中需要做必要的记录，或制作接待笔录。接待笔录一般包括时间、地点、谈话人、谈话主题以及谈话内容，不仅记录当事人陈述的重要信息，还要及时记录律师所想到的问题与事项，以及在前期看材料过程中积累的问题，以便聆听后与当事人交流案件。此外，也有把案件可能出现的风险点等对当事人进行明示的内容予以记录。接待笔录最好让当事人签字后留档。

二、接收案件

根据《律师法》第25条第1款的规定，律师承办业务，由律师事务所统一接受委托。由此确定了律师参加民事诉讼，应当由律师执业所在的律师事务所统一收案、收费，律师个人不得私自收案、收费。

（一）收案的原则

律师接收案件，不能什么案件都接，要综合考虑各方面的因素，坚持合法合规、量力而行的原则。对于有下列情形的，应审慎考虑，必要时予以拒绝：

（1）委托人提出明显违法请求的；

（2）委托人提出的请求虽合乎情理，但因目前缺乏证据和法律规定支持的；

（3）委托人过分相信迷信关系、迷信权力的；

（4）委托人期望律师给出完全不切实际的承诺的；

（5）委托人故意隐瞒真实情况，不告知律师真实情况的；

（6）律师认为案件本身超出自己业务能力的。

（二）利益冲突审查

利益冲突是指律师在提供法律服务过程中，律师事务所或者律师受自身利益或者当事人之间利害关系影响，可能影响代理工作的忠实与勤勉，可能损害委托人利益的情形。律师在承办法律事务过程中，应当严格恪守执业纪律和职业道德，避免因利益冲突而给委托人造成损害。

1. 利益冲突的分类

（1）直接利益冲突。即律师事务所及其律师与当事人、准当事人之间存在利益冲突，因为律师事务所及其律师与当事人或准当事人之间存在利害关系，使得律师事务所及其律师在处理当事人委托的事务时或在接受准当事人的委托后，可能直接或间接地损害委托人的合法权益。

（2）间接利益冲突。即当事人或准当事人之间的利益冲突，因此导致同一律师事务所及其律师在分别代理民事诉讼两方当事人的法律事务时，可能直接或间接地损害当事人的权益。

2. 利益冲突的处理方式

对直接利益冲突，律师事务所及律师不得接受代理，除非取得了各方当事人同意本所律师担任对方当事人的代理人的豁免函。未取得豁免函，已经接受代理的应当立即终止代理活动。

对间接利益冲突，本所律师可以接受委托，但是应当立即将利益冲突的事实和可能产生的后果告知冲突的各方当事人，并取得当事人的书面豁免函。在没有取得书面豁免函的情况下，律师应当谨慎接受委托。在获得当事人豁免函后，有利害关系的本所律师之间不得交流、披露与经办案件相关的案件材料及信息。

发现利益冲突后，应当立即告知当事人利益冲突的基本事实和不能接受委托或者继续接受委托可能产生的后果，取得当事人的利益冲突豁免函。一般来说，已经成立的委托优先于拟代理的委托，先成立的委托优先于后成立的委托。

三、洽商代理费

（一）律师代理费的收取标准

1. 收费依据

根据《律师服务收费管理办法》的规定，律师服务收费应当遵循公开公平、自愿有偿、诚实信用的原则，律师服务收费实行政府指导价和市场调节价两种方式。[①]

律师事务所依法提供的下列法律服务实行政府指导价：①代理民事诉讼案件；②代理行政诉讼案件；③代理国家赔偿案件；④为刑事案件犯罪嫌疑人提供法律咨询、代理申诉和控告、申请取保候审，担任被告人的辩护人或自诉人、被害人的诉讼代理人；⑤代理各类诉讼案件的申诉。政府指导价的基准价和浮动幅度由各省、自治区、直辖市人民政府价格主管部门会同同级司法行政部门制定。

律师事务所向当事人提供其他法律服务的收费实行市场调节价，由律师事务所与委托人协商确定，并签订相关协议。律师事务所向委托人收取律师服务费，应当向委托人出具合法票据。

2. 收费方式

律师收费方式根据不同的服务内容，分为按件收费、固定收费、计时收费和风险代理收费等方式。

（1）按件收费。对于不涉及财产标的的案件，代为撰写、修改、审查法律意见书，律师见证、律师公证等案件一般采取按件收费的方式。

（2）固定收费。固定收费比较明确，就是律师评估当事人的案件和项目后，律师事务所给一个固定的报价，当事人接受的话就签订法律服务合同。一般来说，标的额越高收费越高。

（3）计时收费。涉及案件咨询或者一些非诉法律服务项目，比如并购或者股权激励计划等，一般会采取计时收费的方式，但是需要注意的是，采取计时收费时应提前与委托人进行沟通，并告知委托人，必要时也要签订咨询委托合同。

（4）风险代理收费。风险代理收费分为全风险收费模式和半风险收费模式。全风险收费指律师工作前期不收取任何费用，后期根据代理结果付费；半风险收费指前期收取少量的基础办案费用，后期根据案件办理结果收取费用。一般来说，全

---

① 详见《律师收费服务管理办法》第三条、第四条的规定。

风险收费模式律师需要承担的风险更大，但是收益相对于半风险而言要更高。

另外，有些案件是不可以风险代理的，包括婚姻、继承案件；请求给予社会保险待遇或者最低生活保障待遇的；请求给付赡养费、抚养费、扶养费、抚恤金、救济金、工伤赔偿的；请求支付劳动报酬的；禁止刑事诉讼案件、行政诉讼案件、国家赔偿案件以及群体性诉讼案件实行风险代理收费。实行政府指导价的法律服务事项不得采取风险代理收费方式。

实行风险代理收费，律师事务所应当与委托人签订风险代理收费合同，约定双方应承担的风险责任、收费方式、收费金额或比例。最高收费金额不得高于收费合同约定标的额的30%。

(二)律师代理费的洽商确定

律师代理费的确定要在当地律师以及律所收费标准的基础上，综合考虑多种因素，通过与当事人协商，最终确定一个双方都能接受的收费标准。在确定收费时应重点考虑以下因素：①耗费的工作时间；②法律事务的难易程度；③委托人的承受能力；④律师可能承担的风险和责任；⑤律师的社会信誉和工作水平等。

四、办理代理手续

(一)签订委托代理合同

1. 委托代理合同的主要内容

委托代理合同一般包括合同双方的基本信息、委托人委托的具体事务、委托人指派的代理律师、代理阶段、代理权限、双方的权利义务、代理费的数额及支付方式、合同的变更及解除条件、违约责任、争议解决方式等。

2. 签订委托代理合同中的注意事项

(1)签订委托代理合同的双方一定是律师事务所与委托人，律师个人不能直接接受当事人的委托。

(2)签署委托代理合同时一定要向委托人释明接受委托的阶段，是只代理一个阶段，还是包括二审、执行等阶段。

(3)与委托人确认好代理权限是一般代理还是特别授权。

(4)将代理过程中可能出现的风险明确告知委托人。

(5)确认委托金额的具体数额及支付方式，是否还有其他费用需要支付。

(二)签署授权委托书

授权委托书是委托人向受托的律师单方面签署出具的，也就是在案件办理过程中委托人赋予受托律师什么样的权利，授予律师的具体权利是律师在民事诉讼活动中从事律师职能活动的依据。委托人在出具授权委托书时，应当记明具体的委托事项和权限，委托权限应注明是一般代理还是特别授权。

同时,委托人在出具授权委托书明确授权权限时,如果是特别授权一定注明代理权限为特别授权,切忌使用“全权代理”这样的表述方式。最高人民法院《民事诉讼法解释》第 89 条第 1 款明确规定:“当事人向人民法院提交的授权委托书,应当在开庭审理前送交人民法院。授权委托书仅写‘全权代理’而无具体授权的,无权承认、放弃、变更诉讼请求,进行和解,提出反诉或者提起上诉。”也就是说,如果只有“全权代理”这样的标注,那就只能行使一般代理的权限,而无法行使特别授权的权限。

(三)申领律师事务所函

律师事务所函是律师事务所出具的,证明律师真实身份情况的书面函件,是律师参加民事诉讼活动资格身份的确认依据。律师事务所函应当把受理机构、案由、审级、委托方、受托律师等信息填写清楚,并且需要将委托人向受托律师出具的授权委托书附后。

第二节　代理起诉的律师实务

本节将主要介绍律师在接受当事人的委托后,如何开展诉讼准备工作。例如,如何确认适格原被告,如何在当事人提供案件的诸多信息中筛选出与案件有关的法律事实,如何进行证据的甄别与选择,以及向人民法院提起诉讼的流程及注意事项等。

一、拟写起诉状

民事起诉状是原告对承办法官的第一印象,一份案由准确、诉讼请求合理、事实与理由叙述精准到位、格式规范的民事起诉状会获得法官的好感,便于审判法官迅速了解案情和原告诉求,也有助于诉讼请求得到法官的支持。拟写民事起诉状前应当明确当事人的诉讼目标,结合案件信息对案件进行分析和研判,并确认有效的诉讼方案。

(一)确定诉讼思路

诉讼思路,即是在进行诉讼前,律师依据当事人提供的事实信息、现有证据,进行法律关系的辨认,进而确定诉讼方案,以求在后续诉讼中能最大程度上保护当事人合法权益的分析过程。诉讼思路是办理案件前必进行的工作,其在诉讼实务中占据着“宪法”级的作用,是法理与实体法、程序法的有效结合。

实务中,诉讼思路的运用与三段论的运用大致相同,将案件信息作为大前提,具体的法律条文为小前提,最终对结果的模拟推断则是结论。以民间借贷纠纷为例，将借款约定与款项实际出借情况等行为事实作为大前提，在合同法律法规中寻找调整此类关系的法律条文，最终确认法律关系（民间借贷）、主体义务与责任，并就此收集证据（借款协议、出借款项的交易凭证、借条借据等），最终确定诉讼请求，再拟写法律文书，筛选证据材料，提交人民法院。

确定诉讼思路前，需要充分了解当事人的争议标的或事项，并对案件进行策略分析和趋势研判，确认案件涉及的基础法律关系，并依据委托人提供的证据进行全面分析。期间可检索相关法律规定、司法解释和最高人民法院发布的指导性案例、人民法院公报登载的案例以及拟受案法院及上级法院对案件所涉问题的司法实例。在确定案件涉及的基础法律关系、案由及诉讼请求的法律基础后，据此启动起诉工作，开展民事起诉状的撰写工作。

（二）确定诉讼当事人

这里的诉讼当事人，即一起民事诉讼的原告、被告、第三人。

1. 原告

原告是指认为被告侵犯了自己的合法权益，为保障自己的合法权益，以自己的名义向法院提起诉讼，从而引起诉讼程序发生的主体。因此原告的主体确认是简单的，其作为一起民事诉讼的启动者，一般情况是委托律师提起诉讼的委托人（有的案件系监护人代为委托律师，但以原告身份提起诉讼）。

当两个或两个以上的原告基于特定的法律关系或法律事实起诉同一被告时，此时我们称之为共同原告。共同原告的产生可基于当事人自己的选择，也可由法院根据案件事实依职权追加。在确定此类诉讼主体时，重点注意其是否具有特定的法律关系或者法律事实。实务中，在著作权等知识产权类侵权案件，共同权利人基于同一侵权事实起诉同一被告，较为常见出现共同原告。

原告是自然人的，需要在民事起诉状中列明姓名、民族、出生年月、住所、公民身份证号等信息（如果系他人代为起诉的，应在原告信息后列明其上述信息及与原告的关系）；原告是法人或者非法人组织的，应列明名称、住所、统一社会信用代码、法定代表人或者负责人姓名、职务等。

2. 被告

被告在这里指的是被原告认为侵犯了其合法利益，需要追究民事责任，并通过法律程序经法院通知应诉的主体。按照《民事诉讼法》的相关规定，起诉时必须要有明确的被告，因此若要拟定一份完整的民事起诉状，必须有明确的被告，即解决“你告谁”的问题。但这里需要注意，明确的被告并不代表适格的被告。前者强调的是可识别性，后者则强调由原告证据证明与原告存在讼争关系的当事人。

在实务中，主要依据案件事实和法律关系确认适格被告。合同诉讼中，往往合同相对方即是被告，譬如，民间借贷法律关系中，如果是出借方起诉，则借款人或担保人即是被告（或共同被告）。侵权诉讼中，侵权行为人即为被告。有的法律关系难以直接看出，可通过现有证据所证明的事实予以推断，以证据推测法律关系，再从法律关系中确认被告。从证据材料中确认被告,实质上也是从法律关系确认被告。

民事起诉状中对被告信息的列明要求与原告一致。

3. 第三人

民事诉讼中的第三人,指对其他人争议的诉讼标的有独立请求权,或者虽无独立的请求权,但案件的处理结果与其有法律上的利害关系的主体。民事领域中根据其是否对事实具有独立请求权把第三人分为有独立请求权的第三人和无独立请求权的第三人。若该主体与原被告所诉争的标的或者在讼争的法律关系上存在利害关系,则可将其列为第三人(无须标注是否具有独立请求权)。如房屋买卖合同法律关系中,为购房者提供购房贷款的银行。

民事起诉状中对第三人信息的列明要求与原告一致。

(三)确定诉讼请求

民事案件审理中,原告的诉讼请求将作为主线贯穿于诉讼始终,原被告围绕诉讼请求进行举证、质证,围绕诉讼请求发表辩论观点。无论原被告对于事实的分歧陈述,还是对法律关系的不同认识,归根到底体现在诉讼请求能否得到支持。法官对于案件的评议、判决书的制作以及判决主文都围绕原告的诉讼请求展开。因此,写好诉讼请求,是拟写民事起诉状的重要内容。

确定诉讼请求就是将委托人"想要什么"转换为法律问题,可遵循以下步骤:

(1)应该基于委托人的要求确定诉讼请求。律师作为当事人的代理人,其权利来源于当事人的授权。

(2)确认诉讼请求必须要考虑到法律规范的制约。所提出的诉讼请求必须是在法律规范可调整的范围之内,有明确的法律规定,属于法院民事案件受理范围。当事人可能会因为专业法律知识不足等原因,对于其案件的诉讼请求如何确定、怎样表述均不了解,因此其对"诉求"的表达往往是基于朴素价值观提出的,甚至是片面、臆断的。律师需要做的是从委托人错杂的表述中,抽丝剥茧,提出关键性信息,再结合法律规范,用专业的术语向法院表达委托人的诉求。

(3)准确确定诉讼请求的关键在于对请求权基础的确认。即为已发生的客观事实寻找能够调整此类纠纷的法律规范,并依据法律依据及相应的证据明确该项诉讼请求。在实务过程中,常常会出现同一个诉讼目的,因表述的诉讼请求不同会导致不同的法律依据和诉讼结果。例如,在商品房买卖合同纠纷中,当事人要求退房,而律师则需要确认诉求是撤销合同还是解除合同。民事诉讼的诉讼请求大致区分为给付之诉、确认之诉和变更之诉。给付之诉应当明确给付标的的名称、范围、数量及品质等；确认之诉应当明确确认权利的范围；变更之诉应当明确变更权利的对象。①

实务中，民事起诉状中的诉讼请求应明确、具体，简明扼要，没有歧义。譬如，在诉讼请求中的本金及利息一定要计算清楚，包括具体金额、起止日期及计算方法。诉讼请求中还应明确诉讼费用的承担方式，一般表述为：依法判令被告承担本案的诉讼费用（及保全费用）。

（四）拟写事实与理由

事实与理由是一份民事起诉状的主要构成内容。该部分着重描述原被告双方之间的民事法律关系以及产生争议的客观事实，并对被告应当承担的法律后果进行简单说理。该部分大体上可采用三段论模式，首先描述案件的基本事实，其次引用相关法律规范，最后阐述被告因某种事实行为依据某一法律规范应承担的法律后果，并简要论证原告诉讼请求的真实性、合法性。

具体而言，事实与理由应围绕着诉讼请求进行语言组织，应当以支持和佐证诉讼请求为目标。在民事起诉状中陈述每个事实原则上应当与案件证据相互对应，建议该部分以分单元的方式进行表述，每个单元事实独立。例如基于法定之债提起的诉讼，事实与理由部分应涵盖形成该法定之债所需要的全部要件事实、因被告原因导致原告的损失情况，或权利受到损害、妨害、妨碍的情况；基于物上请求权或类似权利而提起的诉讼，则涵盖取得涉案权利的主要事实以及涉案权利的现状，以及被限制、损害、妨害、妨碍的事实。② 最终无论何种诉讼，理由部分原则上应当描述诉讼请求成立所适用的主要法律法规、司法解释以及参照的指导性案例和借鉴的其他案例，并简要论述法律适用的逻辑过程。

综上，民事起诉状大概分为以下内容：①民事起诉状名称；②原、被告各方的信息；③具体的诉讼请求；④事实与理由；⑤结尾。拟写民事起诉状需要另外注意的是：确定诉讼主体时要进行独立的合法性审查；原被告的住所地及有效的通讯地址，原告和被告住所地的确定应当满足确定管辖法院的需要。原告预留的通讯地址应当保证能够收到法院送达的法律文书。

二、准备诉讼证据

俗话说，打官司就是“打证据”。证据在民事诉讼中的重要性不言而喻，因为

① 张健．民事起诉状撰写指引．载微信公众号“法律读报”［2021－11－29］．https://mp.weixin.qq.com/s/CCiz3rOrtlrcstyck9kxkQ.

② 张健．民事起诉状撰写指引．载微信公众号“法律读报”［2021－11－29］．https://mp.weixin.qq.com/s/CCiz3rOrtlrcstyck9kxkQ.

案件承办法官对于讼争案件事实一无所知,其了解案件的途径完全依靠原被告双方提交的证据材料。在准备诉讼证据时,我们一定是建立在已经和当事人有了充分沟通的基础上,结合民事起诉状的内容和需要进行准备。

(一)甄别与择选证据

证据分为有利证据、不利证据两类。择选证据的目的是证明己方主张事实的真实性和要求对方承担民事责任的合理性、合法性。因此,律师在选择证据过程中,应当按照证据的真实性、合法性、关联性,本着原始证据优先于传来证据、直接证据优先于间接证据的原则,来收集整理与诉讼请求、待证事实相对应的有利证据。如:尽可能选择能够直接证明待证事实的原件而非复印件;尽可能选择使案件法律关系简单化的证据而非复杂化的证据。同时学习对证据进行取舍。若存在一组证据可能干扰法院对案涉法律关系的认定,可选择直接舍弃该组证据,避免干扰法官对案件事实的认定。

在筛选证据的实务中,律师应注意对案件事实进行进一步的梳理,对诉讼风险进行合理的预估,并注意以下问题:

(1)本案的待证事实、讼争的争议焦点所涉及的待证事实是否都有足够的证据予以支撑。若在证据的整理过程中,发现某一关键事实缺乏相应的证据,可建议当事人补充收集相关证据。如供货合同中,由被告签署的确认收货的收货单。

(2)当事人提供的证据特别是对案件审理起决定性作用的关键证据是否具备证据的“三性”(即真实性、合法性、关联性),以及是否存在证据瑕疵可能导致证据的证明力不足,例如有公司盖章的担保书,却缺少公司作出对外担保的股东决议。

(3)从已有的证据中舍弃对己方不利的证据,并向委托人提示该证据带来的风险,建议其收集和增加可对抗该不利证据的新证据,调整证据体系。

总之,择选证据的原则为:每组证据均服务于实现原告陈述的纠纷事实及提出的诉讼请求,力求一一对应,做到每组证据真实、合法,相当于待证事实有针对性。

(二)编写证据清单

1. 证据清单的编排方法

启动诉讼时更重要的是采用合适的逻辑去选择和归纳证据,并不需要按照《民事诉讼法》的归类进行编排。证据的编排顺序一般要与起诉状所陈述的事实与理由的脉络相一致,对于事实复杂、证据较多的可将证据分组,将紧密关联、共同证明一个事实或服务于一个诉讼目的的多份证据编为一组。譬如,第一组证据证明诉讼主体资格是否适格,第二组证据证明案件事实的真实性及诉讼请求的合理性。若对方提出管辖权异议或者诉讼时效问题,则根据对方的答辩适当编排证据。除了上述的编排方式,在关于证实案件事实真实性方面的证据,多采用时间顺序进行编排;也可采用证据来源不同的分组方式。

在证据清单形式上,可采用文字版或者表格式,具体的格式取决于个案情况,法律和法院对当事人提交的证据清单形式不作特别的要求。

2. 证据清单的主要内容

一个完整的证据清单，包括证据编号、证据名称、证明内容和证明目的等内容。以房屋买卖合同为例。证据名称即是该房屋买卖合同的名称，该名称一般要求与证据所体现的一致。证据为一份房屋买卖合同的，其证据名称为："书证：房屋买卖合同一份"，证据名称所要求的是与证据本身特征的一致性；证明内容强调的是该组证据所证明的客观事实，无须进行对待证事实无关的表述，譬如，证明内容是原被告双方之间于×年×月××日签订了房屋买卖合同，将证据所证明的关键事实摘录或概述出来；证明目的揭示出该证据与待证事实之间的关联性，或者与诉讼请求之间的关系，譬如，双方签署的房屋买卖合同证明原被告之间形成房屋买卖合同关系，房款收据证明买受人已经履行了支付多少金额房款的义务等。概括之，清单内容的作用在于能让法官在最短的时间了解你提交了哪几组证据，证据大概的证明内容及你欲证明的事实。

譬如，"表格式"证据清单主要列明以下内容：

(1)"标题"，即某原告与某被告××纠纷案××方证据目录。

(2)"提交人"，正常情况下置于表格右上方，如果当事人是自然人的，当事人在指定位置签字；如果是法人或其他组织应在指定位置加盖公章。如果需要代理律师直接提交的，可在征得当事人同意后，在提交人位置打印当事人名称，并在代理人一栏手写签字。

(3)"提交日期"，置于提交人下方，填写提交该目录的具体时期。

(上述位置没有具体要求，也可采用提交人在表格左上方，提交日期在右上方的格式)

在实务习惯中，表头则习惯性地从左至右依次为：

(1)"证据的组别"，例如：第一组、第二组证据。

(2)"序号"，每组证据中的单个证据按顺序排列，并标注证据1、证据2……

(3)"证据名称"，尽量是与证据本身一致的全称，并且真实于证据内容的标题。

(4)"证明内容"，简明清晰，可引用证据本身记载的相关事实内容，也可简要概括证据大致内容。

(5)"证明目的"，主要说明证据与待证事实、所提主张的关联性。

(6)"证据类别"，按照《民事诉讼法》的相关规定，如：书证。

(7)"页码"，按照证据材料的编排页码。

如表3-12-1所示。

表 3-12-1 原告×××与被告××民间借贷纠纷案

原告××证据目录

提交人:×××　　　　（代理人:×××）　　　　提交日期:××年×月×日

证据组别	序号	证据名称	证明内容	证明目的	证据类别	页码
第一组证据	证据 1	借据	……	……	书证	2

三、提交起诉材料

（一）起诉材料的范围

一般来说,提起诉讼通常需要提供以下材料（具体以各地法院实际要求为准）:①民事起诉状若干份;②原告的主体证件（自然人的公民身份证复印件,法人或非法人组织营业执照复印件和法定代表人身份证明）;③证据材料（能够简要证明讼争事实）;④送达地址确认书（该文书由法院提供,原告填写）;⑤若原告委托律师代为办理起诉手续的,需要提供委托材料一套（含授权委托书、律师事务所函和律师执业证复印件等）。

（二）起诉材料的提交

随着诉讼信息化的开展,现在已经可采用网上立案的方式进行。即当事人（律师）不仅可前往当地法院的诉讼服务大厅的立案窗口进行现场立案,也可以在指定的网络平台上进行网络立案。

1. 现场提交

现场立案需要携带本人身份证,带齐全部的诉讼材料,前往管辖法院的诉讼服务大厅立案窗口提交材料,经工作人员登记后即可,通常会当场告知是否立案成功（法院出具"受理案件通知书"）。（现场提交起诉材料的具体要求建议以管辖法院的实际要求为准）

2. 网上提交

如采用网上立案,代理律师可通过微信小程序搜索××（省）微法院,注册登录,并按照小程序的指示操作,进行信息录入、材料提交,提交成功后,仅需在后续留意查看是否立案成功即可。除上述方式外,还可通过注册登录律师平台,按照操作指示完成立案,材料提交成功后,同样需要关注是否立案成功。网上立案成功后,可采用邮寄送达或现场送达的方式按照法院通知将纸质卷宗送至法院即可。

（三）案件受理后的工作

1. 提醒当事人缴纳诉讼费

根据《民事诉讼法》的相关规定,未及时缴纳诉讼费的案件,按照撤诉处理。

作为律师，应在法院接受立案材料后，提醒当事人时刻留意法院的信件或者短信，及时缴纳诉讼费，并告知当事人未及时缴纳诉讼费的后果。在实务中，律师可将自己的联系电话留在法院，以便法院将缴费通知信息直接告知律师，再由律师转告当事人，这样可以大幅减少当事人遗忘缴纳诉讼费的概率，但该方式需要律师及时将信息反馈给当事人，并时刻提醒当事人及时缴纳诉讼费。

2. 查询案件进程

在诉讼费缴纳完成后，案件会在法院系统中生成一个案号，该案卷宗在法院内部进行流转，由立案庭流转至业务庭。律师或当事人可以在诉讼服务大厅的窗口，通过当事人的姓名查询到案件的案号、承办法官及案件的进程，也可通过电话（拨打区号+12368）进行案件查询。

3. 诉讼程序的信息送达

近年来法院诉讼文书的送达，主要采用邮寄方式寄发纸质版文书，或者通过短信的方式向当事人预存在法院的联系电话进行电子文书的电子送达（后者有着常态化的趋势）。无论采取何种方式，送达的接收人信息均来源于立案时提交的“送达地址确认书”或者律师或当事人在立案后告知法院的送达地址及联系电话。因此，必须注意立案时向法院提供信息的准确性。

四、进行财产保全

财产保全，是指人民法院对于可能因当事人一方行为或者其他原因，使判决不能执行或难以执行的案件，在对该案判决前，另一方当事人可以依法申请人民法院对诉讼标的物或与本案有关的财物采取的强制性措施。其目的在于保证将来的生效裁判文书能够得到切实执行，其表现形式是将对方的财产进行查封、扣押、冻结。申请采取保全的案件必须是给付之诉，须具有采取财产保全的必要性。

（一）申请财产保全的必要性

当一起诉讼案件进入诉讼程序，此时当事人之间的权利义务系一种待确定的状态，如果有一方在诉讼过程中将双方争议的有关财产进行转移、隐匿、毁灭，那么即使另一方最终获得胜诉判决，但在执行过程中对方没有可供执行的财产，自身的合法权益依旧得不到保障，生效的裁判文书也会变成“一纸空文”。因此财产保全对胜诉后案件的执行有着重要的保障性。在诉讼阶段如果采取有效的保全措施，则能够有效防止债务人恶意转移财产、逃避执行，尽快在案件胜诉后实现当事人的合法权益，也有助于有效维护司法权威。

（二）申请财产保全的资料准备

财产保全需要提交的资料主要包括：①保全申请书若干份；②民事起诉状若干份；③申请人身份信息（自然人的身份证复印件，法人或非法人组织营业执照复印件和法定代表人身份证明)；④委托律师代为办理保全手续的，需要提供委托材料一套(含授权委托书、律师事务所函和律师执业证复印件等)；⑤受理案件通知书(在立案时由法院出具)；⑥财产线索与信息(按照各地法院提供的模板填写)；⑦保全担保材料(一般由开展财产保全责任保险的保险公司出具担保函，或者由申请人担保房产存款等进行担保)；⑧证据材料(与诉讼立案时提供的基本一致)；⑨保全费票据。由于目前不同法院对申请保全需提交的材料要求不同，建议按照各地法院实际要求准备。

(三)实施财产保全的注意事项

1. 诉前财产保全与诉中财产保全的选择

诉前财产保全与诉中财产保全均属于诉讼财产保全，但二者有着较为明显的差异，根据个案的特殊性选择合适的保全方式对保障当事人的合法权益及顺利进行后续的执行有着极其关键的作用。二者大致有以下区别：

(1)申请的时间节点不同。前者是起诉者在向法院提起诉讼前即向人民法院申请保全；后者则是在法院受理了起诉者的诉讼后，起诉者向人民法院申请保全，后者法院也可依职权进行财产保全。

(2)提起的要求不同。前者必须具备因情况紧急，利害关系人不立即申请保全将会使其合法权益受到难以弥补的损害的条件，且申请人必须在人民法院采取保全措施后 30 日内提起诉讼或者申请仲裁，否则人民法院应当解除保全；后者则是因一方当事人的行为或其他原因，有可能使判决难以执行或者造成当事人其他损害的情况。

(3)提供担保的要求不同。前者要求申请人必须提供担保，不提供担保的，驳回申请。后者人民法院责令提供担保的，申请人必须提供担保，不提供担保的，驳回申请；人民法院没有责令申请人提供担保的或者人民法院依职权采取保全措施的，申请人可以不提供担保。

(4)人民法院作出裁定的时间不同。前者人民法院必须在接受申请后 48 小时内作出裁定，裁定采取保全措施的，应当立即开始执行。后者对情况紧急的，必须在 48 小时内作出裁定；对情况不紧急的，则可以适当决定作出裁定的时间。

(5)提供的担保金额不同。前者申请保全人应当提供相当于请求保全数额的担保；情况特殊的，人民法院可以酌情处理。后者人民法院依照《民事诉讼法》的规定责令申请保全人提供财产保全担保的，担保数额不超过请求保全数额的百分之三十；申请保全的财产系争议标的的，担保数额不超过争议标的的价值的百分之三十。

2. 保全金额的限制

根据《最高人民法院关于在执行工作中进一步强化善意文明执行理念的意见》(法发〔2019〕35 号)的相关规定，严禁超标的查封。强制执行被执行人的财产，以其价值足以清偿生效法律文书确定的债权额为限，坚决杜绝明显超标的查封。因此在申请保全时，应当以诉求的金额为限，严禁超标的查封。

3. 管辖法院的确定

根据《民事诉讼法》第 101 条相关规定，申请人可以向被保全财产所在地、被申请人住所地或者对案件有管辖权的人民法院申请采取保全措施。即：①被保全财产所在地法院；②被申请人住所地法院；③对案件有管辖权的法院。实务中，提起诉讼的法院大多数即为财产保全的管辖法院。

4. 财产保全的申请方式

随着法院诉讼信息化工程的推进，财产保全同样开通了网上申请保全的通道，具体操作方式参考“诉讼网上立案”。保全制度上，民事诉讼保全制度，在保护当事人合法权益、促成司法调解保障执行、维护司法权威等方面发挥着重要作用，但同时也额外增加了保全申请人的经济成本和时间成本。并且财产保全不能任性而为，在申请人错误保全、恶意保全、未及时申请解除保全等情况下，应当赔偿被保全人因财产保全所遭受的损失。

5. 财产保全中的常见错误

根据《民事诉讼法》中第九章关于对“保全和先予执行”的相关规定，规定了财产保全应当以诉讼为前提，保全的财产应当是本案相关的财物，并不得超过诉讼请求的范围，据此可以总结出财产保全的常见错误如下①：

(1) 当事人申请财产保全的前提错误，即申请人未在法定期限内起诉或诉讼请求没有得到法院的支持。前者发生于诉前财产保全情形，即利害关系人因情况紧急，不立即申请采取保全措施，会使其合法权益遭受难以弥补的损失的，可以在起诉之前向法院申请财产保全。若申请人在人民法院采取保全措施后 30 日内不起诉的，法院应当解除保全措施；同时，给被申请人造成损失的，还应当予以赔偿。

(2) 申请财产保全的对象错误。财产保全应当限于与本案有关的财物，即当事人争议的财产，或被告应承担实体责任的财产。对案外人的财产不得采取保全措施，对案外人善意取得的与案件有关的财产，一般也不得采取财产保全措施。

(3) 保全的数额超过诉讼请求的范围。基于财产保全制度的立法目的，财产保全中申请保全的财产应与申请人所主张的诉讼请求相当，不得超出其诉讼请求的范围。若申请人申请保全的数额过分高于诉讼请求的范围，一般应认定为申请错误。

6. 异地委托

异地委托指因申请保全的财产不在受理保全申请的法院管辖范围，由受理保全申请的法院向保全财产所在地法院发函授权，由保全财产所在地法院接受委托后代为保全的行为。针对此类情形，律师可以向法院提出异地委托保全的申请或

---

① 万发文. 财产保全申请错误的构成及赔偿[J]. 人民司法，2012(06)：21-25.

者建议,但最终由法院决定如何实施。

7. 保全措施的延续

根据保全的财产不同,其查封、冻结的期限也不一致,人民法院冻结被执行人的银行存款的期限不超过一年,查封、扣押动产的期限不超过两年,查封不动产、冻结其他财产权的期限不超过三年。申请执行人申请延长期限的,人民法院应当在查封、扣押、冻结期限届满前办理续行查封、扣押、冻结手续,续行期限不得超过前述期限。因此对保全措施的延续分以下情况:①如果是诉前保全,申请保全人在申请保全后 30 日内未提起诉讼或仲裁,人民法院应作出解除保全的裁定。②对于案件已经审理终结的,申请保全人如果胜诉,保全措施自动延续到执行程序中;如果申请保全方败诉的,被保全方可以向作出生效裁判的法院申请解除。③若案件尚在审理过程中,保全措施的查封、扣押期限届满,申请保全人可依法向正在审理的法院申请续封。

第三节 应诉答辩的律师实务

与代理原告提起诉讼一样,代理被告进行应诉同样是律师代理民商事诉讼的基本工作。当被告收到法院送达的起诉状副本及应诉通知书后,便享有了在法定期限内进行答辩的权利。当然,在答辩期内,当事人不仅可以选择依法提出自己的答辩理由,同样享有提出管辖权异议、提起反诉等权利。代理律师收案后,需要认真厘清案件的事实脉络,分析所涉及的法律关系,利用专业知识和技能从最有利于当事人利益保护的角度设计诉讼策略、确定诉讼思路,保障委托人的利益最大化。

一、提出管辖权异议

管辖权异议,是法律赋予当事人的一项基本诉讼权利,正确地行使该项权利,有利于帮助法院确定对民商事案件的管辖权,从而保障案件审理程序的正当性。所谓管辖权异议,是指人民法院受理案件后当事人依法提出该人民法院对本案无管辖权的主张和意见。律师代理被告进行答辩的过程中,有必要积极为当事人提出管辖权异议。需要注意的是,近年来的司法实务中滥用管辖权拖延诉讼、浪费资源从而导致法院处罚的案例并不鲜见,这就要求律师遵守基本的诉讼规则,正确行使管辖权异议的权利。

(一)管辖权的审查

《民事诉讼法》第 127 条规定了异议权人提出管辖权异议应当具备的条件,实务中人民法院对管辖权异议的审查一般需满足主体条件、程序性条件、期限条件、正当性条件,具体如下:

1. 主体条件

提出管辖权异议的主体必须是本案的当事人。诉讼案件的原被告双方均可成为管辖权异议的异议人，但案外人无权就案件的管辖提出异议。实务中，对诉讼第三人是否有权提出管辖权异议存在争议，第三人由于不是本诉当事人，其参加诉讼的途径一是主动申请参加诉讼，二是法院追加参加诉讼，因而案件的管辖权应以本诉来定。

2. 程序性条件

人民法院已经受理的案件，但尚未进入实体审理。尚未受理的案件，当事人是否起诉及受诉法院是否受理均无法确定，因而不得提出管辖权异议。另外，根据诉讼法理论中的恒定管辖原则，受诉法院对本案虽无管辖权，但法院本身既未发现，当事人又未提出异议，从而使案件已进入实体审理的，视为受诉法院为有管辖权的法院。

3. 期限条件

《民事诉讼法》明确规定了提出管辖权异议的期限，即 15 日。同时，除被告应自提交答辩状期间提出外，根据可以提出管辖权异议的主体的不同，这一期间的确定应略有不同。

4. 正当性条件

不得滥用管辖权异议权利拖延诉讼。因为管辖权问题是诉讼案件审理过程中非常重要的程序问题，管辖权如果不确定，案件就无法进入实体审理。实务中，利用管辖权异议来拖延诉讼的案例屡见不鲜。随着司法实践的不断深入，人民法院对滥用管辖权异议拖延诉讼的行为采取司法强制措施的案例也时有发生，这就要求律师代理提出管辖权异议应当审查理由的正当性，不得用明显不合理的理由提出管辖权异议。

（二）管辖权异议申请的制作

1. 首部

（1）标题写明文书名称“管辖权异议申请书”。

（2）列明申请人与被申请人的基本情况。申请人或被申请人是公民的，应写明其姓名、性别、年龄、民族、籍贯、工作单位和住址。申请人或被申请人为法人或其他组织机构的，写明其全称、地址及法定代表人或负责人姓名、职务。

2. 正文

（1）请求事项应当明确、具体。申请人应明确请求人民法院将本案移送至有管辖权的人民法院审理，不能只在申请事项中表述对管辖权存在异议。

（2）事实及理由。首先简明扼要地描述案件关键信息，说明纠纷性质，然后根据诉讼标的的种类以及原告、被告住所地，侵权行为发生地，合同履行地等情况，依照民事诉讼法有关地域管辖、级别管辖以及专属管辖的规定着重阐述本案不应由受诉人民法院管辖的理由，从而说明申请人对本案管辖权的异议的成立，并重申对本案的管辖异议请求。

3. 尾部

(1)写明致送的人民法院名称。该法院应当是异议人向其提出异议的法院，即已经受理案件的法院。

(2)申请人签名。申请人是法人或其他组织的，法定代表人签名，并加盖公章。

(3)注明申请日期。

需要注意的是，在制作管辖权异议申请书时如果依据的有证据材料，应当将证据材料作为附件，在提交管辖权异议申请书时一并向人民法院提交。

(三)管辖权异议的上诉

人民法院对当事人提出的管辖异议，依法应当审查。如果异议成立，裁定将案件移送有管辖权的人民法院；如果认为异议不成立，裁定驳回。在拿到管辖权异议裁定后，律师可以代理申请人或者被申请人向上一级人民法院上诉。

当事人不服人民法院管辖权异议的裁定，有权在裁定书送达之日起10日内向上一级人民法院提起上诉。对于当事人就一审法院的管辖权异议裁定提出的上诉，二审法院应当组成合议庭进行审理。原审法院认定事实正确，适用法律恰当的，驳回上诉，维持原裁定；原审法院认定事实有误或适用法律有误的，撤销原裁定，裁定移送有管辖权的人民法院。

二、提交答辩状

(一)阅卷与询问当事人

律师代理被告进行应诉，了解案情最快捷最直接的方式便是阅卷与询问当事人。通过阅卷和询问当事人，律师可快速地把握案件的来龙去脉和所涉及的法律关系。

1. 制作阅卷笔录

阅卷笔录是律师在阅读案件卷宗的过程中，把案情事实和认定事实的证据、确定案件性质的依据以及对案件所作处理及其法律依据等加以分类和整理，并进行摘录的文字材料。阅卷笔录可以帮助律师从繁多的卷宗材料中理出头绪，深入了解案件实际情况，为庭审做好准备。在制作阅卷笔录时，必须做到客观全面、准确清楚、重点突出、详略得当。客观全面，就是要反映人民法院审判活动的全过程。准确清楚，就是要忠实于审判卷宗，摘抄材料不能改变原意或有所偏废。重点突出，就是要突出当事人争议的焦点和法庭辩论的观点。详略得当，就是摘抄材料要有针对性，不求面面俱到，如当事人的举证要详，而纯粹程序上的事项要略，对法官采信认定证据要详，而当事人无争议的事项要略。

阅卷笔录根据案件的情况和证据类型的不同而有不同的制作方法。常见的阅卷笔录制作方法有横向列表式、纵向列表式、思维导图式等。应诉答辩阶段的阅卷笔录一般包含以下内容：①阅卷的时间、地点、案由；②原告的基本情况、诉讼请求；③主要的事实及理由，对于事实复杂的案件通过表格或思维导图的方式梳理案件脉络；④原告的主要证据；⑤原告诉讼请求所依据的法律规定。

2. 制作询问笔录

制作询问笔录是代理律师询问当事人常用的方式。一方面，做笔录可以固定当事人对事实的描述，做到工作留痕；另一方面，对于一些复杂的案件，制作询问笔录可以规避代理律师执业风险。应诉答辩阶段的当事人询问笔录一般包含以下内容：①询问的时间、地点、案由；②询问人、被询问人、记录人信息；③询问的内容，内容可总结记录，记录后让当事人确认意思表达准确即可；④特别提示事项告知，如诉讼风险告知；⑤当事人“核对无误”的签字栏。

（二）收集与甄别证据

“凡事预则立，不预则废。”随着对案情的逐渐了解和深入，代理律师应从初步形成的代理思路出发，收集与甄别案件所涉及的证据材料，为下一步答辩思路的确定和庭审做充足的准备。收集证据材料的重点是全面收集，《民事诉讼法》第 63 条对证据的形式进行了详细列举。实践中，证据的收集和甄别对代理律师的经验和技巧都有很高要求[①]。各类证据的收集与甄别要点如下：

1. 物证、书证的收集与甄别

书证，是指能够根据其表达的思想和记载的内容查明案件真实情况的一切物品，一般以文字、符号、图形等表达其思想内容，如合同、借条等。物证，是指以物品和物品痕迹的存在状况、外部特征或者物质属性对案件起证明作用的实物证据。此类证据一般在诉讼发生时便已经存在且被诉讼当事人所掌握，因此代理律师应要求当事人自行提供，且提供原件、原物。

2. 视听资料的收集与甄别

视听资料，是指用录音、录像或者其他科学方法反映的形象和声音，以及电脑中存储的数据等来证明案件事实的证据，如录音、录像。近年来，随着电子产品的普及，视听资料形式的证据逐渐增多，对于该类证据，代理律师应要求当事人提供其原始载体，并提醒当事人对原始载体应妥善保存。

3. 当事人陈述的收集与甄别

当事人陈述，是指诉讼当事人就他所知、理解的有关案件情况所做的陈述，其属于民事诉讼证据的一种。当事人陈述同时兼具真实性与虚假性两种特征。真实性是指当事人因维护其合法权益而参与诉讼，使得我们有理由相信其陈述的案件情况是客观真实的。但是，正因为当事人与案件处理结果有利害关系，也就存在隐瞒对自己不利的案件情况或者夸大、编造对自己有利的事实和证据的可能，这就是

---

① 江国华. 司法实务[M]. 武汉：武汉大学出版社，2015：231.

当事人陈述的虚假性。因此，一般情况下，人民法院不会当然地确信当事人陈述的证据效力，还要结合当事人提供的其他证据来进行充分的分析和论证，甄别确定当事人陈述是否能作为认定案件事实的依据。

4. 证人证言的收集与甄别

证人证言，是证人就其亲身感知的案件事实所作的陈述，是民事诉讼中最常见的一种证据，对诉讼起着至关重要的作用。虽然法律明确规定，证人应当出庭作证。但是，目前的诉讼实践中，存在着"证人出庭困难""证人出庭率低"的现象。在质证时，根据2020年5月1日正式实施的《最高人民法院关于民事诉讼证据的若干规定》第68条规定，无正当理由未出庭的证人以书面等方式提供的证言，不得作为认定案件事实的根据。因此，收集证人证言有着十分重要的意义，也是律师调查取证的基本手段。一般情况下，律师向证人调查取证，是采用由证人亲笔书写证言的方式，并制作调查笔录。但为了增强证人证言的证明力，可以借助现代通信技术收集证人证言，比如以双向视听传输技术手段或者对收集证言的过程全程录音、录像，有助于全面反映证人作证的现场情况，有利于法庭审核判断证言，从而保障证言的真实性。

5. 鉴定意见的收集与甄别

鉴定意见，是指鉴定人运用专门知识，根据案件材料，对案件所涉及的专门性问题，进行分析鉴别所作出的结论。民事诉讼中的司法鉴定，一般由当事人自行申请和向法院申请进行鉴定两种。但在司法实践中，代理律师一般会对当事人自行申请鉴定的鉴定意见提出异议，而对于经向人民法院申请所作的鉴定意见提出异议的相对较少。因此，代理律师在诉讼中向法院申请鉴定，由法院组织双方协商鉴定机构或者法院指定鉴定机构。

6. 电子数据的收集与甄别

实践中，一般推荐采取公证方式对电子数据进行收集，如电子数据存在于电脑的网页、邮件中等，应由公证机关对证据采集过程进行事实公证，以强化证据效力，避免对方轻易否认证据。对在储存或者在手机中形成的证据，应当将手机作为原始载体妥善保存。

(三)确定答辩思路

1. 梳理案件事实

律师首先应对全部案件材料进行梳理，具体的方法为：①摘录原告陈述的事实与理由；②摘录原告提交的证据中的关键信息；③根据诉讼请求，总结归纳案件可能形成的争议焦点。通过对案件事实的梳理，律师便可确定一个基本的案件事实，了解对方的诉讼观点，进而为己方拟订答辩思路做好事实准备。

2. 预测对方的诉讼策略

作为代理应诉答辩的律师，应当透过对方的起诉状和基础证据材料，分析原告起诉所依据的请求权基础，预估其诉讼思路。但实践中，有时原告在提起诉讼时只提交基础的证据材料，详细资料在立案后陆续提交或申请调取，这就要求代理律师要不断跟进案件审理，在庭前主动多次联系案件承办人员，询问对方提交证据的情况，如果对方补充提交证据或者申请调取证据，第一时间要求查阅、复制，进而从对方的举证来分析、预测对方的诉讼策略。

3. 归纳、整理案件所涉及的法律法规和司法判例

这是律师的一项基础性工作，要求律师根据了解案件过程中所总结的法律事实，查询、检索与案件相关的法律信息，并确定本案适用的法律，将之罗列清楚，以便确定答辩思路。有时，案件可能涉及多个法律规定，甚至是完全相反的法律，此时律师不仅要将两个法律列出，还要对其法律适用问题进行分析，提出最有利于己方的适用方案及理由。虽然我国是成文法国家，但不可否认，某一类型案件的判例仍会有一定的指导意义，尤其是最高人民法院公布的指导性案例。

尤其是 2021 年 12 月 1 日《最高人民法院统一法律适用工作实施办法》（以下简称《实施办法》）正式实施后，判例会在审判中发挥更加重要的作用。《实施办法》第 8 条规定，按照规定进行类案检索的案件，合议庭应当将案件统一法律适用情况纳入评议内容；同时规定，对于审理过程中公诉机关、当事人及其辩护人、诉讼代理人提交指导性案例或最高人民法院生效类案裁判支持其主张的，合议庭应当将所提交的案例或者生效裁判与待决案件是否属于类案纳入评议内容。这一规定是为了防止出现案件承办法官将当事人、代理人提交的案例、生效裁判束之高阁、不加理会的情形，有效衔接《类案检索指导意见》第 10 条规定对当事人、代理人提交指导性案例、其他类案予以回应的要求，最终形成参考类案、统一法律适用情况由合议庭共同研究把关的审判机制。

4. 初步形成答辩思路

通过对案件事实的分析及对方诉讼思路的预测，律师宜选定己方的诉讼策略，形成初步的答辩思路。实践中，律师通常从事实、证据、法律适用等一个或者几个方面进行诉讼策略的预设，根据预设总结可能的争议焦点，从而对案件充分的准备。

（四）拟写答辩状

1. 答辩状的基本格式

（1）标题：写“民事答辩状”。

（2）列明答辩人基本情况：标题之下，直接列写答辩人的基本情况。列写答辩人的姓名、性别、年龄、民族、籍贯、职业或职务、单位或住址、联系方式。

（3）答辩的论点和论据：这是答辩状的主体部分，对应民事起诉状中的事实及理由部分。

（4）尾部和附项：写明致送机关，答辩人签名或盖章并注明年、月、日。附项写明本答辩状副本份数及证据情况。

2. 答辩要点

（1）就事实部分进行答辩。对原告诉状中所写的事实是否符合实际情况发表

意见。如果所诉事实全部不能成立,就全部予以否定;部分不能成立,就部分予以否定,提出符合客观真实的事实来加以证明。就事实部分进行论证,要着重列举证据证明原告诉状中所述事实不能成立,并且要求反证确实、充分,不能凭空否认原告诉状中所述的事实。这里所说的反面证据,一种是直接与原告所提的证据相对抗的证据,另一种是足以否定原告所述事实的证据。

(2)就适用法律方面进行答辩。一是事实如果有出入,当然就会引起适用法律上的改变,论证理由自然可以从简;二是事实没有出入,而原告对实体法条文理解错误,以致提出不合法要求的,则可据理反驳;三是在程序方面,如果原告起诉违反民事诉讼法的规定,没有具备引起诉讼发生和进行的条件,则可就适用程序法方面进行反驳。

(3)提出答辩主张。在提出事实、法律方面的答辩之后,引出自己的答辩主张,即对原告诉状中的请求是完全不接受还是部分不接受,对本案的处理依法提出自己的主张,请求法院裁判时予以考虑。[①]

三、提起反诉

(一)反诉的构成与审查

反诉提起的条件可分为实质性条件和程序性条件两种。关于实质性条件,从反诉的概念和特征可看出:一是符合诉的要素;二是与本诉有一定的牵连,能抵消本诉或使本诉失去作用。

根据《民事诉讼法》的规定和基本民事诉讼法理,提起反诉在程序方面应当具备下列三个条件:

(1)反诉符合起诉条件的规定。反诉应符合《民事诉讼法》第 119 条的规定,包括:①原告是与本案有直接利害关系的公民、法人或其他组织;②有明确的被告;③有具体的诉讼请求和事实、理由;④属于人民法院受理民事诉讼的范围和受诉人民法院管辖。

(2)反诉只能由本诉被告针对本诉原告向审理本诉的法院提起。只有本诉、反诉由同一法院受理和审理,才能起到反诉的作用。但在审判实践中,往往遇到本诉与反诉不属于同一法院管辖的问题。如果两诉可以合并审理,实际调查和执行上的障碍不大,且属同一级别法院管辖,应当允许提起反诉,但可根据管辖的有关原则,确定由本诉法院审理或者把本诉移送可受理反诉的法院审理。如果本诉发生移送管辖时,反诉也应随之移送。

(3)反诉没有超过诉讼时效。不能认为本诉在诉讼时效之内,反诉也自然在

---

① 许家力,宋宇薄.律师实务[M].北京:法律出版社,2015.

诉讼时效之内。本诉超过诉讼时效，反诉不一定超过诉讼时效。反诉作为独立的诉，应该符合诉讼时效的法律规定。

(4)反诉与本诉必须具有相同性质并适用同一诉讼程序。如果提起反诉的纠纷属于行政性质，则反诉不能成立；同时，如果反诉适用特别程序，本诉适用普通程序，反诉也不能成立。但是如果反诉与本诉分别适用普通程序和简易程序，则可以将两诉合并，适用普通程序审理。

(5)反诉可在法庭辩论终结前提出。根据2020年12月23日修订的最高人民法院《民事诉讼法解释》第232条，反诉应在本诉受理后、法庭辩论结束前提出，人民法院应当合并审理。

(6)在共同诉讼情况下，反诉可由一个或全体共同被告对一个或全体共同原告提起。

(二)确定反诉请求

1. 反诉请求具有独立性

反诉虽然在形式上以本诉的存在为前提，但反诉必须要具备诉的要素，有独立的诉讼请求，不因本诉的撤回而终结。

2. 反诉请求区别于答辩主张

作为被告抗辩的主张，都不会超越原告诉讼请求的范围；而被告的反诉主张，则有可能超越、也有可能没有超越原告诉讼请求的范围。反过来，要判断被告某项特定的主张应以抗辩方式提出还是反诉方式提出时，就要看其主张是否超越原告诉讼请求的范围。

(三)拟写反诉状

1. 首部

(1)标题写明文书名称“民事反诉状”。

(2)列明反诉原告与反诉被告的基本情况。反诉原告及反诉被告是公民的，应写明其姓名、性别、年龄、民族、籍贯和住址。反诉原告或反诉被告为法人或其他组织机构的，写明其全称、地址及法定代表人或负责人姓名、职务。

2. 正文

(1)反诉请求应当明确、具体并且要求与本诉诉讼请求具有牵连性。

(2)事实及理由。要先写事实，然后再写理由。关于事实，要按照双方纠纷发生的时间、地点及纠纷的成因等按顺序写作，要按照案件的不同性质和需要，写明不同事件中的法定要素。其他无关因素，尽量少些或不写。叙述时，要将对方提出起诉的情况顺便说明，并有针对性地在理由部分驳斥对方的主张，论证支持本方的主张。关于理由，要依据上面所写的事实和法律的相关规定，进行分析论述。写明反诉人要求的合理性和合法性，并具体引证相关法律条款，分清是非，明确责任。如涉及具体数额，要有计算说明过程。结尾明确请求支持反诉请求。

3. 尾部

(1)写明致送的人民法院名称。该法院应当是本诉法院。

(2)反诉人签名。反诉人是法人或其他组织的,法定代表人签名,并加盖公章。

(3)注明反诉状提交日期。

(四)反诉的处理

对被告提起的反诉,人民法院会根据不同情形予以处理[①]:

(1)对于不符合反诉条件的,人民法院会根据不同情况,告知被告向有关部门申请解决或者向有管辖权的人民法院另行起诉,另行立案处理。

(2)对于符合反诉条件的,人民法院应该与本诉合并审理,在查清事实、分清是非的基础上,与本诉一并作出处理。

(3)在本诉发生移送管辖时,反诉应随之移送。

(4)被告提出反诉后,应交纳反诉部分的诉讼费用。如果被告在被通知预交或者申请减、缓、免交未获人民法院批准,而仍不预交的,将裁定按自动撤回反诉处理。

(5)反诉受理后,有关反诉状送达期间、反诉被告提交反诉答辩状时间以及举证期间,都依照《民事诉讼法》和最高人民法院《关于民事诉讼证据的若干规定》适用于对本诉被告的有关规定。

(6)被告提出反诉后,本诉原告经传票传唤,无正当理由拒不到庭或者未经法庭许可中途退庭的,对于本诉可以按撤诉处理,对于反诉则可以缺席判决。

第四节　一审程序的律师实务

第一审程序是人民法院审判案件的必经程序。任何案件只有经过第一审程序才能进入其他审判程序。因此,第一审程序的法律制度与实务技能相对于其他程序具有"通则"的性质。第一审程序是人民法院审判案件的关键环节,正确、合法地进行第一审程序,可以减少上诉或者申诉,减轻当事人不必要的负担,提高诉讼效率。

一、庭审前的准备

(一)查阅案卷材料

查阅案卷材料既是代理律师履行代理职责,也是行使权利。《民事诉讼法》第

① 中华全国律师协会.律师执业基本技能[M].北京:北京大学出版社,2015.

49 条第 2 款规定,当事人可以查阅本案有关材料,并可以复制本案有关材料和法律文书。为进一步保障当事人和代理律师的阅卷权,最高人民法院专门出台《关于诉讼代理人查阅民事案件材料的规定》,明确查阅案卷材料的手续和范围。

1. 查阅案卷材料的目的

庭审前查阅案卷资料可以通过案卷材料了解对方已掌握的证据,推理对方的庭审思路,以达到知己知彼。通过对案卷材料的分析制作阅卷笔录,并制定诉讼思路。

2. 查阅案卷材料的手续

代理公函、委托书、当事人身份证复印件、律师证复印件及其他法院要求提供的材料。如果已经递交委托手续,出示律师证件即可。

3. 查阅案卷材料的范围

起诉状、答辩状、证据材料及其他案卷材料。

(二)申请调查取证

证据是诉讼活动中的核心,整个诉讼活动实际上都是围绕证据的调查收集和分析运用进行的。证据是法官在司法裁判中认定过去发生事实存在的重要依据,在任何一起案件的审判过程中,都需要通过证据和证据形成的证据链再现还原事件的本来面目①。因此律师要在开庭前针对诉讼请求和争议焦点收集整理证据。对于对案件有重要影响,但因客观原因无法自行收集的证据,合理选择证据收集方式。我国目前主要证据调查方式如表 3-12-2 所示。

表 3-12-2 我国目前主要证据调查方式及对比

项目	申请法院调查取证	书证提出命令	律师调查令
适用情形	他人控制证据,己方因客观原因导致不能自行收集证据		
申请时限	举证期限届满之前申请		
被调查对象	提供指定证据的相关单位、组织或个人	对方当事人	调查令载明的须向持令律师提供指定证据的相关单位、组织或个人(有地方规定排除对方当事人)
证据范围	书证、物证、视听资料、电子数据等	书证、视听资料以及电子数据	书证、视听资料、电子证据等,但不包含证人证言

① 黄硕."以审判为中心"的新型侦诉审模式的构建[J].政法论丛,2016(5):10.

鉴于目前司法实践中最常用的是律师调查令制度，本节仅以律师调查令在审判程序的适用为例，对律师申请调查取证的工作进行说明。

（1）申请材料[①]。包括：①申请书。申请书应当载明申请调查所涉案件的案号、案由、申请人、申请调查证据的名称、证明目的、无法自行调查的原因，协助义务人名称或姓名、被执行人财产线索、申请调查特定证据的线索。②律师事务所出具的公函。持调查令调查的律师的执业证书等情况，申请人委托代理人的授权委托书，委托权限应为特别授权。③申请人及持调查令调查人的保密承诺书。④申请人及持调查令调查人严格按照发出调查令人民法院告知的权利义务使用调查令，如有违反，愿意接受司法行政机关或律师协会处罚或惩戒，构成妨害民事诉讼行为的，按照《中华人民共和国民事诉讼法》第 111 条承担相应法律后果。

（2）调查令使用注意事项[②]。包括：①律师持令调查时，应当主动出示律师调查令和执业证等证件，由接受调查人核对。②律师应当在律师调查令的有效期间调查取证，有效期限届满，律师调查令自动失效。③律师持令取证后，应当在调查结束后 5 个工作日内将调查收集的证据、调查令回执提交人民法院。④因故未使用律师调查令或接受调查人未提供证据，持令律师应当在调查令载明的有效期限届满后五个工作日内，将调查令和回执退还人民法院入卷。⑤对持令调查获得的证据及信息，仅限于本案诉讼使用，不得泄露或作其他使用。

（三）申请审判人员回避

在律师接受当事人咨询或委托时，有时会听到当事人抱怨对方有关系，想通过举报或信访等方式来消除这种影响，虽然大部分都是当事人的无端猜测，但是审判人员与案件一方有利害关系时的确会影响案件的公正审理，对于审判人员的回避情形不可不审查。《最高人民法院关于审判人员在诉讼活动中执行回避制度若干问题的规定》中明确了诉讼回避的主体、情形等内容。

1. 回避主体的范围

回避的主体范围包括：审判人员（包括参与本案审理的人民法院院长、副院长、审判委员会委员、庭长、副庭长、审判员、助理审判员和人民陪审员）、书记员、执行员、翻译人员、鉴定人和勘验人。

2. 申请回避的类型

申请回避的类型包括了关系回避和行为回避。关系回避的情形如下：①是本案的当事人或者与当事人有近亲属关系的（近亲属包括与审判人员有夫妻、直系

---

① 《河南省高级人民法院、河南省司法厅、河南省律师协会关于在民事诉讼和民事执行中实行律师调查令的若干规定》（2019 修订）。

② 《河南省高级人民法院、河南省司法厅、河南省律师协会关于在民事诉讼和民事执行中实行律师调查令的若干规定》（2019 修订）。

血亲、三代以内旁系血亲及近姻亲关系的亲属)；②本人或者其近亲属与本案有利害关系的；③担任过本案的证人、翻译人员、鉴定人、勘验人、诉讼代理人、辩护人的；④与本案的诉讼代理人、辩护人有夫妻、父母、子女或者兄弟姐妹关系的；⑤与本案当事人之间存在其他利害关系，可能影响案件公正审理的。

行为回避的情形如下：①私下会见本案一方当事人及其诉讼代理人、辩护人的；②为本案当事人推荐、介绍诉讼代理人、辩护人，或者为律师、其他人员介绍办理该案件的；③索取、接受本案当事人及其受托人的财物、其他利益，或者要求当事人及其受托人报销费用的；④接受本案当事人及其受托人的宴请，或者参加由其支付费用的各项活动的；⑤向本案当事人及其受托人借款，借用交通工具、通信工具或者其他物品，或者索取、接受当事人及其受托人在购买商品、装修住房以及其他方面给予的好处的；⑥有其他不正当行为，可能影响案件公正审理的。

(四)辅导当事人

律师应当结合当事人的基本能力、案件事实、证据梳理等庭前准备情况考虑向当事人建议是否出庭及理由，在与当事人充分沟通的基础上，尊重当事人的选择权(法律规定当事人必须出庭的案件除外)。

与受过专业训练的律师不同，大多当事人从来没有经历过庭审，对于庭审程序和规则并不了解。当事人由于缺乏证据规则意识及对审判流程不了解，或出于对司法机构的畏惧，在庭审时往往会表现出不自信、言语吞吐、长篇赘述、不遵守庭审规则等情况，甚至由于当事人自己缺乏证据及规则意识导致出现了一些影响庭审顺利进行及不利自认的情况，导致庭审时间拖长，对法官印象不好等不利后果。因此，对当事人进行庭前辅导非常有必要。一般来说辅导内容包括法庭纪律、庭审流程、证据规则意识、情绪及语言表达相关方面的辅导等。

1. 法庭纪律

律师应告诫当事人在开庭时不得实施《中华人民共和国法庭规则》禁止的行为。常见的不当行为如鼓掌、喧哗、吸烟、进食、拨打或接听电话，对庭审活动进行录音、录像、拍照或使用移动通信工具等传播庭审活动，以及其他危害法庭安全或妨害法庭秩序的行为。当事人如违反法庭纪律，将受到法庭训诫并可能会被责令退出法庭。

2. 庭审流程

一般庭审分为庭前准备、出庭情况审查、法庭调查、法庭辩论、合议庭评议、宣判及闭庭几个阶段。因为案件的复杂程度或别的原因，合议庭或法官并不能当庭得出审判结论，因此合议庭评议及宣判通常是庭后进行。因为不了解庭审流程，当事人往往会打断法庭正常审理秩序，在不该发问的时候强行插话被法官训诫的情况不少，因此，律师在庭前对当事人进行庭审流程辅导可节约时间，保证庭审顺利进行，也有利于给法官塑造良好印象。

3. 证据规则意识

律师开庭前就起诉书及证据与当事人进行充分沟通，让当事人知晓律师的诉讼策略及方案，了解每一项证据的证明目的，在最大限度还原案件事实时又能清楚对己方有利及不利证据，避免在庭审中不利自认或阐述太多与案件无关的事实。包括举证规则在内的基本法律知识也应该明确告诉当事人，我方的主张或抗辩有足够依据的情况下对方的主张或抗辩亦应由对方举证，切不可不经思考说出对己方不利的观点或相关事实。

4. 情绪及语言表达相关方面

当事人相较律师而言在庭审时更容易激动、情绪失控而做出过激行为。庭审中常常出现当事人指责、辱骂对方甚至动手等不当行为，一方面此类行为违反法庭规则，另一方面会给法官留下非常不好的印象，影响法官的自由心证。有的当事人原本就不擅长语言表达，在庭审这种严肃的场合容易紧张，发言容易吞吐犹豫或语无伦次，这就需要律师庭前辅导环节做足功课，帮助当事人克服此类问题。

二、参与法庭审理

(一)法庭调查的实务要点

1. 举证与质证

(1)举证的实务要点。主要包括：第一，及时举证。当事人应当在法庭调查阶段及时举证，切忌“留一手”，企图在法庭辩论时用此证据作为驳倒对方的“秘密武器”。第二，合理分配举证责任。代理人应当寻找与代理案件相关的法律规定，确定举证责任的主体，己方是否有必要举证，是否存在举证责任倒置的情形。如果己方应当举证，就必须尽力寻找有利于自己的证据。第三，有序举证。开庭前做好充分准备，将证据分类，列出证据清单。如将所有准备在法庭出示的证据进行分类和编号，并说明每一份证据证明什么问题。第四，疑证不举。举证的目的，是为了使己方证据得到法官的肯定与认可，以及得到有利的判决结果。诉讼实践中，收集的“似是而非”的证据虽然有利于己方的证明价值，但也有利于对方的证明价值，甚至对于对方的证明价值高于己方。对于这类证据在诉讼中应尽量少举或不举。第五，避开举证的误区。围绕诉讼请求和事实主张进行举证，切忌将所有收集到的证据不分种类、不分主次全部送交法庭，以致“淹没”最重要的证据，影响证据的效力，也就是说，当事人在诉讼过程中不能无目的、无关联地向法院提供证据，而是应当把握好举证重心，切忌举出对己方不利的证据。

(2)质证的实务要点。质证的内容一般为对于证据的合法性、真实性、关联性三性进行质证，其实质证在于质疑对方以证据想要证明的具体事实主张。一般来说，首先要针对证据的合法性、真实性进行质证，因为二者是证据能够作为定案依据的前提。如果证据没有合法形式或者并非真实，即便与案件具有关联性，也不应该作为定案的根据。合法性、真实性是对证据的“证据能力”的要求，而具备“证据能力”还要考虑证据“证明力”的大小，即关联性。只有同时具备证据能力和证明力，证据才可以作为案件事实的组成基础，但这并不意味着只要证据满足了三性要求，法院就会支持当事人该证据对应的事实主张，法官依然会根据自己的自由心证，对证据的证明力进行综合判断，再确定当事人的事实主张是否能够成立。

1）对证据合法性的质证。在对证据的合法性进行质证时，一般从以下几个角度进行：其一，证据是否符合证据的法定形式。《民事诉讼法》第63条规定的证据形式有八种：当事人的陈述、书证、物证、视听资料、电子数据、证人证言、鉴定意见和勘验笔录。其二，证据是否符合特定的形式要求，即证据的形式要件是否得到满足。《民诉法解释》第115条规定就对单位出具的证明材料规定了特殊的形式要求。其三，证据的来源是否合法。《民诉法解释》第106条规定：“对以严重侵害他人合法权益、违反法律禁止性规定或者严重违背公序良俗的方法形成或者获取的证据，不得作为认定案件事实的根据。”依此规定，侵犯个人隐私的偷拍、偷摄等证据，均会因违法获取而不能作为定案根据。

2）对证据真实性的质证。证据真实性包含形式是否真实和内容是否真实两个方面。形式是否真实是指证据的载体是否真实，例如当事人手写的文件，只要确实系当事人手写，并非伪造，那么无论内容所述如何，该证据的形式即为真实的；而证据的内容是否真实指证据所载明的内容是否真实，即是否与案件事实情况一致。最终证据的真实性与否，实际应依照内容判断，形式是否真实仅为内容是否真实的考量因素之一，是整个证据具备真实性的必要不充分条件。

在对证据的真实性进行质证时，一般从以下两个角度进行：其一，证据是否存在原件、证据来源是否清晰可以验证；其二，证据本身内容是否符合逻辑，能否与其他证据相互印证。

3）对证据关联性的质证。关联性指证据与待证事实之间内在的联系，关联性的大小直接关系到证据的证明力的强弱。证据关联性包括两个要素：一是证据对待证事实具有证明性，即证据与待证事实有相关性；二是证据本身与待证事实关联性强弱。因此，对于关联性的质证一般从以上两个角度进行，即运用逻辑法则和经验法则，质疑证据与待证事实没有关系，或者即便有关系，关联性也不足以证明待证事实。

2. 发问与答问

发问与答问是法庭调查阶段的一个重要环节，应对得当，可以有效查明案件事实，为后面的辩论阶段打下良好的基础。

（1）发问实务要点

1）要有明确的发问目的，避免抓不住要点导致发问的问题与案件无关，或者无关痛痒，没有任何价值。一般而言，以下三种情况应当发问：一是与举证质证中提出的问题、提供的证据有联系，展示辩方对案件事实的基本立场和态度；二是指出反驳、澄清对方的不当发问而发问,通过发问把对方发问中的一些误导甚至一些强加的东西澄清、扭转过来;三是对有利的事实和情节,通过发问进行强调。

2)谨慎发问,避免法庭发问问出不利于当事人的事实。律师在发问的时候就要根据案件事实和证据考虑到发问的结果是否对当事人有利,如果发问的结果可能对当事人不利,就要特别谨慎,在这种情况下宁可不问,也要避免取得适得其反的效果。不要问自己都不确定答案的问题。这主要是针对对方及对方证人,如果你不确定对方或对方证人要做出什么样的回答,这样的问题最好不问,否则很容易不仅没有得到有利于当事人的答案,反而进一步强化了不利于当事人的事实和情节。

3)法庭发问的内容要避免重复、啰唆。在法庭调查阶段,对于前面的律师或法官已经问过的问题重复发问,会引起法官反感且极容易被法官制止。同时避免发问的问题过长,被发问者听不明白你问什么内容,以至于不知道如何回答。

(2)答问实务要点

1)对于事实比较明确的部分要回答准确无误,干脆利索,同时回答声音要洪亮,显得有底气。

2)对于关键性的问题,不要轻易肯定和认可。并不是说要说谎,而是有利的部分多说,不利的部分可以不说,不要一股脑地全部都倒出来。

3)说话要有根据,不要歪曲事实。陈述事实部分就是陈述,不要加过多的感情色彩,不清楚的事实可以要求庭后核实后再提交法庭。

3. 询问证人

询问证人实质上是对证人证言这一证据形式举证质证的延伸。因此询问证人原则上也是围绕证据的三性展开,实务要点如下:

(1)证人的基本情况。包括证人是否为未成年人,是否能正确感知当时情况,是否能正确回忆、表述,证人与当事人之间的关系。

(2)证人的感知力、记忆力、表达力等。即证人对案件事实是否有正确的感知、记录、回忆能力,证人是否能正确表达这一感知等。

(3)证人感知案件事实时的环境和条件。在司法实践中,证人的年龄、身体状况、感知案件事实时的环境、精神状态等因素,均会影响证人证言内容的可信度。

(4)证人对同一事实的前后描述是否矛盾。如果证人证言内容不连贯、缺乏案件细节情况,或者细节情况与其他证据相互矛盾,不能印证,其可信度也会大大降低。

(5)证人证言的来源及合法性。即证人证言的取得程序、方式应当符合法律规定,不能采用欺诈、胁迫、暴力等非法方式获得证人证言。

(6)证言的内容及要证明的问题。《证据规定》第 72 条第 1 款规定:“证人应当客观陈述其亲身感知的事实,作证时不得使用猜测、推断或者评论性的语言。”

(7)证言与其他证据的相互印证及其因果关系。证人证言与其他证据之间是否存在矛盾的地方,是否可以相互印证,从这些角度可以提出更加有效的质证意见。

(8)证人因情感或经济利益的影响,对一方当事人是否有所偏袒。若证人与当事人有利害关系,如证人是一方当事人的员工、亲戚、朋友等,该证人证言会因利害关系可能导致证言倾向一方当事人而不具有客观性。但是,如果仅仅是简单以证人与当事人之间存在利害关系为由主张证人证言不真实,其质疑和质问的力度较弱,难以为法官不采信该证人证言提供充分的说理。

(9)证人的品行可信性。一般来说,品行良好的证人证言,其可信度就高,反之,其证人证言的可靠性就较弱。如果有证据证明证人曾经在另案中做过伪证,在本案中其证人证言的可信度就将大打折扣。

(10)证人的感知、回忆、表述能力是否存在缺陷。

4. 申请司法鉴定①

司法鉴定是指在诉讼活动中鉴定人运用科学技术或者专门知识对诉讼涉及的专门性问题进行鉴别和判断并提供鉴定意见的活动。或者说,司法鉴定是指在诉讼过程中,对案件中的专门性问题,由司法机关或当事人委托法定鉴定单位,运用专业知识和技术,依照法定程序作出鉴别和判断的一种活动②。一般而言,司法鉴定的流程有以下几个步骤:

(1)委托。首先,司法鉴定机构可以接受司法机关、仲裁机构的司法鉴定委托。其次,在诉讼案件中,在当事人负有举证责任的情况下,司法鉴定机构也可以接受当事人的司法鉴定委托。当事人委托司法鉴定时一般通过律师事务所进行。

(2)受理。司法鉴定机构收到委托,应当对委托的鉴定事项进行审查。司法鉴定机构对符合受理条件的鉴定委托,应当即时作出受理的决定;不能即时决定受理的,应当在7个工作日内作出是否受理的决定,并通知委托人;对通过信函提出鉴定委托的,应当在10个工作日内作出是否受理的决定,并通知委托人;对疑难、复杂或者特殊鉴定事项的委托,可以与委托人协商确定受理的时间。

(3)初次鉴定。司法鉴定机构接受委托后,由司法鉴定机构指定的司法鉴定人或者由委托人申请并经司法鉴定机构同意的司法鉴定人完成委托事项。

(4)补充鉴定。鉴定事项有遗漏或者发现新的相关重要鉴定材料的,鉴定机构可以接受委托,进行补充鉴定。

(5)重新鉴定。有下列情形之一的,司法鉴定机构可以接受委托,进行重新鉴定:原司法鉴定人不具有从事原委托事项鉴定执业资格的;原司法鉴定机构超出登

① 《司法鉴定程序通则》(2016修订)。

② 郝楠.现行医疗纠纷鉴定双轨制状态下的弊端与改进[J].锦州医科大学学报(社会科学版),2019,17(1).

记的业务范围组织鉴定的;原司法鉴定人按规定应当回避没有回避的;委托人或者其他诉讼当事人对原鉴定意见有异议,并能提出合法依据和合理理由的;法律规定或者人民法院认为需要重新鉴定的其他情形。接受重新鉴定委托的司法鉴定机构的资质条件,一般应当高于原委托的司法鉴定机构。

(6)鉴定人出庭。司法鉴定人应当按照司法机关或者仲裁机关的要求按时出庭。司法鉴定人出庭时,应当出示司法鉴定人执业证书。

申请司法鉴定为诉讼提供证据,证据是诉讼过程中的核心,是案件审判的关键,应严格执行司法鉴定程序,为促进社会公平正义提供保障。

(二)法庭辩论的实务要点

1. 归纳争议焦点

(1)争议焦点归纳的作用。争议焦点归纳的过程就是法官引导诉讼的过程。争议焦点归纳具有以下三方面作用:第一,聚焦作用。归纳争议焦点可以避免诉辩过于分散,更加容易把握举证质证的重点。第二,具有理清审判思路的作用。第三,有利于案件审理活动的顺利进行。

(2)归纳争议焦点的基本方法。案件争议焦点往往不是浮在表面上的争议问题,而是隐藏在争议的问题之后,是双方矛盾的根源、纠纷发生的“症结”。一般情况下,归纳争议焦点的基本方法如下:

一是排除法。案件争议焦点的归纳是在庭审过程中做出,应首先认真听取原、被告的诉辩主张,归纳出双方当事人无争议的部分,排除不构成或推定不构成争议焦点的事实,然后对于双方陈述有争议的部分划定主次,主要争议可以确定为争议焦点。

二是类案分析法。我国虽然不适用判例法,但判例的指导作用是不容忽视的,对于指导法官归纳争议焦点,特别对案情复杂、法律适用困难的案件,分析类似案例,吸取经验,能更有效地归纳出争议焦点。

三是要件分析法。按照民事法律行为的构成要件,通盘依次检查,能够全面、准确地归纳案件争议焦点。

四是“倒推法”。正常推理是根据已知的条件推出结论,倒着推理是根据结论向前推出应具备的条件,“倒推法”有时在寻找争议焦点上效果不错。

五是综合判断法。为了避免片面适用某一种方法,造成归纳争议焦点不准确,庭审法官可以分别适用上述方法,进行筛选,必要时充分利用合议制度、定期的案件讨论例会等方式,各抒己见,切实保证案件争议焦点的归纳质量。

总之,归纳争议焦点要本着一个原则,从确定的争议焦点上就能看出下步的审理思路,便于下步的法庭调查。如果确定的争议焦点,叫人看了不知下步法庭调查从何处下手,那么这个争议焦点就可能存在问题。所以,准确地归纳争议焦点,有利于确定庭审重点,正确引导当事人举证质证,从而有效地开展庭审活动,提高庭审质量和效率。

2. 发表辩论意见

法庭辩论阶段，应当以法庭调查的事实和证据为基础，紧扣争议焦点，发表意见，驳斥对方观点。作为法律人，一定要把握一个最基本的常识：法律事实不是客观事实，法律事实是力图通过证据链的支撑、在法律逻辑上还原已经发生过的客观事实，法律事实的真伪判断最终交由司法仲裁机构做出最终裁断结论。在某种意义上，诉讼辩论就是原告、被告双方拿着证据在法庭上给法官讲故事，最后法官采信那个有说服力的那一方的话。所以合理解构事实是最重要的法庭辩论技巧。所有的辩论技巧都是以合理解构事实为核心，让自己陈述的故事更具有说服力。

（1）发言顺序。先由原告发表辩论意见，再由被告发表辩论意见，最后由第三人发言。各自发表辩论意见后，开始互相辩论。在一方发言时，其他当事人不要随意打断，须待对方发言完毕后再陈述反驳意见。法庭辩论终结时，审判长按照原告、被告、第三人的先后顺序征询各方最后意见。

（2）辩论语言。法庭辩论语言要语速适中，吐字清晰，富有逻辑、条理清晰，围绕重点、详略得当。

（3）辩论仪态。庭审时要着装整洁，仪态大方。坐姿要端庄大方，精神饱满，不能左倾右斜，或前俯后仰，也不宜过于拘谨、紧张。要合理使用手势，避免在法庭辩论中指手画脚。

三、一审庭后的实务要点

（一）撰写与提交代理词

代理词是诉讼代理人代理诉讼案件过程中提交的一种非正式文书，主要是对己方诉讼主张或针对对方诉求进行反驳的集中书面体现，是律师个人法学素养、逻辑能力、办案能力的集中体现。

代理词的内容，主要是回应以下问题：一是针对庭审过程中，法官当庭关注的细节问题；二是庭审中我方来不及回应对方的问题或者来不及回答法官的提问；三是由于时间关系我方在庭审中未充分展开但又十分重要的问题。此外，庭审中常会有法官布置庭后核实问题，这也要在代理词中一并体现。

1. 代理词撰写的原则

（1）消除所有疑问。有些律师把代理词作为自己的一面之词，只说自己有利的，回避自己不利的。孤立片面的代理词，法官会觉得偏颇，降低可信度。因为案件中，大抵是当事人互有过错，无非过错大小、比例不同（很少有全对或全错的）。法官必须考量双方所有过错，做出价值选择。所以，代理词在立论（确立本方观点）、驳论（驳斥对方观点）后还不够，还要侧论。侧论是对可能存在的其他观点（法官或第三方观点），作出说明，消除疑虑。譬如为何本案不能遵循先例？因为案情不同，不能比照。案件就好像一个立体图像，须从正面、反面、侧面去透彻观察,方得真相,避免盲人摸象。

(2)全面质证质辩。事实来自证据,没有证据就没有事实。对证据的质证以及质辩,是认定事实的核心。代理词中,可以对全部证据进行分析,譬如对方一共有十个证据,对每个证据的来源、所要证明的内容、与其他证据的关联性,本方认可或不认可的原因都写上。不仅如此,对于对方的质证意见,还要写上本方质辩意见(回应)。这等于在全面还原庭审中的每一个证据细节(包括交叉询问过程)。其次,代理词可以对庭审中陈词变更或补充,但要标出变更原因,避免被法官认为是事后改口。代理词中的证据论述部分工作量最大,也是法官乐于所见的部分。

(3)站在法官角度思考,给出全局性解决方案。为追求利益最大化,而给法官提出不现实、不可能完成的任务,是过犹不及的。因为法官的判决也是要受到各方制约的,除了具体案情外,还要考虑本院先前案例,其他法院类似案例等,甚至还有当事人的信访、维稳等种种因素。所以,得理而饶人,结果更有可预测性。须采取实用主义,提出现实的可操作性方案。代理词的结论,除了要求法院支持本方请求外,还可多点替补方案,包括适当妥协。譬如人身伤害案中,要求驳回对方诉求,同时告知自愿给予一定人道主义补偿。譬如遗产纠纷中,考虑到当事人状况,愿意给予适当份额。这些方案,虽然没有实现利益最大化,但能从根源上消弭纠纷,亦是得的。即使方案没有被采纳,也会被认为是通情达理者,博得法官与社会之同情①。

2. 代理词撰写的要点

(1)书写事实要客观。代理人应当在追求客观事实的基础上,通过组织证据来合理维护委托人的权益,故代理词中的事实部分,应当具备真实性、关联性,这是最基本的要求。没有证据支撑的事实不宜过分渲染,应当秉着尊重客观事实的态度,结合证据材料,理性客观地陈述证据材料所反映出的事实、推定出的事实。

(2)引用法规要得当。法律规定作为法律责任承担的依据,应当考虑法条所规定的内容与证据材料有无紧密结合、有无引用不当。特别要注意用新不用旧、有法不用章。

(3)说明论证要严谨。代理词中应当逻辑严谨,不仅要将己方的说理做到环环相扣,还要针对对方可能抗辩方向做一定的预测并进行扩充说理。

(4)用字用词要精简。作为律师,书写代理词的根本目的就是试图说服法官采信己方的观点,但说服法官的前提是法官愿意花时间精读你的代理词,精读代理词的前提是代理词至少用词精简,可读性强。

① 丁金坤. 律师撰写代理词要点. [2021-07-01]. http://blog.sina.com.cn/s/blog_5f7396520102zwhi.html.

（二）参与庭后和解与调解

诉讼中的调解是当事人在法官的主持下，自愿协商，达成一致意见的诉讼程序。调解贯穿民事诉讼始终，它可以有效地化解矛盾，做到案结事了。庭后调解与庭前调解相比，最大的区别在于经过一定的诉讼程序，基本掌握了全部的案件事实，更利于把握调解的分寸，达成更符合双方利益的调解方案。

诉讼中，当事人如果协商一致达成调解意见，可以由法院出具民事调解书。调解书同法院的判决书一样具有同等法律效力。不同的是调解书一经作出并送达当事人后就立即生效，不存在上诉的机会。所以一经调解书确定调解意见，双方当事人是不能反悔的。当然，在诉讼中如果双方当事人协商一致的也可以私下自己达成和解协议，同时由另一方申请撤诉。

（三）解读一审裁判文书

一审结果大部分以判决书的方式呈现，但也有部分审理结果系以裁定书的方式呈现，比如不予受理、驳回起诉、管辖权异议等。只是判决书较裁定书内容更为丰富，分析更具价值，故在此以判决书为分析对象。相关实务要点如下：

1. 立场中立

基于上诉人的定位，有的代理人很着急，一上来就基于批判的立场，拿着显微镜去照一审判决书，生怕遗漏了任何一个小瑕疵。这样的心态，固然可以找出裁判文书存在的一些问题，但是，往往不能很好地理解一审裁判的逻辑、背后的原因，影响了正确全面理解一审裁判，以致不能基于全局提起上诉。相反，采取中立、不带偏见的态度，有利于在整体上理解一审裁判。但是，始终中立，显然和代理人的角色定位截然不符，而且不容易发掘一审存在的问题。可见，带着立场或始终中立，都不是研读一审判决书的恰当方式。先中立、不带偏见地去理解一审判决书的内容，在充分掌握一审判决书的内容、逻辑后，再去解构一审裁判①。

2. 倒着阅读

一审民事判决书一般由首部、主文、判决结果、尾部四大部分组成，其中首部写明民事案件的当事人、诉讼代理人的基本情况以及案由；主文是民事判决书的核心，包括了原告诉称、被告辩称、双方举证质证、法院认证、事实认定、本院认为等部分；判决结果，即法院对于原告诉讼请求的态度；尾部，写明合议庭的组成、人民法院名称等内容。但是，如果按照上述顺序顺着读，只能获得个大概的认识，对文书的理解不深刻。如果按照下列顺序从后向前地阅读判决，并逐步拆解，效果比较好。先看判项和诉辩主张，这样就会对哪些诉讼请求获得支持、哪些诉讼请求没有获得支持一目了然，同时也能发现原审判决有无遗漏或超出诉讼请求。再查“本

---

① 潘君辉. 改判何以发生，解读一审判决书. 载微信公众号“浙江泽大律师事务所”[2021-8-18]. https://mp.weixin.qq.com/s/FStVqFgKYwe1FX53CmpKtg.

院认为"部分,了解法院作出裁判的理由是什么。在看的过程中,力求将法官的论证过程完整呈现,并对其作出分析,找出疑点、问题以及相关线索。最后依次查看"本院查明"部分、"双方证据"部分、"诉辩主张"部分,逐一核对并解决案件中出现的问题和疑问。

3. 依次解构

研读的目的不仅仅在于读懂一审判决书,更重要的是为接下去解构一审判决书打下基础。结合民事诉讼法及其相关司法解释对二审改判、发回重审的相关规定,按照事无巨细的原则,依次进行对照解构。

(1)审查有无违反法定程序。按照民事诉讼法及其司法解释的规定,重点审查一审有无存在以下事项:遗漏当事人;违法缺席判决;审判组织组成不合法;应当回避的审判人员未回避;无民事行为能力人未经法定代理人代为诉讼;违法剥夺当事人辩论权利;原判决超出或遗漏原告诉请求;一审法院不应受理或受理案件违反专属管辖规定;一审代理律师违反禁业规定。

(2)对照一审双方诉辩主张和裁判结果。除了了解一审判决有无超出或遗漏原告诉请,还需要了解以下几点:是否存在原审原告需在二审中增加独立的诉讼请求的情形;原审被告辩称内容中哪些是否认,哪些是抗辩;原审原被告诉辩主张内容中哪些属于自认。

(3)解构请求权。原告请求权基础法律规范与法院认定的请求权基础规范两者之间是否存在矛盾和区别;被告抗辩权法律规范与法院认定的抗辩法律规范两者之间是否存在矛盾和区别。

(4)审查案件事实和证据。逐字逐句审阅法院认定事实,找到并标注基本事实。如果案件事实复杂,可以绘制图表,通过可视化方式表达法院认定的事实。再把事实和双方证据进行对照,分析事实和证据之间是否存在矛盾或遗漏,重点审查有无存在以下问题:认定的基本事实缺乏证据证明;认定事实的主要证据系伪造;认定事实的主要证据未经质证;对案件审理的主要证据,当事人因客观原因不能自行收集,书面申请法院调查收集,法院未调查收集;相关证据是否采信在判决书中遗漏;金额计算错误。

(5)解析"本院认为"部分。通常情况下"本院认为"部分的每个结论,都会有一个论证过程,并且有论据,即事实或法律依据等。通过断句的方法,将每个结论及其所对应的论证、论据,划分至一个个模块。在断句时,应注意每个模块之间的联系,领会法官的推理过程。在此基础上,罗列法院归纳的每一个争议焦点,再通过图表对法院每一个争议焦点的认定过程和结果进行分析。对"本院认为"部分的解析,还需要关注以下几项:

1)一些判决书中的"本院认为"部分除了说理外,还会涉及对事实的认定问题。因此,审查一审是否存在证据和事实方面的问题,需要结合"事实认定"部分和"本院认为"部分才能得出结论。

2)根据“本院认为”部分所呈现的内容,抽取本案的关键词,为之后的调查或研究打好基础,并做有效链接。

3)鉴于裁判安全的考量,在某些情况下“本院认为”部分的内容并非法官真实且具体的心证展示。对此,我们应当越过“本院认为”内容,去了解该地区的类似判例、双方当事人身份、是否涉及当地重大工程项目、有无信访等案外信息,去发现一审裁判的底层逻辑。

当然,事无巨细并不代表不区分轻重。对一审判决书的解读,实际上是围绕着程序和实体两部分展开。就司法实践看,法定程序方面如果存在错误,无疑是“硬伤”。实体方面主要涉及事实认定和本院认为这两部分。事实认定部分主要包括对证据的认定和对事实的认定,也是比较容易出现“硬伤”的,比如认定的证据未经质证、二审期间出现新证据、数额计算错误等;而本院认为部分主要涉及对法律、法律关系的理解,相对而言出现“硬伤”的机会低一点,当然也有可能出现“硬伤”,比如对法律关系理解明显错误。由于“硬伤”的事项往往构成二审法院作出改判或发回重审的理由,故对于容易出现“硬伤”的事项,需要格外关注。

第五节　二审与再审程序的律师实务

民事诉讼二审程序和再审程序都是人民法院纠偏纠错、实现司法公正的重要途径,也是律师依法维护代理人合法权益的重要领域。其中,二审程序是主要基于当事人不服未生效的一审裁判文书行使上诉权而启动[①],再审程序则是人民法院或人民检察院认为已经生效的裁判文书确有错误、需要纠正而启动,二者审查对象可能是民事判决书,也可能是民事裁定书。为了突出重点,本节主要就民事判决书的二审和再审中的律师实务予以介绍。

一、提起上诉

我国实行民事诉讼两审终审制度,民事诉讼当事人不服地方各级人民法院第一审民事判决或裁定的,均可依照法定程序和期限,向上一级人民法院提起上诉,请求撤销或变更原审裁判。这就需要拟写和提交民事上诉状,因为上诉只能采用书面形式。民事上诉状具有下列特征:①必须是民事诉讼当事人及其法定代理人提起,别人无权提起;②必须是对地方各级人民法院第一审裁判不服所提起;③必须依照法定程序和期限,向制作第一审裁判上一级人民法院提起上诉。对判决书

---

① 此外,还可因同级人民检察院向一审法院提出二审抗诉而引起二审程序。

不服提前上诉的上诉期为15天，对裁定书不服提起上诉的时限为10天。[①] 除了上诉状正本外，还需按对方当事人人数提出副本。

（一）拟写上诉状

1. 正确列述诉讼当事人

（1）上诉人的确定。一审判决中的原告、被告和被判令承担民事责任的第三人，不服一审判决的都可以提起上诉。所以，有些案件可能是原被告双方甚至第三人都分别提起上诉。在各自的上诉状当中列上诉人时，要注明在原审中的法律地位，是原审原告、原审被告还是原审第三人。其他有关诉讼主体的基本信息与起诉状相同。

（2）被上诉人的确定。原审原告、原审被告和第三人都可以作为上诉人提起上诉。如果原审原告提起上诉，被上诉人就是原审被告。如果原审被告提起上诉，要根据其对一审判决的什么内容不服来确定谁是被上诉人。若原审被告仅对一审判决认定其对原告的义务不服的话，就列原审原告为被上诉人，原审第三人仍为原审第三人；若被告仅对一审判决中认定其对有独立请求权第三人的义务不服的话，就列该第三人为被上诉人，原审原告仍列为原审原告；如果对两部分内容都不服，则原审原告和有独立请求权第三人都是被上诉人。第三人提起上诉的，由于有独立请求权第三人在原审中相当于原告地位，故被上诉人为原审原告和原审被告；而无独立请求权第三人提起上诉的话，因其在原审中相当于被告地位，故应以原审原告为被上诉人，原审被告在上诉状中仍列为原审被告。

2. 全面列述上诉请求

二审程序只根据上诉人的上诉请求进行审理，即便原审判决有错，但如果不在上诉人上诉范围内，也不属于二审审理的范围。因此，一方面，要写明上诉所针对的一审判决的审理法院及裁判文书的文号，但无须陈述原判决的内容；另一方面，要根据对一审判决不服的事项与内容，审慎确定上诉的请求，并予以明确的、全面的表述。要写清楚是请求撤销或变更原判决的哪一项或者哪几项内容，以及如何改判、变更，或者要求撤销整体判决、发回重审。切忌含糊其辞地写“请求上级法院予以照顾，适当变更原判”“请求上级法院依法作出公正判决”，或者是“请求上级法院给我做主”等类的空话。要全面表述请求事项，有几条就写几条，不要疏漏。

3. 充分表述事实与理由

在上诉状的事实和理由部分，主要围绕以下三方面展开：

（1）如果认为一审判决认定事实有误或者认定事实不清，则要展开必需的论

---

① 《民事诉讼法》第147条规定，涉外民事诉讼中，居住在我国领域外当事人的上诉期不论不服判决还是不服裁定一律都是30日，而对于居住在我国领域内的当事人，判决的上诉期为15日，裁定的上诉期为10日。

证。譬如，遗漏了重要事实，或者用于认定事实的证据不真实、不具有证据的盖然性。不仅指出错在哪儿、为什么错了，还要提供证据或者对证据进行解释，以说明真相。也就是说不仅要反驳，还要立证。这一点是上诉状与起诉状的显著区别，上诉状要比起诉状相对更详细，更具有说理性、论证性。人民法院裁判纠纷是“以事实为根据”的，只要能够把原审认定的事实全部或部分推翻了，自然会导致其裁判结论的全部或部分改变。

(2)如果认为一审判决适用法律错误，则要指出错误之处。譬如，曲解了法律条款的本意，或者只引用了部分条款加以片面解释，或者因定性不当而错误引用法律条款。对案件法律关系认定有误，或者对纠纷定性不当往往会导致适用法律错误，则需指出其定性不当之处和陈述相应的理由。

(3)如果认为原审适用程序法存在不当之处，影响到判决的公正性和正确性，那就要指出具体违反了什么程序性规则，这种违反对判决结果产生怎样的影响。如果原审程序虽然存在不当之处，但对判决结果没有影响的话，则不应当作为唯一的上诉理由。

(二)补充新证据

“打官司就是打证据。”二审新证据就是在二审审判程序中向二审法院递交的新证据。二审程序中一般不存在举证的情况，因为当事人所要提供的证据基本在一审中提供和固定，二审主要是审查一审法官适用证据规则认定证据及事实是否正确，出现新证据的情况不会太多。最高人民法院《关于民事诉讼证据的若干规定》(以下简称《证据规则》)对二审提供新证据在时间、条件上作了严格限制，其第41条第2款规定的二审新证据包括以下两种：

(1)一审庭审结束后新发现的证据。这里，“一审庭审结束后新发现的证据”并非仅指一审庭审结束后新形成或新获取的证据，还应当包括一审庭审结束前已经存在但未被发现或获取的证据，律师在代理二审诉讼时要努力获取和补强对上诉请求具有支撑作用的证据。《证据规则》对一审证据举证时限予以严格规定的主要目的在于固定争议焦点和相应的证据材料，以提高开庭审理的效率。对于某些非因当事人自身过错或其他客观原因导致的在一审庭审结束之前未出示的证据，如果在二审中一概排除，不利于当事人诉讼机会的平等实现，甚至会导致裁判结果失衡，并最终偏离实体正义。因此，采取一定的补救措施是很必要的。

(2)当事人在一审举证期限届满前申请人民法院调查取证未获准许，二审法院经审查认为应当准许并依当事人申请调取的证据。这是基于一审法院和二审法院在法院依职权调查取证的范围问题上可能存在认识差异而规定的。在二审法院比一审法院对案件基本事实能够更加全面了解和把握的假定的基础上，如果当事人继续提出其在一审阶段申请人民法院调查取证的请求，二审法院经审查认为应当准许的，这类证据就属于新的证据的范围。这类新的证据须符合以下条件：①当事人在一审举证期限届满前已经按规定申请人民法院调查取证；②一审法院没有准许当事人的申请；③二审中当事人又向人民法院提出调查取证的申请；④二审法院经审查认为应当准许当事人在一审举证期限届满前已经按规定向人民法院提出的调查取证申请；⑤这类新的证据属人民法院依当事人申请调查收集证据的范围，即属于国家有关部门保存并须人民法院依职权调取的档案材料以及涉及国家秘密、商业秘密、个人隐私的材料和当事人及其诉讼代理人确因客观原因不能自行收集的其他材料；⑥这类新的证据的调查收集符合人民法院调查收集证据的程序要求。[①]

《证据规则》还规定，当事人在二审程序中提供新证据的，应当在二审开庭前或者开庭审理时提出；二审不需要开庭审理的，应当在人民法院指定的期限内提出；举证期限届满后提供的证据不是新证据的，人民法院不予采纳。可见，二审代理律师应当及时向二审法院提交新证据，不能有以往随时提出新证据的想法。如果因客观原因等正当理由不能及时提交的，应及时递交延期举证申请或者由人民法院依职权调取证据的申请。当然，经人民法院准许延期举证，但因客观原因仍未能在准许的期限内提供，且不审理该证据可能导致裁判明显不公的，该证据可视为新证据。

因此，律师应注意二审程序新证据的构成条件、举证期限和质证要求上与一审程序的不同之处。对原审已质证过的证据一般不需要重新质证，但一审未依法质证的证据则可能在二审中进行补充质证。无论是对新证据的质证，还是对旧证据的补充质证，内容仍应聚焦于证据的真实性、合法性、关联性以及有无证明力、证明力大小等，法官将根据高度盖然性、非法证据排除规则，结合日常生活规则、个案综合情况进行认定。

（三）解读二审裁判文书

二审判决结论除了维持原判、依法改判外，还有撤销原判、发回重审。发回重审的法定事由有两个：一是“原判决认定基本事实不清的”，二是“原判决遗漏当事人或者违法缺席判决等严重违反法定程序的”。根据《民事诉讼法解释》第335条，“基本事实”是指用以确定当事人主体资格、案件性质、民事权利义务等对原判决、裁定的结果有实质性影响的事实。该司法解释第325条明确，严重违反法定程序的情形包括：①审判组织的组成不合法的；②应当回避的审判人员未回避的；③无诉讼行为能力人未经法定代理人代为诉讼的；④违法剥夺当事人辩论权利的。律师在收到发回重审的二审判决后，应向当事人做出必要的解释。

---

① 即符合《证据规则》第18、19、20、21、22条的规定。

二、申请再审

再审程序，学理上称之为审判监督程序，是指人民法院、人民检察院对于已经发生法律效力的判决和裁定，如果发现在认定事实或适用法律上确有错误，依法提出并由人民法院进行重新审理的程序。相关法律依据包括《民事诉讼法》、最高人民法院的《民事诉讼法解释》《审判监督程序若干问题的解释》《人民法院民事案件当事人申请再审须知》等。该程序可能因上级人民检察院提出再审抗诉引起，也可能因上级人民法院指令再审或本级人民法院院长发现提交审判委员会讨论决定再审，还可以由当事人提出申请再审后①，经人民法院审查认为原生效裁判文书确有错误而启动再审。也就是说，在当事人申请再审情况下，要先有对再审申请的审查，才有机会正式启动再审案件的审理程序，而再审申请书既是启动再审审查的基础，也是再审审理时申请人一方的诉求文书。这里，着重就律师代理当事人申请再审的实务要点予以介绍。

（一）拟写再审申请书

1. 正确确定再审申请人

根据法律规定，有权提出申请再审的只能是原审中的当事人，具体包括：①各级人民法院做出的已经发生法律效力的一审、二审民事判决、裁定、调解书的当事人，包括原审原告、原审被告、上诉人、被上诉人、第三人。②对不予受理、管辖权异议、驳回起诉以及按自动撤回上诉处理的裁定不服的当事人。③当事人权利的继受人。原审案件当事人死亡或者终止的，其权利义务承继人可以申请再审并参加再审诉讼。④案外人。案外人必须是对原判决、裁定、调解书的执行标的物主张权利，且无法提起新的诉讼解决争议的，才可以按照法律规定向人民法院申请再审。需要注意的是，如经由各高级人民法院再审，改变了原审结果的民事判决、裁定、调解书的当事人，可向最高人民法院申请再审。但是，对于一审胜诉或部分胜诉的当事人未提起上诉，二审判决维持原判且该当事人在二审中明确表示一审判决正确应予维持的当事人，因为其缺乏再审利益，对其再审请求不应予以支持。

2. 正确表述再审请求

一方面，申请再审的对象必须是已经发生法律效力的判决、裁定和调解书，应当在再审申请书中列明裁判文书名称和案号。按照法律规定，可以申请再审的裁判文书包括：①地方各级人民法院作为一审法院作出的依法可以上诉、但当事人在

① 现行《民事诉讼法》中并没有当事人在人民法院所作判决、裁定生效以后提出申诉的规定，而是规定当事人可以在法定期限内申请人民法院再审，申请再审时所提交的是民事再审申请书，而非民事申诉状。

法定期间内未提起上诉的裁判文书;②第二审人民法院做出的终审裁判文书以及最高人民法院做出的一审裁判文书。可以申请再审的调解书包括一审法院和二审法院在当事人达成调解协议的基础上制作的调解书。需要注意,下列民事案件不能申请再审:①适用特别程序、督促程序、公示催促程序、破产程序等非诉程序审理的案件判决书不能申请再审;②解除婚姻关系的生效判决书不得申请再审;③经各高级人民法院再审后,维持原判决结果的再审判决书不得申请再审。如果当事人认为再审判决仍有明显的错误,可以向人民检察院申请检察建议或抗诉。

另一方面,要在再审申请书上写明请求裁定再审,以及请求撤销或变更原生效判决、裁定和调解书的哪一项或者哪几项内容和如何改判和变更。

3. 准确表述事实与理由

再审案件代理可分为对再审申请的审查及再审案件的审理两个阶段,只有再审审查认为再审事由的确存在,才会裁定进行再审审理。而提交再审申请书是启动再审审查的前提,人民法院一般会通过听证方式对当事人的再审申请进行审查,再审审查的对象是再审事由是否成立,以决定是否裁定再审。因此,律师撰写再审申请书时一定要紧紧围绕《民事诉讼法》关于当事人申请再审的条件来陈述事实与理由。

根据《民事诉讼法》第 200 条,当事人的申请只有符合下列 13 种情形之一的,人民法院才会启动再审:①有新的证据,足以推翻原判决、裁定的;②原判决、裁定认定的基本事实缺乏证据证明的;③原判决、裁定认定事实的主要证据是伪造的;④原判决、裁定认定事实的主要证据未经质证的;⑤对审理案件需要的主要证据,当事人因客观原因不能自行收集,书面申请人民法院调查收集,人民法院未调查收集的;⑥原判决、裁定适用法律确有错误的;⑦审判组织的组成不合法或者依法应当回避的审判人员没有回避的;⑧无诉讼行为能力人未经法定代理人代为诉讼或者应当参加诉讼的当事人,因不能归责于本人或者诉讼代理人的理由,未参加诉讼的;⑨违反法律规定,剥夺当事人辩论权利的;⑩未经传票传唤,缺席判决的;⑪原判决、裁定遗漏或者超出诉讼请求的;⑫据以作出原判决、裁定的法律文书被撤销或者变更的;⑬审判人员再审该案件时有贪污受贿、徇私舞弊、枉法裁判行为的。

尽管再审申请的审查时也无法绕过事实、证据及法律适用等实体问题,但是审查阶段对于这些实体问题的审查不是全案展开的形式。这一点是需要再审代理律师注意的,要时刻围绕再审事由成立这一审查重点进行,这样才有更多机会得到提审或指令再审的裁定,进而启动案件的再审。

(二)代理再审的其他实务要点

1. 准确把握再审代理的重心

再审程序被称为“救济审”,是我国两审终审制下的特殊程序,有非常显著的特点。再审程序是依法纠错,而不是有错必究,这一特点有别于二审程序。譬如,程序问题在二审中是法官审查的重点,然而,法官在审查再审案件时更多关注实体而非程序。这一特点影响到律师是否承接再审案件、代理再审案件的准备重点以及再审程序中文书表述的重点。譬如，一些具有程序瑕疵但是实体处理没有大问题的案件可能就没必要浪费时间和精力提起再审；在提交的再审文书中要侧重表达实体问题而不是程序问题，即着重论证生效裁判文书的实体错误和裁判结论的非公平、非正义；如果存在程序问题，应该把实体问题放在前面，程序问题放在后面。总之，律师在代理再审案件时应了解再审程序，跳出常规诉讼程序的程式思维，从再审程序特点出发逐步建立再审思维[①]，从而指导具体的再审代理工作。

2. 注重新证据的收集

如果存在原审代理思路及代理方向的偏差，律师在代理再审案件中应指导和帮助当事人收集新证据，弥补之前的证据瑕疵，以增加案件被立案再审和改判的概率。根据《审判监督程序若干问题的解释》的规定，再审中的新证据包括：①原审庭审结束前已客观存在的，庭审结束后新发现的证据；②原审庭审结束前已经发现，但因客观原因无法取得或在规定的期限内不能提供的证据；③原审庭审结束后，原作出鉴定结论、勘验笔录者重新鉴定、勘验，推翻原结论的证据；④当事人在原审提供的主要证据，原审未予质证、认证，但足以推翻原判决、裁定的，应当视为新的证据。

3. 注意申请再审的期限

律师代理当事人申请再审的，应当在判决、裁定、调解书发生法律效力后六个月内提出。但在以下五种情形下，自知道或者应当知道之日起六个月内提出：①有新的证据，足以推翻原判决、裁定的；②原判决、裁定认定事实的主要证据是伪造的；③据以作出原判决、裁定的法律文书被撤销或者变更的；④原审判人员审判该案件时有贪污受贿、徇私舞弊、枉法裁判行为的；⑤必要共同诉讼当事人因不能归责于本人或者其诉讼代理人的事由未参加诉讼的。

律师代理案外人申请再审的，如果是对驳回其执行异议的裁定不服，认为原判决、裁定、调解书内容错误损害其民事权益的，应自执行异议裁定送达之日起六个月内申请再审。如果是对原判决、裁定、调解书确定的执行标的物主张权利，且无法提起新的诉讼解决争议的，可以在判决、裁定、调解书发生法律效力后 2 年内，或者自知道或应当知道利益被损害之日起 3 个月内，向作出原判决、裁定、调解书的人民法院的上一级人民法院申请再审。

4. 适时进行调解

无论是在再审申请的审查阶段还是再审案件的审理阶段，律师代理再审案件时均可建议当事人通过调解解决纠纷。尤其是在拿到提审裁定或再审裁定后与对方当事人调解可能是个比较好的时机，既增加了己方的谈判筹码，同时也会减少再

---

① 张晗. 律师代理再审案件的要点梳理. http://www.360doc.cn/mip/867382631.html.

审结果不改判或改判内容不理想的风险。这一般又可以分为三种情形:①当事人达成和解,申请人申请撤回再审申请。当然,再审法院有权对申请人撤回再审申请的事由进行审查,再决定准许与否,这主要是防止撤回再审申请损害国家、集体或者第三人利益。②当事人达成和解协议且已履行完毕,再审法院裁定终结审查。③当事人达成和解,并请求法院出具调解书。此种情况下,再审法院一般会先出具提审裁定,再以“民提字”调解书结案。

第十三章

刑事诉讼律师实务

刑事辩护，是指犯罪嫌疑人、被告人及其辩护人根据事实和法律，反驳对犯罪嫌疑人、被告人的控诉，提出证明犯罪嫌疑人、被告人无罪、罪轻或者减轻、免除其刑事责任的材料和意见，维护犯罪嫌疑人、被告人合法权益的诉讼活动。[①] 刑事辩护作为刑事诉讼制度的重要组成部分，其历史渊源可追溯到古罗马时期的“尊重人的尊严”思想，强调犯罪嫌疑人、被告人在未经法定程序判决有罪之前，即被推定为无罪，通过委托律师等方式参与刑事诉讼，充分行使辩护权，平等对抗公诉机关，最终实现公民权益和程序正义，因而刑事辩护在人权保障方面发挥了相当积极的作用。

本章从律师代理刑事案件的角度出发，主要介绍律师在刑事诉讼中应掌握的实务技能、需注意的法律问题。

第一节　一审刑事辩护律师实务

宪法赋予犯罪嫌疑人、被告人诉讼权利，刑事诉讼法确立律师为犯罪嫌疑人、被告人提供法律辩护的制度，因而律师的权利来源于犯罪嫌疑人、被告人的权利。律师参与刑事辩护的直接目的是维护当事人的合法权益，有效行使辩护职责，维护法律的正确实施。《刑事诉讼法》第 34 条规定：犯罪嫌疑人自被侦查机关第一次讯问或者采取强制措施之日起，有权委托辩护人。在侦查期间，只能委托律师作为辩护人。被告人有权随时委托辩护人。侦查机关在第一次讯问犯罪嫌疑人或者对犯罪嫌疑人采取强制措施的时候，应当告知犯罪嫌疑人有权委托辩护人。人民检察院自收到移送审查起诉的案件材料之日起 3 日以内，应当告知犯罪嫌疑人有权

---

① 王建东，罗思荣. 律师学：制度与实务[M]. 杭州：浙江大学出版社，2008：210.

委托辩护人。人民法院自受理案件之日起 3 日以内,应当告知被告人有权委托辩护人。由此可见,自侦查阶段开始,律师便能以辩护人的身份参与刑事诉讼活动。因此,律师为了更好发挥刑事辩护的职责,必须熟练掌握基本的刑事实务技能。

一、受案阶段的律师实务

接受当事人咨询是律师初步了解和分析刑事案件的起点。当事人希望通过与律师交流,获取刑事法律帮助,这也是律师赢取当事人信任并决定是否建立委托关系的关键,即聘用律师作为辩护人。受案阶段的工作重点,主要包括接待当事人、办理委托程序等步骤。

(一)接待当事人

由于社会分工的专业化,律师成为专门从事法律服务行业的人员,具有丰富的法律知识和实践经验,根据当事人的需求提供有效的法律帮助。律师解答当事人咨询的专业程度,直接关系着当事人信任程度的高低、建立委托关系的成败,因而应注重法律服务的专业化,以便赢得当事人的信任。

1. 了解需求和案情

律师通常以会谈的方式接待当事人,了解当事人的需求和目的。一方面,准备当事人需要咨询的刑事法律问题以及相关法律知识;另一方面,若聘请律师作为辩护人,是否要求作为无罪辩护等。律师在总结、归纳当事人陈述事实的基础上,形成初步的案件印象,确定案由,有针对性地提问当事人,主要收集犯罪嫌疑人的基本信息:①年龄、文化程度、家庭状况等;②犯罪嫌疑人当前的身体状况,即是否有精神疾病史或者妇女有怀孕的特殊情形;③犯罪嫌疑人的羁押情况,即是否已被采取强制措施以及因涉嫌罪名而采取何种强制措施。

2. 解答法律问题

首先,通过说明刑事诉讼法的程序性规定,使当事人了解犯罪嫌疑人所必须遵循的侦查、起诉、审判等不同阶段的步骤和流程,明晰案件所处阶段和工作重点。其次,用客户能听懂的语言详述案件的定罪量刑问题,使当事人对案件走向、量刑评估形成心理预期。最后,郑重声明犯罪嫌疑人、被告人的宪法权利,使当事人了解其所应当享有的诉讼权利,有权委托律师进行刑事辩护、申请变更强制措施、代理申诉和控告等,实现犯罪嫌疑人、被告人的合法权益最大化。

(二)办理委托手续

当事人通过法律咨询获得满意的答复,因而高度信任律师并聘请其继续提供法律服务。由于当事人的知识局限性和法律服务效果的滞后性,当事人的期望与法律效果实有差异,容易产生法律服务纠纷。为了给当事人提供良好的法律服务,基于规避法律纠纷和风险的需要,保护当事人和律师双方的合法权益,律师必须做好刑事案件接待笔录、呈阅刑事案件聘请辩护律师告知书、签订刑事案件聘请律师协议、签署委托书。但应当注意的是，律师作为辩护人代理刑事案件，均应分阶段签署授权委托书，并分阶段收取律师代理费。

二、侦查阶段的律师实务

与当事人及其家属正式签订委托协议、建立委托关系之后，律师即可进入办案流程。通常情况下，律师在犯罪嫌疑人被拘留或逮捕后，可以担任犯罪嫌疑人在侦查阶段的辩护律师。在此阶段，律师接触案件的信息极其有限，尽早介入刑事诉讼程序，有利于及时保障犯罪嫌疑人的合法权益。

(一)与侦查机关建立联系

为犯罪嫌疑人提供法律帮助，应在侦查机关第一次讯问后或者采取强制措施之日起。律师在接受委托后，首要工作便是与办案机关取得联系。在侦查阶段，针对不同案件类型，律师需要与不同的侦查机关打交道，若涉嫌经济、刑事犯罪，则需要联系公安机关的经侦部门、刑侦部门。律师可以通过电话的方式与拘留、逮捕通知书上所列明的侦查机关及其具体案件承办人取得联系，正式告知律师已介入刑事案件，并向案件承办人了解犯罪嫌疑人所涉嫌的罪名等情况。

(二)申请会见犯罪嫌疑人

会见犯罪嫌疑人是律师开展辩护工作的重要环节。通过会见犯罪嫌疑人，向其提供法律咨询、了解案情、转达亲属的问候。律师应正当维护犯罪嫌疑人的合法权益，宣传法律知识，监督侦查机关公正执法。

1. 会见准备工作

(1)申请会见。根据《刑事诉讼法》第37条规定：辩护律师可以同在押的犯罪嫌疑人、被告人会见和通信。危害国家安全犯罪、恐怖活动犯罪、特别重大贿赂犯罪案件，在侦查期间辩护律师会见在押的犯罪嫌疑人，应当经侦查机关许可。另外，涉及国家秘密的案件，在侦查期间辩护律师会见在押的犯罪嫌疑人，也应当经侦查机关许可。如上所述，律师在侦查阶段会见犯罪嫌疑人，不需要经过侦查机关的批准，可以直接申请。但对于危害国家安全犯罪、恐怖活动犯罪、特别重大贿赂犯罪案件以及涉及国家秘密案件的在押犯罪嫌疑人，应当经侦查机关许可。

(2)法律知识储备。一方面，律师接待当事人的问询，已初步形成案件印象，应提前列明案情所涉及的法律事实、定罪条款和量刑标准，同时完成区域内、同类型案例的检索工作，为犯罪嫌疑人提供有针对性、可参考的法律咨询；另一方面，律师应注重流程把控和程序规范，估算犯罪嫌疑人被采取强制措施的持续时间，不同阶段所必需的法定时间，以便犯罪嫌疑人对案件过程所需要的步骤和时间形成初步的心理预期，并监督侦查机关的办案过程，郑重声明犯罪嫌疑人应享有的各项权利，当权利受到公权力的不法侵犯时，能够采取有效的救济措施，实现犯罪嫌疑人的合法权益最大化。

（3）拟订会见提纲。律师应结合案件的实际情况，列明讯问重点，做好标记和记录，防止遗漏需要向犯罪嫌疑人了解的重要信息，保持问询过程的节奏。

2. 会见过程中的工作

一般的刑事案件不需要侦查机关许可，律师会见在押的犯罪嫌疑人，应当提交授权委托书、律师执业证、律师会见犯罪嫌疑人专用介绍信。《刑事诉讼法》第 37 条规定：辩护律师持律师执业证书、律师事务所证明和委托书或者法律援助公函要求会见在押的犯罪嫌疑人、被告人的，看守所应当及时安排会见，至迟不得超过 48 小时。当然，存在例外情况：危害国家安全、恐怖活动、特别重大贿赂以及涉及国家秘密的案件，应当经过侦查机关许可，律师还应提供办案机关出具的《准予会见在押犯罪嫌疑人决定书》。

制作会见笔录是律师在侦查阶段的重要工作。会见笔录既是记录律师工作的证据，又为下一阶段的工作扎实基础。制作会见笔录的流程，如下所述：

（1）向犯罪嫌疑人介绍律师、委托人并征询其意见，即律师应告诉犯罪嫌疑人何人委托律师担任其辩护人，并征询其是否同意聘请。若表示同意，应在聘请律师的《授权委托书》上签字确认；若表示不同意，应记录在案并签字确认。

（2）向犯罪嫌疑人了解身份信息、案情、羁押情况，主要涉及：犯罪嫌疑人的自然情况；是否参与以及怎样参与所涉嫌的案件；如果承认有罪，陈述涉及定罪量刑的主要事实和情节；如果认为无罪，陈述无罪的辩解；被采取强制措施的法律手续是否完备，程序是否合法；人身权利及诉讼权利是否受到侵犯；等等。

（3）向犯罪嫌疑人提供法律咨询，主要包括：①告知辩护律师的工作职责；②告知强制措施的适用条件、期限、程序的法律规定；③告知犯罪嫌疑人应享有的诉讼权利和应遵守的义务；④告知犯罪嫌疑人关于自首、坦白、立功的刑罚规定；⑤告知犯罪嫌疑人可能涉嫌的罪名和刑事责任，等等。

会见结束，律师应将会见笔录交由犯罪嫌疑人确认后签字并署上日期。此外，谨言慎行的工作准则应贯穿于会见始终，特别注意以下问题：会见犯罪嫌疑人，须有两名律师共同会见方可进行；不得向犯罪嫌疑人传递信件、药品等；不能诱导、协助犯罪嫌疑人伪造、毁灭证据或者串供；等等。

3. 会见后的其他工作

律师在侦查阶段的作用是多方面的，不仅需要与犯罪嫌疑人保持必要的沟通，还能根据案情实际，为犯罪嫌疑人申请变更强制措施、代理申诉和控告等工作。

（1）申请取保候审是犯罪嫌疑人及其家属的希望，也是律师维护犯罪嫌疑人合法权利的职业要求。根据《刑事诉讼法》第 65 条的规定，符合申请取保候审的条件如下：①可能判处管制、拘役或者独立适用附加刑的。②可能判处有期徒刑以上刑罚，采取取保候审不致发生社会危险性的。③患有严重疾病、生活不能自理，怀孕或者哺乳自己婴儿的妇女，采取取保候审不致发生社会危险性的。④羁押期限届满，案件尚未办结，需要采取取保候审的。当然，存在以下例外情况：①累犯，犯罪集团的主犯，以自伤、自残办法逃避侦查的犯罪嫌疑人，严重暴力犯罪以及其他严重犯罪的犯罪嫌疑人不得取保候审，但犯罪嫌疑人具有患有严重疾病、生活不能自理，怀孕或者正在哺乳自己婴儿的妇女，采取取保候审不致发生社会危险性的；羁押期限届满，案件尚未办结，需要继续侦查的除外。②人民检察院认为是严重危害社会治安的犯罪嫌疑人或者其他犯罪性质恶劣、情节严重的犯罪嫌疑人。律师应审查犯罪嫌疑人是否符合取保候审的法定条件，通知家属配合制作《取保候审保证人谈话笔录》以便及时申请变更强制措施，无须考虑实体上是否有罪。以律师的名义为被羁押的犯罪嫌疑人申请取保候审，须向侦查机关提供取保候审申请书、保证人谈话笔录、保证人与犯罪嫌疑人亲属关系证明文件，陈述案件的实际情况和犯罪嫌疑人的个人状况，并充分说明理由和依据。

(2)代理申诉和控告。犯罪嫌疑人虽被国家追究刑事责任，但其人身健康权、人格尊严权、诉讼权利等依然受到法律的保护。律师根据犯罪嫌疑人所涉嫌的罪名和案情，认为犯罪嫌疑人的行为不构成犯罪，属于不追究刑事责任的法定情形，侦查机关有侵犯犯罪嫌疑人的人身健康权、人格尊严权、诉讼权利等情况的，代理律师应向法律监督机关提出申诉、控告，并提交书面申诉书、控告书，要求侦查机关予以纠正。

(3)提交辩护意见书。通过会见犯罪嫌疑人、了解案件基本情况，律师应在案件侦查终结之前，对本案的认定事实、采纳证据、适用法律以及对犯罪嫌疑人有利的情节等方面提出辩护意见，提交侦查机关参考。同时，侦查机关有义务将律师的辩护意见归档，并将案件侦查终结、移送审查起诉的情况通知辩护律师。

三、审查起诉阶段的律师实务

审查起诉是人民检察院在对侦查机关侦查终结移送起诉的案件受理后，依法对侦查阶段所认定的犯罪事实、性质、证据以及适用法律等方面进行审查核实并作出处理决定的诉讼活动。[①] 设置审查起诉的环节，具有重大意义：对当事人而言，它能保障公民的合法权益；对侦查程序而言，它是刑事诉讼的第二道工序；对审判程序而言，它是人民检察院实现法庭公诉职能的基础准备工作。《刑事诉讼法》第160条规定：公安机关侦查终结的案件，应做到犯罪事实清楚，证据确实、充分，并将起诉意见书，连同案卷材料、证据一并移送同级人民检察院审查决定；同时，将案件移送情况告知犯罪嫌疑人及其辩护律师。在审查起诉阶段，律师作为犯罪嫌疑

① 陈光中.刑事诉讼法[M].北京：北京大学出版社，2009：303.

人的辩护人，工作重点在于收集对犯罪嫌疑人有利的证据，主要包括查阅案卷材料、会签名簿犯罪嫌疑人、调查取证等步骤。

（一）查阅案卷

律师在与当事人办理完毕委托手续后，应当立即以电话或其他形式与公诉机关的承办人员取得联系，告知对方：律师已获得犯罪嫌疑人的辩护权；约定时间、地点提交手续、查阅案件卷宗。《刑事诉讼法》第 38 条规定：辩护律师自人民检察院对案件审查起诉之日起，可以查阅、摘抄、复制本案的案卷材料。据此，刑事案件自移送人民检察院审查起诉后，律师应当及时与人民检察院取得联系，提出查阅、摘抄、复制案卷材料的要求，常规做法是对全卷进行复印以确保准确性、完整性，从而便于后续的案卷分析与整理。

刑事案件经过侦查阶段，侦查机关指控犯罪所有的证据已经齐全。审查起诉阶段律师阅卷的根本目的是了解侦查机关指控犯罪嫌疑人所依据的犯罪事实和证据材料，发现其中的问题，为律师辩护找到论点和论据，向人民法院提出罪轻或者无罪的辩护意见，为后续的调查取证、法庭审理做好准备工作。律师通过全面阅读案卷材料便可知悉侦查机关对犯罪行为的定性，从而提出案件事实是否真实全面、案件定性是否符合法律规定以及鉴定结论是否合法可靠等合理质疑。

阅卷的重点在于证据的真实性和完整性，程序是否合法。例如，犯罪嫌疑人、被告人的陈述是否完整，是否存在翻供和多种版本的陈述；共同犯罪案件中口供是否完全一致；被害人陈述、证人证言、现场勘验笔录、鉴定意见等其他证据与犯罪嫌疑人、被告人供述和辩解是否矛盾；卷宗中的证据是否存在重大缺陷和遗漏，特别是证明犯罪嫌疑人、被告人无罪或罪轻的证据是否已经收集入卷等。律师阅卷时，最好做阅卷笔录，必须耐心细致。

（二）会见犯罪嫌疑人

在审查起诉阶段，会见犯罪嫌疑人的目的在于向犯罪嫌疑人核实案件证据、倾听犯罪嫌疑人辩解意见、全面了解案情，掌握对其有利的事实，提出辩护意见。

对于审查起诉阶段的律师会见，主要内容如下：①出示起诉意见书并征求其意见。辩护律师应当向犯罪嫌疑人宣读起诉意见书，并征求其对起诉意见书的事实认定、罪名定性、法律适用所持有的意见，通过讲解说明叙述侦查机关对犯罪嫌疑人的犯罪行为给出的定性和依据，有力保障其自身诉讼权利。②核实有关证据。《刑事诉讼法》为“证据开示”提供制度依据，律师可以提前向犯罪嫌疑人展示有关证据，即：犯罪嫌疑人的身份事项资料；前科法律文书；案发材料；物证、书证；犯罪嫌疑人供述与辩解；鉴定意见；勘验、检查、辨认、侦查实验笔录；视听资料、电子数据；扣押、收缴、发还清单。另外，慎重核实被害人证言、证人证言以及同案犯证言，律师应将上述证言以律师摘要、概括的口吻告诉犯罪嫌疑人，征求其意见，并把犯罪嫌疑人的意见记录在案，避免犯罪嫌疑人知晓后出现翻供、串供等行为。③与犯罪嫌疑人自由交谈、了解对其有利的事实。律师在向犯罪嫌疑人宣读起诉意见书、展示相关证据之后，请犯罪嫌疑人发表意见，以简短开放的提问、诱导性的提问来了解案情。律师要认真倾听犯罪嫌疑人的讲述，不要随意打断，对于没有听清的内容可以补充发问。通过与犯罪嫌疑人自由交谈，律师有可能发现起诉意见书中未发现的事实和情节。④制作审查起诉阶段会见笔录。会见笔录是律师在审查起诉阶段重要的法律文书，会见笔录既是记录律师工作的证据，也是律师分析案情的重要参考。

（三）调查取证

调查是律师必备的基本功，也是保证刑事辩护效果的重要手段，目的在于全面了解对犯罪嫌疑人有利和不利的事实，澄清、核实案件材料中相互矛盾的事实，确立一项新事实以从整体上获得对犯罪嫌疑人、被告人无罪、罪轻或免予处罚有利的证据，维护其合法权益，为实体、程序辩护做好充分的准备。鉴于侦查机关的职责是打击犯罪，可能会被有意或无意地忽略收集无罪、罪轻证据的义务。因此，在审查起诉阶段，辩护律师承担收集犯罪嫌疑人无罪或者罪轻的证据的职责。

《刑事诉讼法》第41条规定：辩护律师经证人或者其他有关单位和个人同意，可以向他们收集与本案有关的材料，也可以申请人民检察院、人民法院收集、调取证据，或者申请人民法院通知证人出庭作证。辩护律师经人民检察院或者人民法院许可，并且经被害人或者其近亲属、被害人提供的证人同意，可以向他们收集与本案有关的材料。据此，辩护律师调查取证分为：向有关单位和个人调查取证，向人民检察院申请收集、调查取证；申请人民法院收集调查证据，申请人民法院通知证人、鉴定人出庭作证。

律师进行调查取证时，应围绕查阅案卷材料和与犯罪嫌疑人会见时所发现的案件可疑之处展开，以寻求对犯罪嫌疑人有利的事实和情节。调查取证的内容主要如下：①犯罪嫌疑人、被告人身份信息，即是否达到法定处罚年龄；是否是精神病人、聋哑人；是否怀孕；是否具有特殊主体身份。②犯罪嫌疑人、被告人无罪的情况，即有无作案时间；是否在作案现场；犯罪行为是否由本人实施。③犯罪嫌疑人、被告人的主观构成，即作案动机、目的；故意、过失还是意外；犯罪行为发生后的态度。④犯罪嫌疑人、被告人的行为在法律上不构成犯罪的情形，即正当防卫；紧急避险。⑤犯罪嫌疑人、被告人在共同犯罪的作用，即是否是主犯、从犯、胁从犯、教唆犯。⑥犯罪嫌疑人、被告人是否具有其他法定从轻情节，即是否属于犯罪预备、犯罪未遂、犯罪中止；有无自首、坦白和立功行为。⑦犯罪嫌疑人、被告人的行为社会危害性：危害结果是否达到轻伤程度或法定数额等。

但律师在行使调查取证权时，为有效规避执业风险，履行辩护职责，应特别注意以下几点：①律师调查取证须持律师事务所介绍信，向当事人出示律师执业证，以两人共同调查为宜。②向被害人或者被害人提供的证人取证，须经人民检察院或者人民法院同意后方可进行。③向证人调查取证要事先征得被调查人的同意，告知调查内容以及作伪证的法律后果，制作调查笔录，记录完毕后交证人阅读后签名确认。④最好邀请公证人员、居（村）民委员会人员公证或见证取证过程，并采取录像、录音的方式固定证据。⑤禁止强迫、欺骗、引诱证人作证。

（四）提交辩护意见书

律师在审查起诉阶段查阅起诉意见书、案卷材料，会见犯罪嫌疑人，进行必要调查后，应当对整个案件有比较全面的了解，若发现对犯罪嫌疑人有利的事实和情节，应及时向公诉机关提出辩护意见。辩护意见要围绕律师掌握的事实和证据，首先要考虑对犯罪嫌疑人作无罪辩护；其次考虑有罪从轻、减轻、免除处罚的辩护，或者是证据不足的辩护，或者是适用法律不当的辩护，或者是罪名不成立的辩护等，确定辩护思路并撰写辩护意见书。

《刑事诉讼法》第 170 条规定，人民检察院审查案件，应当讯问犯罪嫌疑人，听取辩护人、被害人及其诉讼代理人的意见，并记录在案。辩护人、被害人及其诉讼代理人提出书面意见的，应当附卷。由此可见，此阶段的辩护重点在于削弱公诉机关指控的严重性，通过提出对犯罪嫌疑人有利的事实和情节并加以证据求证，或者通过法律论证阐释被指控犯罪行为的构成并非起诉意见书所认定的重罪，最终形成人民检察院无罪化、轻罪化的公诉倾向。

综上所述，审查起诉阶段辩护意见的类型，主要包括：①不起诉的辩护意见。对于证据确实充分，能够证明犯罪嫌疑人无罪，或者不应被追究刑事责任的，律师可以向人民检察院提交辩护意见，争取让其作出不起诉决定。②变更罪名或改变案件定性的辩护意见。因具体的犯罪行为所侵犯的法益、行为主体和主观状态的不同，导致定罪量刑的标准不同；因行为人的主观状态、犯罪情节、手段和后果的不同，导致社会危害性程度的不同，亦可对量刑产生重要影响。罪名的变更和量刑情节的变化，直接关系着犯罪嫌疑人所要承担的刑事责任。若针对犯罪嫌疑人的定罪量刑存在认定错误，律师可依据已掌握的事实和证据，通过法律论证的方式加以证伪，实现犯罪嫌疑人的刑事责任最小化。③当然不构成犯罪的辩护意见。

四、庭审阶段的律师实务

经过受理、侦查、审查起诉阶段的前期准备，案件进入正式审判阶段。在刑事诉讼活动中，要确定被告人有罪，人民法院必须按照刑法和刑事诉讼法的规定，经过开庭审理查明事实，以法律为依据作出有罪的判决并公开宣判。未经人民法院审判，对任何人都不得确定有罪。所谓第一审程序，是指人民法院受理人民检察院提起公诉或自诉人提起的自诉以后，在控辩双方及其他诉讼参与人的参加下，依法进行初次审理和裁判的诉讼活动。其目的在于正确行使国家的刑事处罚权，维护社会秩序和社会公共利益，保障被告人的合法权益，充分发挥刑事诉讼的法制教育作用。因此，事关当事人的定罪量刑，律师应全力以赴地开展庭审阶段的各项工作。

(一)开庭前的准备

自人民法院受理案件之日起,律师应为后续开庭审理活动做好充足的准备。律师作为辩护人承办刑事案件,此阶段的工作主要包括查阅案卷、会见被告人、确定辩护思路等。

1. 查阅案卷

刑事辩护的基础性、经常性工作,便是通过查阅卷宗,了解整个案件的事实和证据情况、司法机关采取强制措施的情况,犯罪嫌疑人、被告人所涉嫌的罪名等。律师辩护要严格依据案件事实来阐述对被告人有利的理由和证据,并以此形成辩护思路。阅卷的注意事项已在审查起诉阶段论及,不再赘述。但仍需强调几点:

(1)保持卷宗交接的完整性。重大、复杂,共同犯罪等严重刑事案件的卷宗通常会有几本甚至几十本,有条件的司法机关会为律师阅卷提供专用的阅卷室,特别注意卷宗的借出和返还,禁止将卷宗带离阅卷室。为了避免卷宗丢失或者毁损,时刻检查卷宗本数和完整性状态,不允许在卷宗上标记、折页等。

(2)保守案件信息和案件涉及的国家秘密、商业秘密。律师在阅卷后,通常需要与犯罪嫌疑人、被告人家属就阅卷整体感受进行沟通,既要把阅卷情况告知委托人,又不泄露案件信息和案件所涉及国家秘密、商业秘密;不能把复印摘抄的卷宗材料完全交由委托人复制,及时与委托人说明不能复制、外泄的要求,最大程度争取委托人的理解和支持。

(3)监督办案机关的取证程序是否存在程序不规范。律师应逐页阅读每一页案卷材料,对公诉方提出的指控及证据提出合理质疑。

2. 会见被告人

案件在开庭之前,律师会见被告人是必不可少的步骤。在此阶段,律师辩护的工作重点是向被告人核实案件事实和证据材料,听取被告人对本案的辩解意见,与被告人就律师的辩护意见达成一致,并告知被告人法庭审理案件程序、如何正确回答法庭的提问、如何正确行使自己的权利等。会见被告人所要交流的内容,主要涉及以下几个方面:①律师应当出示起诉书,征询被告人的意见并加以记录。②向被告人核实有关证据。③进行法庭审理前的培训。律师事先的庭前审理知识培训,使被告人能够了解法庭的大概情况,缓解紧张程度,以便更好地行使辩护权利。庭前培训的内容,如下所示:告诉被告人法庭审理程序分为法庭调查和法庭辩论两大部分;告诉被告人听清审判人员、公诉人员、辩护人等提问并予以准确、真实回答。对公诉人出示的证据进行质证,提出质证意见。告诉被告人在法庭上有申请合议庭组成人员、书记员、公诉人回避,提出证据,申请新的证人到庭,调取新的证据,重新鉴定或者勘验、检查,可以自行辩护,法庭辩论终结后最后陈述的权利。

3. 确定辩护思路

根据会见被告人所制作的讯问笔录,还需要向被告人确认辩护方向,客观、冷静地为被告人梳理案件情况,对现存证据进行分析并告知其不利和有利之处,从而选择无罪或轻罪辩护。律师经过阅读卷宗材料、会见被告人、调查取证等程序，为出庭辩护做好充足准备，根据案件的事实，针对公诉机关的指控确定己方的辩护观点。

刑事辩护的思路按照积累的实践经验分为实体辩护和程序辩护。前者是指刑事诉讼中的被告人、辩护人针对控方的犯罪指控，根据事实和法律，提出论证被告人无罪、罪轻或者应当减轻、免除刑事责任的材料和意见的一种辩护方法，目的在于维护被告人的合法权益，避免被追诉人被错误定罪或承受不应有的刑事处罚；后者是指在刑事诉讼中，以有关部门的侦查、起诉、审判活动的程序性违法为由，提出犯罪嫌疑人、被告人无罪、罪轻或者不应当追究其刑事责任的意见，以及要求未依法进行的诉讼程序应当予以补充或者重新进行，非法取得的证据应当予以排除等从程序的角度进行辩护的方法。实体辩护可分为事实辩护、证据辩护、定性辩护、法律适用辩护、量刑辩护。

(1)事实辩护是指辩护人反驳公诉机关对被告人犯罪事实的认定，提出控方无证据证明被告人实施犯罪行为或者犯罪事实认定不正确，通常分为有罪和无罪或者数罪和一罪。

(2)证据辩护是指辩护人对公诉机关出示的证据进行反驳，指出控方证据不足的情形，从而否定、削弱其指控。证据辩护，具体分为两个方面：一是证据能力辩护（单个证据）；二是证据司法证明能力辩护（整个体系证据）。前者是指一个证据作为定案根据的法律资格，证据能力与证明力体现在证据的“三性”上，即证据具有真实性、关联性、合法性，证据形式、内容相统一。如果控方出示的证据在证据能力或证明力上出现问题，即证据不能证明其诉讼主张的情形，律师应当将此作为辩护观点加以提出。后者是指整个刑事案件所罗列的一系列证据对于案件事实的证明作用以及证明作用的大小。法律规定对定罪要求做到“事实清楚，证据确实、充分”，所谓“证据确实、充分”，应当符合如下条件：定罪量刑的事实都有证据证明；据以定案的证据均经法定程序查证属实；综合全案证据，对所认定事实已排除合理怀疑。

(3)定性辩护是指控方将所查明的犯罪事实，按刑法分则确定属于哪种罪名，进一步适用哪条法律规定的步骤。定性正确表明犯罪分子的危害社会行为与其所受到的刑事处罚相适应，反之就是不相适应。律师作为辩护人否定控方对案件的定性，提出被告人的行为不构成控方认定的罪名，适用另一个比较轻的罪名的规定。

(4)法律适用辩护是指在公诉机关指控的事实成立的情况下，辩护人提出控方适用法律不当，应当适用对被告人有利的法律。适用法律不当的情形，主要包括：①控诉事实成立，但根据有关法律规定此种行为不构成犯罪。②因法律、法规有变化，原有法律规定应当追究刑事责任，而审判时不再构成犯罪。③缺少法律规定的构成要件而不构成犯罪。

(5)量刑辩护是指根据刑法裁量的基础上进行的辩护，即根据其所犯罪行以及刑事责任的轻重，决定是否判处刑罚，判处什么样的刑罚，所判处的刑罚是否立即执行的刑事审判活动。

法律实施中的程序公正是保证实体公正的手段，而实体的公正是程序公正的实现目的。司法机关只有在法律规定的范围之内按照程序实施法律，实体上的公正才能得以保障，不产生错案、冤案。程序辩护可分为侦查程序违法辩护、审查起诉程序违法辩护、审判程序违法辩护。

(二)出席开庭审理

参加刑事诉讼的法庭审理，是律师作为辩护人的职业要求和维护被告人合法权益的有效途径，给予被告人充分行使陈述权、诘问权、辩论权等诉讼权利的平台。因而，律师和被告人充分参与法庭审理的全过程，对于双方来说都是至关重要的，关系着审判结果的走向、裁判依据的采纳等重要环节，必须予以高度重视。

1. 法庭调查

律师应准时到庭，在审判长宣布开庭后，注意是否对被告人身份事项、案由、宣布法庭组成人员名单，告知诉讼参与人的诉讼权利、是否申请回避，诉讼参与人有权申请通知新证人到庭、调取新的物证、申请重新鉴定或者勘验等内容进行核实。如果审判长在宣布开庭后遗漏以上内容，律师应当及时提出异议，要求法庭改正。

在法庭审理开始后，首先由公诉人宣读起诉书，法庭调查环节自讯问被告人开始，以控方、辩方、审判员为顺序依次进行庭审发问。

针对控方发问，律师应认真听取公诉人发问的内容，如果发现其讯问的内容与案件事实无关、重复讯问、明显具有诱导性或威胁引诱被告人且被告人无法正面回答、明显对被告人进行攻击、阻止被告人辩解情况的，应当立即向法庭提出反对意见，要求法庭制止公诉人不当的讯问并不采纳此项被告人的陈述。

针对辩方发问，即律师发问被告人，主要内容是律师围绕定罪、量刑和辩护观点为被告人辩护无罪、罪轻、减轻处罚或者免除处罚的信息以及案件中疑点的解释，目的在于让法官通过认真倾听律师与被告人的问答，全面了解案件情况，引起法官对被告人陈述的重视，扭转法官对被告人的不利印象，为律师的辩护铺平道路。通常情况下，律师以引导式进行发问，既可以避免开放式发问导致被告人漫无目标回答，削弱发问的作用，又避免诱导式发问被控方和法庭制止导致律师丧失发问机会。同时，发问应注重以下几个方面：①充分准备，明知故问。通过律师和被告人的问答把案件中对被告人有利的事实和情节展示在法庭之上，或者把指控事实中虚假的事实和情节在法庭上抖搂出来，给予审判人员强烈的价值倾向。②通俗易懂、简明扼要。由于部分刑事被告人文化水平不高，人际交往和沟通能力有障碍，第一次上法庭紧张、恐惧程度不言而喻，容易造成思维混乱，律师需采用简单句，一个简洁的句子包容一个简单的问题，尽量不使用递进、转折等复杂的句式。③亲近语气、缓和表情。在法庭调查过程中，公诉人一般采用严肃的态度来向被告人发问,使得被告人高度紧张,心理防线崩溃。当律师发问的时候,应当采用亲近语气、缓和的表情进行发问,使其紧张的精神状态放松下来,恢复被告人的思考能力和语言能力,正确回答律师的提问,有利于被告人清晰讲述案件事实和有利情节,澄清事实真相,严格遵循以事实为依据、以法律为准绳的原则。

2. 法庭举证

为了证明被告人的犯罪事实,控方在法庭上出示物证、书证、证人证言、被害人证言、鉴定意见、视听资料等证据。律师应当对所有证据提出质证意见,通过律师举证来支持辩护观点,维护被告人的合法权益。

律师举证的方式,主要有证人出庭作证和提交物证。前者是由辩方向法庭提出证人出庭作证申请,经同意后在法庭上作证;后者是律师通过向法庭阐明证据的来源和目的、真实性、关联性和合法性,证明辩护律师的主张,争取法庭采纳证据的支持。

律师举证的内容,主要包括:①犯罪主体,即被告人的身份不是控方所指控的行为人。②犯罪行为,即被告人无犯罪行为、犯罪行为不是被告人所为和被告人不在犯罪现场。③犯罪客观,即不存在被告人实施犯罪行为的时间、地点、方法、手段、结果等。④犯罪主观,即被告人主观上无存在犯罪故意、无犯罪目的和动机等。⑤刑事责任,即被告人无刑事责任能力、依法不应当追究刑事责任的情况等。⑥量刑情节。被告人有法定、酌定从轻处罚方面的情节等。

3. 法庭质证

我国实行的是控辩式的审判模式,这就要求辩方律师具有从控方向法院移送的案卷材料中提炼出辩护观点的能力,从而使辩方律师高度重视法庭质证。控方证据的形式,主要包括不出庭和申请出庭的证人证言,被告人供述和被害人陈述以及物证、书证、鉴定意见和现场勘验、检查笔录等。

(1)证人证言,即不出庭和申请公诉方证人出庭的质证。辩护律师针对不出庭证人证言进行质证,应注重以下几点:是否客观、真实;是否具有作证能力;是否与待证案件存在利害关系;是否存在与其他证据有矛盾或者与一般人共同知晓的常识性事实相违背;收集程序、方式是否违法无效等。由此可见,对于不出庭证人证言的质证主要集中在证据内容与案件事实的关联性、合法性、真实性上,是否能够排除合理怀疑以及消解证据链条之间存在的矛盾点。《刑事诉讼法》第 187 条规定:公诉人、当事人或者辩护人、诉讼代理人对证人证言有异议,且该证人证言对案件定罪量刑有重大影响,人民法院认为证人有必要出庭作证的,证人应当出庭作证。概言之,当且仅当辩护律师发现证人证言缺乏证据“三性”的前提下,或者证据链条无法消解矛盾点和排除合理怀疑,方能申请证人出庭,目的在于印证证据的漏洞,提示审判人员以作参考。

(2)被告人供述的质证。针对被告人供述进行质证,应分以下几种情况:其一,被告人对于犯罪事实供认不讳且前后供述一致时,辩护律师仅需按照事实和法律履行职责,无须多言。其二,被告人存在翻供情形。辩护人务必利用法庭审理所赋予的发问权、质证权,密切结合案情,挖掘事实真相,及时引导被告人阐释翻供的理由和依据,查清问题与事实不符之处,排除非法证据,保留合理成分,将有利于被告人的情节展示给审判人员。具体而言,主要包括:①对于以刑讯逼供、威胁、引诱、欺骗等方法获取的;②供述内容前后矛盾且矛盾无法排除的;③讯问的形式和程序不合法;④未经被告人核对并签名、盖章和按指印的,等等。以上述方式获取被告人供述的,辩护律师可以建议法庭不作为定案的依据。

(3)被害人陈述的质证。由于被害人与被告人之间的对立关系,必然导致被害人的证言往往具有两面性。一方面,由于被害人是当事人,作为案发现场全过程的见证者,证言证词的效力是直接的;另一方面,也由于被害人是不法侵害对象,证言的指向性必然指向指控被告人,由此作出对自身有利的事实偏向。因此,对于被害人陈述的质证,应结合本案其他证据,综合考虑:相较本案中其他证据材料,指出被害人陈述的关键事实、情节和证据的矛盾之处;尤其关注被害人陈述前后不一致;客观环境下案件发生的条件与被害人陈述的主观情景是否不一致。

(4)物证、书证的质证。由于物证、书证为客观实在物,因其稳定、不易变化的特点而在刑事诉讼活动中发挥着举足轻重的证明力。律师对物证、书证的质证,主要包括:物证、书证是否为原物、原件,其复制品的制作是否合法;物证、书证的收集程序、方式是否合法;物证、书证是否已经过辨认、鉴定;物证、书证的收集、保管及鉴定过程中是否受到破坏或改变;物证、书证是否与案件事实有客观联系;物证、书证是否全面收集。若律师发现控方提供的物证、书证存在上述情形,应当及时向法庭提出物证、书证不足的质证意见。

(5)勘验、检查笔录的质证。由于勘验、检查笔录均由侦查机关承办人员制作,其客观性受到侦查人员主观意志的影响。律师对现场勘验、检查笔录的质证,应注意以下几点:勘验检查是否依法进行;笔录的制作是否合法;勘验、检查笔录的内容是否全面、详细、规范;复验、复查的,其前后勘验、勘查的结论是否矛盾及其理由是否合理;勘验、检查笔录与其他证据是否能相互印证。在开庭审理过程中,若律师发现勘验、检查笔录存在明显违法的情形,且无法作出合理解释的,又无法验证其真实性和关联性的,应建议法庭不作为定案依据。

4. 法庭辩论

法庭辩论,是指在审判长的主持下,由控辩双方就本案的犯罪事实、证据的确实充分、适用法律等方面进行辩论,其目的在于使控辩双方有充分机会阐明自己的观点,充分阐述理由和根据,在程序上保障被告人和诉讼参与人的合法权益,使法庭作出公正的裁决。[①] 只有在法庭辩论的阶段,辩护律师才能全面表达辩护观点,

---

① 卞建林. 刑事诉讼法学[M]. 北京:中国政法大学出版社,2014:276.

这是辩护律师的职责和能力的集中体现，也是辩护律师为追求胜诉结果而进行的核心工作。

因此，辩护律师应熟练掌握法庭辩护技能：①事先做好充分的准备。律师在法庭上发表辩护意见必须打有把握之仗，要根据实际变化来进行调整，有的放矢地进行辩论。②提纲挈领，抓住要点。律师的法庭辩护要重点突出，围绕案件中的定罪、量刑的法律事实、法律适用以及控辩双方分歧的关键点进行辩论。③注意发言方式。律师辩论时的发言要用普通话，发言内容要简洁明了、干净利索，用词准确、恰当；切忌发言啰嗦重复，用词含糊晦涩、模棱两可。④明确辩论的目的。法庭辩论倾听的对象是法庭的合议庭组成人员，律师辩护的功能在于说服法官采纳律师的辩护观点，然后通过各种证据的列举和理由的阐述，力争辩护观点被法庭采纳。

（三）庭审后的工作

一审法庭审理结束后，律师的工作还没有结束。律师应当对辩护工作负责到底，做好休庭后的工作。

1. 向法庭提交辩护词

辩护词是律师辩护意见的书面表现形式，是律师通过法庭审理对案件事实、证据采纳、法律适用、量刑意见的全面陈述，也是审判人员裁判所重视的参考材料。律师参加法庭审理结束后，根据庭审的情况，应尽快整理好辩护词送交案件承办人员。

2. 参与法庭宣判

法庭在案件宣判前，公布案件宣判日期并通知家属。律师应当以电话、短信等方式通知被告人家属，并按时参加法庭宣判。宣判后，律师应查看判决书所认定事实是否准确、采纳证据是否妥当、适用法律是否正确、量刑是否得当等情况。

3. 最后会见被告人

律师应当在一审判决后未生效的10日内到看守所会见被告人，询问其对一审判决的意见，问清楚是否要提起上诉。如果一审被告人不服一审判决的，律师应当为其书写上诉状，由被告人签字后立即制作上诉状5份（正本2份，副本3份）提交一审法院，被告人和律师正本留底各1份，并将会见过程制作会见笔录。同时，将一审被告人是否要提起上诉或不上诉的情况，以电话或者书面的形式通知被告人的家属。

第二节　二审刑事辩护律师实务

我国审判制度的设计是两审终审制。所谓第二审程序，是指二审人民法院根据上诉人的上诉或者人民检察院的抗诉，就第一审人民法院没有发生法律效力的判决或裁定认定的事实和适用法律进行审理和裁判的诉讼活动。第二审程序的任务是二审人民法院针对一审人民法院作出的判决和裁定所认定的事实、采纳的证据和适用的法律是否正确、诉讼程序是否规范合法进行全面审理，并作出判决或裁定，以确定一审判决和裁定是否正确。通过二审程序，有效维护一审法院的正确裁判，纠正一审法院的错误裁判，有利于上级人民法院监督和指导下级人民法院的审判工作，保证人民法院审判权的正确行使，保证司法公正。律师代理二审刑事案件，是对自身法律素养和技术能力的高要求，旨在通过二审实现案件诉讼结果的修正或逆转。

一、二审审前工作

二审阶段的律师工作应重新开始，即使辩护律师曾担任过一审辩护人，案件所涉及的卷宗材料需要重新阅读分析，提前做好正式开庭的审前工作，严谨恪守律师辩护的职业操守。

（一）查阅案卷、审查证据

自律师接受上诉人家属委托并征求上诉人同意后，即可凭借授权委托书、律师事务所公函前往二审法院查阅案卷材料。二审案件的阅卷范围，主要包括实体性证据和程序性证据。前者包含上诉人身份事项资料、前科材料，物证、书证、证人证言、被害人证言、上诉人供述和辩解的证据，鉴定意见、勘验、检查、辨认、侦查实验等笔录，视听资料、电子数据，扣押、收缴、发还清单等；后者包含报案笔录，立案审批表，破案报告书、呈请拘留报告书、呈请逮捕报告书，逮捕通知书，司法鉴定通知书，一审案件程序性文件和法庭审理笔录。

二审证据材料的阅读方法，除与审查起诉、一审阶段部分相同外，也有特殊的方法：①顺序阅卷方法，主要适用于比较简单的案件，即案件事实、证据比较清楚，材料较少。②倒序阅卷方法，主要是律师首先阅读一审判决书，其次阅读上诉状或者抗诉书，最后阅读一审中的卷宗材料。这种方法使二审辩护律师迅速抓住案件一审的要领，带着问题阅读一审的卷宗材料，从而发现二审的辩护要点。③重点阅卷方法，主要适用于案情比较复杂的案件，首先通读一遍卷宗后抓住重点材料，主要是涉及上诉人定罪量刑的证据材料和互相有矛盾的证据材料，对于非重点的材料可以粗看，对于与定罪量刑无关或者重复的材料可以不看。另外，辩护律师应注意，是否有最新的且对案件定罪量刑有直接影响的法律法规、司法解释以及判例发布，都将会对证据审查及判决结果产生不同影响，以便更有利于实现维护上诉人合法权益的目的。

（二）分析一审判决

刑事案件的上诉无非就是期望获得罪轻、无罪的改判结果，那就需要对一审判决是否存在错误进行剖析，主要涉及以下问题：

(1)一审判决认定事实清楚,采纳的证据是否确实、充分。一审判决书应当搞清楚七个要点:何时、何地、何人、何事、何物、如何、为何。证明须达到了必要、充分的条件,即证据体系完备,证据之间没有矛盾之处。如果在审查阅卷的过程中发现有事实没有查清、证据出现问题的情况,二审辩护律师可以从中找出辩点并提出辩护意见。

(2)一审判决书定性、适用法律是否正确。二审辩护律师若发现适用定性错误、适用法律不当,即可以此点提出辩护意见。

(3)一审判决书量刑是否恰当。在证据确实、充分,法律适当、定性正确的前提下,对一审被告人的量刑应罪刑相当。过轻、过重有违刑法的公正,都难以实现惩罚犯罪、保护公民法定权利的目的。一般而言,辩护律师通常从轻的角度提出辩护理由。

(4)一审审理程序是否符合法律规定。一审程序不符合法律规定,便不能保证在定罪、量刑上做到正确,影响实体公正和程序正义,进而损害国家司法权威和当事人的合法权益。律师在阅卷中若发现一审案件有程序违法的情况时,应当提出程序性辩护意见。

二、二审庭审工作

二审法院审理上诉案件的方式,分为开庭审理和书面审理。

1. 开庭审理

根据《刑事诉讼法》第223条的规定,第二审人民法院对于下列案件,应当组成合议庭,开庭审理:①被告人、自诉人及其法定代理人对第一审认定的事实、证据提出异议,可能影响定罪量刑的上诉案件;②被告人被判处死刑的上诉案件;③人民检察院抗诉的案件;④其他应当开庭审理的案件。

二审开庭审理,法庭调查环节的步骤与一审阶段基本一致,律师应注意法庭调查的程序是否符合法律规定,对不符合法律规定的情况应当及时提出。同时,也要注意与一审法庭审理的不同之处:①法庭调查开始阶段,先由审判长或者审判员宣读一审判决书或者裁定书所认定的事实,然后由上诉人陈述上诉理由或者检察员宣读抗诉书。如果是既有上诉又有抗诉的案件,先由检察院员宣读抗诉书,再由上诉人陈述上诉理由。②举证阶段,先由检察员出示一审判决所依据的证据,然后由上诉人或者辩护人进行质证以及提出新的证据、申请新的证人到庭作证。③法庭辩论阶段,如果是上诉案件,先由上诉人、辩护人发言,后由检察员发言;如果是抗诉案件则先由检察员发言,再由上诉人、辩护人发言;如果是既上诉又抗诉的案件则先由检察员发言,再由上诉人、辩护人发言。

2. 书面审理

除法律规定必须开庭审理的二审案件外,人民法院一般采取书面审理,即由二审承办法官阅卷、讯问上诉人，听取辩护人的意见，后由合议庭评论后作出裁判。当律师作为二审的辩护人知悉二审法院不开庭审理案件之后，应立即会见上诉人并告知和提醒上诉人，向二审法官说明上诉请求，引起承办法官重视。另外，二审的辩护律师应高度重视二审辩护词的撰写，在全面阅卷、会见上诉人之后，尽快制作高质量的辩护词，详细论证一审判决书中认定事实、采纳证据、定罪量刑、适用法律、程序方面的问题，全面、系统地提出辩护意见，使得二审承办法官重视律师的意见，在审查案件时发现问题，作出对上诉人有利的裁判。

三、二审庭审后工作

律师在参与二审法庭审理后，应尽快将辩护词送交二审法院承办人，必要时与承办人进行沟通，说明理由并让其听取辩护人的意见。同时，如果接到宣判通知应当立即通知上诉人家属并到庭参加宣判，并将判决结果及时通知上诉人。

第三节　刑事附带民事诉讼律师实务

所谓刑事附带民事诉讼，是指犯罪行为的受害人依法向司法机关提出解决被告人犯罪行为所造成物质损失的诉讼活动。律师在刑事案件中的作用除了维护犯罪嫌疑人、被告人的合法权益以外，为被犯罪所伤害的被害人提供法律帮助也是律师的重要责任。代理被害人在公诉案件中提出刑事民事诉讼，要求被告人赔偿经济损失，亦是律师在刑事诉讼中的一项重要工作。

一、庭前准备工作

（一）会见被害人

由于被害人亲身经历案发现场，对案情的细节和事实最为清楚，被害人的陈述可以作为最直接、最全面的证据材料，在刑事诉讼活动中具有较强的证明力。律师在接受委托后应当与其面谈，并对案件进行了解和分析，以便后续工作的有效开展。律师会见被害人应当制作笔录，并由被害人确认笔录内容后签字。

（二）调查、收集证据

对于刑事附带民事诉讼，代理律师收集证据的重点在于被害人因犯罪行为而遭受的经济损失的证据。此时，应着重从两方面开始调查证据：其一是向当事人调查证据，主要包括原告身份资料，公安机关开具的验伤单，病历卡，医疗费发票，医院出院小结，收入证明，交通费发票，死亡证明，误工费、营养费、护理费，鉴定资料等;其二是向司法机关调查证据。一般而言,指控犯罪由公诉机关进行,律师不需要对犯罪方面进行调查取证。在公诉案件审查起诉阶段,律师只能复印侦查机关制作的《起诉意见书》,在案件一审阶段,律师只能复印公诉机关制作的《起诉书》。通过阅读此两份有关法律文书,代理律师可能知晓被告人的身份事项以及犯罪事实的过程。

(三)确定诉讼请求

被害人提出赔偿的范围仅包括因人身权利受到犯罪侵犯而遭受的物质损失,提起附带民事诉讼或者单独提起民事诉讼要求赔偿精神损失的,人民法院不予受理。作为刑事附带民事诉讼原告,可以提出以下赔偿请求:丧葬费、医疗费、误工费、护理费、交通费、住院伙食补助费、营养费、残疾辅助器具费。

(四)代书起诉状

根据《刑事诉讼法》第 99 条规定:被害人由于被告人的犯罪而遭受物质损失的,在刑事诉讼过程中,有权提起附带民事诉讼。被害人死亡或者丧失行为能力的,被害人的法定代理人、近亲属有权提起附带民事诉讼。由此可见,律师与当事人签订刑事案件聘请律师协议和授权委托书之后,便可以受害人诉讼代理人的身份参与刑事诉讼活动中,代为提起刑事附带民事诉讼,律师应代受害人书写刑事附带民事诉状以实现诉讼权利。

二、参加法庭审理

(一)法庭调查

律师主要负责陈述案件事实,提交因被告人的犯罪行为而遭受物质损失的证据,据此提出相应的赔偿请求和计算依据。

(二)法庭辩论

律师的工作侧重点依然在于确定被害人物质损失的赔偿请求及其法律依据,还需论及对被告人犯罪事实的定性、刑事处罚发表意见和建议并提供相应的法律依据。

三、庭审后工作

(一)制作代理词

撰写代理词应秉持客观、真实的原则,梳理案件事实和法律依据,强化代理词的说服力,以达到案件走向的有效预期效果。

(二)申请提起抗诉

被害人及其法定代理人对一审判决不服的,代理律师可以协助或代理其申请人民检察院抗诉。

第四节　刑事执行律师实务

刑事执行，是指人民法院、公安机关、监狱等执行机关将已经发生法律效力的判决、裁定所确定的内容付诸实施以及解决实施中出现的执行变更等问题而进行的诉讼活动。刑事执行是刑事诉讼活动的“最后一公里”，也是国家刑罚权得以实现的关键环节。司法机关依照法律对刑事案件历经立案、侦查、起诉和审判的过程，最终目的在于惩罚犯罪行为，维护社会秩序。刑事执行的依据，是已经发生法律效力的判决、裁定，根据《刑事诉讼法》第248条规定，有以下几种：①已过法定期限没有上诉、抗诉的判决和裁定；②终审的判决和裁定，包括第二审的判决、裁定和最高人民法院的判决、裁定；③高级人民法院核准的死刑缓期二年执行的判决和依据最高人民法院授权核准的死刑判决；④最高人民法院核准死刑的判决、刑罚处于法定刑以下的判决以及因特殊情况不受执行期限限制的假释的裁定。

根据最高人民法院发布的《关于办理死刑复核案件听取辩护律师意见的办法》，明确规定律师参与死刑复核的程序、权利和义务。由于死刑是剥夺犯罪分子生命的刑罚，正因为法律规定的支持，律师参与刑事执行阶段的重要作用才得以实现。

一、死刑复核阶段的律师实务

（一）咨询、委托

死刑复核阶段，当事人与律师建立委托关系，不仅需要关注律师接受委托的注意事项，还需要向当事人特别声明当前阶段律师参加死刑复核的程序、存在的风险及其法律规定。律师在办理完毕委托手续后，应以信函或者电话等方式与死刑复核庭各承办法庭内勤联系，询问案件具体承办人，表明律师的身份并以挂号信的方式将授权委托书、律师事务所公函、律师执业证送达最高人民法院死刑复核庭案件承办人。

（二）阅卷、会见被复核人

若律师曾是一审、二审的辩护人，再次担任死刑复核案件的辩护人，阅卷不是问题。若律师是第一次担任死刑复核案件的辩护人，应持律师事务所介绍信和律师证向担任原一、二审案件的辩护律师调取相应的卷宗材料。会见被复核人，是担任死刑复核案件律师的必要手续。但是，由于全国各地的做法不同，无法会见被复核人的情况时有发生，必须与当事人家属事先讲清楚，以免引起对律师工作的误解。根据最高人民法院发布的《关于办理死刑复核案件听取辩护律师意见的办法》，辩护律师可以到最高人民法院办公场所查阅、摘抄、复制案卷材料，但依法不公开的材料不得查阅、复制、摘抄。同时，律师阅卷时，应特别注意以下几点：①原审判决是否违反法定情形，可能影响公正审判的。②被告人是否具备法定或者酌定从轻或减轻处罚的情节。③原审判决中认定被告人有罪的证据是否达到确实、充分，是否符合法律规定。④原审律师的辩护意见不予采纳的决定是否无误。

（三）约见承办法官

在律师阅卷、会见被复核人后，应对案件的证据收集提出辩护意见，再次联系案件承办人，当面提交证据和辩护词，以维护被复核人的合法权益。在死刑复核阶段，律师调查取证的方向主要涉及以下几个方面：被告人不在案发现场；被告人犯罪时未达到刑事责任年龄；原审判决认定事实或适用法律错误；被告人具有法定或酌定从轻、减轻处罚的情节。根据《刑事诉讼法》第240条规定，在死刑复核期间，律师可以提出书面意见，主要包括：①有新证据作证二审认定的事实有误。②定罪量刑的证据不足或证据之间明显矛盾的。③存在新的或遗漏的法定或酌定从轻、减轻、免除处罚的情节。④二审裁判适用法律错误。

（四）告知复核结果

最高人民法院经复核后，作出核准或不予核准死刑的裁定。对于核准死刑的案件，由最高人民法院院长签发执行死刑命令后移送下级一审人民法院执行死刑；对于不予核准的案件，最高人民法院可以发回重新审判或者予以改判。由于死刑复核程序是刑事诉讼中的特别程序，事关被复核人的生命权益，律师理应及时与最高人民法院的相关承办人员保持联系，将复核的后果及时通知家属。

二、其他刑事执行程序的律师实务

在刑事诉讼活动中，除了死刑程序执行外，律师还为罪犯减刑、假释和暂予监外执行、死缓罪犯执行死刑提供法律帮助，在各阶段、各环节发挥不可替代的作用。

（1）服刑人员的代理律师若认为监狱应当呈报减刑、假释而没有呈报的，或者认为减刑幅度不足的，可以向监狱或者人民法院提出意见，对于意见不被接受的，有权要求人民检察院依法监督。服刑人员的代理律师向监狱提出罪犯暂予监外执行要求的，监狱应当进行审查，认为不符合暂予监外执行条件的，应当说明理由。代理律师有权要求人民检察院提出纠正意见，人民检察院应当进行审查，认为不应当提出纠正意见的，应当说明理由，并告知服刑人员的代理律师。

（2）被判处死刑缓期二年执行的罪犯，在死刑缓期执行期间，如果故意犯罪，查证属实，应当执行死刑的，应当有律师参加，以维护罪犯的合法权益。高级人民法院报请最高人民法院核准的同时，应当附有律师的辩护意见。服刑人员若因体罚虐待或者被他人伤害造成经济损失的，在追究行为人刑事责任的同时，律师可以作为诉讼代理人参加诉讼，维护被害的服刑人的合法权益。

（3）针对服刑人员在服刑期间又犯新罪的情况，自服刑人员第一次被讯问或者被禁闭之时起，律师可以为其提供法律帮助。

总之，在《律师法》《监狱法》和《看守所条例》等相关细则中，均有规定服刑人员有权接受律师的帮助和程序性保障的内容。

第十四章

行政诉讼律师实务

行政诉讼，是指行政相对人与行政主体在行政法律关系领域发生纠纷后，依法向人民法院提起诉讼，人民法院依法定程序审查行政主体行政行为的合法性，并判断相对人的主张是否妥当，以作出裁判的一种活动。它对保障一个国家依法行政，建立法治政府，确保公民、法人和其他组织合法权利免受行政权力的侵害，具有十分重大的意义。正如《法治的理想与现实》所述："行政诉讼要靠我们行政法官、我们的出庭律师、我们的自觉的原告和被告心灵神往、不约而同地融合，绝非任何一张法律文件的作者自称的杰作所能望其项背，更不消说穷其究竟了。"[①]党的十八届四中全会历史上第一次以"依法治国"为主题开展中央全会，社会主义法治进程大步向前，依法行政观念已深入人心，通过法律寻求受到公权力侵害的救济成为全社会成员的理性选择，律师代理行政诉讼业务亦是拓展专业能力和技能、富有挑战性的法律工作的重要组成部分。

本章从律师代理行政诉讼角度出发，介绍律师在办理行政诉讼中应掌握的实务技能、应注意的法律问题。

第一节　代理原告的律师工作

行政诉讼，作为一种诉讼形式，有其独立的特点以区别于其他的司法活动或者准司法活动。作为原告的公民、法人或者其他组织与作为被告的国家行政机关之间往往具有行政隶属或者行政管理关系，行政机关与公民的不平等地位导致行政机关不能成为原告，只能成为被告，由此决定律师代理原告或者被告的工作重点迥异，关注角度和问题亦不相同。

---

① 龚祥瑞. 法治的理想与现实[M]. 北京：中国政法大学出版社，1993：343.

一、了解案情，接受委托代理

此阶段的主要任务在于通过与当事人沟通的过程，根据了解和收集的案件信息，及时判断当事人是否能够提起行政诉讼，以便确定是否接受当事人委托、建立代理关系。办理委托手续是当事人与律师事务所确立代理关系的法律依据，也是明确代理事项和权限的证明。为顺利完成代理工作，律师在接受委托时应做好下列工作：

（一）审查具体行政行为是否属于行政诉讼的受案范围

行政机关的行政行为是多种多样的，公民、法人或者其他组织与行政机关之间的行政纠纷也是多种多样的。并非行政机关的所有行为都可以被提起诉讼，也并非只有行政组织意义上的行政机关的行为才可以被提起诉讼。行政诉讼的受案范围，决定着人民法院对行政行为的监督范围，决定着权益受到行政主体侵害的公民、法人和其他组织诉权的范围，也决定着人民法院所能调整的行政法律关系的范围。律师代理原告案件，应准确判断争议的行政行为的可诉性。

根据《行政诉讼法》第 12 条的规定，人民法院受理公民、法人或者其他组织提起的下列诉讼：①对行政拘留、暂扣或者吊销许可证和执照、责令停产停业、没收违法所得、没收非法财物、罚款、警告等行政处罚不服的。②对限制人身自由或者对财产的查封、扣押、冻结等行政强制措施和行政强制执行不服的。③申请行政许可，行政机关拒绝或者在法定期限内不予答复，或者对行政机关作出的有关行政许可的其他决定不服的。④对行政机关作出的关于确认土地、矿藏、水流、森林、山岭、草原、荒地、滩涂、海域等自然资源的所有权或者使用权的决定不服的。⑤对征收、征用决定及其补偿决定不服的。⑥申请行政机关履行保护人身权、财产权等合法权益的法定职责，行政机关拒绝履行或者不予答复的。⑦认为行政机关侵犯其经营自主权或者农村土地承包经营权、农村土地经营权的。⑧认为行政机关滥用行政权力排除或者限制竞争的。⑨认为行政机关违法集资、摊派费用或者违法要求履行其他义务的。⑩认为行政机关没有依法支付抚恤金、最低生活保障待遇或者社会保险待遇的。⑪认为行政机关不依法履行、未按照约定履行或者违法变更、解除政府特许经营协议、土地房屋征收补偿协议等协议的。⑫认为行政机关侵犯其他人身权、财产权等合法权益的。除上述规定外，人民法院受理法律、法规规定可以提起诉讼的其他行政案件。

此外，根据《行政诉讼法》第 13 条、最高人民法院发布的《行政诉讼法解释》第 1 条的规定，人民法院不受理公民、法人或者其他组织对下列事项提起的诉讼：①国防、外交等国家行为。②行政法规、规章或者行政机关制定、发布的具有普遍约束力的决定、命令。③行政机关对行政机关工作人员的奖惩、任免等决定。④法律规定由行政机关最终裁决的行政行为。⑤公安、国家安全等机关依照刑事诉讼法的明确授权实施的行为。⑥调解行为以及法律规定的仲裁行为。⑦行政指导行为。⑧驳回当事人对行政行为提起申诉的重复处理行为。⑨行政机关作出的不产生外部法律效力的行为。⑩行政机关为作出行政行为而实施的准备、论证、研究、层报、咨询等过程性行为。⑪行政机关根据人民法院的生效裁判、协助执行通知书作出的执行行为,但行政机关扩大执行范围或者采取违法方式实施的除外。⑫上级行政机关基于内部层级监督关系对下级行政机关作出的听取报告、执法检查、督促履责等行为。⑬行政机关针对信访事项作出的登记、受理、交办、转送、复查、复核意见等行为。⑭对公民、法人或者其他组织权利义务不产生实际影响的行为。

若律师在审查行政行为的过程中,发现所争议的行政行为不具有可诉性,应及时告知当事人无法通过行政诉讼的方式来实现其合法权益的恢复,并拒绝或解除与当事人的委托。我国正处于社会快速迭代发展的进程中,行政行为的类型和内容的内涵和外延都在不断变化,行政行为的可诉讼便不易判断,这就要律师能够深刻理解行政诉讼的内涵价值,分析行政行为的疑难之处,不断增强自身法律实践技能和知识储备,方能从容自如处理行政案件。因此,面对遇到有争议的行政案件,可诉性不确定的情况,律师应与当事人进行充分沟通,解释法律规定可能存在的局限性,即不被人民法院受理的诉讼风险,最大程度争取当事人的理解与支持。

(二)审查具体行政行为是否属于复议前置的类型

行政复议,是指行政相对人认为行政机关的具体行政行为侵犯其合法权益,依法向行政复议机关提出复查该具体行政行为的申请,行政复议机关依照法定程序对被申请的具体行政行为进行合法性、适当性审查,并作出行政复议决定的一种法律制度。行政复议是部分具体行政行为提起诉讼的前置制度,也是对行政相对人合法权益提供救济的重要途径。

《行政诉讼法》第 44 条规定:对属于人民法院受案范围的行政案件,公民、法人或者其他组织可以先向行政机关申请复议,对复议决定不服的,再向人民法院提起诉讼;也可以直接向人民法院提起诉讼。法律、法规规定应当先向行政机关申请复议,对复议决定不服再向人民法院提起诉讼的,依照法律、法规的规定。由此可见,律师在结合案件事实的基础上,应事先审查具体行政行为是否附有复议前置的条件。

判断具体行政行为是否属于行政复议前置的情形,主要包括:①根据《行政复议法》第 14 条规定,对国务院部门或者省、自治区、直辖市人民政府的具体行政行为不服的,向作出该具体行政行为的国务院部门或者省、自治区、直辖市人民政府申请行政复议。对行政复议决定不服的,可以向人民法院提起诉讼;也可以向国务院申请行政复议,国务院作出的行政复议决定为终局决定。②根据《行政复议法》第 30 条规定,公民、法人或者其他组织认为行政机关的具体行政行为侵犯其已经依法取得的土地、矿藏、水流、森林、山岭、草原、荒地、滩涂、海域等自然资源的所有权或者使用权的,应当先申请行政复议;对行政复议决定不服的,可以依法向人民法院提起行政诉讼。③根据《税收征收管理法》第 88 条规定，纳税人、扣缴义务人、纳税担保人同税务机关在纳税上发生争议时，必须先依照税务机关的纳税决定缴纳或者解缴税款及滞纳金或者提供相应的担保，然后可以依法申请行政复议；对行政复议决定不服的，可以依法向人民法院起诉。④根据《商标法》第 34 条规定，对驳回申请、不予公告的商标，商标局应当书面通知商标注册申请人。商标注册申请人不服的，可以自收到通知之日起 15 日内向商标评审委员会申请复审，由商标评审委员会作出决定，并书面通知申请人。当事人对商标评审委员会的决定不服的，可以自收到通知之日起 30 日内向人民法院起诉。⑤根据《专利法》第 46 条规定，专利复审委员会对宣告专利权无效的请求应当及时审查和作出决定，并通知请求人和专利权人。宣告专利权无效的决定，由国务院专利行政部门登记和公告。对专利复审委员会宣告专利权无效或者维持专利权的决定不服的，可以自收到通知之日起 3 个月内向人民法院起诉。

此外，律师还需判断具体行政行为的状态，即是否已申请行政复议或是否属于行政终局裁决行为。前者须分情况处理：若具体行政行为不属于行政复议前置，但已申请行政复议、同时又提起行政诉讼的，应由先受理的机关管辖，同时受理的，由当事人自行选择；当事人先申请行政复议，又提起行政诉讼的，人民法院不予受理。但当事人申请复议后又撤回复议申请的，在法定期限内对原具体行政行为起诉的，人民法院应当受理。后者仅是对国务院各部门或者省、自治区、直辖市人民政府申请行政复议的行为，其属于不可诉的范畴，便不能再提起行政诉讼。

总之，律师受理行政案件的委托，需全面、谨慎地了解所争议的行政行为的性质和状态，判断是否已申请行政复议或属于行政复议前置的类型，以便确定能否接受当事人的委托。

(三)审查具体行政行为是否超过法定诉讼时效

诉讼时效，是法院受理行政诉讼的前提条件。所谓行政诉讼时效，是指当事人能够向人民法院对具体行政行为提起行政诉讼的有效期限，超过这一期限，则当事人丧失向人民法院提起行政诉讼的权利。法律规定诉讼时效的目的，是督促当事人及时提起诉讼，尽早解决行政纠纷，尽快稳定社会关系。因此，审查诉讼时效的期间是律师在接受当事人委托的重要工作，若发现具体行政行为已超过法定的起诉期限，则应尽快明确告知当事人并提供其他方式的权利救济。

根据《行政诉讼法》关于诉讼时效的规定，一般区分两种情况，即经过复议案件的起诉期限和未经复议直接起诉的期限。后者又分为对行政处理决定、行政不作为的起诉期限。因此，应分以下情况讨论：

(1)当事人对复议决定不服的。根据《行政诉讼法》第 45 条规定，公民、法人或者其他组织不服复议决定的，可以在收到复议决定书之日起 15 日内向人民法院提起诉讼。复议机关逾期不作决定的，申请人可以在复议期满之日起 15 日内向人民法院提起诉讼。

(2)当事人直接提起诉讼的。根据《行政诉讼法》第46条规定,公民、法人或者其他组织直接向人民法院提起诉讼的,应当自知道或者应当知道作出行政行为之日起6个月内提出。

(3)行政机关不履行法定职责的。根据《行政诉讼法》第47条规定,公民、法人或者其他组织申请行政机关履行保护其人身权、财产权等合法权益的法定职责,行政机关在接到申请之日起2个月内不履行的,公民、法人或者其他组织可以向人民法院提起诉讼。法律、法规对行政机关履行职责的期限另有规定的,从其规定。

此外,根据《行政诉讼法》第48条规定,公民、法人或者其他组织因不可抗力或者其他不属于其自身的原因耽误起诉期限的,被耽误的时间不计算在起诉期限内。公民、法人或者其他组织因前款规定以外的其他特殊情况耽误起诉期限的,在障碍消除后10日内,可以申请延长期限,是否准许由人民法院决定。由此可见,因不属于其自身的原因耽误的,被耽误的期限从起诉期限中自动扣除;因其他原因耽误起诉期限的,由法院裁量决定是否延长。

(四)审查具体行政行为是否存在限制起诉的情形

根据《行政诉讼法》第36条规定:人民法院裁定准许原告撤诉后,原告以同一事实和理由重新起诉的,人民法院不予受理。法律明确对可诉的具体行政行为施以诉讼限制,若当事人以同一事实和理由再起诉的,法院将不予受理;已经受理的,驳回起诉。禁止重复起诉,是为了防止当事人纠缠不休,纠纷反复不断,浪费司法资源和诉讼成本,有助于避免司法裁判互相冲突,损害司法裁判的权威性和法"一事不再理"的行政诉讼遵循的重要原则。实践中,若律师发现存在撤诉的情形,应考虑并建议当事人变更诉讼的事实和理由,以防止案件不再被受理的法律风险。

(五)告知委托人律师代理行政诉讼的原则以及当事人的诉讼权利与义务

律师在接受委托时,应明确告知委托人律师代理诉讼的原则是以事实为根据,以法律为准绳,最大限度地维护委托人的合法权益,但无法保证判决结果,让委托人尽量做好思想准备,以免引起双方不必要的矛盾。同时,律师还应如实说明当事人在诉讼中所享有的权利和应承担的义务,以便委托人认真行使自己的权利,履行自己应尽的义务,保证行政诉讼的顺利进行。

二、诉前准备工作

律师在接受当事人的委托后,应尽快开展庭审前的准备工作,为后续工作打好扎实基础,这也是律师正式介入行政案件所必需的基本工作内容。

（一）代写行政起诉状

1. 确定原告

行政诉讼的原告，是指认为行政主体及其工作人员的具体行政行为侵犯其合法权益，而向人民法院提起诉讼的个人或者组织。根据《行政诉讼法》第 2 条、第 25 条规定，享有原告主体资格的法定条件如下：①原告必须是个人或组织，即行政相对人。②原告必须是认为具体行政行为侵犯其合法权益的行政相对人。③原告必须是向人民法院提起行政诉讼的行政相对人。在特殊情况下，行政诉讼原告资格会发生转移的情形，主要包括：①有权提起诉讼的公民在诉讼中死亡，其近亲属可以提起诉讼。可见，已死亡的公民不能列为原告，近亲属是以原告的身份而不是以诉讼代理人的身份提起诉讼。行政诉讼中的近亲属包括配偶、父母、子女、兄弟姐妹、祖父母、外祖父母、孙子女、外孙子女和其他具有扶养、赡养关系的亲属。②有权提起诉讼的法人或其他组织在诉讼中终止，承受其权利的法人或者其他组织也可以提起诉讼。

由于《行政诉讼法》的立法规定相对原则，难以解决司法实践中原告资格的确定问题。为此，根据最高人民法院发布的《行政诉讼法解释》第 12 条规定：明确原告资格的标准，即与行政行为有利害关系的公民、法人或者其他组织，有权提起诉讼。所谓“与行政行为有利害关系”，主要包括：①被诉的行政行为涉及其相邻权或者公平竞争权的。②在行政复议等行政程序中被追加为第三人的。③要求行政机关依法追究加害人法律责任的。④撤销或者变更行政行为涉及其合法权益的。⑤为维护自身合法权益向行政机关投诉，具有处理投诉职责的行政机关作出或者未作出处理的。⑥其他与行政行为有利害关系的情形。因此，并非任何不服具体行政行为的当事人都能享有提起行政诉讼的权利，从根本上说，这取决于当事人是否具有原告的资格，满足法定的条件，律师对于原告资格的审查必须事先确定，否则会影响提起行政诉讼。

2. 明确被告

行政诉讼的被告，是指其实施的具体行政行为被作为原告的个人或者组织指控侵犯其合法权益，而由人民法院通知应诉的行政主体。根据《行政诉讼法》第 26 条规定，成为被告的法定条件如下：①必须是行政主体[①]。②必须实施原告认为侵犯其合法权益的具体行政行为。③人民法院通知其应诉。确定行政诉讼被告，需区分不同的情形：①原告直接向人民法院提起行政诉讼的，作出被诉的具体行政行为的行政机关是被告。②经复议的案件，复议机关决定维持原行政行为的，作出原行政行为的行政机关和复议机关是共同被告；复议机关改变原行政行为的，复议机关是被告。③复议机关在法定期限内未作出复议决定，公民、法人或者其他组织起

---

① 马怀德. 行政诉讼法学[M]. 北京：北京大学出版社，2012：197.

诉原行政行为的，作出原行政行为的行政机关是被告；起诉复议机关不作为的，复议机关是被告。④两个以上行政机关作出同一行政行为的，共同作出行政行为的行政机关是共同被告。⑤行政机关委托的组织所作的行政行为，委托的行政机关是被告。⑥行政机关被撤销或者职权变更的，继续行使其职权的行政机关是被告。

此外，最高人民法院发布的《行政诉讼法解释》第 19 条至 25 条规定：①当事人不服经上级行政机关批准的具体行政行为，向人民法院提起诉讼的，以在对外发生法律效力的文书上署名的机关为被告。②行政机关组建并赋予行政管理职能但不具有独立承担法律责任能力的机构，以自己的名义作出具体行政行为，当事人不服提起诉讼的，应当以组建该机构的行政机关为被告。③行政机关的内设机构或者派出机构在没有法律、法规或者规章授权的情况下，以自己的名义作出具体行政行为，当事人不服提起诉讼的，应当以该行政机关为被告。④法律、法规或者规章授权行使行政职权的行政机关内设机构、派出机构或者其他组织，超出法定授权范围实施行政行为，当事人不服提起诉讼的，应当以实施该行为的机构或者组织为被告。行政机关在没有法律、法规或者规章规定的情况下，授权其内设机构、派出机构或者其他组织行使行政职权的，应当视为委托。当事人不服提起诉讼的，应当以该行政机关为被告。⑤复议机关在法定期间内不作复议决定，当事人对原具体行政行为不服提起诉讼的，应当以作出原具体行政行为的行政机关为被告；当事人对复议机关不作为不服提起诉讼的，应当以复议机关为被告。⑥行政机关被撤销或者职权变更，没有继续行使其职权的行政机关的，以其所属的人民政府为被告；实行垂直领导的，以垂直领导的上一级行政机关为被告。

3. 确定具体的诉讼请求

作为行政诉讼原告的代理律师，一般根据原告的需求来确定诉讼请求。

（1）请求撤销原行政行为，并要求行政机关重新作出行政行为。根据《行政诉讼法》第 70 条的规定，行政行为有下列情形之一的，人民法院判决撤销或者部分撤销，并可以判决被告重新作出行政行为：主要证据不足的；适用法律、法规错误的；违反法定程序的；超越职权的；滥用职权的；明显不当的。

（2）行政机关不履行或者拖延履行法定职责，要求行政机关履行法定职责的。根据《行政诉讼法》第 72 条、第 73 条规定，人民法院经过审理，查明被告不履行法定职责的，判决被告在一定期限内履行。人民法院经过审理，查明被告依法负有给付义务的，判决被告履行给付义务。

（3）确认行政行为违法，但不撤销行政行为的。根据《行政诉讼法》第 74 条规定，行政行为有下列情形之一的，人民法院判决确认违法，但不撤销行政行为：①行政行为依法应当撤销，但撤销会给国家利益、社会公共利益造成重大损害的。②行政行为程序轻微违法，但对原告权利不产生实际影响的。行政行为有下列情形之一，不需要撤销或者判决履行的，人民法院判决确认违法：①行政行为违法，但不具有可撤销内容的。②被告改变原违法行政行为，原告仍要求确认原行政行为违法的。③被告不履行或者拖延履行法定职责,判决履行没有意义的。

(4)确认行政行为无效的。根据《行政诉讼法》第75条规定,行政行为有实施主体不具有行政主体资格或者没有依据等重大且明显违法情形,原告申请确认行政行为无效的,人民法院判决确认无效。

(5)认定错误的,要求变更判决。根据《行政诉讼法》第75条规定,行政处罚明显不当,或者其他行政行为涉及对款额的确定、认定确有错误的,人民法院可以判决变更。

4. 事实与理由

具体行政行为的违法事实和理由作为律师需要重点阐述的部分,应在行政起诉书上予以清晰表述。一般而言,应当着重书写对被诉行政行为的事实陈述、明显表示对行政行为的不服以及认为被诉行政行为违法的理由和法律依据。

(二)调查取证

在行政诉讼活动中,原告对其所主张的被诉具体行政行为违法不负举证责任,但这并不意味着原告不负任何举证责任。

具体来说,原告承担举证责任的情形如下:

(1)公民、法人或者其他组织向人民法院起诉时,应当提供其符合起诉条件的相应的证据材料,证明起诉符合法定条件。由此可见,当行政诉讼案件立案时,原告负有义务证明提起诉讼符合法定要件,否则将承担不利后果。

(2)在起诉被告不作为的案件中,原告应当提供其在行政程序中曾经提出申请的证据材料。但有下列情形的除外:被告应当依职权主动履行法定职责的;原告因被告受理申请的登记制度不完备等正当事由不能提供相关证据材料并能够作出合理说明的。

(3)在请求行政赔偿的案件中,原告应当对被诉具体行政行为造成损害的事实提供证据。据此推论,原告不承担被诉行政行为与损害事实之间存在因果关系的举证责任,但对损害事实的证明负有举证责任,主要包括:①被告实施的行政行为或被告侵犯原告权利的事实;②原告的人身权、财产权受到损害的事实;③原告权利受损害程度的事实;④损害赔偿依据的事实;⑤原告主张的事实。

根据最高人民法院发布的《关于行政诉讼证据若干问题的规定》第6条、第23条规定,原告可以提供证明被诉具体行政行为违法的证据。原告提供的证据不成立的,不免除被告对被诉具体行政行为合法性的举证责任。原告或第三人不能自行收集但能够提供确切线索的,可以申请人民法院调取下列证据材料:①由国家有关部门保存的证据材料;②涉及国家秘密、商业秘密、个人隐私的证据材料;③确因客观原因不能自行收集的其他证明材料。可见,法律规定赋予行政诉讼原告可以提供证据证明被诉行政行为违法的权利。从追求胜诉的角度出发,律师代表原告的合法权利诉求,理应主动、积极搜集行政行为违法方面的证据,而不仅仅限于行政机关对所作的行政行为合法性的自身证明,况且行政机关出于自身利益和地位的维护，片面、裁剪提供证据或隐蔽对自身不利的证据而原告未能及时提供的，必然导致原告承担败诉风险。

虽然法律规定被告对具体行政行为负举证责任，但原告代理律师应对被告所提供的证据材料进行必要、严格的审查并提出合理质疑，有利于人民法院审查判断证据，正确处理行政案件，更有利于维护原告的合法权益。原告代理律师对被告提供的证据提出质疑，应从如下角度入手：①证据是否客观、真实，有无伪证和违反一般性常识的证据。②证据是否足够、充分，即证据是否能证明案件发生的真实情况。③证据之间是否存在矛盾，影响案件事实认定。④收集证据的方式、方法是否合法，调查取证时是否违反法定程序。⑤证据是否有效，是否为法定行政诉讼证据和有无作证能力的人提供证言的情况。

律师完成上述庭前准备工作后，应携带案件材料前往人民法院申请立案，及时启动行政诉讼程序，实现当事人的权益救济。

三、参加法庭审理

开庭审理是行政诉讼活动的中心环节，也是律师在代理行政诉讼中的重要阶段，代理律师必须熟悉并掌握行政案件开庭审理的程序。在此阶段，律师应认真阅读有关案卷材料，例如原告的起诉状、被告的答辩状以及相关事实和证据材料，熟悉案情并掌握双方当事人的诉请。在此基础上，做好正式出庭的重要准备工作。

（一）法庭调查

法庭调查，本质上是对诉讼证据的审查，一般经法庭审查属实，便能作为定案的根据。代理律师应积极、适时地申请审判长向对方当事人、证人、鉴定人等发问，时刻把握审判方向，针对证据的真实性、合法性和关联性提出辩护意见，帮助审判人员理清思路和案件事实，以便最终采纳我方辩护意见，实现法庭公正审判，从而真正维护委托人的合法权益。

在此阶段，律师的主要工作有：①询问当事人。行政诉讼案件，一般先询问被告；若有第三人参加诉讼，应在原告和被告之后询问。询问结束，律师可以作补充和提示。②询问证人、呈现证言。原则上，证人应当出庭作证。询问证人，应先告知证人的权利和义务；呈交未到庭证人的证言，应征求审判长的同意，并发表代理律师看法。③询问鉴定人、呈现鉴定结论。询问鉴定人，主要关于需要鉴定的疑难问题，通过科学的鉴定方法和实验过程给出可靠的结论。④呈现勘验笔录及结果。法庭调查的顺序通常如上所述，若当事人对证据提出疑问，要求重新鉴定或调取新的证据、传唤新的证人到庭，律师应帮助当事人申请并发表意见。

（二）法庭辩论

在此环节，律师的主要工作有：宣读代理词，与被告及其代理人进行辩论。首先，原告代理律师须声明委托人的诉讼请求、事实依据，针对行政机关所作出的具体行政行为的程序是否合法、适用法律是否适当等关键问题提出质疑；其次，原告代理律师综合分析案件事实和证据以及法律依据，通过法律论证的方式，发表全面、系统的代理意见，论证原告诉讼请求的合理性，以求证被告诉讼请求的不合理和具体行政行为的不适当，有力反驳被告及其代理人的论点，法院基于此便能够查清事实，分清是非，公正裁判。

由于行政诉讼要解决的是某个行政行为是否违法的争议，而某一具体行政行为合法与否的判断标准无非来自事实和法律两个方面，因此律师在法庭辩论中应注意以下两点：

（1）与法律适用有关的事实问题。某一行政机关针对特定的事或人适用处罚决定是否合法，具体考察的内容有：作出处罚的主体是否合法，是否为有权机关；作出处罚的程序是否合法；被处罚人是否为有完全责任能力人；被处罚的违法行为程度的轻重，应处罚行为有无减轻处罚的情节；等等。

（2）法律适用问题。首先，确认行政机关作出具体行政行为的法律依据。如果行政机关的具体行政行为是依据地方性规章，那么辩论方向将关注于地方性规章是否与法律、行政法规相抵触，不同地方的规章之间是否存在相互矛盾的情况。其次，重点衡量具体行政行为适用的法律条款是否恰当。换句话说，具体行政行为的合法性整体判断不存在差错，但就适用某一条款上存在不适当的瑕疵。因此，代理律师便能针对适用法律的准确性、完整性和一致性的瑕疵进行辩论。

第二节 代理被告的律师工作

行政诉讼，即“民告官”，由于双方地位的不平等性，为了实现诉权平衡，法律明确规定行政机关作为被告的限制性诉讼权利，例如被告无起诉权、无反诉权、无自行收集证据权。举证责任亦如此，行政机关作为被告仅能就具体行政行为的合法性、合理性加以举证，否则将承担败诉的责任。由于行政诉讼的特殊性，作为被告的代理律师，相较于原告，工作重点亦不相同。

一、应诉阶段的律师工作

根据《行政诉讼法》第 67 条规定：人民法院应当在立案之日起 5 日内，将起诉状副本发送被告。被告应当在收到起诉状副本之日起 15 日内向人民法院提交作出行政行为的证据和所依据的规范性文件，并提出答辩状。被告不提出答辩状的，不影响人民法院审理。如上所述，行政机关在接到起诉状副本后，便可委托律师担任其诉讼代理人，针对原告的起诉进行积极、有效的应诉，以此为基点开展被告代理律师的工作。

(一)撰写行政答辩状

律师在撰写行政答辩状时,应秉持真实、合法的原则,结合案件实际情况,重点审查以下几个方面:原告和被告资格条件是否合法;起诉期限是否在法定期限内;是否存在限制起诉的情形;被诉行政行为是否属于行政诉讼的受案范围以及复议前置的案件类型;受理案件的人民法院有无管辖权;等等。对于起诉不符合条件、错误的,应在行政答辩状予以明确指出,并请求人民法院作出驳回起诉的裁定。

一般而言,行政答辩状包括事实与理由部分,重点阐述被诉行政行为所作出的程序符合法定条件,事实认定正确,适用法律恰当,证据链条保持一致性、完整性和关联性以及原告起诉状中诉讼请求不成立的证明意见。

(二)调查、收集证据

在行政诉讼中,举证责任由被告即行政机关承担。① 被告代理律师的工作重点便是帮助行政机关收集、提交证据。正是为了证明行政机关作出的具体行政行为的合法性,律师的证据准备工作需要大量证据来支撑,应注重以下两个方面:

1. 收集具体行政行为作出前所依据的证据

在行政程序中,行政机关遵循"先取证,后裁决"的原则,在作出影响行政相对人的权利和义务的决定之前,事先应对照法律法规、规章等寻求实施具体行政行为的依据,审查行政相对人办理的事项是否符合法律规定的要求,方能保证行政权的正确运用。那么,行政权行使过程中所有流程和环节取得的文书、凭证等证据材料,都将对证明具体行政行为的合法性发挥决定性的作用。收集证据是任何诉讼活动中所必要的正常活动,根据最高人民法院发布的《关于行政诉讼证据若干问题的规定》第 3 条规定:在诉讼过程中,被告不得自行向原告和证人收集证据。但根据《行政诉讼法》第 39 条规定,人民法院有权要求当事人提供或者补偿证据。因此,作为被告的代理律师,可以向人民法院申请补充证据,积极、全面、慎重地配合被告收集上述材料并按时递交给人民法院。

2. 收集证明具体行政行为合法性的事实依据和程序证据

一方面,作出某个具体行政行为,一定是遵照法定的程序规则,如行政审批表等格式材料,都可以作为证明行政行为合法性认定的程序性证据。违反法定程序的具体行政行为在法律层面上是站不住脚的,将面临人民法院判决撤销的不利后果。另一方面,具体行政行为的事实要件都需要对应的证据支持,人民法院审查具体行政行为是否合法的重要标准,便是行政机关认定的事实是否清楚和证据支持是否足够、充分。因此,事实依据和程序证据作为支持具体行政行为合法性的坚实基础,是行政诉讼活动中的重要环节。

---

① 应松年. 行政诉讼法学[M]. 北京:中国政法大学出版社,2002:127.

(三)了解法律依据,研究司法先例

被告代理律师应在出庭前有针对性地进行知识储备的准备工作,目的在于确立、确信自己的诉讼观点。

在诉前准备工作中,律师应当进一步加深了解和理解相关的法律、法规,分析研究具体行政行为所依据的规范性文件是否合法,适用规范性文件是否正确、准确。特别是,我国实行科层式的行政管理体制,下级行政主体要作出具体行政行为所依据的规范性文件不仅除了法律、法规、规章之外,还有上级行政主体的决定、命令、通知等。作为被告的代理律师,因而有必要进一步分析研究行政主体作出具体行政行为所依据的规范性文件的适用是否恰当。

二、开庭阶段的律师工作

在法庭审理阶段,被告代理律师的职责在于证明被诉行政行为的合法性,通过举证、质证、辩论环节来展开合法性的求证。具体而言,被告代理律师通过提交具体行政行为作出之前所取得的证据以及事实依据和程序性材料,加以对原告证据材料的质证,以求对被诉具体行政行为所涉及的程序正当、事实清楚、适用法律正确等问题的合法性支持,运用法律逻辑论证的思维方法进行理性讨论,最终达到法院采纳我方意见进而否定原告辩论观点和诉讼请求的效果。

第三节 行政诉讼中的律师实务

代理行政诉讼是律师的常规业务。由于行政诉讼案件的特殊性,律师在行政诉讼活动中也会面临特殊的注意问题。

一、律师在行政诉讼程序中需要注意的事项

(一)注意对具体行政行为的合法性审查

人民法院审理行政诉讼案件,仅对具体行政行为进行审查,特殊情况下附带审查抽象行政行为。换言之,除了审查具体行政行为的合法性外,人民法院对抽象行政行为亦具有司法审查权。《行政诉讼法》第 51 条规定,人民法院对规章拥有一定程度的司法审查权,主要集中在规章适用方面,即审查行政机关作出具体行政行为所依据的规章是否与较高效力层次的规范性文件相抵触。具体而言,人民法院对规章适用的司法审查权体现在以下几个方面:①人民法院认为该规章同宪法、法律、行政法规等没有抵触,同其他规章也没有不一致的,有权决定参照。②人民法

院认为该规章同法律、行政法规等有抵触，有权不予参照，而是根据法律、行政法规等作出判决。③人民法院认为作出具体行政行为根据的规章是违法的，不能直接判决规章违法，但可以判决根据此项规章作出的具体行政行为违法。④人民法院认为该规章与其他规章不一致，可以提请国务院作出解释或者裁决，有权暂不予参照。

另外，人民法院审理行政诉讼案件，仅对具体行政行为的合法性进行审查，一般情况下不涉及合理性审查。行政机关作出具体行政行为的合法性、合理性，源于行政机关行使职权所拥有的权限，即羁束裁量权和自由裁量权。前者是指在权力行使过程中，其权限范围、行为方式的幅度等都由法律明文规定，行政机关只能严格依法裁量、判断的裁量权。根据羁束裁量权作出的具体行政行为，唯有合法性而不存在适当性判断。后者是指行政机关及其工作人员在法律事实要件确定的情况下，在法律授权范围内，依据立法目的和公正、合理原则，自行判断行为条件、自行选择行为方式和自由做出行政决定的权力，根据自由裁量权作出的具体行政行为，既有合法性判断，又有适当性判断。一般情况下，行政机关在职权范围内所作出的具体行政行为均符合法律规定，但若超过职权范围所作出的，则构成违法。

（二）注意选择最有利于当事人的法院行使管辖权

在行政诉讼的司法实践中，律师应当充分利用共同管辖的法律规定，选择一个更有利于当事人的法院来管辖。根据《行政诉讼法》第 18 条规定，对限制人身自由的行政强制措施不服提起行政诉讼，由被告所在地或者原告所在地人民法院管辖。之所以法律条款如此规定，究其原因如下：①处于被限制人身自由状态的原告，不平衡的地位难以实现其诉讼权益，允许在原告所在地起诉，目的在于弥补因原告不利地位所带来的不良影响；②正因为诉讼期间不停止具体行政行为的执行，若被限制人身自由的案件只能由被告所在地人民法院管辖，便会出现原、被告不在同一区域而原告不能参加诉讼的情形，不利于行政诉讼的正常进行。根据最高人民法院发布的《行政诉讼法解释》第 9 条规定，"原告所在地"包括原告的户籍所在地、经常居住地和被限制人身自由地。总之，律师应当充分考虑当事人的处境，优先选择最有利于当事人的法院来管辖，从而保护在特殊情况下当事人的合法利益。

（三）注意了解行政诉讼证据规则

作为行政诉讼案件的代理律师，在调查取证的过程中，应着重审查以下两点：①证据形式符合法定要求。人民法院对于当事人提交的证据，必须严格按照证据形式列表审查，若不符合形式要求，及时要求纠正并补证，防止庭审时误判为非法证据予以排除，不利于查清案件事实。②严格保障调查笔录的合法性和有效性。在司法实践中，对行政执法最为关键的是笔录证据。如何保证笔录证据的有效性？根据最高人民法院发布的《关于行政诉讼证据若干问题的规定》第 15 条规定，被告向人民法院提供的现场笔录，应当载明时间、地点和事件等内容，并由执法人员和当事人签名。当事人拒绝签名或者不能签名的,应当注明原因。有其他人在现场的,可由其他人签名。法律法规和规章对现场笔录的制作形式另有规定的,从其规定。

(四)注重把握"重物证,轻口供"的证据原则

在法定形式的证据之中,物证的证明力度最大,从客观上最大限度地展现案件的来龙去脉。因此,应先全面搜集物证、书证等,后收集当事人、证人的口供材料,尽量避免出现"孤证"现象。通过对现场勘验笔录,录音、录像等视听资料以及其他证据材料之间相互印证的过程,形成完整的证据链条,实现证据效力的最大化。

二、律师在行政诉讼审理中需要注意的事项

(一)注意行政诉讼司法先例的判决影响

行政判例是已生效的人民法院判决。在英美法系国家,判例是国家审判的重要法律依据。我国是大陆法系国家,不实行判例法,人民法院审理案件的裁判依据不会是昨天已生效的判例,但这并不意味着法院在审理案件、适用法律时,不考虑法律适用的司法惯性,即不能不参考有关判例。换言之,行政判例,尤其是最高人民法院通报的典型案例以及各级法院之间自身形成的判决,在一定程度上对所审理的案件具有指导意义。律师从事行政诉讼案件时,应重点搜集、阅读、分析与代理案件类型相似的行政判例,特别是最高人民法院的典型判例和当前代理案件审理法院的相关判例,对准确把握代理案件的走向和诉讼结果具有明显的指引。

(二)注意告知当事人诉权的正确使用

根据《行政诉讼法》第47条规定:当事人认为审判人员、书记员、翻译人员、鉴定人、勘验人与本案有利害关系或者有其他关系可能影响公正审判,有申请上述人员回避的权利。但是,当事人如何正确行使权利,则需要代理律师的帮助。申请回避需要阐述理由,不同身份的诉讼参加人提出回避申请的决定程序亦不相同。为了更好维护当事人的诉讼权益,代理律师有必要向当事人说明申请回避的理由和期间等重要事项。

(三)注意调整辩护思路,预判庭审问题

一方面,代理律师在了解案情、掌握证据之后,理应及时调整辩论方向,总结、归纳辩论观点并加以充分论证。阐述、论证观点的过程也就是撰写代理词的过程。代理词是律师在法律规定或者当事人授予的权限范围内,在法庭辩论环节,为维护当事人的利益,就案件的事实和法律适用等问题发表意见,以此为基础所形成的诉讼文书。由此,代理词的理性说服力和事实证明力对行政诉讼裁判结果产生不可替代的正面影响。

另一方面,再充分的准备、再精心的设计也难免有漏洞,更何况行政诉讼中所要论证的具体行政行为合法性的判断标准有时难以衡定,可能本身处于"灰色"地

带。行政诉讼活动的千变万化难以掌握，但律师作为专业的诉讼代理人，有能力事先预测可能出现的问题并做好充足的备案。从行政诉讼的司法实践来看，庭审中可能出现的问题有：对方是否提交新证据；对方是否提出新的辩论观点；对方对我方的辩论观点和证据会提出哪些反驳等。正因如此，代理律师应尽可能准备好答辩提纲，做到有备无患，避免陷入被动局面。

附：

行政诉讼法律文书

一、行政起诉状

原告：×××，……（自然人写明姓名、性别、工作单位、住址、有效身份证件号码、联系方式等基本信息；法人或其他组织写明名称、地址、联系电话、法定代表人或负责人等基本信息）

委托代理人：×××，……（写明姓名、工作单位等基本信息）

被告：×××，……（写明名称、地址、法定代表人等基本信息）

其他当事人：×××，……（参照原告身份的写法，没有其他当事人的，此项可不写）

诉讼请求：……（应写明具体、明确的诉讼请求）

事实和理由：……（写明起诉的理由及相关事实依据，尽量逐条列明）

此致

××××人民法院

附：1. 起诉状副本××份

2. 被诉行政行为××份

3. 其他材料××份

原告：________（盖章）

________年____月____日

二、行政答辩状

答辩人：名称________地址________电话________

法定代表人：姓名________职务________

委托代理人：姓名________性别________年龄________民族：________职务：________工作单位：________住所：________电话：________

因________诉我单位________一案，兹答辩如下：

____

此致

________人民法院

答辩人：________（盖章）

法定代表人：________（签章）

________年____月____日

三、行政上诉状

上诉人：________（写明姓名、性别、年龄、民族、籍贯、职业或者工作单位和职务、住址，如果是法人或者其他组织，应写明名称、法定代表人、住所、联系地址和邮政编码等，如果是行政机关作为被上诉人的，则应写明行政机关的名称、法定代表人和住所）

被上诉人：________（写明姓名、性别、年龄、民族、籍贯、职业或者工作单位和职务、住址，如果是法人或者其他组织，应写明名称、法定代表人、住所、联系地址和邮政编码等，如果是行政机关提起上诉，则应写明行政机关的名称、法定代表人和住所）

上诉人因________一案（写明一审判决或者裁定书所列的案由），不服________人民法院________年________月________日（××）字第××号判决（或者裁定），现提出上诉。

上诉请求：……（写明要求上诉审法院解决的事由，如撤销原判、重新判决等）

上诉理由：……（写明一审判决或者裁定不正确的事实根据和法律依据）

此致

________人民法院

附：本上诉状副本________份

上诉人：________（签字或者盖章）

________年____月____日

第十五章

律师非诉实务

人们对于律师一个常见的刻板印象是:找律师就是打官司,律师似乎只是进行诉讼的;但实际上,随着法治建设的不断深入和社会的不断发展,律师的服务范围也不断扩大。除了传统的诉讼业务,律师的非诉业务也日益成为律师实务的一个重要部分。律师的非诉业务,简单说就是接受公民、法人或者其他组织的委托,在其职权范围内依照有关法律、法规的规定,不与法院和仲裁委员会产生司法意义上的联系,直接为委托人办理某种法律事务的业务活动。在非诉业务中,律师可以运用其专业知识和丰富的纠纷解决经验,帮助当事人充分了解案情,掌握非诉程序的具体特点以及具体运用程序,为当事人预判通过非诉途径所能获得的大致收益,帮助当事人做出符合自身利益的理性选择。

本章主要介绍三类常见的律师非诉业务:法律咨询、法律顾问和法律见证。

第一节　法律咨询

法律咨询是每一个法律人经常要面对的问题。人们基于各种困惑和疑问,需要咨询律师法律问题,这也成为律师日常工作的一个常态部分,往往也是律师获得案源的一个有效途径。

一、法律咨询的概念与特征

顾名思义,法律咨询就是回答法律问题。现实中法律咨询分为广义和狭义两类。广义法律咨询是指不限于律师而是整个律师行业,对于法律求助者进行法律知识的解答。这里所说的主要是狭义法律咨询,主要是指签订委托合同之外的咨询业务,包括律师就有关法律事务问题作出解释、说明,提出建议和解决方案的活动。

解答法律咨询对律师而言要求很高，因为法律的建议往往对当事人具有直接指导作用，影响当事人的直接利益。因此律师在提供法律咨询服务时，应慎重对待，最大限度地掌握证据材料，依法提出咨询意见，对其中的不确定事项进行风险提示。法律咨询可以分为有偿咨询和无偿咨询、口头咨询和书面咨询，具体而言有如下特点：

（一）专业性

从事法律咨询的职业者不仅要接受法律专业的高等教育，还要具备一定的分析问题、解决问题的能力。一般而言，如同行医要获得医师资格一样，获得法律职业资格是法律咨询者专业性的强制要求。

（二）广泛性

法律咨询涉及的问题非常广泛，提出法律问题的人来自不同行业，提出的法律问题也是多种多样，现实中往往法律问题与非法律问题交织，这就需要被咨询者具有较广的知识基础和对法律问题较高的判断力。

（三）经常性

法律咨询的经常性也就是普遍性，是指执业律师随时都可能被别人问到法律问题。并且回答当事人的法律问题也成为律师的常态工作，这也成了法律执业律师的基本功。

（四）参考性

法律咨询意见只具有参考性，没有法律上的约束力。这点和其他司法机关的法律文书不同，尽管律师提供的咨询意见以法律为基础，但也仅仅是参考，并没有法律上的效力。

二、法律咨询的步骤和方法

法律咨询看似简单，但做起来并不容易。常常是检验法律职业者专业水平的一个标准。高水平的法律咨询往往让当事人事半功倍，豁然开朗，获得解决问题的最佳办法，同时被咨询的律师也容易获得当事人的信任。相反，如果提供的法律咨询意见不专业、不靠谱，不仅会让人误入歧途，而且也会损害法律职业者的声誉。尽管不同人的法律咨询意见往往不尽一致，但是一般而言，合格的法律咨询需要经过检查、倾听、提问、审查、回答、解释六个基本步骤。

（一）检查

检查主要是核对当事人的身份、证件、联系方式等信息。尽管实务中有匿名咨询者，但是一般情况下，律师有必要知道咨询者是谁，特别是在出具书面咨询意见书的场合下，给匿名者提供法律意见有可能会带来不必要的风险，比如误为对方当事人提供咨询意见，因此一般业内不建议给匿名者提供法律意见，以此保证给当事人法律意见的准确恰当。

（二）倾听

倾听就是听取当事人讲述事实经过和问题细节。只有听得清，才能辨得明。学会倾听就是在听的过程中察言观色，判断当事人陈述哪些是真哪些是假，当事人的真实目的是什么，这样才会有的放矢，切中问题要害。

（三）审查

审查就是核对当事人提供的材料和主要证据。前来咨询的当事人往往带有很多材料，有借条、保证书、病例、鉴定材料等。有的是原件，有的是复印件，有些内容也不连贯。因此需要律师核对审查，从而抓住案件的核心和关键。通过审查核对材料和证据，律师可以节约咨询时间、提高咨询针对性和准确性，提高咨询效率。

（四）提问

提问就是向咨询者提问题。这些问题主要涉及事实和证据层面。问题的专业性代表了律师的专业性，通过梳理当事人的陈述寻找应该知道的事实。往往有些当事人陈述不连贯，跳跃跑题。这就需要律师通过提问引导当事人说出问题重点和证据所在。经验丰富的律师往往不是任由当事人想怎么说就怎么说，而是通过提问，快速了解问题全貌。

（五）回答

回答就是解答当事人提出的法律问题。这是法律咨询的核心和关键，也是当事人最希望从律师那里获得东西。回答应注意，一是要根据当事人陈述、提供的证据真实完整的基础上回答法律问题。如果事实陈述前后不一，证据不能相互印证，可以拒绝提供法律意见，即使提供咨询意见，也要强调是在当事人真实陈述和真实证据基础上得出的。二是回答问题不能超出法律知识和业务范围。对于非法律问题，律师不要推测或武断回答，更不能为了承揽业务提出迎合当事人的法律意见。

（六）解释

律师提供法律咨询意见后，还要向当事人解释或说明得出这个结论的原因，解释清楚有利于当事人接受咨询意见。解释主要从事实证据和法律依据两个维度进行。在事实证据层面，应向当事人解释清楚哪些证据能够认定、哪些不能，哪些对当事人有利、哪些不利。在法律层面，相关的法律、法规、地方政策、司法解释、现实案例都可以向当事人说明解释，让当事人知其所以然，就更易接受咨询意见。

三、法律意见书

在解答法律咨询时，常见的形式是律师提供法律意见书。法律意见书就是律师事务所或者独立执业律师应当事人要求，针对特定的法律服务，根据委托人提供的事实材料，正确运用法律进行分析和阐述，提供给委托人的书面意见。

（一）法律意见书的种类

法律意见书按照制作主体分为法律专家出具的法律意见书和律师出具的法律意见书两种。前者大多是案件遇到定性争议、法律适用疑难时由法律专家提供，这些专家一般是全国、全省范围内有学术影响力的教授、学者、研究员。他们一般见多识广，学识渊博、经验丰富。基于这种影响力，专家型意见书才会被社会和司法部门认可。这种意见书一般由律师或当事人委托，是否最终被司法机关接受，也取决于司法机关的态度。第二种法律意见书是律师出具的，这是实践中最为常见的，费用要比前者低，回答问题也简单。

法律意见书也可以按法律意见书的内容分类，实务中主要有以下四种：一是法律性质判断型法律意见书，比如某个行为是否合法，合同是否成立；二是风险预测型法律意见书，律师根据自己发现或掌握的事实预测可能产生不利于当事人的法律后果提前向当事人预警，这种意见书常见于企业管理漏洞等领域；三是可能性分析法律意见书，这种意见书从技术角度论证某个做法或者方案是否可行，比如某项投资是否可行，是否符合当地的法律，等等；四是拟定对策型法律意见书，这种意见书针对委托人提出的问题，直接阐明律师提供的意见或措施，比如如何保证居间合同费用的合理性、合法性，不至于演变为行贿犯罪。

（二）法律意见书的制作

法律意见书可能涉及各种事项，具体内容也千差万别，但是法律意见书的基本内容至少包括首部、正文、尾部几个方面。

1. 首部

法律意见书的首部就是标题，实践中一般有两种写作方式：一是直接写“法律意见书”；二是具体写明法律意见书的性质，例如“关于某某公司订立购买合同审查的法律意见书”。此外，首部还可以有法律意见书的编号。

2. 正文

正文是法律意见书的主体部分。具体而言，正文主要包括：①委托人基本情况，受托人也就是律师的情况。应将两者的身份事项列举清楚，如果委托人是自然人，应写上姓名、性别、住所、年龄等信息，如果委托人是法人，则应写明法人名称、法人代表姓名、住所、证照号码。受托人应写明律师姓名、执业机构、执业证件号码等。②委托事项，写明就何法律问题提供法律意见。③基本事实，律师在审查当事人证据材料的基础上，进行梳理，从中寻找焦点问题，为下一步的法律分析做准备。④法律分析，这是法律意见书的主要部分。在进行分析时，应注意要以法律为准绳，针对性地衡量案件事实。⑤结论，一般应以简明扼要的语言，概述法律分析和解决方案的主要内容，给当事人一个完整、明确、精要的答复。

3. 尾部

一般而言，尾部是法律意见书的结尾，主要包括：①声明和提示条款，声明内容包括责任限定条款和提示条款，即法律意见书出具人对于自己应该承担的责任予以限制和排除的条款；提示条款是出具人提示委托人和其他利害关系人应特别注意的条款，也是委托人可能承担的责任。②署名、盖章和签发日期。在尾部的右下角，法律意见书出具人应署名、盖章，盖章可以盖律师事务所的章也可以盖公证处的章。法律意见书签发日期，应采用汉字而不是阿拉伯数字。

（三）注意事项

需要提醒的是，法律意见书是为委托人提供法律支持的文书，因此无论从哪一个角度出发，法律意见书均应依法制作。这就要求律师对案件事实的分析要不唯权、不唯上、只唯法。既不能无原则地迎合当事人，又要全心全意为当事人着想，做好法律分析准备工作，从法律上寻求保护当事人合法权益的方法和措施。

第二节　律师见证

律师见证有着十分悠久的历史，是一项非诉业务。在我国，律师见证仍属于“私证”的范畴，不如公证的证明力强，但其仍具有重要意义。[①] 随着人们法律意识不断增强和社会的发展，越来越多的人通过律师见证这种私证方式保护自身的权益。因此，作为律师，应当掌握律师见证的相关知识，以便更好地开展业务。

一、律师见证的概念

律师见证，一般是指律师事务所接收当事人的委托或申请，指派具有执业证书的律师，以律师事务所和见证律师的名义，就有关法律行为或法律事实的真实性、合法性进行审查，并予以证明的一种律师非诉业务活动。

律师见证的目的，在于见证某一法律行为或者法律事实的真实性及合法性。从法律性质上看，律师见证属于私证，必须经过法庭认证方能作为证据使用，但是律师见证仍然具有约束力。具体而言，律师见证的法律效力体现为两个方面：一是基于当事人自愿申请见证，对于自愿申请的双方或者多方当事人具有一定的约束力。而且，双方或各方之间的法律行为业已见证，具有真实性、合法性，当事人就不得对已经见证的法律行为随意变更、修改或者撤销，应该自觉履行。二是具有证据效力。律师见证是律师以自己特殊的身份、丰富的法律专业知识、并以律师本人和

---

① 王俊民．律师与公证制度教程［M］．北京：北京大学出版社，2009：244．

律师事务所的名义作为见证人，从第三方的角度，客观公正地证明当事人所为的一定法律行为，这在客观上使被见证的对象具有真实性和合法性，同时还具有一定的权威性，因而可以作为证据使用。如果双方或多方当事人发生纠纷引发诉讼，见证的事实通常可以作为法庭认定事实、确定各方当事人权利义务关系的证据，具有证据效力。

虽然律师见证的作用很大，但也不是所有的法律事实，都可以进行律师见证。按照我国法律规定可以推出，律师见证的范围主要是法律行为，即能够引起民事法律关系产生、变更和消灭的行为。根据全国律师协会制定的《律师见证业务工作细则》的规定，律师见证业务范围主要包括以下 6 个方面：①合同见证，包括各种经济技术合同、章程、协议的见证，还包括现在按揭贷款中的律师见证服务；②遗嘱和执行遗嘱见证；③财产赠与、分割、转让的见证；④各种代理、委托关系的见证；⑤招投标、开标和拍卖的见证；⑥文件原件同副本、译本、影印件是否相符的见证。

二、律师见证的程序

律师见证作为一项非诉业务，其主要程序包括委托收案、审查、进行见证和出具见证书三个阶段。

1. 委托收案

律师见证虽然是非诉业务，但也与诉讼业务一样，必须要有委托人建立委托关系为前提。首先，律师应在接待当事人，在倾听当事人陈述的基础上，了解当事人要求见证的内容，判断当事人见证的真实目的。其次，律师需要初步审查当事人提供的材料，并结合当事人的要求，判断当事人所委托事项是否属于律师见证的范围。再次，律师还应该与当事人签订委托代理合同，取得当事人授权，从而确定为其提供律师见证服务。最后，还应该制作询问笔录。载明询问日期、地点、询问人、记录人、在场人、询问事由、被询问人的基本情况、告知当事人的内容、询问谈话的内容等。然后交由被询问人、在场人，由其核对后签名或者盖章、捺指印。在询问笔录中，律师应当告知被询问人律师见证的法律性质以及产生的法律后果。

2. 审查

为了保证见证的合法性和真实性，律师需要对委托人提供的材料进行认真的审查分析。具体而言，主要审查两方面的内容：一是审查当事人资格方面的材料或证明，比如身份证、学历证、任职证明等，委托方如果是单位还应审查营业执照、法人代码等；二是审查与法律行为相关的文件材料，如合同证据、审批文件等。

除此之外，还要审查委托人是否具有民事权利资格和民事行为能力；当事人提供的材料是否真实、完整，材料的内容是否合法、有效；委托人的意思表示是否真实。如果律师认为不完善或者有疑义，可以要求委托人作必要的补充，或者进行必要的调查，借以收集有关证据和材料。审查材料的范围包括当事人的主体资格材料及申请见证的材料。审查证明材料时，一定要仔细审查当事人提供的各项证明材料的真实性和合法性，必要时可以要求当事人提供相关证明等；此外，律师在询问笔录中明确告知当事人，律师仅对证明材料进行形式上的审查，其合法性由其自己保证和承担后果。

3. 见证并出具见证书

律师进行见证时，见证律师应监督法律文件的制作、复制，证明见证事项的真实性、合法性。需要注意的是，见证工作应由两名具有执业资格证书的律师进行，在双方或者多方当事人实施特定法律行为时，接受聘请的见证律师必须亲自到场，目睹该项法律行为的完成。在进行见证后，应当根据事实出具律师见证意见书。

三、律师见证书的内容

律师见证书一般包括首部、正文、尾部三部分。首部包括文书名称、文书编号及委托见证人的自然状况，正文应依次写明见证事项、见证过程、见证结果和法律依据四项内容。

1. 首部

见证书的首部就是标题，一般应同时写明编号、委托人基本情况等。标题应注明“律师见证书”字样，文书编号在标题的右下方。委托人如果是自然人，应写明其姓名、性别、出生年月、工作单位及住址等情况；委托人如果是法人或者其他组织，应当写明组织全称和所在地址，并写明法定代表人姓名和职务。

2. 正文

律师见证书的正文是主体部分，其主要内容具体包括：见证事项是委托人就何事项请求律师见证，文字要求简明扼要；见证过程即从接受委托到办理见证的全过程，着重说明律师为确保见证事项的真实性、合法性所做的工作，从而自然地得出结论；见证结论是见证书的核心，是律师对见证事项的各种材料进行审查后得出的结论；法律依据主要是为了说明见证事项的合法性。

3. 尾部

见证书的尾部应依次写明律师事务所全称、见证律师的姓名、出具见证书的日期，并且加盖律师事务所的公章等。见证律师在见证事项中审查并据以作出见证书的有关依据（材料），如委托人的身份证明等其他材料，可以附录于见证书之后。

第三节　法律顾问实务

党的十八届三中全会、四中全会分别明确提出，要普遍建立法律顾问制度，把积极推行政府法律顾问制度作为健全依法决策机制的重要举措。在党和国家政策的积极推动下，法律顾问自2014年之后开始逐渐走入政府部门、事业单位，改变了原来主要是企业聘请法律顾问的状态。由此，法律顾问人员既包括单位内部的法律顾问人员、公职律师和公司律师，也包括担任单位法律顾问、从事相关法律顾问工作的社会律师。本节所讲的法律顾问，是指接受公民、法人或其他组织委托，为其提供法律服务的执业律师，主要内容是关于法律顾问一般实务工作的介绍。

一、法律顾问的工作性质

担任法律顾问的律师，涉及的业务领域是多方面的，因此也对律师提出了更高的要求，即律师不仅要懂法律，还要有管理或其他领域的知识。目前对政府的法律顾问虽然没有明确提出公职律师的称谓，但是从法治政府建设的趋势看，政府部门的法律顾问，未来会纳入公职律师管理的范畴。

目前来看，不管律师是为政府部门顾问还是受企事业单位聘请担任法律顾问，在性质上都属于履行法律审核职能的工作任务，本质上是给政府、企事业单位提供决策咨询意见的辅助人员。

首先，法律顾问不能越权和越位。党政机关的负责人或者企事业单位的掌控者是决策者，法律顾问的职责是提供法律意见，保证其决策的合法性。只是为决策者提供参考，而不是越俎代庖代替负责人决策。其次，法律顾问应处理好与顾问单位其他部门之间的关系。法律顾问的重点工作是做好合法性审查和提示法律风险，而不是简单地作出是否合法的评价。实践中，往往需要顾问单位多部门的协助配合，由此获得更多的信息，提出更为符合实际的顾问意见。

二、法律顾问的职责范围

律师担任法律顾问的职责范围，是按照约定为委托人就有关法律问题提供意见，草拟、审查法律文书，代理参加诉讼、调解或者仲裁活动，办理委托的其他法律事务，维护委托人的合法权益。[①] 具体而言，法律顾问的职责范围主要包括以下七个方面的内容。

1. 为顾问单位（个人）提供日常经营管理方面的法律意见

律师接受顾问单位聘请后，应全面了解掌握顾问单位的基本情况和有关法律、政策，对顾问单位决策的合法性、可行性提出法律建议。顾问律师可以用两种方式为顾问单位提供法律意见：一种是口头解答法律咨询，另一种是书面提供法律意见或建议。

对于顾问律师需要提供的法律意见的主要内容包括：①可行性法律分析。对

① 胡志民．律师制度与实务[M]．上海：华东理工大学出版社，2013：166．

顾问单位某项具体决策是否符合我国现行的法律、政策的要求，国家对此有哪些相应的禁止性规定。②风险分析。顾问律师应当对顾问单位决策可能带来的风险进行分析，并针对不同的风险制定相应的法律对策。

2. 草拟、审查、修改法律文书

顾问单位涉及的法律文书，包括合同、协议、章程、管理规定等。其中对于顾问单位有重大影响的合同，顾问律师应当亲自拟订，严格考究合同条款。如果是一般合同或者其他法律文书，也可以由顾问单位人员先行起草，然后再由顾问律师加以审查和修改。总之，顾问律师应确保签订的各种合同、章程等法律文书合法、规范、科学，符合顾问单位的利益要求，为顾问单位开展各项工作提供法律保障。

3. 参与重大经济活动谈判

顾问律师参加经济活动谈判的职能作用，就是为顾问单位经济利益最大化提供法律帮助。为了实现这一目标，顾问律师应当在谈判前做好谈判的各项准备工作。在谈判过程中，顾问律师应当与聘请方密切合作，根据谈判情况，做出准确决断进而形成独立见解，并及时提供有建设性的法律意见。在谈判后，顾问律师应当综合各方意见，制作有关法律文书，并协助办理好合同的审批、公证等手续。

谈判的目的是达成合意，而不是谈判破裂，因此成功的顾问律师需要具备较高的谈判能力，这需要顾问律师加强谈判能力的训练。

4. 帮助顾问单位建立健全规章制度

顾问单位的内部规章制度，对于管理的规范化、科学化起着重要作用。一方面要反映企事业生产、经营的要求，另一方面反映国家的法律要求。因此顾问律师要帮助聘请单位建立合同管理制度、劳动人事制度、产品质量管理制度、商业秘密保守制度、竞业禁止制度、管理培训制度等规章制度；同时，也要注意对顾问单位已有规章制度的审查、清理，从而加以完善。顾问律师在帮助委托单位建立健全规章制度的工作中，除了要注意形式上的合法规范，还要注意其内容的合法性和可操作性。

5. 协助顾问单位建立法律风险预防机制

市场经济中，企业随时会产生风险，特别是法律风险。企业的法律风险是指预期与未来实际情况的差异，导致企业承担法律责任。企业法律风险的产生，多是在生产经营过程中，由于故意或者过失违反法律义务或者约定义务而产生的法律责任。当企业违反了法律或者行为不符合法律规范，或者缺乏法律风险防范意识，都会导致法律风险。因此，作为法律顾问就应当注重顾问单位风险防范，协助企业建立法律风险预防机制。

6. 代为参加诉讼、仲裁和调解

法律顾问在顾问单位发生纠纷后，可以作为顾问单位的代理人参加诉讼、仲裁或调解活动。顾问律师代理的案件，一般主要涉及两个方面的内容：一是对外经济活动中发生的经济纠纷，比如合同纠纷；二是对内管理中发生的纠纷，比如劳资纠纷、劳动合同纠纷。对于纠纷解决的方式，法律顾问可以根据具体情况，权衡利弊得失，协助委托方选择适当的纠纷解决方案。

7. 办理其他法律事务

法律顾问业务还包括为企业重组、改制、上市融资提供法律策略，帮助企业转换经营机制，落实企业经营自主权，帮助企业进行清产核资、产权界定、清算整顿、破产还债，帮助顾问企业进行工商登记、商标注册、专利申请和转让，办理公证、抵押、信托、租赁，帮助企业进行业务宣传，起草发布启示、声明、公告等。随着社会经济不断发展和法治建设的不断深入，法律顾问涉及的非诉业务范围越来越大，成为律师业务新的增长点。

三、法律顾问的工作要求

法律顾问业务推广的成功与否，主要还是看法律顾问是否能够最大限度地维护受托单位的合法利益，认真履行法律顾问的工作职责，充分发挥法律顾问的作用。这就需要担任法律顾问的律师注意法律顾问方面的工作要求，以自己优质有效的法律服务获得委托单位的信任和认可。具体而言，做好法律顾问工作应当注意以下几个方面的问题：

1. 全面了解受托顾问单位的情况

只有全面掌握受托顾问单位的情况，才能在需要时对顾问单位提供准确、有效的解决法律问题的方案。法律顾问需要了解聘请委托单位的情况包括：顾问单位的基本情况、其在所属领域内的地位、作用、业务服务对象与行业竞争对手；聘请顾问单位的隶属关系、对应的政府管理部门或主管机构、产业链情况、产品情况等业务情况；汇总聘请顾问单位的现行规章制度、为顾问单位现存的法律问题分门别类立卷归档等。通过了解掌握以上情况，就会为发现委托顾问单位已经出现或者可能出现的法律问题有了预判基础，为受托顾问单位提供的建议和解决方案就更有针对性和有效性。

2. 学习掌握与受托顾问单位生产经营活动有关的法律、法规

律师受托担任法律顾问后，可能需要随时解答顾问单位咨询的法律问题，并且在很多情况下需要在很短时间内答复，顾问律师很难有时间查找法律、法规，进行临时准备，如果准备时间过长，就会影响顾问委托单位的对顾问水平的认可度。因此，法律顾问就要提前准备，除了对一些常用的法律、法规熟悉之外，还要对顾问单位所有可能涉及的法律、法规、政策比较熟悉才能胜任法律顾问工作。

3. 及时处理受托顾问单位的相关问题

委托顾问单位在日常的生产经营活动中，经常会产生许多与生产经营活动密切相关的法律事务，既有已经发生争议的各类纠纷，也有许多目前无争议、纠纷的法律行为但在未来可能会发生争议的问题。因此，顾问律师应当对这些法律事务

进行及时处理,借以预防诉讼、化解纠纷,维护委托顾问单位的合法权益、商业信誉等。这就需要顾问律师能够及时排查问题,发现隐患,提前预警。顾问律师发现风险的具体方式主要有:①通过研究案例找出法律风险点,比如研究各种经营合同、并购协议等,据此发现风险点;②平时注意从委托单位各部门收集风险预警信息;③分析预警风险信息,拟订法律对策;④确定风险的等级,为顾问单位提供不同的解决方案。

作为法律顾问,维护顾问单位的合法权益是其主要职责,但另一方面也需要注意业务开展的技巧,让委托聘任单位充分认识到法律顾问工作的重要,获得聘任方的认可和信任。因此在处理与委托顾问单位的关系时要注意尺度和分寸,以便迅速获得对方对法律顾问工作的认可。这些顾问工作技巧有很多,常见的有:选择最易见成效的案件突破;分清顾问工作的轻重缓急,选择最佳方式逐一解决,让聘任方有获得感;完成一项工作后定期向顾问单位出具工作报告,让其看到顾问工作的具体情况等。

总的来看,顾问律师除了要有主动的参与服务意识和丰富的法律知识之外,还应具备开阔的视野和丰富的实践经验,这样才能体现法律顾问的价值,巩固并扩展法律顾问业务的范围。

第十六章

公司法务

随着经济全球化的深入和市场经济的不断发展，行业整合、企业并购等法律风险日趋复杂和频繁，这使得企业对于法律管理需求急剧上升，公司法务也日趋重要。本章主要介绍公司法律实务中的法律风险管控方面的内容。

第一节　公司业务合规工作

一、公司合规管理概述

“合规”一词属于外来语，企业合规即指“企业及其员工的经营管理行为符合法律法规、监管规定、行业准则和企业章程、规章制度以及国际条约、规则等要求”。[①] 在市场经济条件下如果没有建立完善的现代化企业合规体系，企业及其员工容易做出违规行为，导致企业产生合规风险，进而大大增加其承担法律责任、造成经济损失以及其他负面影响的可能性。

随着中美贸易摩擦持续升级，2018 年爆发了美国政府制裁中兴事件。最终通过多方努力，美国商务部表示该禁令将在中兴向美国支付 4 亿保证金之后解除。该事件激发了中国企业合规管理的热潮，许多企业开始重视建立合规管理体系。2018 年中国国资委颁布实施了《中央企业合规管理指引（试行）》，学界、实务界也将该年称为中国合规管理元年，“合规”一词开始走入公众视野，其重要性也被越来越多的人所认可。

---

① 参见《中央企业合规管理指引（试行）》第二条第二款，国务院国有资产监督管理委员会 2018 年 11 月 2 日公布。

(一)企业合规管理的起源与发展

1. 欧美发达国家

美国于 1977 年实施了《反海外腐败法案》(FCPA),对基本禁令、第三方支付、抗辩、法律制裁、合法的情况等做出了规定。一旦违反其规定,相关企业及负责人将受到监管部门的严厉制裁。该法案实施以后,美国企业及其海外子公司严格遵照其规定加强了企业合规内控体系的建设。2002 年,美国又颁布了《萨班斯奥克斯利法案》,对上市公司的合规要求进一步加强。

2011 年 7 月生效的英国《2010 年反贿赂法》,虽然只有短短 20 个条款,但其在立法体例上开创了一体化的贿赂犯罪治理立法模式。[①] 其内容主要包括一般贿赂犯罪和预防商业机构贿赂失职犯罪,取得了良好的实施效果。法国也于 2016 年颁布了反腐败法案。

很多大的跨国企业均制定有行为准则,对企业诚信经营做出详细规定。

2. 国际组织

进入 21 世纪,经济全球化的趋势进一步增强,许多国际组织纷纷围绕全面诚信合规管理制定了一系列的规定,主要包括:OECD 经合组织成员颁布的《内控、道德与合规最佳行为指南》、联合国的《反腐败公约》、巴塞尔银行监管委员会的《合规与银行内部合规部门》、世界银行集团的《诚信合规指南》、国际标准化组织的 ISO37001《2016 反贿赂管理体系-要求和适用指南》以及 ISO19600《合规管理体系-指南》、ISO14000 环境管理系列标准、SA8000 社会责任标准等规范文件。

3. 中国

比起欧美企业,我国企业开展合规管理的时间不长,目前尚处于起步阶段。银监会、保监会、证监会相继于 2006 年、2007 年、2017 年分别发布了《商业银行合规风险管理指引》、《保险公司合规管理办法》和《证券公司和证券投资基金管理公司合规管理办法》,于各自分管领域开始尝试推动建立合规管理体系。2016 年 3 月,国资委还选择了五家央企作为合规管理体系建设的试点,为全面推进合规管理工作进行了行之有效的尝试。进入 2018 年,一系列关于企业合规管理的政策文件密集出台,国家质量监督检验检疫总局、国家标准化管理委员会《合规管理体系　指南》生效,国务院国资委《中央企业合规管理指引(试行)》实施,发改委等七部委《企业境外经营合规管理指引》实施,之后上海、重庆、江苏、山东、广东、陕西、山西等多地国资委陆续发布了本辖区企业合规管理指引,我国合规管理制度建设开始提速,企业的全面合规管理工作逐步进入正轨。

---

① 孙敬芳. 英国《2010 年反贿赂法》内容和特点[N]. 中国社会科学报,2020-11-09(7).

(二)企业合规管理的主要内容

1. 企业合规管理的定义

在2018年实施的《中央企业合规管理指引(试行)》中,合规管理被定义为:"以有效防控合规风险为目的,以企业和员工经营管理行为为对象,开展包括制度制定、风险识别、合规审查、风险应对、责任追究、考核评价、合规培训等有组织、有计划的管理活动。"也有学者指出:企业合规管理是通过企业合规组织、合规管理运行、合规管理保障等,促使企业遵守和执行合规规范,预防和管控合规风险,保障企业安全、稳健、持续经营。①

2. 企业合规管理的原则

学界和实务界对于企业合规管理的原则有着不同的观点。《中央企业合规管理指引(试行)》采用了四原则说,即全面性原则、责任性原则、协同性原则和客观独立性原则;有学者认为企业合规管理应该包括以下六项原则:有效性原则、前瞻性原则、一致性原则、适应性原则、透明性原则和独立性原则。②

3. 企业合规管理的分类

从合规规范出发,企业合规管理可以分为外部合规管理(监管规则、道德准则、商业惯例等)和内部合规管理(公司治理、业务经营、合同签订等);从公司的具体业务看,可以分为人力资源、财务、采购、研发、生产、销售、运输等领域的合规管理;从法律规定出发,可以分别以民法、公司法、劳动法、知识产权法、经济法、国际法等部门法领域进行合规管理;从范围上看,实务界存在大合规和小合规之分,大合规即全面合规管理,小合规分为诚信合规管理和专项合规管理。

(三)企业合规管理的重要意义

合规不仅仅是合规部门的职责,更关系到企业的各个流程和所有员工,其与业务的冲突不可避免,并且往往需要请第三方专业机构进行大量的调研、摸底、梳理等工作,整个过程可谓耗时耗力。但是合规管理并不是可有可无的务虚工作,一个企业如果能够做好合规管理,势必会产生极高的经济效益与社会效益。首先,合规管理可以帮助企业对自身存在的问题进行梳理、改正,健全、完善企业管理体系,推动内控切实落地,全面提升管理效率和外部形象;其次,可以促进企业诚信合规经营,提高企业的核心竞争力,保护交易安全,降低行政处罚和商业风险,为企业带来更多更好的商业机会;再次,可以有效保护环境、提升卫生水平,为构建社会主义和谐社会贡献力量。

---

① 郭青红.企业合规管理体系实务指南:第2版[M].北京:人民法院出版社,2020:3.

② 王志乐.企业合规管理操作指南[M].北京:中国法制出版社,2017:110.

二、合规配套体系建设

企业合规配套体系包括一系列的企业合规组织制度与企业合规管理制度，是企业合规管理的核心内容。《中央企业合规管理指引（试行）》对合规组织、合规管理运行、合规管理保障等方面进行规定，主要涵盖了合规组织、合规管理制度、合规风险管理、合规审查、违规举报调查与问责、合规管理评估、合规考核评价、合规管理信息化、合规宣传与培训、合规文化、合规计划与合规报告 11 个要素。

1. 合规组织

合规组织作为企业开展合规工作的组织保障，企业要进行合规管理工作就必须成立规范的合规组织。按照国际标准与我国的《中央企业合规管理指引（试行）》，合规组织应包括治理机构、高管人员、合规委员会、合规团队、业务及职能管理部门。董事会是企业经营的决策机构，监事会是重要的监督机构，二者应作为合规工作的治理机构；合规委员会一般可作为董事会的下设机构独立设置或者与其他职能相近的专业委员会合并办公，负责指导、监督企业合规工作；合规团队包括合规管理负责人和合规管理牵头部门，负责人组织制定合规管理战略规划、参与企业重大决策、领导牵头部门开展合规工作，牵头部门则对合规工作进行组织、协调、监督，为其他部门提供合规技术支持；业务及职能管理部门负责本部门工作领域的日常合规管理工作，在职责范围内履行合规职责。

2. 合规管理制度

合规管理制度及相关流程是企业合规工作的制度保障。企业可以根据相关国家标准研究制定基本合规制度、具体合规制度、重点环节专项制度及操作流程，按照重要程度设置相应的审批权限。其中重点环节专项制度应包括市场交易、安全环保、产品质量、劳动用工、财务税收、知识产权、商业伙伴、网络安全与信息保护、国际贸易管制以及其他需要重点关注的领域。

3. 合规风险管理

合规风险是企业未履行合规义务，导致违反相关法律法规进而产生重大财产和声誉损失的可能性和后果，可谓是企业的主要风险，因此应当将合规风险管理贯穿于企业合规工作的始终。企业应注重建立合规风险评估、应对、监督、预警等系统，不断改进自身工作。

4. 合规审查

合规审查的目的在于保障企业依法依规地持续经营。企业应根据其所处行业、主营业务、性质、监管规定等，在开展内部外部合规审查的基础上，关注重点热点领域、重大事项的合规审查。

5. 违规举报、调查与问责

建立违规举报、调查与问责机制，能够促进企业内部互相监督，及时发现合规风险点，保障合规工作顺利进行。在这方面，可以对违规举报的途径进行公示，及时对收到的线索开展调查、进行问责，同时还应注意做好保密工作。

6. 合规管理评估

合规管理评估是企业合规组织对企业合规工作的方法、效率及效果进行审查、评价的一种内部纠错机制，能够确保合规工作沿着正确的轨道运行。治理机构、合规委员会、高管人员以及合规负责团队均应发挥积极作用，必要时可以设立专项工作组。

7. 合规考核评价

在企业合规管理工作中，应注意按照客观独立原则定期对各部门、人员的合规表现进行考核与评价，建立合乎企业实际的合规管理关键绩效指标，对收集的信息进行充分分析与沟通，编制评价报告，并将评价结果作为出台奖惩措施的重要依据。

8. 合规管理信息化

现代社会信息化水平突飞猛进，企业合规管理必须利用好大数据、区块链、云计算、办公自动化等先进工具，加快合规信息化建设，对合规管理体系各组成部分的日常工作加强监控和共享。

9. 合规宣传与培训

做好企业合规的宣传与培训，能够促使员工逐渐了解、熟悉、掌握合规工作，提高其主动合规的意识。企业应当在法律、财务、管理、业务等方面加强对治理机构、合规委员会、合规部门、业务及职能管理部门员工的培训。

10. 合规文化

企业合规文化是企业文化的有机组成部分，培育良好的合规文化可以有效提升员工自发合规的意识，进一步激发其责任感和使命感。企业应首先树立合规工作从高层做起和诚信经营的理念，带动全员主动合规，并积极开展有效监管和定期培训。

11. 合规计划与合规报告

企业合规负责人牵头对企业年度合规工作进行总体安排并出具年度合规计划及专项合规计划，经治理机构、高管人员批准后严格执行，并定期根据形势、业务的变化对该计划进行回顾检查，对存在的问题进行及时的修正与改进，避免不良结果的发生。

三、公司法务与合规风险控制

公司法务的主要工作内容可分为专业支持和行政管理两大部分，以维护所在企业权益与防范相关法律风险为最终目的，为企业的经营决策、规章制度、业务谈判、合同签订、诉讼仲裁、风险管控、法律咨询、法务培训、部门人员管理、档案管理等提供服务。目前我国尚没有对公司法务的管理体系和工作内容进行明确规定。2014 年 10 月党的十八届中央委员会第四次全体会议通过了《中共中央关于全面推进依法治国若干重大问题的决定》，明确提出要全面推进依法治国，促进国家治理体系和治理能力现代化。国务院国资委 2015 年 12 月 8 日发布了《关于全面推进法治央企建设的意见》，对我国国有企业法治体系的框架作出了相关规定。

根据我国国家标准《企业法律风险管理指南》（GB/T27914-2011），将企业全面风险管理规定为明确环境信息、风险评估、风险应对、沟通与记录、监督检查五个要素。作为全面风险管理的一部分，公司法务应当在法律风险管理及合规风险控制中积极发挥应有的重要作用，参与到公司重大决策的做出和规章制度的制定、修改中去，对合规情况进行审查，对违规情况提供专业支持。这就同时对公司法务的管理运行机制和公司法务人员的素质提出了更高的要求

目前，我国中央企业已普遍设立总法律顾问制度，中央企业全系统法律顾问队伍超过 2 万人。大型民营企业在经营决策和管理中不断强化企业法务制度，纷纷设立专门法律事务机构，赋予其更高的地位和权重。在党和国家有关部门的大力推动下，企业外部法制环境得到了大幅改善，央企和大型民营企业的法务管理工作也朝着正规化、体系化的方向发展。随着这些可喜成绩的取得，公司法务长期以来存在的一些问题也日益突出，开始引起理论界及实务界的重视。这些问题的表现有：传统公司法务无法得到领导层的足够重视，法务部更多地被定位为服务性、支持性的普通职能部门；法务管控与业务发展时常出现对立矛盾，难以有机结合；法务管理较少实现流程化、标准化作业；等等。如果不能顺利实现从单纯处理法律性事务向统一协调经营管理、全面参与重大经营决策的过渡，公司法务将无法破解发展中面临的瓶颈，有效化解合规风险更加无从谈起。

总体来说，全面提高公司法务应对合规风险的能力，可以从下列途径进行探讨和研究。

（一）在总结国资委《关于全面推进法治央企建设的意见》的基础上，全面推进公司法治建设

1. 增强依法治理能力

（1）依法完善公司章程，充分发挥章程在公司治理中的统领作用，突出章程在规范各治理主体权责关系中的基础性作用，合理配置股东权利义务，明确议事规则和决策机制，并要注重把加强党的领导和完善公司治理统一起来。

（2）完善各治理主体依法履职保障机制。优化董事会知识结构，提升董事会依法决策水平；明确负责推进企业法治建设的专门委员会，对经理层依法治企情况进行监督；加大监事会对依法治企情况和董事、高级管理人员依法履职情况的监督力度；总法律顾问应当全面参与经理层的经营管理活动，充分发挥法律审核把关作用；健全党组织参与重大决策机制，强化党组织对企业领导人员依法行权履职的监督。

2. 加强组织领导

(1)强化领导责任。企业主要负责人充分发挥“关键少数”作用,认真履行推进本企业法治建设第一责任人职责,把法治建设作为谋划部署全局工作的重要内容。

(2)完善激励约束机制。将合规经营等依法治企情况纳入对领导人员和法律工作人员的考核体系。

(3)实行重大法律风险事项报告制度。对可能引发重大法律纠纷案件、造成重大资产损失的法律风险事项,应当及时向上级主管部门、公司治理机构报告。

(4)大力推进法治文化建设。全面开展普法宣传教育,弘扬法治精神,增强法治理念,努力使全体员工成为法治的忠实崇尚者、自觉践行者、坚定捍卫者。

3. 依法合规经营

(1)健全依法决策机制,细化各层级决策范围、事项和权限。

(2)依法参与市场竞争,严格执行有关国家法律法规和市场规则,坚决杜绝违法违规行为。

(3)崇尚契约精神,重合同、守信用,公平参与市场竞争,自觉维护市场秩序。

(4)提升依法维权能力,加大对侵权行为的追责力度,妥善解决法律纠纷案件,切实维护自身合法权益。

(5)依法开展国际化经营,严格按照国际规则、所在国法律和我国相关法律法规开展境外业务,有效防范法律风险。

4. 依法规范管理

(1)完善包括规章制度制定工作机制、实施机制、评估机制、落实监督机制在内的企业规章制度体系。

(2)加强对企业投资融资、改制重组、对外担保、产权流转、物资采购、招标投标等重点领域的管理,确保流程规范、公开透明。高度重视对企业内部审批、执行等关键环节的管理,实行分事行权、分岗设权、分级授权,定期轮岗,防止权力滥用。

(3)在确保规章制度、经济合同、重要决策法律审核率100%的同时,通过开展后评估等方式不断提高审核质量。加快提升合规管理能力,建立由总法律顾问领导,法律事务机构牵头,相关部门共同参与、齐抓共管的合规管理工作体系。探索建立法律、合规、风险、内控一体化管理平台。

(二)从公司法务基本问题入手,通过思维观念、管理赋能、工作范围三方面的变革来系统全面地解决问题

1. 思维观念

传统法务人员在处理公司法务工作中仅从自身法律知识结构和本部门工作性质出发,没有转变思维观念,将法务工作与公司整体业务结合起来,一旦与管理层、业务系统产生不一致的意见,就倾向于认为他人不懂法律、公司法律氛围不强,而很少考虑企业发展所面对的复杂的周边环境和瞬息万变的形势。公司组织架构及

岗位职责也往往将法务部门设定为服务、支持业务中心工作，法务部门少有管理和决策的功能。在市场经济条件下，必须革新传统的思维观念，将法务部门的职责重新定位为公司管理甚至参与公司重大经营事务的决策，法务人员也必须重构自身的知识架构，除持续进行法律业务学习外，还应注重提升自己的商业思维、成本观念和管理能力。

2. 管理赋能

新时期的公司法务应当充分利用内部及外部资源，对法务管理工作加以赋能。法务工作人员应对日常处理较多、实践经验较为丰富、需要更多管理专业技能经验的领域进行标准化作业尝试（如合同审查标准化文本、法务管理制度、招投标、法务人员及外部律师的选聘、公司变更手续办理、知识产权事务处理等），从而形成法律事务扁平化管理，使法务人员能够将有限的精力和时间投入需要具备法律专业知识背景的工作中去，如处理诉讼仲裁、提出法律意见、控制合规风险点、参与公司决策等。公司也可以投入资金、技术，通过采用智能法律信息系统、加大法律培训力度等手段使法务人员提高专业化程度，使与法律工作有关联的其他部门人员提升法治意识和能力。

3. 工作范围

与成熟的欧美大型跨国公司、集团公司相比较而言，我国公司法务人员的职责定位与工作范围没有那么广泛，较少参与合规事务、内部审计、公司重大经营事务决策、公共关系等。加大对公司重大事务的参与度，将使公司法务在更多领域发挥积极作用。

第二节　公司法务人员管理

一、公司法务组织架构

对国内外公司法务制度进行比较分析，可以发现其在一定程度上存在共同之处。在以英美为代表的普通法系国家，公司法务岗位倾向于以外聘律师为主导，习惯性地认为聘请具备执业资格的专业律师担任公司法律顾问、处理公司法务事务更具有权威性；在以欧洲国家为主的大陆法系国家，公司内部设有法务部或法律顾问，这些法务工作人员通常不具备执业律师资格，同时，公司也会固定或临时聘请外部律师参与处理法律事务。近年来，这两种模式有逐渐趋同之势。普通法系国家公司的法律顾问开始由具备一定法律知识和丰富管理经验的人员担任，大陆法系国家公司也意识到聘请专业律师担任公司法律顾问的意义。

根据我国的政策、法治环境以及企业的性质、规模，公司法务组织架构模式主要有外聘律师、公司法务部、公司律师三种。大部分国有企业及小微企业多采用外聘律师模式，在这种模式下公司一般聘请社会律师、基层法律服务工作者或司法系统返聘人员担任法律顾问，内部一般不再单独设置法务部门。公司律师制度从2002年开始在国有大中型企业进行试点，截至目前其占我国律师总人数的比例仍然偏低。而在公司法务部模式下，公司内部设立的法务部属于公司职能部门之一，法务人员与公司之间是劳动雇佣关系，且有着明确的上下级隶属关系和清晰的工作职责，其工作绩效往往与职位晋升、薪酬水平等密切相关；外聘律师作为固定或临时岗位起到辅助作用，一般不需按照公司考勤管理制度作息。由于我国大多数大中型民营企业均采取公司法务部模式，本文中我们主要对该模式下的公司法务组织架构展开讨论。

1. 法务总监

法务总监是法务部门的最高负责人，专职负责公司法律事务，该名称被众多公司、人才招聘网站所采用。此外，此岗位还有诸如总法律顾问、法务副总、首席法务官、法务部总经理等叫法，但其运用的场合均不像法务总监那样广泛，侧重点也稍有不同。例如，总法律顾问在我国一般用于大型国有企业，外来词“首席法务官”的定义可大可小，法务部总经理则多被一些设置多个事业部的集团公司采用。

法务总监作为法务部门的核心人物，应具备综合素质，防范法律风险、创造经济价值，为公司的发展保驾护航。一名合格的法务总监，应当具备过硬的法律专业知识、高超的沟通协调能力、敏锐的商业思维、较高的适应和学习能力，同时还应尽可能多地具备管理、财务、合规等综合素质，在工作中做好法律业务指导、发展战略建议、事前风险监控、部门内部管理和公司内外沟通。

2. 法务部经理（法务部长、法务主管）

该类岗位为中层管理岗位，主要在法务总监的领导下执行合同制订及审查、投融资、重组、劳动用工、诉讼等具体事务，协助法务总监对部门进行管理。

3. 法务专员（法务助理、法务秘书）

作为法务部门初级岗位，该岗位人员主要从事基础性法务工作，将初步性成果提交给上级做进一步审核、修订。根据工作年限、经验和能力的不同，部分公司将能独立完成工作的员工划分为较高一级的专员，而将工作上具有一定依赖度的员工划分为助理或秘书。同时，该类岗位人员还会处理一部分日程安排、会议组织、档案管理、文字处理等行政性工作。

二、管理制度及工具

公司法务部门既是从事专业法律事务的知识型部门，又是公司内部独立设置的职能管理部门之一。因此其工作兼具专业服务和绩效考核两种性质，需要运用行之有效的管理制度和工具进行科学管理。

（一）管理制度

1. 工作制度

该项制度是法务部门的基本制度，建立一套清晰明确的工作制度是十分必要的，它将对法务部日常管理和工作起到提纲挈领、指引方向的作用，使部门人员有章可循。工作制度的基本内容应包括：制定目的及意义、名词解释、适用范围、岗位设置、任职流程、岗位职责、任职要求、工作机制、监督检查、奖惩办法、解释权限、施行日期以及相应的工作流程、表单等。

2. 考核制度

从本质上来说，任何管理都可分为管人、管事两大范畴，归根结底还是要以目标和结果为导向，要求在一定时间内产出高质量的工作成果，最终检验管理的是企业的绩效。① 而要想有理想的工作产出，也必须在关注结果的同时关注过程。与其他部门一样，法务部门也应该有对法务人员的效率和结果进行工作绩效考核的相关制度。鉴于法务属知识密集型工作，很多时候工作表现对工作结果的影响不像生产型企业那样易于评价，如何建立科学实用的工作绩效考核制度值得引起重视。

（1）要建立科学全面的关键绩效指标体系。可以将法务人员的薪酬分为基本工资（或基础工资）与绩效奖金两大部分。围绕公司对法务工作的需求，提炼出涵盖法律专业服务、风险预防与处置、法务部门工作流程等各个环节的关键绩效指标，再按照重要程度罗列为不同的层级，进而明确具体的考核内容、分值及评分标准。通过绩效考核，依据得分情况计算法务人员薪酬中的浮动部分即绩效奖金，也可以将得分情况设置为不同段位，分别赋予不同系数后乘以基准奖金标准。

（2）还要注意对不同考核方式的选择。可借鉴人力资源管理中的360评估法、平衡记分卡、KPI等方法进行考核，根据每种方法的优缺点和公司实际情况选择最为适合的方式。

（3）注意持续关注过程。绩效考核的最终目的在于解决问题、推动公司发展，必须在分析结果的基础上不断对考核指标、考核方式、奖惩措施进行合理改进，这样才能将绩效考核工作做好。

3. 激励制度

马斯洛的需求层次理论将人类需求分为生理（食物和衣服）、安全（工作保障）、社交需要（友谊）、尊重和自我实现的五级金字塔模型。有效的激励制度不仅要关注缺陷需求，也要关注增长需求。对于知识分子属性的法务人员来说，除必需的经济刺激外，管理者还要根据不同员工的特点采取满足其特殊需求的方式来获得不一样的激励效果。比较常用、实用的方式有：提高薪酬竞争力、丰富工作内容、

---

① 彼得·德鲁克. 管理的实践[M]. 齐若兰，译. 北京：机械工业出版社，2018：37.

加强指导与培训、充分肯定其工作成绩、明确晋升通道等。

（二）管理工具

1. 法律意见书

在合同审查、开展尽职调查、提出投融资方案建议、回复法律问题咨询时，法务人员时常要以法律意见书的形式出具相关的法律专业意见。一篇正式的法律意见书通常包括首部、正文、结尾三部分。在简要叙述问题背景及采取措施的基础上，提出事实和理由、法律分析、解决对策等，最后进行归纳总结，注明姓名、部门、日期。出具法律意见书时要有空杯心态，对提出咨询的部门和人员予以充分理解，并运用通俗易懂的语言将意见交代清楚。

2. 图表分析

图表具有视觉化、文字少、表现力强的优点，可以将错综复杂的问题以清晰扼要的形式显示出来，使法务人员从纷繁的脉络中解脱出来，也可以让受众更快读取数据、提升理解能力。检查表台账、鱼骨图、直方图、层别图、思维导图等是值得推荐的图表工具。

3. 业务谈判

公司开展商务活动，经常要和外部人员谈判以实现商业交易或解决争议事项。谈判前，法务人员应当全面搜集相关信息，拟订应对策略及备选方案。进行谈判活动时，法务人员要秉持沉着细致、灵活应变的态度，充分考量各方利益，根据实际情况适时做出策略调整，努力促成一致结果的达成。

4. 信息化工具

在办公自动化水平日益先进的当下，催生了众多载于可移动智能设备的功能齐全的信息化工具，利用好这些工具将会给法务人员的工作带来极大便利。较为常用的工具有：国家法律法规数据库、无讼、法信、不二法律助手、iText、Diagrams、幂律智能文档比对、启信宝、Listary、语记、扫描全能王等。

三、管理理念创新

公司法务部门在工作中不可避免地要与公司其他部门、人员以及外界进行沟通协调。要想进行有效沟通，更好履行法律服务职责，帮助公司创造价值，就必须改变固有思维模式，重视管理理念的创新。美国人力资源管理大师戴维·尤里奇在1997年出版的《人力资源转型：为组织创造价值和达成成果》中提出了通过建立专家中心、共享服务中心和业务伙伴来实现客户价值。同理，实际上所有与法务部门存在业务联系的人员皆可被称为法务部的“客户”。法务部要服务公司高层管理者这类“客户”以及公司内部有业务联系的部门人员这类“客户”，还会涉及公司外部环境中这样那样的“客户”。树立关注“客户”的观念，帮助公司解决实际问题，才会有助于法务部门实现高效运作，确保优质法律服务成果的交付，进而提升、巩固本部门的地位。

(一)向上管理

在管理学上,向上管理也被称为逆向管理。向上管理存在一定的难度,传统观念的认知、历来的管理都是自上而下的管理,和上级权威人物交往沟通困难。[①] 日常工作中,大多数公司法务人员习惯了被动接受上级管理,甚至工作遇到困难时不积极提出解决方案而是想着"天塌下来有领导顶着",出现失误时不主动为领导分担却只想着如何推卸责任,诸如此类都是缺乏向上管理意识的表现。需要引起注意的是,恰恰上级才正是自己要给予特殊关注的"客户"。上级对下属的工作有支配权且往往掌握着有效资源,而且如果上级出现问题势必也会牵连到下属。因此向上管理应该成为公司法务人员的重要功课之一。

做好向上管理,成为上级眼中值得信赖、能够解决问题的人才,可以进行以下尝试:①积极进行双向沟通,多站在上级的角度思考问题,充分了解上级的期望、需求和困难,同时也让上级清楚自己的进展和需求;②切忌只提出问题而没有解决建议,而且建议要合理化、多方位,使上级决策时可以有较为全面的参考;③做工作汇报时将例行性问题和紧急、重要问题分类,赋予不同的时长或篇幅以节省上级的时间。

(二)平级管理

平级管理指的是同级之间、同事之间的相互沟通与协作。除法务部门外,公司内部一般还有财务、人力资源、行政、采购、生产、研发、信息、营销等部门,每个部门、每个同事都是整个公司的有机组成部分,没有任何部门和人员能够脱离于其他部门、人员而独立存在。如果因为某些原因拒绝合作或消极应付,那么法务部门的业绩和个人表现也会受到影响。因此做好平级部门这种"客户"的管理非常重要,相互之间要努力做好合作与支持。首先应该在他们提出法律问题咨询时做到态度亲和、耐心聆听。当双方基于不同立场和考量出现矛盾点时,还应试着换位思考,在尊重对方流程、需求的基础上,制订既满足其工作要求又符合法律法规、政策制度的较优解决方案。另外,法务人员还应注意学习,加强对其他部门工作领域必要知识的积累。

(三)外部管理

与公司法务有联系的外部环境主要有外部律师、基层法律工作者、有关主管部门、中介机构等。法务人员的服务、态度甚至言语都会影响到外部管理的效果。这里我们主要讨论公司法务部门对于外部律师或基层法律工作者的管理。

公司法务属于公司的内设部门,其与公司发展愿景高度一致,对公司业务、流

---

① 李秀娟.组织行为学:先知而后行 行必有所为[M].北京:清华大学出版社,2003:170.

程和人员均比较熟悉,沟通机制更为顺畅,因此其在处理公司法律事务方面发挥着较大优势。但与外部律师及基层法律工作者相比,公司法务人员也同样可能存在一些缺点和不足,例如:处理案件的经验和能力稍差、受本公司管理层和制度的约束较多、接触到的社会资源不够丰富等。因此对于大部分公司来说,“请外援”是不可或缺的,只不过在需求频率和程度方面会存在差别。

管理好公司委托的外部律师或基层法律工作者,也是法务部门的工作职责之一。由于所处环境不同,公司法务人员应充分掌握外部律师或基层法律工作者的基本情况和思维方式,做到知己知彼、全面了解。在此基础上,法务部门要对外部人员选择、工作内容、期望费用、服务质量、工作时间等因素进行比较并提出建议,经管理层审批后做好管控。在管理过程中,双方应求同存异,以运用法律知识为公司提供满意服务为共同宗旨,努力克服因不同立场、不同思维所带来的沟通障碍,加强团结协作,利用自身优势充分发挥应有的积极作用。

(四)本部门管理

对本部门下属、事务的管理是通常意义上的管理。通用电气董事长兼 CEO 韦尔奇曾说过:“在你成为领导之前,成功的标准是如何能够让自己成长;在你成为领导之后,成功的标准是如何能够使别人成长。”对法务部门进行管理的最终目的即在于挖掘培育人才,提供有力的法律服务,促进本部门团队与公司业务实现共同成长。对法务部人员的管理已于上文第二节“公司法务组织架构”和“管理制度及工具”中叙述过,对法律事务的管理将在下文第三、四、五节进行讨论。

第三节 公司非诉业务

一、公司设立及改制

(一)公司设立

公司设立是指公司设立人依照法定的条件和程序,为组建公司并取得法人资格而必须采取和完成的法律行为。公司设立一般属于多方法律行为,但一人有限责任公司和国有独资公司的设立行为属于单方法律行为。

1. 公司设立的条件与程序

(1)有限责任公司。设立有限责任公司,应当具备下列条件:①股东符合法定人数(股东 50 人以下);②有符合公司章程规定的全体股东认缴的出资额;③股东共同制定公司章程;④有公司名称,建立符合有限责任公司要求的组织机构;⑤有公司住所。

股东认足公司章程规定的出资后，由全体股东指定的代表或者共同委托的代理人向公司登记机关报送公司登记申请书、公司章程等文件，申请设立登记。公司法务人员应当结合自身专业技能，以慎之又慎的工作态度拟订这些设立公司时的基础性手续和纲领性文件。

（2）股份有限公司。设立股份有限公司，应当具备下列条件：①发起人符合法定人数（发起人 2 人以上 200 人以下，其中须有半数以上的发起人在中国境内有住所）；②有符合公司章程规定的全体发起人认购的股本总额或者募集的实收股本总额；③股份发行、筹办事项符合法律规定；④发起人制订公司章程，采用募集方式设立的经创立大会通过；⑤有公司名称，建立符合股份有限公司要求的组织机构；⑥有公司住所。

以发起设立方式设立股份有限公司的，发起人在认足公司章程规定的出资后，应当选举董事会和监事会，由董事会向公司登记机关报送公司章程以及法律、行政法规规定的其他文件，申请设立登记。

以募集设立方式设立股份有限公司的，发起人认购的股份一般不得少于公司股份总数的 35%，向社会公开募集股份必须公告招股说明书、制作认股书，并且应当同证券公司签订承销协议、同银行签订代收股款协议。发行股份的股款缴足后，须经验资机构验资并出具证明。自股款缴足之日起 30 日内，发起人应当主持召开由发起人、认股人组成的公司创立大会。董事会应于创立大会结束后 30 日内，向公司登记机关报送规定的相关文件，申请设立登记。以募集方式设立股份有限公司公开发行股票的，还应当向公司登记机关报送国务院证券监督管理机构的核准文件。

由于股份有限公司与有限责任公司在股东人数、表决权、表决程序、公司三会规则、清算组组成等方面均存在一定的差异，公司法务人员更应该以细致、审慎的态度协助处理各种文件和手续。

2. 公司设立相关重点法律问题

（1）协议签订。《公司法》明确规定股份有限公司应当签订发起人协议，明确各自在公司设立过程中的权利和义务，而对有限责任公司是否应当签订出资协议并未做出规定，市场监督管理部门在受理公司登记注册的申请时一般也不对出资协议做硬性要求。但是，股东的出资是公司设立的重要基础，为明确各股东的权利义务及公司未能成功设立情形下的责任承担，避免不必要的纠纷，各出资人仍有必要签订出资协议书。

（2）出资。2014 年 3 月 1 日起施行的《公司法》将注册资本实缴登记制改为认缴登记制，取消了关于公司股东（发起人）应当自公司成立之日起两年内缴足出资及一人有限责任公司股东应当一次足额缴纳出资的规定，并放宽了注册资本登记条件，简化了登记事项和登记文件。一般公司在设立时只需认缴资本即可。但是，并非所有公司的设立都没有最低注册资本要求和资本实缴的要求。出于对某些行业的市场监管需要，采取募集方式设立的股份有限公司、商业银行、外资银行、金融资产管理公司、信托公司等 27 种行业类型仍实行注册资本实缴登记制，相关的法律、行政法规、规章以及规范性文件也对部分行业的最低注册资本(金)限额作有规定。

新修订的《公司法》规定了货币、实物、知识产权和土地使用权四种出资方式，同时对非货币财产的出资方式作出了一定限制，规定非货币财产应当评估作价，而且法律、行政法规规定不得作为出资的财产不得作价出资。而在现实经济生活中，一些兼具财产权属性、具有可估价性和可转让性的非货币经营要素是否能够纳入法定出资方式，在未来也值得做进一步探讨。

(3)公司章程。章程是一个公司“宪法性”的“法律文件”，对公司整个治理结构具有普遍约束力，是对公司进行规范管理、维护股东及债权人合法利益的重要依据。然而在实际生活中，很多公司在申请注册登记时都是使用主管部门提供的格式范本或照抄照搬《公司法》的规定，致使公司章程的可操作性不强，对公司各层级治理结构的权限界定不够清晰，在出现争议情形时根本发挥不了应有的作用。鉴于其重要性，公司法务人员在拟订不同类型公司的章程时，应充分考虑法律法规的精神，结合自身特点和实际情况制定个性化、切实可行的章程条款，对重要事项作出详细规定。

(二)公司改制

在我国国情下，改制一般包括两种情形：①将国有企业或集体企业转变为拥有多元化投资主体的股份合作制企业或合资企业；②按照《公司法》规定在有限责任公司和股份有限公司之间进行转换。

在第一种情形下，改制后的企业多采取有限责任公司或股份有限公司的形式，其主要模式有整体改制和部分改制。整体改制指以企业全部资产为基础，通过增资、股(产)权转让等方式改建为符合现代企业制度要求的公司，相对来说比较适合中小型企业；部分改制指企业剥离出部分资产和债务，通过吸收其他投资、转让部分股(产)权以派生分立的方式组建新的公司，原企业的法人资格并不消灭，继续保留。

在第二种情形下，不论是从有限公司改为股份公司还是从股份公司改为有限公司，都应该按照《公司法》中关于股东(大)会职权和表决规则的规定严格履行程序。其中，又以拟上市的有限责任公司改组为股份有限公司的情形居多。此种情况下的改制重组，应保证拟发行上市公司资产和业务的独立完整性，并尽量避免同业竞争，减少并规范关联交易。同时，通过整体重组、分立重组、发起设立等模式对不相关联的经营性或非经营性资产进行剥离，剥离后的业务和资产不得对拟发行上市公司产生经营和费用的依赖。

另外，我国《民法典》还对法人类型作出了营利法人、非营利法人、特别法人三种划分，非营利性法人又包括事业单位、社会团体、基金会、社会服务机构等。具有我国特色的民办非企业单位即属于为公益目的或其他非营利性目的成立的社会服务机构，如民办非营利性医院、学校等。战略投资者在对该类组织进行投资时，出于投资回报的考虑，往往要求将非营利性机构变更为营利性机构，这也可称得上是改制的一种形式。由于法律法规缺少明确的规定，且本章主要着眼于公司法务的内容，在此不再对该类改制多做讨论。

二、公司投融资

公司投融资顾名思义就是公司进行投资和融资活动的总称。投资是公司购买有价证券或向其他主体提供资金以获取收益、实现盈利的行为，融资则是公司利用发行有价证券或吸收其他主体的资金来获取经营发展所需资金的行为。投融资可谓是公司扩大经营规模、实现成长壮大的重要工具。

（一）投融资方式

根据投融资期限、方向的不同以及有无中间媒介，可以把公司投资分别分为短期投资与长期投资、对内投资与对外投资、直接投资与间接投资这几种相互对立区别的方式，融资方式也大致可做上述划分。日常操作中，还可以将投融资分为股权、资产两大常见类型。不同的投融资方式各有利弊，所以公司应该根据所处环境和经营状况选择最适合自己的方式，以期实现有限资源效用最大化，并将压力控制在可承受的范围内。公司进行投融资活动时一般应将下列因素纳入考虑范围：

1. 比例适度

公司进行投融资前必须要明确资金需求，避免投入或吸收不必要的资金。如果自身经营资金尚不富裕，融资渠道又比较狭窄，暂时不宜考虑对内投放资金扩大规模或者向其他单位注入资金；而在进行融资时也必须清楚具体的资金需求数额，以防陷入债务危机。

2. 成本合理

由于任何投融资都会牵涉到成本问题，公司必须慎重考虑不同投融资方式的成本代价。例如，固定资产、无形资产等长期投资的回收期往往高于一年时间，其成本一般高于一年以下回收期的现金、应收款项、存货等短期投资；进行短期融资主要是为满足对现金流的需求，紧急情况下可采用短期贷款、票据贴现、保理等方式，而长期融资则是为了扩大公司规模、满足长期经营需求，可适当考虑采用发行股票或债券、吸纳低利率的银行贷款、融资租赁等方式。

3. 收益最大

究其原因，投融资的根本目的在于追逐利益最大化。一旦决定进行投融资，不管采取何种比例、付出何种成本，公司最关心的还是收益如何。公司投资时应针对影响收益的因素，从股权、债券、借贷等投资方式中选择收益确定度较高的一种或几种，拓宽获得收益的路径；在进行融资时，也要对吸纳资金投放项目进行全面的收益可行性分析,保证预期收益融资成本。

4. 风险可控

与合规风险、法律风险相同,投融资风险几乎充斥于整个进程的各个阶段。标的资产不实、人力资源异动、各方实力不均衡甚至竞业限制及保密义务条款等都可能关系到目标企业的盈亏,必须在全面评估的基础上科学预测投资风险;公司的经营状况、融资渠道、担保渠道、偿还能力等可能增加融资风险,降低负债经营所希望带来的收益率,应尽早提出应急预案。

(二)投融资法务主要工作

在公司投融资过程中,法务人员应根据法律规定和公司实际情况参与尽职调查、设计交易方案、监督管理流程等工作,审查项目风险,提出解决方案。

1. 开展尽职调查

鉴于交易双方主体所掌握的信息是不对称的,尽职调查是公司进行投融资活动的首要工作,也是了解目标企业经营现状的重要手段,其主要内容包括:①目标主体是否适格,包括其法人资格、法定资质等;②目标企业的真实资产状况、债权债务关系、尚处于履行期的重大合同、人力资源、知识产权等;③交易行为的合法合规性,比如是否有相关审批手续、行业准入等的限制;④是否涉及诉讼或仲裁。进行尽职调查,一般应协同外部专业中介机构,采取书面审查与实地考察相结合的方式,开展资料审阅、人员访谈、问卷调查、信息查询等活动。

2. 设计交易方案

投资时,法务人员应对控制权、支付方式、风险承担、税务处理等关键问题进行综合考虑,通过合理的安排设计提高交易的经济性和可行性,从而规避交易障碍和法律风险、促成双方交易的实现。在融资时,法务人员应注意结合公司财务部门全面分析融资成本及财务状况,对不同融资方式进行搭配,设计出包括资金筹集、风险分析和成本分析等要素的方案,努力为公司发展注入足够资金。

3. 监督管理流程

一次失败的投融资活动,往往是由于没有建立持续、周密的监督管理机制造成的。为达到公司投融资的目的,法务人员应在开展翔实尽职调查和设计合理方案的同时,高度重视对投融资的前、中、后整个流程进行有效监督管理。因为企业的情况迥异,这些流程并没有固定的模式或顺序,法务人员应采用灵活机动的方式对接触调研、谈判协商、生效履行等各阶段进行管控,防止交易失败甚至触发法律风险。

三、并购重组

在实践中并购与重组经常并用,二者之间也确实存在较多的联系。并购与重组常常交互发生,先并购后重组或先重组再并购在资本运作中是经常采用的方式。

然则细细究来，这两个概念的侧重点仍有区别。

作为合并与收购的合称，并购是指一家公司用现金、有价证券等购买其他公司的部分或全部的资产或股权，以取得对该公司的控制权的经济行为。并购主要侧重于股权和公司控制权的转移，主要形式有股权收购、资产收购、公司合并等，其实质是公司权利主体的不断变换。一般来说，公司并购活动都会经过前、中、后三个阶段。在前期阶段，应根据自身实际情况和发展战略规划确定是否需要并购其他企业、并购哪些企业，然后进行市场调研和目标搜寻；并购活动一旦开始，就要设计经济合理的并购方案，对并购范围、支付方式、支付成本、并购程序、项目谈判、法律文本签署等做出安排；双方签约后，要依法及时办理工商变更登记，并对目标企业进行接管整合。

重组指的是对公司的资产、债务、管理结构、人员、技术等要素进行重新配置，以求构建新的生产经营模式，从整体上改善公司经营管理状况，强化公司应对市场变化和竞争的能力。其可能贯穿于公司发展的各个阶段，主要侧重于资产关系的变化，主要形式有资产重组、债务重组、公司分立、股份制改造等。重组的流程与并购有着类似之处：在筹划阶段，要对拟开展的重组项目进行充分评估，明确重组后应达到的目标；在设计及谈判阶段，要分析重组方案及流程的可行性，提出具体的实施计划；在实行阶段，要对制订的方案及流程展开实施和改进并办理相关手续。

1. 股权收购

《公司法》第 71 条第 2、3 款和第 138 至 141 条分别对有限责任公司和股份有限公司的股权转让做出了规定。股权收购后，收购方即成为目标公司的新股东，依法享受股东权利、履行股东义务。由于目标公司的原有债务仍然由目标公司承担，收购方应注意在收购前详细审核目标公司的债务状况，以免事后影响股东收益。

2. 资产收购

从本质上来说，资产收购的目的是转移资产所有权，与目标公司经营管理的联系并不大。因此，标的资产的形式、价格、盘点以及支付、履行、保证等条款成为资产收购合同的核心。鉴于双方信息的不对称，为维护交易安全，收购方应注意将上述重点问题及双方的权利义务以书面形式固化下来。

3. 公司合并

公司合并可以采取吸收合并、新设合并两种方式。进行合并后，存续公司的规模会进一步扩大，各种资源将得到更有效的配置，公司业务也会实现快速成长。公司合并时应严格遵守《公司法》对合并事项的表决程序规定，并自股东（大）会作出合并决议之日起 10 日内通知各方债权人，于 30 日内在报纸上公告。股东因对股东（大）会作出的公司合并、分立决议投反对票或持异议的，可以请求公司收购其股份。

4. 资产重组

资产重组是指公司资产的拥有者、控制者与外部经济主体进行的对公司资产的分布状态进行重新组合、调整、配置的过程,实质上就是对设在公司资产上的权利进行重新配置的过程,其形式有资产收购、资产转让、资产剥离、资产置换等。公司进行有效的资产重组,可以改善股权结构,壮大自身实力,实现社会资源优化配置。因此,公司重大资产重组在一般情况下是利好消息。

5. 债务重组

债务重组是指在不改变交易相对方的情况下,经债权人和债务人协定或法院裁定,就清偿债务的时间、金额或方式等重新达成协议的交易。债务重组的主要方式有以资产清偿债务、债转股、修改其他债务条件等。较之一般的债务重组,债转股对债权人、债务人带来的调整更深刻,它将双方原来的借贷关系变成了股权关系。由于债务重组意味着债权人做出了一些让步,可能会遭受一定的利益损失,如何在债务重组中均衡双方的利益值得引起注意。

6. 公司分立

公司分立是和公司合并相反的行为,有派生分立和新设分立两种方式。与公司合并一样,公司分立也应遵守《公司法》中关于表决程序、编制表册、通知债权人及异议股东利益保护的规定。公司分立前的债务由分立后的公司承继且承担连带责任,不过公司在分立前与债权人就债务清偿达成的书面协议另有约定的除外。

7. 股份制改造

此部分内容已于上文“公司改制”部分进行讨论,不再赘述。

四、IPO 上市

首次公开募股(Initial Public Offering,IPO)上市指公司根据证监会的规则要求,将其股份第一次向公众出售并在证券交易所挂牌交易。由于涉及证监会、证券公司、律师事务所、会计师事务所、公司高管等多个主体,与 IPO 有关的法律文件及法律事项相当繁杂且重要。大部分公司法务部门人员接触 IPO 事务的机会很少,不具备实操经验,因此公司在进行 IPO 上市时要付出较大成本委托外部专业中介机构来完成有关工作,法务部门往往仅起协调作用。如果公司法务部门能够加强这方面的业务学习和经验积累,在 IPO 进程中出色发挥积极作用,势必受到公司高层的重视。

(一)上市的意义

无论从短期、中期还是长期来说,公司上市都能大大提升企业的综合实力,利用资本市场平台为原始股东带来巨大的投资回报,这也是大多数公司渴望 IPO 上市的深层次原因。具体来说,IPO 上市的意义表现为:①使公司获得广阔稳定的融资渠道,极大增强融资能力,利用多种方式高效获取扩大规模、拓展业务、吸引人才所需的大量资金。例如,网络数据显示,2020 年上半年 A 股 IPO 119 家企业平均融资额为 12 亿元。②完善公司的治理结构,促进高度规范化运作,推动公司朝着科学稳健的方向发展。③迅速使企业和股东的财富增值,同时提升企业品牌知名度。

（二）上市的条件

根据《证券法》、《首次公开发行股票并上市管理办法》（简称《首发办法》）、《首次公开发行股票并在创业板上市管理办法》（简称《创业板首发办法》）、深交所和上交所《股票上市规则》等相关法律法规,IPO 上市的审核条件主要包括主体资格、规范运行、财务与会计、信息披露、股本及公众持股等。值得引起注意的是,虽然 2016 年开始施行的《首发办法》及《创业板首发办法》取消了禁止同业竞争、关联交易的相关条款以及对募集资金用途的要求,对独立性的要求也有所降低,但这并不意味着对其审核一概取消,这些问题依然是影响公司稳定健康发展的不利因素,应当及时予以解决。

我国当前 IPO 的发行监管制度也发生了重大变化。2015 年 12 月 27 日第十二届全国人大常委会第十八次会议通过《关于授权国务院在实施股票发行注册制改革中调整适用〈中华人民共和国证券法〉有关规定的决定》,授权国务院对拟在上交所、深交所上市交易的股票的公开发行实行注册制度,这标志着 IPO 发行监管制度开始尝试由之前实行了近 30 年的审批制、核准制向注册制转变。紧接着,注册制于 2019 年 3 月 1 日首先在上交所科创板落地实施,2020 年 6 月 12 日在深交所创业板落地实施。实行注册制后,证监会在对新股公开发行进行审查时不再进行实质判断,只进行形式审查,而且更侧重于事后控制,这无疑将会给我国证券市场结构带来极大变化。上市门槛降低后,选择在新三板、创业板上市的中小企业数量将呈上升趋势,上市时间成本和上市炒作热度也会大大降低,这一切都将有力促进中国资本市场的发展。

（三）上市的流程

IPO 上市流程体系是非常完整和严格的,公司法务人员应积极协助做好从改制重组、上市辅导、中介机构审计、申报材料制作及报批、核准发行、商业路演到发行上市各个环节的工作。股票发行申请未能获得发行审核委员会核准的,还要对其原因进行深刻剖析、逐一解决。

五、税务管理

税收是国家公共财政最主要的收入形式和来源,在促进社会发展、改善人民生活方面起着重要作用。公司从设立到注销均离不开税收,不同的公司在经营过程中承担的税收负担也不尽相同。如果能够对税收管理工作有一个科学全面的认识，公司法务人员就能帮助企业提升实际收入水平、改善企业经营状况，从而进一步提升企业竞争力。

（一）税收的基本概念

1. 税收的主要类型

根据不同的标准，税收可以分为以下几种类型：从税收的性质和作用方面来说，有流转税、资源税、所得税、特定目的税、财产和行为税、关税等；从税收管理和使用权限来说，有中央税、地方税、中央与地方共享税等；从计税依据的标准来说，又有从价税和从量税的区分。

2. 公司涉及的主要税种

历经多次税收制度改革，我国现行的主要实体税有5大类18种。其中，除《企业所得税法》和《个人所得税法》是以法律的形式发布外，其他税种均是以全国人大及其常委会授权国务院制定行政法规（暂行条例）的形式发布。公司一般涉及的主要税种包括增值税、消费税、企业所得税、城镇土地使用税、印花税、城市维护建设税、关税等。

（二）税收征收管理的主要内容

以《税收征收管理法》为主要代表的程序税法是实体税法的对称，指的是税款征纳和税收管理方面的法律规范。在税收实践上，程序税法和实体税法相辅相成，缺一不可。根据税收征收管理法律体系的规定，可以将税收工作总结成以税务登记为主的税务管理、以纳税申报为主的税款征收和以检查监督为主的税务稽查三个部分。

（三）公司涉税法律风险防范及应对

随着我国市场经济体制的不断完善，税收征管力度也日益加大。公司如果不对涉税活动进行规范，将会极大影响日常经营和企业形象，因此公司高层及法务人员应进一步加强涉税风险的防范及应对。

公司涉税风险主要有财务人员专业水平低导致税务处理出现纰漏、不遵守政策法规致使付出不必要的税务成本、未依法及时足额缴纳税款等，这些风险都可能直接给公司带来经济损失和无形损失，甚至引发相关经济、行政和刑事责任。为尽可能地杜绝这些现象的发生，公司法务人员可以与财务部门一道，从以下几个方面入手，进行充足的事前管理、事中监督控制和事后应对。

1. 风险防范

树立诚信经营、依法纳税的观念，杜绝通过违法手段规避纳税业务的做法，并提高公司涉税法律风险的防范意识。同时还应及时了解变动频繁的税收政策，加强对税务处理人员的专业培训，积极组织内部审计、税务自查等多种形式的事前风险防范活动。

2. 税务筹划

在符合税收相关法律法规的前提下，公司应选择税收利益最大化的纳税方案来处理公司的生产、经营和投资活动。法务及财务部门应注意用足各项税收优惠政策，并通过转移定价、分摊费用、资产租赁等方法为企业合法合理规避税收。

3. 法律救济

当公司在纳税过程中与主管机关发生争议或者分歧时，可以依法及时申请行政复议或者向人民法院提起行政诉讼。对于征税决定的争议，我国实行税务行政复议前置制度，公司必须先申请税务行政复议，对复议决定不服的，才能向人民法院提起诉讼；而对于税务机关作出的处罚决定、强制执行措施等具体行政行为不服的，则可以直接向人民法院起诉。

六、知识产权

知识产权（有时也称“智慧财产权”或“知识所有权”）在我国作为一个独立的法律概念被明确提出，要追溯到1986年《民法通则》的颁布。知识产权是人们对于自己的智力活动创作的成果和经营管理活动中的标记、信誉所依法享有的专有权利，广义的知识产权包括著作权、邻接权、商标权、商号权、商业秘密权、地理标记权、专利权、植物新品种权、集成电路布图设计权等各种权利①。由于知识产权的客体是无形的知识智力成果，并且不像有形财产那样通常以动产或不动产等为表现形式，其特征概括起来主要有专有性、地域性、时间性、非物质性，具有可长期存续、易于复制及传播、可同时被多人使用等特点。

随着市场经济的深入发展，知识产权尤其是狭义概念上的专利权、商标权、著作权逐渐成为评价公司竞争力的关键指标之一。公司法务人员应当树立强烈的知识产权意识，规范相关管理工作，充分发挥其在推动公司发展中的重要作用。

从业务流程上看，首先，应制定知识产权管理制度，将其纳入公司的发展战略，这包括各类知识产权的取得或登记、期限维护、使用许可及转让、合同制作及审查、信息归档、激励与约束、风险应对、侵权维权等。以公司最常涉及的专利事项为例，法务人员应当熟悉专利相关法律法规，细心处理从申请注册、到期续展、许可使用、发布风险警示、协调出具律师函到应诉的各项工作。其次，要注意对公司最核心、最能盈利、也最不愿意公开的技术和管理方案实施商业秘密保护。作为商业秘密权利人的公司，可以通过采取合理周密的保密手段，明示其保密意图，使一般社会公众不易于从各种公开渠道获取其商业秘密，比如建立保密管理制度，及时调整商业秘密的涵盖范围，与相关研发、生产、技术支持、职能管理等人员签订保密协议等。

① 吴汉东. 知识产权法[M]. 5版. 北京：北京大学出版社，2019：2.

七、仲裁

作为解决现代社会民事纠纷的两种主要机制，仲裁和诉讼相互辅助依存，而又性质各异、相互独立。仲裁是指双方当事人根据达成的仲裁协议将争议事项提交给具有公认中立地位的第三方进行评判并作出裁决的方法。和诉讼不同，仲裁属于自愿型公断的范畴，仲裁机构通常是民间团体的性质，其受理案件的管辖权来自双方自愿达成的协议。

在运营过程中如遇到仅凭协商难以解决的问题，公司除有权向法院提起诉讼外，还可以向仲裁机构寻求法律救济，这对促进交易、构建良好商业环境以及减轻审判压力都很有帮助。第一，仲裁程序相对比较简单，省去了较多中间环节，裁决做出后即发生法律效力，更为灵活高效；第二，法律赋予当事人的权利更大，当事人可以自主选择是否采取仲裁方式以及仲裁机构、仲裁员，客观上有利于解决纠纷、化解矛盾；第三，仲裁保密性强，其开庭审理以不公开为原则，当事人协议不愿在裁决书中写明争议事实和裁决理由还可以不写，这体现了尊重当事人合法权利、保护当事人商业秘密的精神。与此同时，仲裁程序也存在一些相应的问题，例如：过于强调形式要件、实行一裁终局导致没有二审和再审等寻求二次救济的机会、一般民众对仲裁的了解程度比较低等。

公司法务人员应当认识到仲裁制度在解决争议纠纷方面所发挥的重要作用，重视参与仲裁经验的积累，切实提高自身履职能力。

八、公司解散和清算

当公司基于种种合法事由需要使其法人人格消灭时，公司法务人员的工作重心就转移到了解散和清算这个非常规工作上。公司的解散和清算必须严格按照法律法规的规定进行。

根据《公司法》第 180 条的规定，公司解散的原因有：①章程规定或股东（大）会决议；②公司合并或者分立；③依法被吊销营业执照、责令关闭或者被撤销；④持有公司全部股东表决权百分之十以上的股东请求法院解散。除因公司合并或者分立需要解散的不需进行清算外，公司解散时均须成立清算组，完成解散清算程序后向登记机关申请注销登记，正式终止公司的法人人格。此外，以破产方式解散的公司适用破产清算程序，同样也需办理注销登记手续。

虽然解散、清算及破产类法律事务比较特殊，很多公司可能在整个存续期间都不会遇到，但该类工作关系重大，对法律、财务、管理等专业知识和技能也要求颇高，对于公司法务人员来说是难得的学习及锻炼机会。

（一）解散清算

解散清算程序的规定主要如下：

（1）成立清算组。自解散事由出现之日起15日内，应成立清算组，而公司法务人员可以对清算组的成立进行协助，合适的法务人员还可以担任清算组成员。

（2）通知公告。清算组应当自成立之日起10日内通知债权人，并于60日内在报纸上公告。

（3）债权申报及登记。债权人应当自接到通知书之日起30日内，未接到通知书的自公告之日起45日内，向清算组申报债权；清算组在收到申报债权的同时，审查债权证明材料，对符合要求的予以登记。

（4）清理公司财产。清算组对公司财产进行清点、核对及登记，编制资产负债表及财产清单，制订清算方案报股东（大）会或者法院确认。

（5）债务清偿。公司能够清偿债务的，应依照《公司法》第186条的规定清偿债务、分配财产；清算程序结束后，清算组应当制作清算报告，以便办理注销登记。担任清算组成员的法务人员可参与清算分配及报告编制的工作中去。发现公司财产不足清偿债务的，应当依法向法院申请宣告破产。

（二）破产清算

日常生活中人们习惯于把个人深陷债务泥潭无法自拔或者公司停止经营活动叫作破产，而法律意义上的破产指的是通过法律手段和法律程序，概括性地解决债务人和债权人之间的债权债务关系。狭义的破产制度仅指破产清算制度，广义的破产制度还包括重整与和解制度。破产清算程序的步骤如下：

（1）提出破产申请。当不能清偿到期债务，并且资产不足以清偿全部债务或者明显缺乏清偿能力时，债务人可以向法院提出重整、和解或者破产清算申请。债务人不能清偿到期债务，债权人可以向法院提出对债务人进行重整或者破产清算的申请。在此环节，公司法务人员可以债务人或债权人的名义向法院提交破产申请的相关材料。

（2）法院受理并作出裁定。在法定受理期限内，法院经审查分别作出不予受理、受理申请、驳回申请等裁定；裁定受理破产申请的，法院应当同时指定破产管理人。

（3）债权申报及登记。受理破产申请后，法院将发布通知及公告，债权人应如实提交债权证明、身份证明等相关资料，破产管理人应对收到的债权申报材料造册登记并进行审查。自债权申报期限届满之日起15日内，法院召集第一次债权人会议，后续召开债权人会议时破产管理人应提前15日通知债权人。公司法务人员在此环节可以申报破产债权、主张破产程序特别权利、协调债权人会议等。

（4）破产宣告及清算。法院经审理认为债务人具备法定破产条件后，依法宣告公司破产。破产管理人应当拟订符合《企业破产法》关于出售方式和清偿顺序规定的破产财产变价方案，提交债权人会议讨论通过，对破产财产进行变价出售。待破产财产分配方案经债权人会议讨论通过并经法院裁定许可后，破产管理人予以执行。公司法务人员可以参与清算分配。分配工作结束后，管理人应当及时向法院提交破产财产分配报告，提请法院裁定终结破产程序，并及时办理注销登记。

（三）破产重整

重整制度是预防企业破产最为积极、有效的措施。重整是指在企业无力偿债的情况下，依照法律规定的程序，保护企业继续营业，实现债务调整和企业整理，使之摆脱困境，走向复兴的再建型债务清理制度[①]。针对具备破产原因但又有维系经营价值的公司，经利害关系人提出申请，在法院的主持下由债务人与债权人达成协议制定重整计划，对债务人进行业务重组和债务调整，同时债务人可以继续经营其业务。破产重整制度作为公司破产制度的重要组成部分，已为多数市场经济国家采用，它可以帮助债务人摆脱财务困境、恢复营业能力、防范公司破产带来深远的社会影响。公司进入破产重整程序后，不再对其财产进行清算，转为执行重整计划。债务人不能执行重整计划或者妨碍重整行为的，经管理人或利害关系人申请，法院应当裁定终止重整程序，依职权宣告债务人破产，债务人进入破产清算程序。

（四）破产和解

破产和解是指法院受理破产案件后，为了避免破产宣告或破产分配，由债务人提出和解申请及和解协议草案，债权人会议讨论通过并经法院许可的，解决债权人、债务人之间的债权债务问题的制度。和解制度是为了预防破产而设立的再建型债务清理制度，主要是通过债权人的谅解、减少债权额、展期付款等方式，从而使债务人免受破产宣告[②]。公司进入破产和解程序后，同样不再对其财产进行清算，转为执行和解协议。债务人不能执行或不执行和解协议的，经和解债权人申请，法院应当裁定终止和解协议的执行，并宣告债务人破产，进行破产清算。

第四节　公司诉讼业务

一、公司涉诉概述

诉讼是公司经营过程中难以回避的问题。随着经济全球化的到来和市场竞争的加剧，公司在制定和实现自己目标的过程中会碰到各式各样的风险。企业经营

---

① 王卫国．破产法[M]．北京：人民法院出版社，1999：226.

② 赵旭东．商法学[M]．北京：高等教育出版社，2011(2)：570.

风险直接体现为包括资本资源、人力资源、市场资源、社会资源和信息资源在内的各种资源损失的可能。而无论其损失大小，它们都与决策制定的失当和决策贯彻的无力相关。但是，企业行业不同、类型不同，其经营风险的主导原因也不同。[①] 受利益驱动，市场主体的欲望极易膨胀，进而导致各种违法交易行为愈演愈烈，比如产品虚假宣传、冒用注册商标、窃取专利技术或商业秘密、采用欺诈混淆的手段排挤竞争对手、合同违约等。当仅凭道德说教和协商沟通无法从根本上解决问题时，公司就需要借助法律手段来打击违法行为，恢复正常交易秩序。

诉讼分为民事诉讼、刑事诉讼、行政诉讼三大类型，公司都有可能会接触到，其中尤以合同纠纷引发的民事诉讼最为常见。诉讼兼具公权性、强制性和程序性的特征，它是一种有效的公力救济方式，在案件的受理与执行上具有强制性，诉讼参与人应严格按照诉讼法设定的程序实施诉讼行为。具体而言，刑事诉讼是法定机关行使国家刑罚权的活动，具有主动性、普遍性和深刻性，有着一套严密的诉讼规则和程序体系，其中心内容是解决犯罪嫌疑人、被告人的刑事责任问题；民事诉讼以民事纠纷为解决对象，以法院和诉讼参与人所进行的活动以及在此过程中产生的法律关系为基本内容，兼具强制性、程序性和自愿性，民事权利受到侵害的当事人应在法定的诉讼时效期间内行使权利，当诉讼时效届满时，对方当事人即获得诉讼时效抗辩权，但权利本身及债权请求权并不消灭；行政诉讼是法院通过审判方式对行政机关具体行政行为的合法性进行审查以解决特定范围内行政争议的活动，并且当事人具有恒定性，原告只能是行政相对人及与具体行政行为有法律上利害关系的公民、法人、其他组织，被告只能是作为行政主体的行政机关和法律法规授权的组织。公司法务人员在应对公司遇到的纠纷时，应充分把握各类诉讼的特点及诉讼流程、时限方面的规定，更好地运用法律手段维护公司合法权益。

随着依法治国理念的深入人心，我国民众、企业诉诸法律解决问题的观念有了很大的提高，这对保障社会和谐和促进经济繁荣都大有裨益。但在商界，部分公司矫枉过正，出现了凡有纠纷必起诉的倾向。当走到诉讼这一步，交易双方已经处于剑拔弩张的紧张状态，基本上没有回旋余地，这对圆满解决商业僵局是没有好处的，即便一方胜诉也是“杀敌一千自损八百”。因此公司在处理商业纠纷时应该注重通过谈判、协商等方式积极预防诉讼的发生，对诉讼手段宜采取谨慎态度。

二、诉讼管理机制探讨

公司涉诉会耗费大量的人力、财力、精力和时间，给正常的经营、投资融资、商业信誉等带来巨大压力，一旦败诉还将支付大额的诉讼费、律师费、违约金或赔偿

---

① 舒化鲁.企业经营风险管控体系构建方法[M].上海：立信会计出版社，2014：16.

金。再者,想要在诉讼中取得有利地位,往往要对多方获取信息和收集有力证据予以高度重视。因此,公司应该依据相关法律法规,借鉴其他公司的先进经验,从己方具体情况出发,建立事前积极防范、事中加强监控、事后及时总结的全流程诉讼管理机制,努力把诉讼造成的影响降到最低。

(一)强化组织保障,健全规章制度

一个公司能否顺利达成战略目标,很大程度上首先取决于是否存在有力的组织保障和清晰的规章制度。处于初创阶段的组织在运行机制、制度流程等方面都不完善,这时对个人的要求比较高。随着公司规模的扩大,就需要实现由强调个人素质向加强组织能力建设的转变,有效约束组织行为惯式,不断提高规范化管理水平,使公司的发展更加稳定有序。

公司法务部门的管理也不例外。在传统的组织架构下,公司法务管理工作一般是以决策层或高管人员为主导,总法律顾问在董事长、总经理的领导下开展工作。由于总经理是公司日常管理和经营业绩的负责人,其主要关注点在于执行战略计划,积极开拓业务,以期为公司获取高额收益,这就与总法律顾问防控法律风险的关注点形成了天然对立。加之总法律顾问作为总经理的下级仅有建言权,还要处理好与经理的关系,这就容易导致法务部门难以发挥管控法律风险的作用。为解决这个问题,似乎可以借鉴国外的成熟经验,将总法律顾问的层级提高至董事会下设的专门委员会主任,或者由董事长或常务董事兼任总经理,使总法律顾问参与决策和处理法律风险的意见可以直接转至公司决策层,保证总法律顾问的独立性,有效发挥其应有的作用。

同时,还应该根据公司实际情况和诉讼环境健全公司诉讼管理规章制度,制定细致清晰的涉诉案件管理办法及流程,为公司处理法律纠纷提供标准高效的管理模式。

(二)重视事前诉讼风险防范

为有效化解可能产生的诉讼风险,减少诉讼案件的发生,公司法务人员应该做好事前诉讼风险的防范工作。首先,有必要在整个公司范围内树立诉讼风险防范的观念,使预防诉讼的文化成为企业文化的有机组成部分,让各部门员工在拜访客户、做出回复和签订合同之前就做好准备并注意留存相关证据,增强全员防范风险的意识。其次,可以总结出本行业、本公司主要法律风险点的应对流程范本,通过开展全方位的培训宣导、进行相关案例研讨等方式夯实防范事前诉讼风险的责任与能力。最后,还应建立风险预警机制,使各种细微变动和不良迹象能够被及时捕捉并顺畅传递,做到防患于未然。

(三)多措并举完善事中应对

如果诉讼已经产生,公司法务人员就应采取多种切实可行的应对措施,形成合力推进以取得良好的诉讼结果。

(1)研究制定正确完整的诉讼策略。不论是主动提起诉讼还是被动应诉,法务人员只有在群策群力对涉诉案情、诉讼成本、胜诉可能、责任承担、执行难度进行分析的基础上拟定合适的处理策略,才能从维护公司利益的角度对具体的处理行为做出指导。

(2)做好诉前准备工作。这需要法务人员对收发传票、起诉状、仲裁裁定等做好统一规范管理,以防出现材料丢失或延误时间,然后有针对性地进行类案检索、起草诉讼文书、收集证据清单等。

(3)加强公司各部门间的沟通协调以及与外部律师的分工协作。很多诉讼并不是单靠法务一个部门就能应对得了的,公司需要在纵向、横向建立良好的沟通协调机制,比如向上应重视向高层的汇报以取得理解支持,平级部门间要密切配合以获得多方信息,对外还要增强与律师的协作以充分发挥各自优势,进而有效调动各种内外资源。

(4)在庭审中充分运用技巧。在法庭调查和辩论中,应深刻思考对方动机,搜寻法律漏洞,整理质证及辩论思路,适时取得法官共鸣、争取庭审主动权。

(5)注意对诉讼进程进行跟进,实时调整诉讼策略,强化与法官的沟通,并及时申请保全或执行。

(四)建立事后分析总结机制

案件终结并不意味着诉讼管理随之终止,相反其正是诉讼管理焕发新的生命力的开始。如果不对各类案件进行回顾、整理、类推,法务人员对个案费尽周折苦心应对的行为将毫无意义。此时应通过研讨案情、撰写报告等方式充分吸取经验教训,并对公司当前可能存在的类似或不同风险展开排查和整改,为公司下一步的决策和补救提供依据及警示。最后,还应根据案件的性质、类别进行相应的归档,以便为后续的快速查阅提供便利。

三、公司法务人员与外聘律师的衔接

对于公司来说,虽然内部已经设置了由法律职业人员组成的法务部门,但是从外部聘请一定数量的律师也是不可缺少的。作为提供专业法律服务的独立第三方人士,律师的服务更加专业和细致,其职业形象也更具权威性。很多大型公司都会聘请知名律师事务所的资深律师处理重大诉讼案件,甚至担任自己公司的首席法律顾问或法务总监,一些中小型公司在涉诉事项上对外聘律师的依赖性则更强。在此种背景下,公司法务人员如何做好与外聘律师的诉讼工作衔接就显得相当重要。

(一)明确各自职责范围

律师应当以律师事务所的名义与公司订立书面法律服务合同,明确约定委托事项、承办人员、提供法律服务的方式和范围、双方的权利和义务以及律师费等事项。根据其思维特点、知识储备和形象定位，外聘律师适合在公司法务人员专业技能有所欠缺、案件涉及工作量过大、开庭法院距离公司较远、需要第三方出面以满足客观可靠的需要等场合提供服务。公司法务人员则应以制定合乎企业实际的诉讼策略、参与高层决策、预防诉讼风险、提供诉讼支持材料等工作为主。

（二）注意把握合适尺度

公司法务人员如果对外聘律师的工作方式、质量控制或者费用成本等方面做出过多干预，将在一定程度上影响律师作为职业工作者的中立性，甚至影响公司聘用外部律师的效果。律师有着丰富的诉讼案件处理经验，对于出具相关的法律意见有自己的专业判断。因此，法务人员在与律师沟通衔接时，应该把握适度的原则。

（三）合理规避外聘风险

正所谓“每枚硬币都有正反两面”，外聘律师制度也是优势和风险并存。在选择律所和律师时，公司应当对外部法律服务市场做充分的调研，最好能建立外聘律师数据库，并制定选聘标准和招标程序。在对律师进行管理的过程中，应当明确律师的管理部门和工作职责，建立有效、持续的管理和监督机制。

参考文献

[1]张军. 刑事证据制度与原理[M]. 北京:人民法院出版社,2011.

[2]陈卫东,刘计划. 法律文书写作[M]. 4 版. 北京:中国人民大学出版社,2016.

[3]王利明. 中国民法案例与学理研究[M]. 北京:法律出版社,2003.

[4]李本森. 法律职业伦理[M]. 北京:北京大学出版社,2005.

[5]叶必丰. 行政法与行政诉讼法[M]. 北京:中国人民大学出版社,2011.

[6]孙晓楼. 法律教育[M]. 北京:中国政法大学出版社,1997.

[7]胡志民. 律师制度与实务[M]. 上海:华东理工大学出版社,2013.

[8]韩德云,袁飞. 法律谈判[M]. 北京:法律出版社,2018.

[9]许身健. 法律诊所[M]. 北京:中国人民大学出版社,2017.

[10]周萍. 法律文书实务教程[M]. 北京:中国人民大学出版社,2013.

[11]罗伯特 · 威尔金. 法律职业的精神[M]. 王俊峰,译. 北京:北京大学出版社,2016.